A MAD CATASTROPHE

THE OUTBREAK OF WORLD WAR I AND THE COLLAPSE OF THE HABSBURG EMPIRE

喬福瑞·瓦夫羅 GEOFFREY WAWRO◎著　黃中憲◎譯

哈布斯堡的滅亡

第一次世界大戰的爆發和奧匈帝國的解體

獻給 Judith Aileen Winslow Stoughton Wawro

目 錄

Acknowledgments 誌謝

一個世紀前，我的奧匈帝國籍祖父母，從加利西亞的塔爾諾波爾（Tarnopol）附近一個到處塵土的小村子，遠渡重洋，登上美國的埃利斯島（Ellis Island）。當年，大概就是這種令人提不起勁的偏遠聚落（我去過那裡），使羅思（Roth）或褚威格筆下的維也納騎兵縱情於飲酒、擲骰子、絕望或三者兼而有之。如果我的祖父母瓦西爾・瓦夫羅（Vasil Wawro）、安娜・瓦夫羅（Anna Wawro），更晚（不管多晚）才憤然離開加利西亞，這兩個勤奮的烏克蘭農民恐怕已遭一次大戰吞噬。瓦西爾將於一九一四年受動員，向奧匈帝國第十五團報到後，大概立即投入慘烈的倫貝格（Lemberg）之役。讀過此書後，很難想像這樣的他竟能活下來，因為他所屬的第三軍部署於前頭，俄軍攻擊時首當其衝。俄國的第三、第八集團軍於一九一四年八月從安娜的村子一側通過，安娜當時若還待在那裡，即陷身淪陷區。加利西亞自古就是「衣不蔽體、挨餓之國」，糧食始終不足，戰時更為短缺。安娜可能會挨餓，或死於戰場軍隊附近威脅老百姓性命的營地病。本書的靈感大半來自我對祖父母和他們了不起的美國兒子、我父親N．威廉．瓦夫羅（N. William Wawro）的記憶。他們已長眠於康乃狄克州某墓地多年，但他們逃亡和在美國奮鬥的故事，留給後代子孫許多回憶。

母親茱迪絲．瓦夫羅（Judith Stoughton Wawro）九十大壽時，我獻上《哈布斯堡的滅亡》。多年來她給了我許多的愛和幫助，晚近，每當德州酷暑正炙時，她總熱情歡迎我們住進她新英格蘭的家，以她讓人瞠目結舌的愉悅、效率、慈愛照顧我和我的兩個兒子溫斯洛、馬蒂亞斯。多虧母親幫忙，我去看了祖父母在東西利西亞老家的村子，她在維也納大膽租了輛車，一路載著我走過坑坑洞洞的道路，抵達茲巴拉日（Zbaraz），途中一起喝了很淡的啤酒，經歷賄賂、遭竊和其他波折（包括在布科維納某個交叉路口被一輛軍用吉普車撞上，差點一命嗚呼）。我們一起找到村子，和先人的描述沒兩樣的村子，還找到有許多瓦夫羅族人在場的一塊墓地：有活著的瓦羅族人（全都長得很像我父親），有死了的（刻在墓碑上的Babpo，即西里爾語的瓦夫羅）。

讀過我先前著作之誌謝詞的讀者，會記得我讀研究所時曾和母親一起開車穿過波希米亞和摩拉維亞，走訪一八六六年戰場的那段驚奇之旅。後來幾趟遠行，我們也遊歷過本書所提的某些戰場，從坦嫩貝格（Tannenberg）到普熱梅希爾（Przemysl）到倫貝格諸戰場。有一幕她的影像，深印我腦海，無法忘掉。當時她坐在我們租來的歐普汽車乘客座，仔細瞧著粒子很粗的舊哈布斯堡參謀部地圖影本，耐心拿它們與今日地圖相對照，然後在我於鄉間小路猛然轉向，吼道「媽，我第一百遍告訴妳，赫拉德茨—克拉洛韋就是柯尼希格雷茨！」時，她裝出沒聽到的樣子。

✦ Acknowledgments ✦

誌謝

這些當然只是她諸多貢獻裡最晚近的部分。父親於一九七八年早逝（一場讓她也差點喪命的事故）後，母親即攬下養活一大家子的整個重擔，把我們七個小孩全拉拔長大。一如管理爭吵鬧事之部落的鄂圖曼賢臣，她以無比的公正寬容管教我們，如今她掌理一個大體上和樂融融的三代大家族。我們剛辦過一次家族團聚，慶祝她九十大壽，而每個家族成員流露出的愛意、欽敬，正鮮明說明她的善良、機敏和領導才能。身為七兄弟姊妹中的老么，我大概是這麼多年來最倚賴她的小孩，而她一直是我的支柱，不只給我精神支持，還給我（如上所述）軍事史學家所夢寐以求的實質協助。她愛旅行、冒險，讓身邊的人也熱愛此道。我因研究需要而得走訪充滿浪漫冒險情懷的地方時，她每個地方也都想親自去看一看。

我於兩個夏季前在維也納完成此書的研究工作。那遠不如先前幾次研究行程那麼開心；我年紀大了；在美國有小孩；孤單一人生活（沒有二十年前富爾布萊特委員會安排給我的活潑、愛交際的室友同住）；而且我白天在醜陋郊區的維也納新檔案機關做研究，那裡與維也納市中心莊嚴的舊巴洛克式研究場所大相逕庭。我每天回下榻的公寓，鬱鬱寡歡地繞奧加滕公園（Augarten）慢跑，用我的簡易型瓦斯爐煮頓難下嚥的晚餐，然後盯著牆壁發呆。有天晚上，翻弄桌上的筆記，品味這生活的苦悶時，筆記型電腦響起訊息提示音，原來是我媽。她看懂我電郵裡的弦外之音，安裝了Skype（對一個仍把電腦稱作「文字處理器」的女人來說這可不是件小事），打給我。此後，直到我返國，她幾乎每晚都這麼善體人意地打來，解我一人獨居異鄉之苦。

瑪麗安娜（Marianne Cook）多年來一直是我最好的朋友。為本書手稿做最後修訂，且在我得了流感之時，暗笑書中主人翁康拉德・馮・赫岑朵夫（Conrad von Hörzendorf）將軍對流感的過度反應，然後我出現症狀後才幾小時，她就帶著維他命C、鋅、感冒症狀緩解劑、開特力運動飲料，甚至她實驗室的狗艾比，出現在我床邊。好心的她把艾比留在我身邊一星期，排解我隔離期間的孤單。她就是這麼體貼的一個人，多年來帶給我許多開心的回憶。此外，本書中涉及的多趟旅行，有好幾趟有瑪麗安娜與我同行。她明顯偏愛克羅埃西亞的島嶼和葡萄園，但還是跟我來了一趟難忘的上山之行，上到蒙特內格羅的最高峰，走了一趟驚險破錶的下山之行（走狹窄的奧地利軍用道路），下到壯闊的科托爾灣（Bay of Kotor）。在達拉斯若沒有瑪麗安娜的陪伴，我真不知怎麼過活。

我的兩個兒子溫斯洛和馬蒂亞斯，也惠我良多。他們精力充沛、充滿朝氣、興趣多變，而他們衝動、不服輸的青少年特質，總讓我想起奧匈帝國某個動輒吵架的司令部，使我一下子感到難堪，一下子又放聲大笑。溫斯洛和馬蒂亞斯都已不是小孩，因而也成為我的好友，能討論我的和他們的工作、人生許多奧妙之處。我深信我偶爾表現出的（可歸因於單調荒涼的加利西亞故鄉的）疲乏無聊，對他們的助益，就和他們純真的歡樂、熱情對我的助益一樣大。

來自北德克薩斯大學的研究協助，使我得以在歐洲多所檔案機關做研究，參觀本書中所提及位於波蘭、烏克蘭、塞爾維亞的戰場。多年以前，我拿到奧克蘭大學發予的一筆研究獎金和旅行補助費，為本書做的研究工作，有一部分就靠這筆款子進行。烏克蘭（今加利西亞）的道路過去始終崎嶇不平，如今依然如此，因此，我在那裡時，倚賴Jarek Vitiv與Igor Holyboroda的車子和他們帶路。他們兩人耐心開車載著我（以農民邁大步輕鬆跑的速度），跑遍倫貝格與拉瓦魯斯卡的所有戰場。在杜布羅夫尼克（Dubrovnik）、史通（Ston）和佩列沙茨半島（Peljesac Peninsula），Ivo Nanac（耶魯、薩格勒布兩大學的畢業生）和其妻子Andrea Feldman對瑪麗安娜和我非常好，讓我們對巴爾幹半島歷史和克羅埃西亞葡萄酒有更深的認識。

維也納大學的Lothar Höbelt，在我早期某趟研究行程期間讓我住在他家，更晚近時，大力協助我在檔案機構的研究工作。Lothar也非常好心地介紹我認識奧地利軍事史博物館的館長Christian Ortner。透過Christian，我得以結識該博物館照片檔案室的Peter Enne和Werner Scherhaufer。這兩位先生讓我一連數日使用他們的辦公室，以選出許多照片供此書使用。我要一併感謝位在基尤（Kew）、萬塞訥（Vincennes）、維也納、科利奇帕克（College Park）諸地的許多檔案保管員，助我從事此書撰寫前的研究工作。

我為此書到倫敦做研究時，David Noble、Caroline Noble夫婦，還有Jun Hiraga，非常好心讓我住在他們家。在巴黎的萬塞訥做研究時，我受到外甥Marc Bataillon的慷慨招待。在離家較近的地方，我的好友，北德克薩斯大學的軍事史中心副主任，Michael Leggiere，以他在該中心的辛勤工作和他的開朗、友誼，讓我助益良多。我還要感謝我的兄弟姊妹：Peter, David, Mark, Jill, George，以及已故的Robin。在大家庭裡長大是件難得的幸事，而我某些兄弟姊妹聽到我這麼說時，肯定會（假裝）驚愕地盯著我。

我的經紀人，William Morris Endeavor公司的Tina Bennett，助我完成本書的寫作提案，一直是個很有眼光的愛書人和很有見地的顧問。《多瑙比亞》（*Danubia*）作者Simon Winder也在初期協助塑造這份提案，他堅持要我回檔案館更深入鑽研東戰線一事，對這方面的助益尤大。我的主編，Basic Books公司的Lara Heimert，擋住我想攙入趣聞軼事來闡明觀點的衝動，從而大大提升本書的品質。若沒有Lara高明的插手，這本書的份量會增加一倍，品質則會減半。我還要感謝該公司的Alex Littlefield, Katy O'Donnell, Melissa Veronesi，在本書編輯、製作上的出色付出。Phil Schwartzberg為本書製作了精緻地圖，面對種種冷僻的地名，仍耐心完成工作。最後，我要感謝主動攬下本書樣稿審閱工作的大學者：Sir Michael Howard, Ivo Banac, Niall Ferguson, Dennis Showalter, Norman Stone, Christopher Clark, Brendan Simms, Sean Mcmeekin。感謝美國國防部駐俄羅斯聯邦專員Peter B. Zwack准將，在莫斯科撥冗讀了此書，自多年前我們在海軍戰爭學院初次相遇，他就一直是我的讀者，而且——由於他是奧匈帝國名門之後——是個有見地且細心的讀者。

Foreword

前言

一八六六年秋，奧地利某將領的侍從武官，在維也納市中心薩赫飯店（Hotel Sacher）的熟食店，動手打一名俄國外交官。那一年，普魯士、奧地利這兩個向來相互支持的國家，打了七個星期的戰爭，最後以那年七月的柯尼希格雷茨（Königgrätz）之役，普魯士將奧地利打得無力再起，實質性結束這場衝突。而在這場為時不長的戰爭中，俄國一直坐壁上觀，看它的兩個大國級對手廝殺。這個俄國官員暗暗嘲笑奧地利兵敗普奧戰爭，令這位侍從武官大為惱火，於是對他揮拳動粗。

薩赫飯店那場扭打升級為國際事件，引發俄奧即將一戰的揣測。後來的發展表明這些傳言是假，卻間接表示奧匈帝國雖潰敗於柯尼希格雷茨，該帝國和其哈布斯堡王朝統治者仍有可能打算獨力與俄國在戰場上一較高下。

到了一九一四年，已不再有這可能。那時，奧地利是與匈牙利合組的二元君主國的一部分，已淪為巴爾幹強權，只能與義大利爭奪「最小大國」的蔑稱，且和鄂圖曼帝國一樣有可能從大國俱樂部徹底除籍。這一令人瞠目結舌且快速的轉變究竟如何發生，就和奧地利最後一場戰爭（從頭至尾一場慘烈、魯莽的大敗）的過程，一樣有趣。

要探索第一次世界大戰的根源，必然要從維也納開始著手。吞噬歐洲和世界的大火，就在那裡點燃，然後往四面八方擴散。這場慘絕人寰之戰爭的遠因、近因，都可歸於哈布斯堡家族的奇特世界觀和其難以駕馭的中歐領地。一次大戰的近因，公認是哈布斯堡大公法蘭茨·斐迪南（Franz Ferdinand）一九一四年六月遭波士尼亞的塞爾維亞人加夫里洛·普林西普（Gavrilo Princip）暗殺後爆發的七月危機。奧匈帝國懷疑有俄國當靠山的塞爾維亞政府是這一暗殺陰謀的幫凶，在此一猜疑推波助瀾下，緊張情勢於七月節節升高，終於在八月爆發戰爭。一戰的遠因包括帝國主義：歐洲列強、美國、日本對以亞洲和非洲境內為主的新市場、原物料、海軍基地的爭奪。另一個遠因是相抗衡之同盟體系的存在：英法俄的三國協約和德奧義的三國同盟。

這些同盟體系本身就充滿危險因子，一旦配上侵略性的戰爭計畫、靠強制徵兵建立的大軍、現代軍備（無畏級戰艦、急射野戰炮、高爆彈、機槍），危險性更暴增。事實上，始於一八九〇年代的歐洲軍備競賽，也是促成一次大戰的有力推手。一九〇五年，德國出爐施里芬計畫（Schlieffen Plan），以迅速動員德國、奧匈帝國軍隊用於攻勢作戰，招來法國、俄國推出同樣咄咄逼人的戰爭計畫作為回應。一八九〇年代即開始的陸海強大軍事工程，賦予這些計畫堅實的武力後盾，使本已詭譎凶險的一九一四年更為詭譎凶險。

前言

這一期間瀰漫歐洲的普遍反動心態，也是一戰爆發的推手。歐洲的心臟地帶由喜怒無常、心態保守的君主國（俄、德、奧匈、義）宰制。沒有自由主義政府作為安全閥，這些政權惴惴不安看待當時的新政局、新文化、新作風。誓言廢除君主制的社會主義黨，一九〇六年成為德國國會裡的最大黨，促使至少一名德國將領呼籲打「一場痛快的戰爭以終結到處可見的混亂」。俄國、奧匈帝國和義大利境內的保守派持類似看法，英國、法國的保守派亦然。戰爭將使當權者可以名正言順戒嚴、痛擊工會、鎮壓「顛覆性」政黨；也將強化國家戰力，掃除社會中的廢物，削弱物欲和色欲，重振愛國精神。對於這場隱隱然即將降臨的慘烈戰爭，最後將造成一千六百萬人死亡、兩千一百萬人受傷的戰爭，他們竟如此天真以對，至今仍令人費解。

這場塗炭生靈之戰爭的爆發，奧匈帝國扮演了令人難以置信的角色。如今常有人主張，由於盟友奧匈帝國的虛弱，德國才刻意且弔詭地加速這場戰爭的爆發。身兼政治家和史學家兩種角色的邱吉爾，指出此荒謬而危險的狀態，即「歐洲的榮耀與安全竟繫於其最薄弱的環節上」[1]。身處於現代「民族主義時代」，奧地利正逐漸解體。奧匈帝國是個基本上屬封建性質的大國，有十餘個民族生存其上的帝國版圖，乃是十六世紀時拙劣拼湊而成，然後，受到想建立聯邦、自治或獨立的轄下諸民族攻擊，這帝國踉踉蹌蹌走進二十世紀。

德國對奧匈帝國未來發展的不安，乃是一次大戰的主要原因之一。邱吉爾則在其講述一次大戰東戰線歷史的著作中，稱這可能是惟一原因：「這一惡性且致命的衰退，使人類的和平與文明取決於交替肆虐哈布斯堡君主國的解體過程和短暫復甦時期。」[2] 一九〇五與一九一一年德國人為摩洛哥問題幾乎與法國、英國開戰，卻見到奧地利人最後臨陣退縮，於是一九一四年七月危機爆發時，德國人把這視為在這君主國還未因其內部分裂對立而垮掉時，或尚未遭周遭的泛斯拉夫強權俄羅斯、塞爾維亞吞併前，使奧匈帝國振衰起敝的最後、也是最佳機會。

《哈布斯堡的滅亡》談奧匈帝國一蹶不振的衰退和此衰退對歐洲文明的衝擊。這是一次大戰中大體上遭史學界忽略的一個區塊。大部分史學家提到奧匈帝國的衰弱，但未深究其衰落。還有些史學家把奧匈帝國視為不折不扣的強權，分析其軍事關係與對外關係，好似任何不尋常之處都是本該如此。本書說明奧匈帝國在一八六六年打了（且輸了）它最後一場歐洲大戰後幾十年的衰落，說明它如何踉踉蹌蹌走過一九一二至一九一四那關鍵數年，藉此填補這塊遭冷落的區域。在那關鍵數年裡，巴爾幹半島騷動不安，維也納觀望，猶疑，再觀望，然後瘋狂跳入一場沒有勝算的大戰。

奧匈帝國決定加入這場戰爭已夠魯莽，該帝國一九一四年的攻勢（一次大戰研究裡另一個受史學界冷落的區塊），則更為魯莽，且是該帝國所做出最為冒進的舉動。一九一四年奧匈入侵塞爾維亞、俄羅斯之舉早已規畫多年，而其一場糊塗的慘敗，則坐實了戰前還只是在懷疑層次的奧匈無能。一九一四年八月在塞爾維亞、俄羅斯的戰事，確立了此後直至一次大戰結束的格局：過度擴張的德國、忙得喘不過氣的俄國、高舉雙手而鬥志全消的奧匈帝國。

奧匈是掀起一次大戰的主要推手，在一次大戰的結局上，也起了同樣關鍵的作用。一九一四年的作戰計畫，十年前就已確立。德國要以氣勢萬鈞、攻擊側翼的「右鉤拳」穿越比利時消滅法、英軍隊（施里芬計畫的第一階段），奧地利則要又快又有效率地動員部署於波蘭南部與烏克蘭西部（哈布斯堡王朝名之為加利西亞的邊境地帶）的四個奧匈野戰集團軍，發動凶狠的正面攻擊，以削弱、破壞俄國的「蒸汽壓路機」（六百萬大軍）。這一計畫指望奧地利的行動擋住行動緩慢的俄國人，為德國打贏西戰線爭取時間，然後搞定西戰線的德國揮師三百萬向東，與兩百萬奧地利軍隊聯手，和俄國決一死戰。制定計畫者認為俄國撐不過這波攻擊。俄軍兵力龐大，但受制於教育水平低和從外套、靴子、藥物到步槍、炮彈等所有物資的短缺，戰力有限。塞爾維亞人則被認為不值一慮。奧匈帝國軍隊將以八個師組成的「最小巴爾幹兵團」（Minimal Balkan Group）擋住他們，另外四十個師則對付俄軍。解決俄軍之後，奧匈才會動手擊敗貝爾格勒，將其瓜分。

德國人為何未能在西線獲勝，我們知之甚明。有多部探討馬恩河（Marne）戰役、伊珀爾（Ypres）戰役的書籍，還有小毛奇（〔Helmuth von Moltke the Younger〕設計並督導德國作戰計畫之落實的主要人物之一）對施里芬計畫和其運用的分析，告訴我們原因。但一九一四年東戰場是怎樣的情況？對那裡的戰事，我們的了解非常粗淺。仍抱著大國身分不放的奧地利，派了二十個師（而非八個師）打塞爾維亞，為何仍落敗？東戰線與俄軍的交手是什麼樣的情況？歷史著作談到一九一四年八月奧匈帝國在克拉希尼克（Kraśnik）和科馬魯夫振奮人心的大捷，但接下來，在下一頁，就令人一頭霧水地描寫奧地利人從這兩地慌亂的撤退，把波蘭和烏克蘭全留給俄國人，要求德國派大軍來救，從而使德國人打贏西戰線的任何希望注定成為空想。

奧匈帝國焦慮不安於自己大國地位的沒落，且不肯面對現實，仍裝出大國的身段。這兩種特質既是一次大戰的主因之一，也是其戰敗的根源。一戰隨著哈布斯堡王儲和其妻子在塞拉耶佛遭開槍暗殺揭開序幕。但這一暗殺原本不該引發一場世界大戰。為何會引爆一次大戰，不只與德國的侵略心態大有關係，也與奧匈帝國在一戰期間明顯可見的那種愚蠢行事大有關係。就在哈布斯堡王朝的外交官擬好立場、刻意強硬而將使戰爭變得無可避免的最後通牒時，奧地利軍方完全未針對開戰做任何準備。事實上，一九一四年七月危機正熾時，奧地利的將領和政治家在度假——為國家受傷害而憤慨不已的大國領導人竟還能悠哉度假，著實令人匪夷所思。戰爭爆發時，奧地利人在維也納的驅策下抱著同樣鬆散的心態出征，派出一支在運輸工具、火炮、炮彈、機槍、步槍、戰術等每個重要方面都不堪一擊的軍隊。

奧匈帝國領導人才的不足，至少是同樣嚴重。法蘭茨・約瑟夫一世（Franz Joseph I）皇帝，有著慈善的眼神和羊排絡腮鬍，乃是今日奧地利觀光業的寵兒，但在一九一四年卻是個惡性十足的人物。這位皇帝雖不如捷克作家雅羅斯拉夫・哈謝克（Jaroslav Hašek）在其小說《好兵帥克》（*The Good Soldier Svejk*）中所說的那麼老邁昏庸（「讓兩個奶媽一天餵奶三次，糊塗得大概不知道正有戰爭在打」），卻有多年處於驚人的衰老狀態。他洋洋自得霸著皇位，不肯讓皇儲，他五十歲的侄子法蘭茨・斐迪南（Franz Ferdinand）接位，卻又不願善盡他皇帝的職責。在一九一四年前那些年裡，哈布斯堡君主國走到每個重要的十字路口時，這個昏聵的老人都使這個君主國困在路中央，束手無策。

相對於這位八十四歲的老皇帝，六十一歲的參謀總長法蘭茨・康拉德・馮・赫岑朵夫（Franz Conrad von Hötzendorf）將軍，是「青年土耳其黨人」（Young Turk）一員。康拉德被視為傑出戰略家，認為他日後碰上大而笨拙的俄羅斯，還有塞爾維亞，都將克敵制勝，結果並非如此。他的實際表現為何和外界期望背道而馳，乃是另一個有趣且受冷落的故事。因為康拉德，一次大戰的東戰場單調乏味，毫無精彩可言。即使就一九一四年的寬鬆標準來看，他的領導統禦和決策都糟得離譜，幾星期內就毀掉奧匈帝國軍隊。

奧匈帝國的不成材，也拖垮其盟邦德國。不管德國曾對打贏這場大戰抱有什麼希望，這希望都隨著一九一四年奧地利顏面盡失的慘敗而破滅。奧地利那幾場敗仗留下悶燒的土地——敵我爭奪的波蘭、加利西亞、塞爾維亞——加重德國的負擔，使德國欲在任何重要的戰線上贏得勝利，都變得遠更困難。若在戰爭初啟時，奧匈帝國的戰場表現不這麼糟，即使只是尚可，德國在這點上都會輕鬆許多。本書為一場通常被人從西邊視角來看的戰爭增添東邊的面貌，有助於說明維也納和柏林為何落入沒有勝算的消耗戰、終至落敗。

導論

Introduction

從未有哪個帝國垮得如此之快。靠英國的財政援助和海上武力，將拿破崙打得一敗塗地的強大奧地利帝國，一八六六年卻敗於普奧戰爭。在遭實力劣於自己的德國徹底擊潰前夕，奧地利還讓外界覺得幾乎是所向無敵。奧地利的哈布斯堡王朝統治歐洲第二大帝國（僅次於俄羅斯），轄有出身、民族身分各異的多種族群。多年來，哈布斯堡王朝還主宰德意志邦聯（German Federation）。這是由三十六個獨立邦國組成的聯盟，版圖從北邊的新教普魯士延伸到南邊的天主教巴伐利亞，且靠一共同的文化和語言結合在一塊。在這些奉哈布斯堡王朝為共主的邦國中，普魯士王國的工業化程度最高，野心最大。當普魯士意圖除掉邦聯的盟主，在覬覦奧地利位於阿爾卑斯山以南的最後據點的義大利支持下，奪取邦聯的領導權時，奧地利即集結效忠於它的跟班（大部分德意志邦國），對普魯士宣戰。

沒人認為奧地利會敗。專家，例如在轉攻經濟之前靠寫軍事評論為生的恩格斯，都預料奧地利會勝。奧地利軍隊的不禁打，讓戰場記者瞠目結舌。奧地利人看著他們一度壯盛的軍隊七月敗於柯尼希格雷茨（Königgrätz），八月遭逐出義大利，看著普魯士政治家俾斯麥和參謀總長老毛奇解散奧地利所領導的德意志邦聯，將邦聯的大部分邦國併入普魯士名下，準備圍攻維也納，奧軍不得不在多瑙河岸投降。

一八六六年之敗所帶來的心理創傷之大，不容一筆帶過。「奧地利構想」——在哈布斯堡王朝統治下，不管是德意志人、義大利人、波蘭人、捷克人或匈牙利人，各民族得其所哉，就和在其他任何體制安排（包括民族國家）下一樣得其所哉——就此整個灰飛煙滅。自一七九〇年代法國大革命以來，維也納一直在對大勢所趨的民族國家走向做無望取勝的頑抗。法國大革命把義大利、波蘭之類原本遭外來大國（包括奧地利）瓜分、占領的民族，組合為由自己民族當家作主的新國家。為拿破崙戰爭畫下句點的一八一五年維也納會議，將這些新民族國家，包括義大利王國和華沙公國，交回給奧地利、普魯士或俄羅斯統治。此後，維也納把轄下任何民族脫離其帝國的舉動——德意志人投入德國懷抱、義大利人投入義大利懷抱、或匈牙利人投入匈牙利懷抱——都視為危及奧地利存亡和統治正當性的叛國行徑。

就是這一解體之虞，使一八六六年的戰敗變得凶險。哈布斯堡法蘭茨·約瑟夫皇帝一世的威信，大部分來自其控制義大利大港威尼斯和其腹地以及其身為德意志邦聯盟主的身分。位於義大利的這個異國據點和勤奮的德意志民族屬地，為奧地利的多民族性格掛了保證。如果哈布斯堡王朝能在這裡守住，在其他任何地方都能守住。威內托（Venetia）一落入義大利王國之手（一八六六），德意志諸邦一落入普魯士（一八七一年改名德意志）之手，這位奧地利皇帝即不得不退而倚賴帝國轄下以斯拉夫人、匈牙利人、羅馬尼亞人為居民主體的諸州（crown lands），而在日益標榜民族主體性的「民族主義時代」，這些州未來絕對會出亂子。

柯尼希格雷茨之役後，奧地利治下諸民族（德意志人、捷克人、克羅埃西亞人、匈牙利人、羅馬尼亞人、波蘭人、其他六個民族），更強烈質疑「奧地利構想」。奧地利詩人法蘭茨·格里爾帕策（Franz Grillparzer）自忖道，「我出生時是德意志人，但現在**還**是嗎？」在國界另一頭已出現一德意志大國時，一小群德意志人還有必要留在多民族的奧地利？德奧合併之說——將於二十世紀上半葉大力推動、最終受到唾棄的目標——這時已開始發酵。在中歐東部、其他非德意志的諸民族裡，對自我身分的省思同樣深刻。奧地利要這些民族放棄獨立和民族發展，換取在德裔奧地利人的指導下，合併於某奧地利官員所謂的「民族的平底鍋」裡。但平底鍋在柯尼希格雷茨付之一炬，鑑於奧地利戰敗和國力衰退，各個小民族開始重新思考未來要走的路。

其中，匈牙利人重新思考未來之路時，想法最為大膽。匈牙利的最大族群馬札兒人是突厥語族，九世紀時與匈奴人一起騎馬離開烏拉山脈，定居於多瑙河中游平原。身處於斯拉夫人、羅馬尼亞人居多的土地上，馬札兒人始終沒有安全感。這時，眼見奧地利衰弱，他們開始趁機擴大勢力。柯尼希格雷茨之役後，匈牙利的政界領袖出現於維也納，強力要求三十六歲的哈布斯堡法蘭茨·約瑟夫一世皇帝接受一浮士德似的交易。只要他承認匈牙利王國的存在，晚至一八四八年仍起事反抗維也納統治的匈牙利，將會盡釋前嫌，傾其龐大人力（匈牙利王國除了有馬札兒人，還有人數較少的克羅埃西亞人、斯洛伐克人、德意志人、烏克蘭人、羅馬尼亞人）為哈布斯堡君主國效力。

法蘭茨·約瑟夫皇帝生性拘禮審慎，不愛睡他皇宮中的羽毛褥墊，反倒睡在鐵製行軍床上，每天早上天一亮起床，前去（短暫）探望跟了他二十年的情婦，然後埋頭處理他德語官員呈上來的大量文件。他那漂亮（且可望而不可及）的妻子伊莉莎白，極為同情匈牙利人，而她的這份同情可能和匈牙利人一樣，都想擺脫她丈夫的掌控。在伊莉莎白催促下，法蘭茨·約瑟夫同意匈牙利人的所有政治要求。他的新外長佛里德里希·馮·博伊斯特（Friedrich von Beust），也勸他這麼做。博伊斯特是薩克森僑民，對奧地利歷史或文化所知甚少。兼任奧地利首相的博伊斯特，極力促請皇帝接受匈牙利的所有要求，認為速速解決匈牙利問題，將使其他問題跟著一併解決：一八六七年博伊斯特向匈牙利首相朱拉·安德拉西（Gyula Andrássy）使眼色，「你管好你的人，我們會管好我們的人。」

當時人驚訝於哈布斯堡如此積極討好匈牙利人，因為匈牙利人雖然聲稱人數眾多，只占哈布斯堡君主國人口的七分之一，他們的要求盡可以一笑置之。但一八六六年戰敗後，法蘭茨·約瑟夫想盡快解決問題，且認為同意帝國治理的二元化——兩個首都（維也納與布達佩斯)、兩種「國民」(德意志人與匈牙利人)、兩個君主(由他兼任奧地利皇帝和匈牙利國王),可確保君主國的長治久安。

至少從理論上看,從奧地利創造出奧匈帝國,有其道理存在。匈牙利人將不再尋求脫離哈布斯堡君主國,將把他們的心力用於壓制想脫離君主國者。帝國分割為由德意志人治理的內萊塔尼亞(Cisleithania)和匈牙利人治理的外萊塔尼亞(Transleithania)——兩者以蜿蜒流經維也納與匈牙利肖普朗(Sopron)城之間的渾濁萊塔河(Leitha River)為界——把東邊的民族問題轉包給匈牙利人處理,讓德裔奧地利人可在「二元」制度下專心治理西邊的民族問題,從而在表面上簡化了君主國的民族問題。

但德裔奧地利人處理問題的手段較溫和,因為優柔寡斷而比較不會蠻幹,但匈牙利人則是強硬、堅決、蠻幹到底。一八六七年達成折衷方案,創造出奧匈帝國後,匈牙利人大力推動強硬的「馬札兒化」運動。他們的民族平底鍋只有一道口味:紅燈籠辣椒。德意志人把「國民」標籤視為只是讓他們得以順理成章要求內萊塔尼亞的斯拉夫人用德語與哈布斯堡官員打交道,進而以高高在上姿態對待他們的許可證,匈牙利人則把他們的「國民」身分,視為可放手**消滅**外萊塔尼亞其他民族的通行證:斯拉夫人和羅馬尼亞人將被禁止上他們的教堂、受他們的學校教育、講他們的語言、維持他們的文化,藉此「剝奪掉民族身分」。在匈牙利王國境內將法蘭茨.約瑟夫稱作「皇帝」,等於犯了叛國罪。最好是稱之為「國王」;不然,「君主」、「最高統治者」,也可以。

有個一九〇二年來過奧匈帝國的法國人論道，在這帝國裡，樣樣東西，包括鈔票，都是「二元並立」。奧匈帝國的克朗紙鈔，正反兩面以不同文字印行，奧地利那一面以德文和內萊塔尼亞其他八種語言（波蘭語、義大利語、捷克語、塞爾維亞語、克羅埃西亞語、斯洛凡尼亞語、羅馬尼亞語、烏克蘭語）的文字標出幣值；匈牙利那一面，則只以馬札兒語標出幣值。這位法國人論道：「真是令人吃驚，因為對匈牙利官方來說，在匈牙利，其他民族連**存在**都談不上。」這樣的民族傲慢自然只得到敢怒不敢言的順服。「面對這一內部的民族消滅運動，這裡的非匈牙利人只能噤聲，一動不動，儘管他們占人口多數！」這位法國人如此說道。[1]

法蘭茨·約瑟夫亟欲為其衰老的帝國找到振奮人心的新使命，不久就開始為一八六七年的大讓步懊悔。[2]由於匈牙利的自由黨黨員把東奧地利境內抗拒馬札兒化的神父、領袖、作家或政治人物全部入獄，折衷方案未緩和、反倒激化哈布斯堡君主國裡的民族對立。自一八六七年宣布「斯拉夫人做不好治理工作，得受統治」之後，匈牙利首相朱拉·安德拉西和此後直至一九一八年為止的歷任首相，都以鐵腕手段貫徹對斯拉夫人的統治。[3]到了一八八〇年代，已有數百萬奧匈帝國人民要移民美國。留下未走的人，則把生路寄託在奧匈帝國境外——斯拉夫人寄望俄羅斯或塞爾維亞，羅馬尼亞人寄望羅馬尼亞。

折衷方案的初衷乃是解決奧地利的問題，結果反倒使一八六六年惡劣的戰略處境更為惡化，因為已遭外敵環伺的奧地利，這時多了個難以根除的內敵。到了一九〇〇年，已有哈布斯堡官員把匈牙利稱作「內敵」。一九〇五年，法蘭茨．約瑟夫皇帝和其侄子暨皇儲法蘭茨．斐迪南大公已在秘密計畫入侵匈牙利，關閉匈國議會，將匈牙利人重新納入維也納掌控。

入侵匈牙利不是易事。直至一八六七年為止，奧地利帝國都依照歷來軍人不駐在本籍的方式，將匈牙利團部署於帝國各地，藉此淡化民族情感，防止布達佩斯集軍政大權於一身。但折衷方案賦予匈牙利人自建軍隊——地方防衛軍——的權力。嚴格來講，匈牙利的地方防衛軍只是和奧地利地方防衛軍差不多的國民警衛隊，而且匈牙利人仍得向奧匈帝國以德語為指揮語言、德意志文化掛帥的「皇帝與國王」聯軍，提供數個團的強徵入伍兵。但法蘭茨．約瑟夫從未明定撥予帝國正規軍和匈牙利地方防衛軍的強徵入伍兵比例，於是，一八六七年後的幾十年裡，匈牙利議會趁機壯大說匈牙利語的地方防衛軍兵力，讓說德語的軍隊逐漸萎縮。

奧匈帝國陸軍部想把匈牙利地方防衛軍的新兵調到帝國正規軍，且提出完全合理的理由——每一年從萊塔河以東召募的兵員，不到四成五是匈牙利人——但遭匈牙利議會不斷阻撓。[4] 奧匈帝國預算得經奧地利、匈牙利兩國議會批准，因此匈牙利人開始常常削減或否決會壯大或現化代正規軍的軍費，因為他們把正規軍視為威脅：受德意志人訓練，可能入侵匈牙利，撕毀折衷方案的「馬木魯克人」（Mamelukes，「奴隸兵」）。匈牙利人不以讓聯軍經費斷炊為滿足，還打算摧毀其士氣；布達佩斯的政治人物要求展開一有計畫且持續不斷的行動，以「將正規軍中的匈牙利裔成員民族化」，也就是使他們脫離德意志指揮體系和德意志文化，使他們講匈牙利語。[5]

在這一內鬥下，奧匈帝國陸軍軍力大衰。一九〇〇年，聯軍只拿到四億三千九百萬克朗的經費，只及英國國防支出的三成五，俄國的四成，德國的四成一，法國的四成五。英國把過半資源投注於皇家海軍，但其花在陸軍六個師的錢，仍比奧匈帝國花在其四十八個師的錢還要多。[6]一個如此看重其大國地位的帝國，軍費支出竟少到這程度，著實令人震驚。

或許有人會以為，德國人根據軍事、政治考量應該會反對奧匈軍力如此衰退，其實不然。畢竟匈牙利人是他們在維也納的盟友，自一八六六年就受柏林指導，力促維也納採親德政策。這是一八六七年後奧地利面臨的另一個顯著難題：匈牙利人得到二元制安排，大部分得歸功於德國支持。德國首相俾斯麥擔心普魯士打贏一八六六普奧戰爭和一八七〇至一八七一普法戰爭後奧法組成「復仇聯盟」，於是在一八七〇年加大其對奧地利境內匈牙利人的支持。柏林和布達佩斯同意，哈布斯堡王朝若想推翻一八六六年的裁定，想以「天主教聯盟」盟主身分重新進入德意志民族政治圈，決意削弱（新教）俾斯麥對德國轄下天主教地區的掌控，該王朝將反受其害。[7]匈牙利人需要德國支持折衷方案（沒有德國的支持，維也納說不定早已動手教訓布達佩斯），而俾斯麥給予該支持，因為奧匈折衷方案似乎有一石兩鳥之效。它將該帝國一分為二，藉此從內部牽制奧地利再起，但又確保奧匈帝國，至少帝國西半部，仍保有其德意志特性和文化，從而使維也納仍是德國盟邦。俾斯麥擔心一八六六年戰敗而國力衰弱的奧地利走上反普魯士路線，或受到奧地利境內捷克人、波蘭人、克羅埃西亞人等斯拉夫民族泛斯拉夫激情的傷害，於是徹底支持布達佩斯，從而創造出成事不足敗事有餘的二元政治。對奧地利不利，就是對德國有利（短期來說），在柯尼希格雷茨之役後情勢緊張那些年，那是俾斯麥的最高準則。[8]

匈牙利人始終藉由反對奧地利來表達其對德國的忠誠：匈牙利人有計畫地反對奧匈外交部重拾「舊奧地利」政策（即獨立政策），對奧、俄修好之事扯後腿。匈牙利人也竭力阻止奧地利人脫離一八八二年所創立的奧德義三國同盟。義大利人毫不掩飾其對奧地利南蒂羅爾（South Tyrol）、的里雅斯特（Trieste）、達爾馬提亞（Dalmatia）的覬覦，但凡是軍事預算裡含有為奧地利受威脅的土地構築防禦工事或派駐部隊的經費，該預算都遭匈牙利人否決。有位法國官員推斷道，奧地利人被二元制困住，被外交部裡為德國利益服務而非為奧地利利益服務的「普魯士－馬札兒小集團」困住，動彈不得。[9]

一度大受吹捧的奧地利陸軍，一九〇〇年後漸漸衰敗。一八六六年時它是世上最龐大的陸軍之一，一九一四年時已落入末段班，只有三十五萬五千兵力，野戰炮、炮彈、機槍（現代戰爭的新寵兒）少得可憐。

這些令人洩氣的數據，在一九一二至一九一三年的巴爾幹戰爭期間，取得超乎統計學上的意義。一八六六年遭逐出德意志區域和義大利後，奧匈帝國轉而擁抱巴爾幹強權（Balkanmacht）這個新角色，冀望藉此重振聲威。柯尼希格雷茨之役後，法蘭茨・約瑟夫皇帝把目光轉向南邊，打算開闢一條穿越塞爾維亞與馬其頓直抵薩洛尼卡（Salonika）與愛琴海的奧地利走廊。重振雄風的奧匈帝國將承繼鄂圖曼帝國的歐洲諸省，從地中海的新港口發散支配力和勢力。為此，維也納於一八七八年占領了波士尼亞－赫塞哥維納，一九〇八年將其併吞，冒著與俄國、塞爾維亞開戰的危險強行畫出其勢力範圍。這時，一九一二至一九一三年，法蘭茨・約瑟夫一臉驚駭看著自認比奧地利更名正言順承繼土耳其在歐洲之領土的塞爾維亞，把土耳其人和保加利亞人先後趕出曾是鄂圖曼帝國省分，且橫亙在通往薩洛尼卡之路上的科索沃、馬其頓。外界認為維也納會大舉干預這些戰爭，以免貝爾格勒利用土耳其人的潰敗大幅擴張其勢力；維也納的確這麼做，但未成功。塞爾維亞人在馬其頓恣意搜掠，肆無忌憚穿過奧地利所治理的新帕札爾區（Sanjak of Novipazar），以奪取阿爾巴尼亞的史庫塔里（Scutari，阿爾巴尼亞語稱斯庫台／Shkodër）和杜拉措（Durazzo，阿爾巴尼亞語稱都拉斯／Durrës）兩港，狂妄行徑令法蘭茨・約瑟夫皇帝怒不可遏，於是下令動員五個軍，以讓塞爾維亞人心生恐懼，自行撤退。結果什麼事都沒發生：匈牙利議會不肯為這一冒險行動提供資金，而充斥著親塞爾維亞之斯拉夫人的奧地利議會，以長達一個月的冗長辯論癱瘓議事，也拒絕為此行動的撥款放行。

無計可施的皇帝轉而找上華爾街的庫恩・羅布公司（Kuhn Loeb and Co.），借到兩千五百萬美元支應軍隊動員所需資金，結果許多新兵向所屬的奧匈帝國團報到時，唱著塞爾維亞國歌，嘴裡罵著自己的君主。在奧地利的捷克諸省，後備軍人的妻、母臥軌，以阻止火車將他們的丈夫、兒子載往前線。擁有高度發展之文化的捷克人，已成為這個君主國最薄弱的一環。十七世紀時遭撤除的政治特權從未恢復，加上他們在波希米亞、摩拉維亞兩省境內屈居於德意志人之下，令捷克人怨恨甚深。在二十萬塞爾維亞部隊迅速占領巴爾幹半島西部時，一萬兩千名士氣蕩然的奧地利人滲入波士尼亞，根本談不上嚇阻效果。維也納一地的麻煩，使這一行動的效果更打了折扣。在危機最嚴重的關頭，參謀總長被迫（因不夠強勢積極）辭職，不久，奧匈帝國陸軍部長跟進辭職：他被控拿他打算賞予軍事合同的商行的股票做投機買賣。接任者才剛出爐，即發生舉國震驚的雷德爾醜聞（Redl Affair）——消息傳出四十七歲的阿佛烈德・雷德爾（Alfred Redl）上校，自一九〇五年起一直將德、奧的軍事機密賣給俄國人。

奧地利出兵阻止塞爾維亞擴張的行動失敗，帝國似乎危如累卵。奧匈帝國參謀部研究塞爾維亞在兩次巴爾幹戰爭中的併吞行動，推斷塞爾維亞靠著新取得的領土，人力和資源將迅即大增，塞爾維亞陸軍兵力會隨之成長一倍，由二十萬增加為四十萬，換言之，將比承平時期哈布斯堡王朝的建制兵力還多。即將離職的參謀總長布拉修斯・舍穆瓦（Blasius Schemua）慘然推斷道，奧匈帝國連考慮和俄國、塞爾維亞一戰都沒資格——「我

芬蘭
拉多加湖
克里斯蒂安尼亞（奧斯陸）
赫爾辛基
聖彼得堡
芬蘭灣
斯德哥爾摩
雷瓦爾（塔林）
瑞典
愛沙尼亞
佩普西湖
伏爾加河
里加
莫斯科
拉脫維亞
德維納河
哥本哈根
波羅的海
立陶宛
烏格拉河
維爾紐斯
傑斯納河
東普魯士
明斯克
頓河
帝國
白俄羅斯
俄羅斯帝國
維斯圖拉河
柏林
普里佩特河
華沙
奧德河
波蘭
布格河
基輔
第聶伯河
頓涅茨河
布拉格
倫貝格（利維夫）
加利西亞
烏克蘭
奧匈帝國
第聶斯特河
維也納
普魯特河
布達佩斯
敖得薩
亞速海
萊巴赫（盧布爾雅那）
羅馬尼亞
的里雅斯特
阿格拉姆（薩格勒布）
貝爾格勒
布加勒斯特
塞拉耶佛
多瑙河
黑海
亞得里亞海
塞爾維亞
保加利亞
索非亞
蒙特內格羅
地拉那
君士坦丁堡
那不勒斯
阿爾巴尼亞
安卡拉
希臘
愛琴海
奧圖曼帝國
愛奧尼亞海
雅典
西西里島
佐澤卡尼索斯（義）
馬爾它島（英）
克里特島
賽浦路斯（英）

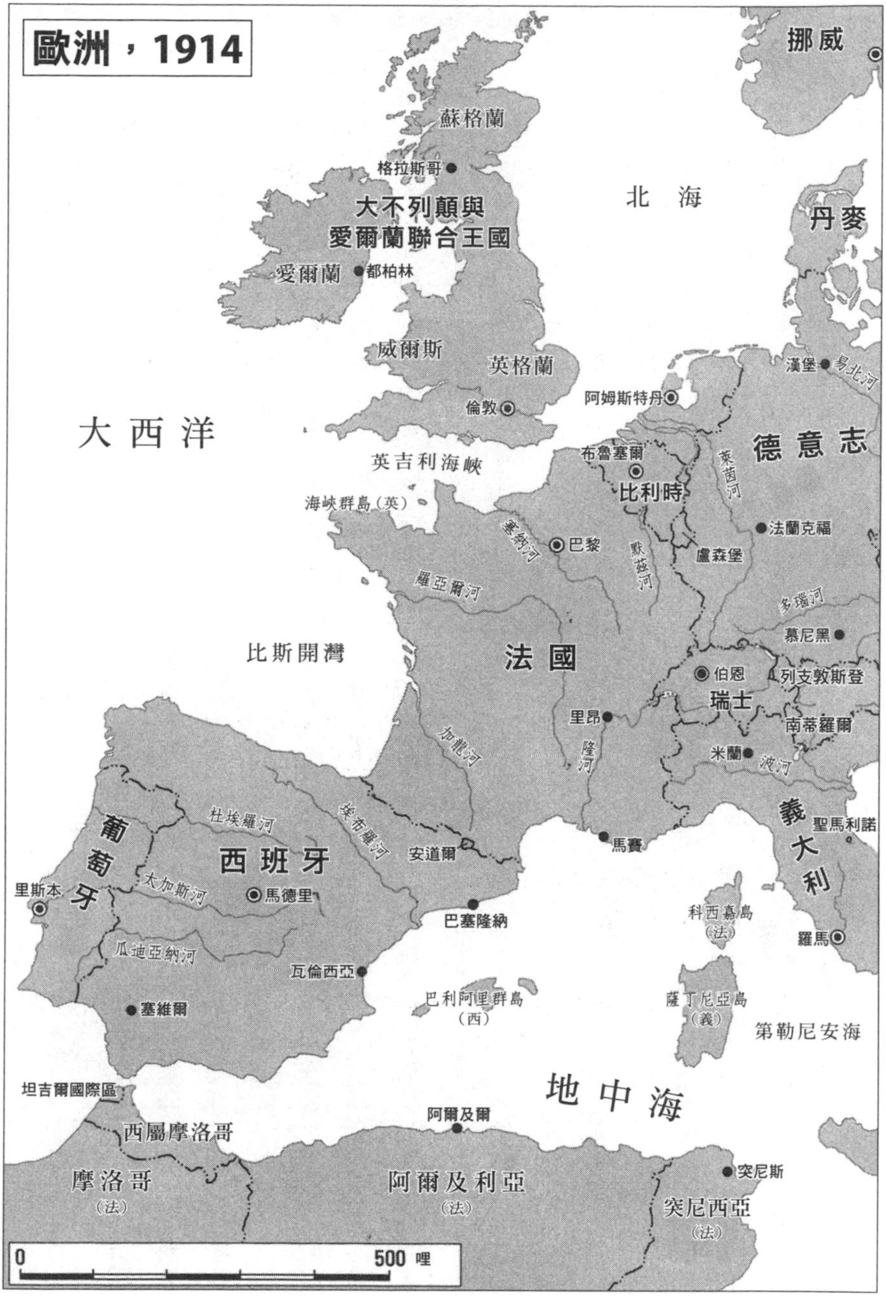
歐洲，1914
挪威
蘇格蘭
格拉斯哥
北　海
丹麥
大不列顛與
愛爾蘭聯合王國
愛爾蘭
都柏林
威爾斯
英格蘭
漢堡
易北河
阿姆斯特丹
倫敦
大西洋
德意志
布魯塞爾
英吉利海峽
萊茵河
比利時
海峽群島（英）
法蘭克福
塞納河
巴黎
默茲河
盧森堡
羅亞爾河
多瑙河
慕尼黑
比斯開灣
法國
伯恩
列支敦斯登
瑞士
里昂
南蒂羅爾
加龍河
隆河
米蘭
波河
杜埃羅河
埃布羅河
葡萄牙
義大利
聖馬利諾
安道爾
馬賽
西班牙
太加斯河
里斯本
馬德里
巴塞隆納
科西嘉島
（法）
羅馬
瓜迪亞納河
瓦倫西亞
巴利阿里群島
（西）
薩丁尼亞島
（義）
塞維爾
第勒尼安海
坦吉爾國際區
地中海
阿爾及爾
西屬摩洛哥
摩洛哥
（法）
阿爾及利亞
（法）
突尼斯
突尼西亞
（法）
0
500 哩

們的軍力不再頂得住這兩國」，肯定是對一九一三年情勢最輕描淡寫的描述。[10]

一九一四年前夕維也納一地的激昂言詞，讓人想起一八五九年和一八六六年哈布斯堡王朝對來自皮埃蒙特（Piedmont）、普魯士之威脅的痛斥。這時塞爾維亞被說成南斯拉夫的「普魯士」或「皮埃蒙特」，一個矢志於巴爾幹半島實現其天定命運的新興地區性強權，一如皮埃蒙特統一義大利、普魯士統合德意志民族。塞爾維亞民族主義分子的領土野心很大，想把奧匈帝國的波士尼亞－赫塞哥維納、克羅埃西亞、達爾馬提亞、斯洛凡尼亞、南匈牙利，也就是所有講塞爾維亞－克羅埃西亞語的地方，都納入其版圖。雪上加霜的是，奧匈帝國內部人民普遍同情塞爾維亞人。奧匈帝國的斯拉夫人被德意志人、匈牙利人當成二等公民，把塞爾維亞的民族統一視為他們自身民族統一的先聲。法蘭茨·斐迪南大公怒沖沖說道，「我們君主國得從昏睡中醒來，以強勢昂揚之姿前進，不如此，會完蛋。」

到了一九一三年，沒有哪個國家比德國更希望一個強勢的奧匈帝國。英、法、俄已於一九〇七年組成反德的三國協約，德國人夾處在這三國的現代化海陸軍之間，只剩奧匈帝國這個真正的盟友。沒有奧地利，德國的處境將不堪設想，因此柏林開始規畫一場歐洲大戰，以擊潰塞爾維亞和俄國，扶助維也納。在一九一二年十二月於波茨坦召開的作戰會議中，德國皇帝建議以塞爾維亞在巴爾幹半島攻城略地為藉口，立即向塞爾維亞、俄羅斯、法國開戰。德皇於波茨坦會議前向奧匈帝國武官保證，「德國隨時可出劍，包在我們身上。」

但一如以往，奧地利人無法指望匈牙利人相助。一九一三年維也納竭力要求匈牙利投票贊成擴編海陸軍，擴建通往俄國的戰略性鐵路，增建野戰炮兵連，匈牙利人再度拒絕。凡是有利於聯軍的事，或就新建鐵路來說，凡是可能讓奧地利經濟受惠，而非讓匈牙利經濟受惠的新鐵路，匈牙利人都不會投票贊成。

雖然匈牙利固執己見——或說不定因為匈牙利固執己見——一九一四年時柏林已準備好豁出去大幹一場。法、俄兩國排定的強軍計畫，要到一九一六年後才會完成。德國的強軍計畫則已快完成。奧匈帝國於一九〇五和一九一一年兩次摩洛哥危機期間都不願參戰，此刻德國得想辦法逼它代德國出手。巴爾幹半島無疑就是理想地點。奧地利的報界哀嘆奧國於巴爾幹戰爭期間的無能，正是德國所樂見。一九一四年六月中期，《奧地利評論報》（*Österreichische Rundschau*）把塞爾維亞擴張說成是「第二場柯尼希格雷茨之役」，憂心忡忡指出「一八六六年，我們被趕出德意志邦聯和義大利；這一次我們被趕出巴爾幹半島。」[11]

這一趨勢必須止住，而當兩星期後塞拉耶佛響起致命的槍響，殺害哈布斯堡王儲和其妻子時，德國領袖心中竊喜。他們覺得哈布斯堡王儲遇害和一名波士尼亞塞爾維亞刺客被捕，必然會使膽怯的奧地利人不得不開戰。

第一章　歐洲病夫

The Sick Man of Europe

「奧地利是歐洲的窩囊廢」有份維也納報紙於一九一三年二月如此嘲笑道。「沒人喜歡我們，只要有災難，我們都躲不過。」只有「歐洲病夫」——剛被飢餓的新強權奪走位於北非和巴爾幹半島之省分的衰老鄂圖曼帝國，能和奧地利爭奪「世上最大窩囊廢」這個頭銜。[1]事實上，哈布斯堡王朝和鄂圖曼人正在比賽誰先沉淪到最底下，把歐洲病夫的頭銜搶到手上。何謂歐洲病夫？最有可能在世人有生之年衰亡的大國是也。

奧地利的積弱不振，肇因於其境內齟齬不斷且對統治當局心懷不滿的諸民族。「奧地利」一詞意味著清一色德意志民族，但這個遼闊的帝國，其領土遠非只有以維也納、格拉茨（Graz）、薩爾茨堡、因斯布魯克（Innsbruck）為核心的說德語核心地區。一九一三年，奧地利是歐洲第二大國（僅次於俄國），歐洲第三人口大國（次於俄國和德國）。但五千兩百萬奧地利人中，只有一千兩百萬是德意志人，問題就出在這裡。一九一三年，奧地利最大族群是斯拉夫人。這個西起瑞士邊界、東抵俄國邊界的君主國，有八百五十萬捷

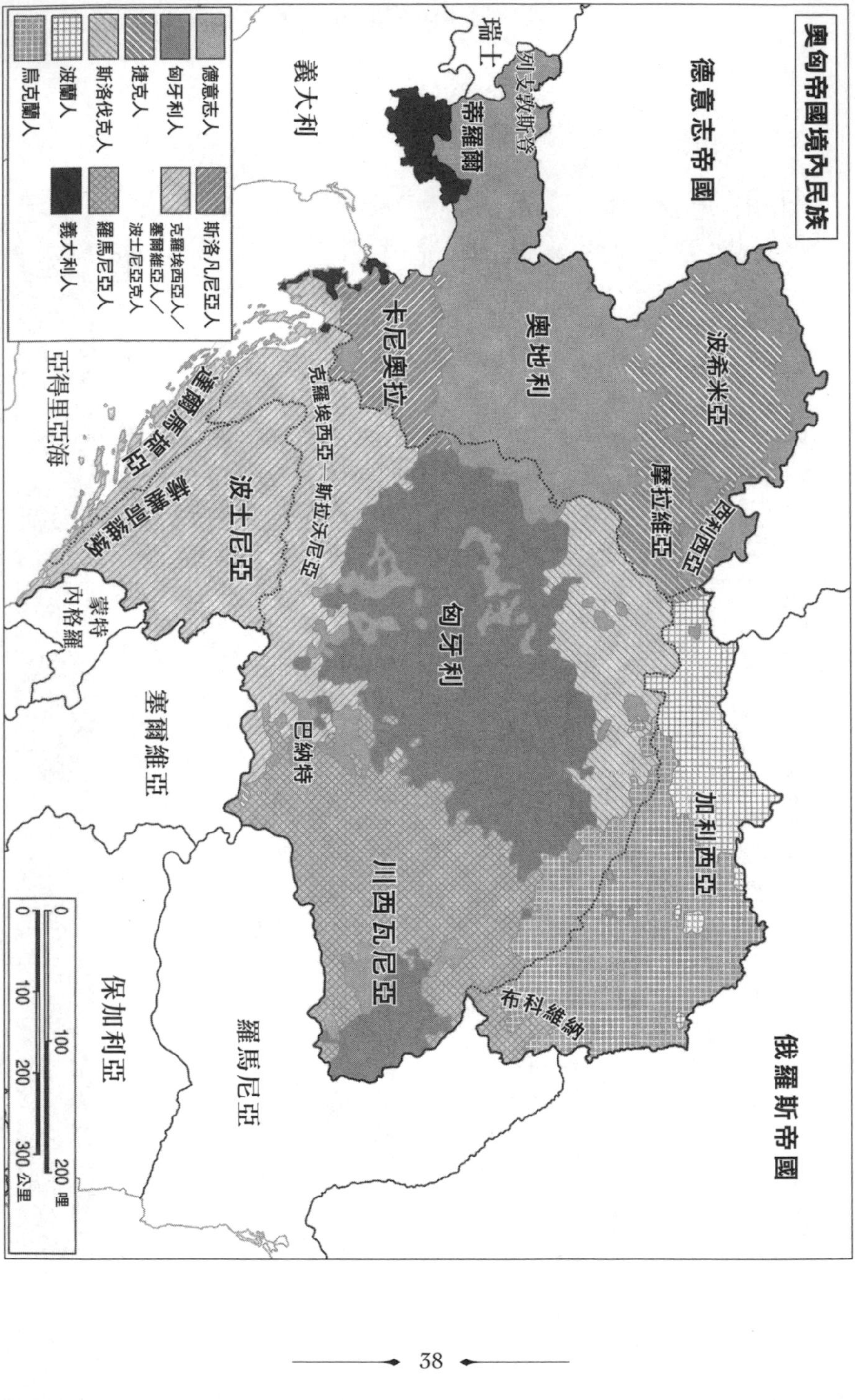
奧匈帝國境內民族
德意志人
匈牙利人
捷克人
斯洛伐克人
波蘭人
烏克蘭人
斯洛凡尼亞人
克羅埃西亞人／塞爾維亞人／波士尼亞克人
羅馬尼亞人
義大利人
德意志帝國
瑞士
義大利
列支敦斯登
蒂羅爾
奧地利
卡尼奧拉
波希米亞
摩拉維亞
西利西亞
加利西亞
布科維納
俄羅斯帝國
匈牙利
巴納特
川西瓦尼亞
羅馬尼亞
克羅埃西亞─斯拉沃尼亞
波士尼亞
赫塞哥維納
達爾馬提亞
亞得里亞海
蒙特內格羅
塞爾維亞
保加利亞
0 100 200 哩
0 100 200 300 公里

克人和斯洛伐克人、五百五十萬克羅埃西亞人和塞爾維亞人、五百萬波蘭人、四百萬烏克蘭人、一百三十萬斯洛凡尼亞人。斯拉夫人占奧地利人口五成。此外還有人數幾乎和德意志人相當的匈牙利人（一千萬），占人口一成九。

這些匈牙利人九世紀就從中亞移居至此，說著獨特語言馬札兒語，孤處於與己大不相同的諸民族之間。他們始終沒有安全感，擔心遭德意志人支配或遭斯拉夫人吞沒。這使匈牙利人產生霸道心態，決意把周遭的人全「馬札兒化」，以壯大他們的小族群，消弭族群競爭。首當其衝者是奧地利的羅馬尼亞人。他們有三百多萬人（占帝國人口百分之六），與匈牙利人一起居住於喀爾巴阡山盆地，匈牙利人不斷逼他們放棄自己語言和文化，改說馬札兒語。

維也納若有強有力的領導階層且行事公正，或許能緩和這些問題，但法蘭茨·約瑟夫皇帝始終予人軟弱、敷衍的印象。他惟一一次御駕親征，是一八五九年攻打法國人，敗戰收場，然後，在下一場戰爭，一八六六年的普法戰爭，他把兵權交給一位看來能征善戰結果是個庸才的將領，於是再敗。這使法蘭茨·約瑟夫變得悲觀，失去自信。他不想聽不中聽的話，不想讓需要做出棘手抉擇的問題纏身，於是一八六六年後身邊全是一些受他信任的唯唯諾諾之徒和愚忠之人，例如效力他已久的朋友暨參謀總長佛里德里希·貝克（Friedrich Beck）將軍。這群人執行皇帝惟一不變的政策，即推遲問題，但絕不解決問題。誠如溫斯頓·邱吉爾所說，他們是「奇怪的一個小集團，古代的一幫倖存者，

FIGURE 1.1 ——法蘭茨・約瑟夫一世漫步於霍夫堡宮中

具有明顯的維多利亞時代人作風，堅貞不移」，但與時代脫節得可悲。[2]為防哪個人試圖與現代搭上線，法蘭茨・約瑟夫不予他們有此機會：他要維也納與布達佩斯的哈布斯堡王廷施行歐洲最嚴格死板的禮儀，任何人都沒有機會向皇帝進言，除非皇帝先找那人講話。「那就像沒有音樂的音樂喜劇」，有位美國旅人論道。[3]

一八五九年對法之戰和一八六六年對普魯士之戰，改變了哈布斯堡君主國的地位。在那之前，它是不折不扣的強國，與英格蘭、法國、俄國並列四強，比普魯士或義大利還要強大。在這兩場戰爭中，奧地利將領白白浪費掉機會，仗仗皆輸。自此，這個君主國雖不致於成為世人的笑柄，卻也相去不遠。

一八五九年的戰敗，激使維也納深刻自省弊病。法蘭茨・約瑟夫的信心動搖。他首度同意成立議會，即一八六〇年的帝國議會，然後拿不定該採哪種政體。一八六〇年代，奧地利開始認真處理民族主義問題（該給國內的非德裔民族多大的權力和多大程度的代議民主），而要到一九一八年，奧國才擺脫這問題的纏擾。處理方法之一，乃是「集權」，即由京城將帝國權力一把抓，並透過一高壓的說德語行政系統在各省貫徹帝國權力。另一個方法是建立「聯邦」，即放寬皇帝和京城官員對地方的控制，讓各省以本地人、本地語言管理自己。一八六〇年代，這大體上意味著不只透過貴族——即這一君主國的「百戶」，例如奧地利的溫迪施格雷茨（Windischgrätz）氏族、匈牙利的埃斯特哈吉家族（Esterházys）、波希米亞的史瓦岑貝格家族（Schwarzenbergs）——來治理，還透過地方議會和各地的民族社團(包括波希米亞與摩拉維亞的捷克人、匈牙利的馬札兒人、薩格勒布的克羅埃西亞人、加利西亞的波蘭人、的里雅斯特的義大利人、盧布爾雅那的斯洛凡尼亞人)來治理。

多年來,皇帝和其統治集團在聯邦、集權兩種方法之間焦慮不安擺盪,忽而此法,忽而彼法,但不管是哪種方法,都未能奏效。集權之路引發非德意志民族的眾怒。在工業化、自由主義發皇的近代,要透過貴族施行聯邦制,已走不通,而若要透過「青年捷克黨」(Young Czechs)之類的中產階級民族社團來施行聯邦制,必然導致地方脫離自立和解體。奧匈帝國十七個主要地區中,只有六個地區由單一民族組成;其他地區都是潛伏著民族衝突的火藥庫,例如波希米亞境內,捷克人和德意志人為語言、就業、地位的問題在城鎮、鄉村互鬥。[4]法蘭茨·約瑟夫三十歲時(他會活到八十六歲且至死才退位),奧地利就已無法運作,已如同一隻太胖、太笨重而飛不起來且行動太遲緩、太無自衛能力而無法在地面存活的度度鳥。

一八六〇年代的普魯士首相奧托·馮·俾斯麥,立即注意到這點。自一八五〇年代俾斯麥說「中歐不再容許兩強並立」之時起,他就看奧地利很不順眼。一八六六年他把矛頭對準法蘭茨·約瑟夫,要求自拿破崙戰爭結束起即由維也納寬鬆領導的德意志諸邦改奉普魯士為主子。法蘭茨·約瑟夫以其一貫亂無章法的作風,權衡妥協開戰的利弊得失,最後決定開戰以「保住奧地利顏面」。他不夠深謀遠慮,總是為虛無縹渺的「面子」

而戰，而非為具體可見的利益而戰——一九一四年時他又這麼幹。一八五九、一八六六年時，一如一九一四年時，若以戰爭之外的手段來保住顏面，會遠更符合帝國的利益，將既能保住奧地利的大國身分，同時又能免除兩個歷來交好之國的毀滅性衝突。

毛奇將軍的普魯士陸軍，一八六六年六月以迅雷不及掩耳之勢入侵奧地利，在幾次交手中連連擊敗奧地利陸軍，並於七月三日波希米亞易北河邊的柯尼希格雷茨要塞，打出最輝煌的戰果。普軍挺進波希米亞時，一支義大利軍隊入侵威內托，拿下該省，兵威逼近的里雅斯特。奧地利輸得一塌糊塗：開戰前，奧國外交官未能以讓步打消普魯士或義大利的進攻，開戰後，奧國將領未能抓住良機打贏兩戰線。

拿破崙戰爭期間，奧地利軍隊是反拿破崙陣營的中流砥柱，一八六六年竟如此落敗，其震撼無疑如石破天驚。羅馬教廷外長聽到普軍在柯尼希格雷茨大勝、奧軍潰敗的消息，驚訝說道「世界垮了」。此後的政局發展更令人震驚；英國保守黨領袖班傑明・迪斯累利（Benjamin Disraeli），一八七一年二月向下議院議員演說時，說出歐洲其他地區人民的心聲，判定俾斯麥將三十六個德意志邦國一統於普魯士統治之下，「徹底打破了均勢」，說此舉如同一場「德意志革命」，其政治意義比上個世紀的法國大革命還要重大。拿破崙戰爭結束時，成立了由奧地利領導的德意志邦聯，以免德意志民族的財富、工業、劇增的人口為單一強權所把持。隨著那些資源突然落入普魯士之手，歐陸的均勢徹底翻轉。一個以柏林為中心且雄心勃勃的新強權，一統了俄國與法國之間原本小國林立、四分五裂的局面，且決意大展身手，讓世人刮目相看。[5]

奧地利比歐洲其他任何強權更努力解決一八七一年德意志革命帶來的衝擊。「沒有哪個外交傳統未遭掃除」，迪斯累利於普魯士打贏普法戰爭後嚴正表示。「新的世局，新的勢力，新且未知的東西，有待處理的危險。」但新世局不利於奧地利。隨著其他強權認知到奧地利在柯尼希格雷茨的戰敗和其不知為何未能插手普法戰爭藉以收復一八六六年失土一事所代表的意義，維也納在國際上長久享有的尊重漸漸消失。有位奧地利將領低聲說，「我們已淪落到和土耳其同級」，證實哈布斯堡帝國和鄂圖曼帝國是一對歐洲病夫。[6]

法國大使館評估過一八七八年奧匈帝國的情況後，推斷只有維也納、格拉茨兩地周邊的地區仍屬「可靠的德意志人地區」。其他地方全都受到其他民族的包圍——匈牙利為馬札兒人所包圍，的里雅斯特為義大利人所包圍，克羅埃西亞和達爾馬提亞為克羅埃西亞人所包圍，卡林西亞（Carinthia）和卡尼奧拉（Carniola）為斯洛凡尼亞人所包圍，波希米亞和摩拉維亞為捷克人所包圍，加利西亞和布科維納為波蘭人、烏克蘭人、羅馬尼亞人所包圍。法國人論道，在「由諸民族像鑲嵌畫拼接成」的奧匈帝國裡，猶太人脫穎而出，成為「奧地利境內惟一可靠的族群」。在俄國，猶太人受到嚴重歧視和集體迫害，在奧地利，猶太人則受到較大的包容，是奧匈帝國裡少數幾個積極支持哈布斯堡家族的族群之一。法國大使館於一八七八年記載道，「他們的人口在東方成長的速度，遠大於其在總人口所占比例下應有的速度，且透過放高利貸掠奪廣大農民；在城市，他們控制報業、需要專門知識的職業、銀行。」猶太人在鄉村放款和在城裡經商有成，在奧地利境內激起俄國式反猶浪潮，但還未滿五十歲的奧匈皇帝並不怎麼把他最忠貞子民受到的攻擊放在心上。法國人寫道，「他有同情心且很受喜愛，為人卻乏善可陳；他沒有中心思想，在不同制度間擺盪；他沒有真正的朋友或心腹；他什麼人都不信任，未得到誰的信任，甚至連他自己都懷疑。」7

這一對法蘭茨·約瑟夫的扼要陳述非常貼切，而一八六六年戰敗後，他未思索太久，就決定了一個解決德國、義大利統一所帶來之危機的辦法。軍事上，他師法普魯士（但只及於皮毛）。一八六六年敗戰的奧地利陸軍，原靠貴族軍官和長期服役的農民兵打仗，因而，一開始打了幾次敗仗後，奧地利軍隊就陷入沒有受過訓練之後備士兵或軍官可用的困境。奧匈皇帝的新陸軍部長法蘭茨·庫恩（Franz Kuhn）將軍，施行義務役制度，要奧匈帝國所有男子都得當三年兵，且用考試遴選軍官。不到五年，這一君主國的軍事貴族即大部分離開軍隊，且一去不復返，以抗議庫恩取消他們原有的特權（主要是不必接受考試或其他任何「能力評定」的特權）。若非一八五九、一八六六年的慘敗令法蘭茨·約瑟夫顏面盡失，這個自命不凡且因循舊制的皇帝絕不會同意這樣的改革。不幸的是，不到五年，大部分最優秀的中階軍官也離開軍隊，因為一八七〇年代是鍍金時代（Gilded Age），最有能力的人都會離開苦哈哈的軍隊，到金融界找發財機會。哈布斯堡王朝的軍官圈子，漸漸走上它一九一四年時將呈現的面貌：只有窮苦的中下階層子弟報考軍官。他們的父親看上一流軍事院校，例如維也納的工學院（Technical Academy）或位於維也納新城的軍校，所提供的免費教育機會，於是把兒子送去從軍。[8]

從組織上講，一八六六年後的哈布斯堡陸軍採行類似普魯士的軍區制。整個君主國，從西邊的因斯布魯克到東邊的倫貝格（烏克蘭語利維夫／Lviv），從北邊的布拉格到南邊的拉古薩（Ragusa，杜布羅夫尼克），劃分為十五個軍區，每個團均從本地徵得其四個營的兵員，併入最近的軍。這套制度極為合理，但奧地利此前從未想過施行，因為在民族主義時代，奧地利當局認為跨國性民族不可靠。若讓他們留在本籍所在地區，他們可能與心有不滿的當地人勾搭在一塊，把槍口轉向皇帝，因此，一八六六年戰敗之前，奧地利團每三年就在君主國各地搬風換位——捷克人到布達佩斯，匈牙利人到布拉格，克羅埃西亞人到威尼斯，德意志人到克拉科夫，烏克蘭人到維也納，諸如此類。這一「不駐在本籍」的作法，承平時期作為反革命措施施行，但在戰時那使奧地利的軍隊動員變複雜，因而一八八〇年代時已大部分廢除。但這一新的軍區制度並非全無問題。有位奧地利將領於一九一四年二月寫信給另一位將領，「請用腦筋較靈光的參謀換掉我那批參謀」，對方回道：「不行，將就著用你那批較不聰明的人。」這位將領希望找德意志人組成他的參謀班子，卻奉命拿塞爾維亞人湊合著用。[9]

從戰術上看，哈布斯堡陸軍也試圖仿效普魯士。奧地利的規畫人員揚棄突擊戰術

（一八六六年被普魯士火力撕碎的連縱隊密集隊形衝鋒戰術），換成普魯士的火力戰術。一八七五年受邀至陶特瑙（Trautenau）古戰場參觀奧地利軍事演習的一位法國軍官報告道，奧地利教官以如下講話為演習開場：「大家都知道一八六六年在此發生的事；我們的任務乃是清除並永遠忘掉讓我們流了那麼多血卻只得到些許成就的那些觀點和戰術。我們用散開的單位，速射的火力，取代那些老辦法。」[10]

這個新戰法無懈可擊，但卻從未真正施行。哈布斯堡王朝在取得最新科技和訓練出能有效使用最新科技且足敷需求的人員上，總是慢半拍。如果未大量徵募兵員，且訓練他們估算射程、瞄準射擊，士兵無法發出快速且分散的火力；屆時士兵將得組成受軍官、士官指導的密集隊形，成為敵人的現成靶子，如一八六六年時所見。在一八九〇年代的科技革命（連發槍、機槍、急射炮）之前，奧匈帝國法蘭茨·約瑟夫皇帝就表現出一種令人痛心的傾向，即總是做錯事或至少未能把對的事貫徹到底的傾向。他相信為他效命甚久的參謀總長佛里德里希·貝克的意見，批准大體上流於形式的演習。一八六六年後，他有多年時間公開擁護他的騎兵隊（陸軍中最後一塊只有貴族能參與的領域），對於一八六六年他最能幹騎兵隊隊長萊奧波德·埃德爾雪姆（Leopold Edelsheim）欲揚棄長矛和馬刀、代之以卡賓槍和手槍的作為，一律反對。[11]

政治上，這位皇帝的作為同樣是成事不足，敗事有餘。為解決一八六六年戰敗導致的政治危機，他與國內最難纏的對手，匈牙利人，坐下來談，提出匈牙利人千載難逢的好交易。他提議，只要匈牙利人忠於哈布斯堡王朝，他願把五成二的奧地利領土和四成的奧地利人口，交給只占這君主國人口一成九的匈牙利人掌管，作為回報。匈牙利人占有這一半奧地利領土，卻只需負擔帝國中央政府稅收的三成。[12]

馬札兒人於一八六七年實質上脫離一元化的奧地利帝國，在外萊塔尼亞重振將與維也納沒有直接關連的「匈牙利王國」。根據這位奧地利皇帝的實際頭銜，他是匈牙利國王（也是波希米亞、克羅埃西亞、加利西亞和帝國其他地區的國王），但在一八六七年折衷方案之前，這些頭銜始終被視為百分之百的虛銜，它們名下的領土只是省分，而非王國。但這時這位皇帝則不得不認知到，匈牙利王位比其他王位都重要，連奧地利王位都比不上。布達佩斯能向維也納提出各種要求，但維也納不得向布達佩斯提出任何要求。自一五二六年維也納取得匈牙利這塊領土，奧皇就是匈牙利國王，屬他名下的奧地利建築和固定物，一直都以k.k.這縮寫來表明為他所有。k.k.為kaiserlich königlich的頭字母組合詞，意為皇帝暨國王的。但這局面不再：一八八九年，匈牙利人要求在兩個k之間加上一個u（「和」），使兩k不再如膠似漆緊挨在一塊。匈牙利人認為kaiserlich und königlich（皇帝的和國王的），比kaiserlich königlich，更彰顯奧地利與匈牙利的分隔，更合他們的意。[13]

連這樣的枝微末節都要這麼講究區分，令維也納大為驚駭。這位皇帝原以為透過一八六七年折衷方案，他已用匈牙利自治換取到統一的奧地利大國，以為讓匈牙利人在其內政上完全當家作主，他們會真誠參與「共同的」或「聯合的」k.u.k. 陸軍部、外交部、通商部、財政部。匈牙利人似乎過河拆橋，背棄雙方的協議；他們從這個聯合君主國得到很大的好處（五分之二的奧匈帝國人口，卻只需負擔帝國每年稅收的三分之一），卻一再阻撓軍事、外交政策、財政、通商方面的統歸中央指導，此舉別說是不知感恩，根本形同暗中扯後腿。住在維也納美景宮（Belvedere Palace）的法蘭茨·斐迪南大公忿忿說道，奧地利會垮，不會是垮在敵對大國手裡，而會是垮在「內敵——猶太人、共濟會員、社會黨人、匈牙利人」手裡。[14]

法蘭茨·約瑟夫開始把愈來愈多心力放在應付維也納、布達佩斯這兩個互爭高下的首都上，以確保哈布斯堡王朝的存續和舉足輕重的地位。這不是件易事，因為哈布斯堡王朝，即使就較放任開放時代的寬鬆標準來看，都不具威嚴。一八八九年，法蘭茨·約瑟夫的獨子暨皇儲，三十歲的魯道夫大公，愛上某男爵未成年的女兒，然後在他位於維也納森林的狩獵用住屋邁耶靈（Mayling）裡，開槍殺了她再自殺。這一殺人、自殺事件，使不苟言笑的法蘭茨·斐迪南大公不久後成為新皇儲，也切斷了皇帝和皇后之間本就沒什麼往來的聯繫。這時，皇后正在維也納之外四處旅行，直到一八九八年遇刺身亡，才結束這一雲遊四海的習慣。

皇室成員發生醜聞時，採取措施控管其對皇族威信或形象的傷害，乃是當時的一貫作法。人人都知道這皇帝有個情婦——女演員卡塔麗娜·施拉特（Catharina Schratt）——跟了他三十年，沒人在報紙上談論此事。皇帝的弟弟路德維希．維克托（Ludwig Viktor）一九〇四年兩度在公共澡堂與男伴一起被捕（第一次在維也納，第二次在義大利）時，這醜聞遭掩蓋。沒有一家奧匈帝國報紙提及此事；想將此事曝光的報紙則遭罰款、沒收。路德維希．維克托本人被診斷得了「憂鬱症」，關在他的鄉間宅邸，不得出門。[15]在柯尼希格雷茨之役中，中產階級出身的將領，敗得和貴族出身的將領一樣慘。於是，經過此一敗仗之後，法蘭茨．約瑟夫開始安插諸大公（哈布斯堡家族的親王）出任每個指揮要職，以拱衛帝權，但這些人都未有出色表現。法國大使館於一八九七年品評其中居首的兩位大公時論道：「佛里德里希：欠缺將領的基本要素。歐根：苦幹實幹，但沒有天賦。」[16]而這兩位哈布斯堡家族成員是整個家族裡最優秀之人。哈布斯堡王朝無疑存活下來，但這個身為大國的君主國已開始步上死亡之路。

匈牙利是讓哈布斯堡家族喪命的病毒。一八六七年後匈牙利的阻撓，啃蝕哈布斯堡王朝的權力基礎與行政根基。一八七八年，叛亂席捲鄂圖曼帝國的波士尼亞和赫塞哥維納，維也納認為正可趁機從土耳其手裡奪走這兩個省分，併入奧地利，進而達成一八六六年奧地利遭義大利和德國驅逐後，奧匈帝國一直追求的新使命——使奧地利稱霸巴爾幹半島。不幸的是，連占領這兩省都遭匈牙利人反對，更別提將它們併吞，因為匈牙利人擔心波士尼亞、赫塞哥維納境內百萬左右的斯拉夫人加入後，會使本已是少數民族的匈牙利人在這君主國裡更為少數。在柏林會議上，俾斯麥想把土耳其這兩個省送給奧匈帝國，以於俄國在一八七七至一八七八年對土戰爭擴大領土後，重新平衡歐洲諸大國的勢力，結果發現這一可笑情況：「我聽過有人不肯吃他們的鴿子，除非有人把鴿子射殺，替他們烤好，但我從沒聽過有人非要人把他的嘴掰開，把鴿子強行塞進他喉嚨，他才肯吃。」[17]

在內萊塔尼亞境內，也沒有一個聯合起來對付馬札兒人的親哈布斯堡集團。法蘭茨·約瑟夫在位期間，這皇帝始終依違於德意志自由主義中間派和斯拉夫封建體制聯邦派之間。從一八七九年至一八九七年為止，這皇帝把內萊塔尼亞的政事交給愛德華·塔菲（Eduard Taaffe）伯爵的「鐵環」（Iron Ring）內閣處理。這個內閣的最高目標，乃是使帝國的諸多民族處於「輕微不滿的平衡狀態」中。[18]但這個讓皇帝享有某種程度控制權的辦法，在民族主義與大眾通訊發皇的現代，卻變得較無效。到了十九世紀末期，為了一些次要但被民族社團和報紙大作文章的問題（例如某小鎮小學的教學用語），奧地利幾度更換內閣。若在十九世紀初期，不大可能出現這樣的情況。在奧地利十七個省裡，德語始終是規定的學校教學用語，地方語言的學習只列為選修課；這一安排在過去得到接受，這時卻激怒日益要求自身權益的捷克人、斯洛凡尼亞人等民族。捷克裔歷史學家法蘭提塞克·帕拉基（Frantisek Palacký），一八四八年主張「如果未曾有奧地利帝國，也該把它造出」，以防俄國宰制。這一為帝國張揚的言談，五十年後引來訕笑。奧地利諸民族不想要奧地利或俄羅斯，他們要的是自由。

在奧匈帝國，一八九七年是生存出現危機的一年。為帝國二元制給予匈牙利人的優惠暗暗不滿多年的捷克人，終於起事反對內萊塔尼亞的官方德意志文化，要求讓捷克語享有同等地位。新任奧地利首相卡希米爾·巴德尼（Casimir Badeni），讓捷克語與德語在說捷克語的波希米亞、摩拉維亞兩省境內享有同等地位，想藉此平息捷克人的怨氣（並鞏固塔菲的舊「鐵環」）。從此官員得通這兩種語言，但捷克人已從學校教育習得德語，因此受此一改革影響者只有德意志人。在這之前，只有少數德意志人特意去學捷克語。結果是一場一不折不扣的內戰，憤怒的德意志人打斷維也納帝國議會的運作，推倒議員座席，丟擲墨水瓶，在布拉格和波希米亞、摩拉維亞兩地的其他城鎮動用暴力。[19]德意志民族主義者從薩克森跨越邊界，嘴裡唱著德國愛國歌曲《看守萊茵河》（*Wacht am Rhein*）和《德意志之歌》（*Deutschland über Alles*），誓言阻止他們的「奧地利兄弟」失勢。

有位外交官寫下令人震驚的心得，說「德意志元素，始終是奧地利境內最強的膠黏物，如今卻已成為促成奧地利分解的最有力東西。」[20]德意志人擔心自己的地位在奧地利衰微，於是強烈捍衛他們的語言和文化，背棄傳統自由主義政黨，改投向民族主義政黨的懷抱，例如格奧爾格·馮·舍納勒爾（Georg von Schönerer）所創立，極力主張民族主義「比忠於王朝重要」的泛德意志主義者黨（Pan-Germans）。[21]就連德意志族奧地利人都破天荒開始主張將哈布斯堡君主國分割為數個民族國家。舍納勒爾談到他的「德意志心」，把德國（而非奧地利）皇帝稱作「我們的皇帝」。巴德尼當政時，帝國議會的德意志族下議院議員，每聽到有人提到霍亨索倫一名時即歡呼叫好，表明其對聲勢蒸蒸日上的普魯士統治家族的支持，擺明其對哈布斯堡王朝的不以為然。這類的顛覆性看法，扼殺了哈布斯堡王朝長久以來的多民族特質。

維也納市長卡爾・呂格（Karl Lueger）所領導的基督教社會黨（Christian Social Party）的壯大，反映了新的思想狀態。[22]奧地利的泛德意志主義者黨，在一八九〇年俾斯麥下台後和舍納勒爾因多項醜聞被起訴後勢力衰退，卻在巴德尼當首相期間，在呂格掌旗之下聲勢復振。舍勒納爾提及德意志帝國時總是語多讚賞，因而在奧地利始終無法打入主流社會。呂格完全不玩這一套，表態效忠於哈布斯堡王朝，但保留民粹元素：反猶和鄙視居奧地利人口過半數的斯拉夫人。維也納曾以其超越民族或地域畛域的開闊心胸而自豪，維也納人喜歡在日常言談中穿插來自帝國各地民族的語言，但這時，在德意志沙文主義者眼中，這意味著墮落性的言語混雜。既是道地的德意志人，在咖啡館裡還可以用義大利語將送飲料來的侍者稱作piccolo？還可以隨興用波蘭語的chai來點茶？還能在日常言談中講到「另一個」時隨意用匈牙利語來表達，例如在Geb'n wir auf die maschik Seite（「我們到另一邊去吧」）中所見？德意志人還可以用意第緒語將糟糕的商業交易稱作meschunge？[23]奧地利蓬勃的猶太文化尤其是受攻擊的靶子。隨著反猶心態（「傻瓜的社會主義」）高漲，意第緒語衰落。《猶太問題》（*Die Judenfrage*）之類書籍，指出猶太人陰謀推翻、摧毀哈布斯堡君主國：內萊塔尼亞境內的報社，有三分之二在猶太主編手中，而據反猶主義者的說法，在匈牙利境內，情況更嚴重，「猶太裔馬札兒人」宰制報業、需專門知識的行業、藝術、商業、工業，擔任「輿論的參謀」。[24]

隨著惟我獨尊的德意志民族主義在奧地利政局裡得勢，對多元性的包容，乃至讚賞，成為昨日黃花。感受到德意志人這一壓力的斯拉夫人——在捷克人幫他們打頭陣下——強力申明他們本身的利益，揚言瓦解內萊塔尼亞的德意志行政體系和德意志氛圍。奧地利領袖苦惱的絞擰雙手，卻沒什麼因應作為，巴德尼則認為這些內部仇恨和帝國軍事安全兩者有著誰都看得出卻遭忽視的關連：「多民族國家發動戰爭，必會危及自身。」[25]

隨著皇帝漸老而角色更顯重要的法蘭茨·斐迪南大公，認為奧地利的匈牙利民族是最大的隱患。他驚駭於法蘭茨·約瑟夫一九〇三年向匈牙利人做出的新一輪重大「民族讓步」，認為那無異於向君主國已然受損的軍力發出致命的一擊。

哈布斯堡王朝軍隊在奧匈帝國所發揮的社會、政治作用，乃是其他任何地方所未見。在這君主國裡，每個男子都有義務服兵役，因此軍隊隱隱然是一所「國家學校」，透過這學校將帝國的十餘個民族去民族化，教他們學德語、尊敬皇帝（皇帝玉照到處懸掛）、看重自己身為多民族「奧地利人」的身分。匈牙利人所攻擊的，就是這一趨同化異的作用，為此他們大刪軍事預算（即使在帝國面臨危機和科技變遷迅速的時期亦然），並為說馬札兒語的匈牙利地方防衛軍，而非為正規軍，竭盡所能挑選最好的新兵。[26]自一八八九年起，匈牙利一直粗暴拒絕讓帝國每年的徵兵員額與內、外萊塔尼亞兩地的人口成長同步調升，因此，多年來，k.u.k. 陸軍兵力逐漸萎縮。就在帝國人口已超過五千萬時，陸軍仍根據先前人口普查得出的三千七百萬人口徵募新兵。一九〇〇年，在奧地利每一百三十二名男子有一人當兵，相較之下，在法國是每六十五名男子一人當兵，在德國是每九十四名男子一人當兵，在俄羅斯是每九十八名男子一人當兵。這使帝國陸軍的兵力只有法國或德國的一半，俄羅斯的四分之一。就連義大利在每十萬居民裡強徵、訓練的男丁人數都高於奧地利。

匈牙利不同意增加新兵徵募員額或預算，使得火炮——在急射槍炮和化學爆裂物時代最有威力的作戰武器——數量無法增加。在這方面，奧地利人也落後，每三百三十名士兵才擁有一門（落伍的）火炮，相較之下，德國和法國是每一百九十五名士兵有一門火炮。[27] 這一不足將在一九一四年時產生重大影響，屆時奧匈帝國才赫然發現本國火炮的質和量都遜於對手。

最後，一九〇三年，匈牙利人終於大發慈悲同意每年徵兵員額增加兩萬四千名，但附帶令人咋舌的條件。從此，凡是在匈牙利境內徵集的奧匈帝國部隊，都要掛匈牙利旗幟，從而打擊了「聯軍」概念；在匈牙利參謀部和匈牙利團服務的奧地利軍官則會被「遣返」奧地利，好似把奧地利當成外國；匈牙利語將從此是設在匈牙利境內之奧匈帝國軍校和軍事法庭的官方語言；匈牙利地方防衛軍將終於獲准擁有自己的火炮。一八六七年起，維也納一直不願給予匈牙利上述最後一項特權，以確保其與匈牙利人內戰時占上風。更讓奧地利難堪的，從此之後，奧地利納稅人不只得支付他們自己奧匈部隊的經費，還得支付四分之一匈牙利部隊（一百九十六個匈牙利步兵營中的五十二個、一百零八個匈牙利炮兵連中的二十八個、一百零八個匈牙利騎兵中隊中的二十八個）的費用，為此奧地利人每年得多付四千萬克朗，而且這筆花費往後肯定會逐年增加。而由於匈牙利為二元帝國負擔的軍事開銷如此低，奧地利人更覺辱上加辱；匈牙利人口是巴爾幹小王國羅馬尼亞三倍之多，每年為奧匈共同軍承擔的費用卻和羅馬尼亞差不多。[28]

凡是客觀的觀察家都把奧匈帝國軍力的衰落歸咎於匈牙利，維也納的統治者也不例外。一九〇三年讓步之後，身處於昏庸、易受騙之帝國核心政治圈外的人士，開始打算對付匈牙利這個絆腳石。四十二歲的法蘭茨・斐迪南大公，一九〇五年在奧地利眾多的作戰計畫之外悄悄添加了一個U計畫（U指Ungarn，即德語的匈牙利）。如果匈牙利人繼續阻撓奧地利重振哈布斯堡君主國，奧地利將透過鐵路和多瑙河將大軍送入匈牙利，占領布達佩斯，扶立一哈布斯堡軍事行政長官。法蘭茨・斐迪南大公認為，位於外萊塔尼亞的五個奧匈軍中，只有一個軍，即在布達佩斯周遭徵集的第四軍，會在內戰時為匈牙利而戰。其他四個軍，由克羅埃西亞人、羅馬尼亞人、斯洛伐克人、烏克蘭人、塞爾維亞人組成，會為皇帝而戰。據法國大使館的說法，一九〇〇年代初期，奧匈帝國避掉一場「類似一八四八年」時奧地利部隊入侵匈牙利以敉平該地革命的內戰，乃是因為匈牙利人知道打仗他們會輸，而奧地利人則擔心義大利人會趁奧匈內戰的機會入侵主權歸屬有爭議的哈布斯堡王朝領土，例如的里雅斯特、特倫蒂諾（Trentino）、南蒂羅爾。[29]

一九〇三年的軍事讓步，羞辱奧地利太甚，法蘭茨・約瑟夫的首相、陸軍部長、參謀總長都遞出辭呈（全遭挽留）。法國大使館談到奧地利「皇帝全然怠惰、愚昧、絕望的心靈」：除此之外還有什麼可以解釋為何會與匈牙利達成這一「糟透的協議」?「皇帝把他君主國最大、最富裕、人口最多那一半視若無物」，法國大使館驚嘆道。「若不收回這作法，後果將不堪設想。」[30]語言與旗幟上的這一讓步，讓每個人都推斷下一次匈牙利人會以此為先例，要求完全廢除德語。而捷克人受到這一讓步的鼓舞，要求讓他們軍隊以捷克語為指揮用語，掛他們自己的波希米亞旗，對此要求，皇帝——沒道理的——連討論都不願。捷克民族主義者軟土深掘；從此，軍官點名時，捷克籍新兵大膽打破既有規矩，答以zde（有），而非hier。

向來靠德語維持團結的多民族軍隊，崩解速度愈來愈快。原本所有軍官均得說一口流利德語，所有新兵都得記住八十個指揮用的德語詞。皇帝所做出最令人震驚的讓步，乃是替這份協議錦上添花，讓匈牙利語在匈牙利的軍校和軍事法庭享有崇高地位：從此匈牙利軍官可以不必學德語、說德語，能把這件苦差事丟給他們的士官。法蘭茨・約瑟夫的陸軍部長對此一姑息作為寫了篇尖刻（但匿名）的評論，人在科諾皮希特（Konopischt）之波希米亞鄉間宅邸的法蘭茨・斐迪南大公得知後擊節讚賞：「寫得好！立刻發布。一切後果由我承擔。」[31]這時，維也納的軍方領袖用觸及層面甚廣的「軍隊問題」一詞來指稱，因為一切（語言、旗幟、歌曲、武器裝備）似乎都沒個準，匈牙利人終於拿到自行添置火炮的權利。更糟糕的，誠如法蘭茨・約瑟夫的親信顧問卡爾・巴爾道夫（Karl Bardolff）上校所指出的，與匈牙利人進行的這些累人談判，每一場都曝露奧地利陸軍有多落後於其他歐洲國家：受過訓練的奧地利步兵連編制較小，奧地利每個營所擁有的機槍較少，奧地利的火炮較少。[32]由於資金、兵員太缺，有個奧匈新軍區，位於杜布羅夫尼克（Dubrovnik）的第十六軍區，配屬的部隊不是新徵集的營，而是廚子、樂師、店員和從其他十五個軍勉強撥出的士兵。一九一〇年，匈牙利人試圖阻撓奧匈帝國建造兩艘無畏級戰艦，最後在皇帝答應於匈牙利的阜姆（Fiume，克羅埃西亞語稱里耶卡／Rijeka）造船廠建造第三艘戰艦後才軟化立場。[33]

一九〇七年，法蘭茨・約瑟夫皇帝終於找到向匈牙利人施壓的辦法，或者說他認為他已找到辦法。他會發布敕令，讓奧地利、匈牙利境內的所有男子都享有投票權，藉此讓非匈牙利人，也就是外萊塔尼亞境內可能親奧的人民，享有權力。但匈牙利人無視皇帝的敕令長達三年，然後，在匈牙利一九一〇年的議會選舉時，拒絕實行該法令，且只讓外萊塔尼亞境內有錢、受過教育的馬札兒人享有投票權。內萊塔尼亞則立即依照敕令，讓所有男子享有投票權，結果招來一場皇帝所始料未及的災難。社會民主黨拿下帝國議會五百一十六席中的八十六席，蠻不講理的斯拉夫人、德意志人集團拿下其他席次，使議會從此癱瘓於他們的吵鬧爭執。原先分裂為中間派、聯邦派兩派的帝國議會，從此以階級和族群為分界線分為不同陣營。社會民主黨抨擊皇室、富人、教會的特權。大部分下議院議員加入院內二十多個「民族社團」的其中一個。到了一九一三年，每年與匈牙利代表團會晤一次以協調政策和批准預算的奧地利代表團，已淪為勝選政黨酬庸支持者的東西，有七名德意志人、七名波蘭人、四名捷克人、五名社會民主黨人、七名基督教社會黨人、三名克羅埃西亞人、三名斯洛凡尼亞人、兩名烏克蘭人、兩名義大利人等等，直到將四十個名額填滿為止。[34]在外萊塔尼亞，代表團的成員沒這麼多元，因為一族獨大的馬札兒人，以「牴觸匈牙利國策根本原則」為由，壓下羅馬尼亞人和其他弱勢民族要求在學校或官方機構講自己語言的努力。沙文主義的馬札兒人，例如阿爾貝特·阿波尼（Albert Apponyi）伯爵，自豪談到文化上的「殖民化政策」。[35]

一九〇七年為擴大選舉權後選出的第一屆帝國議會主持開議儀式時，法蘭茨·約瑟夫懇請議員「把他們對帝國的職責更加放在心上」，把他們各自所屬的民族放在其次，但在民族主義時代，這樣的呼籲幾無異於對牛彈琴。[36]禁不住奧地利德意志人施壓，皇帝已於一八九九年廢除巴德尼的開明語言法，而新爆發的德意志人－斯拉夫人暴力活動，一九〇八年十一月迫使皇帝的內閣閣員集體請辭。接著布拉格戒嚴，該城兩萬捷克、德意志暴民相互攻擊長達兩天，在基本上行族群隔離制的查理大學（Charles University），捷克人大舉湧出說捷克語的學系，德意志人大舉衝出說德語的學系。三百人喪命，六百人受傷——承平時期駭人的傷亡。[37]接著，在萊巴赫（Laibach，斯洛凡尼亞語稱盧布爾雅那／Ljubljana）、特羅保（Troppau，捷克語稱奧帕瓦／Opava）、維也納、布呂恩（Brünn，捷克語稱布爾諾／Brno），為教育問題發生類似衝突，憤怒的奧地利斯拉夫民眾扯下哈布斯堡旗，高唱俄羅斯、塞爾維亞國歌。維也納的美國大使館從國際觀點評斷這場最新的內部危機，認為那「表明族群情感已在奧地利多個地方走到極端」。奧匈帝國因無力解決叢生的問題而逐漸崩解，皇帝不得不將其最可靠的士兵，波士尼亞穆斯林，安置在盧布爾雅那之類城鎮的街頭和廣場上，以防德語學校、劇場、社團遭攻擊。誠如奧地利小說家羅伯特·穆西爾（Robert Musil）所說的，在非德意志人區域，德意志人機構已成為眼中釘：這些城鎮「有過去，甚至有張臉，但眼睛和嘴巴不搭，或下巴和頭髮不搭。」[38]

於是，人盡皆知的奧匈帝國行政系統取代代議機構，負起治理這君主國之責。[39]為吸收人數日增的大學畢業生，國家行政機關廣設耗掉不少稅收的職位。羅伯特·穆西爾在家鄉克拉根福特下船登岸後，參觀了「省級總部、中小學校與大學、兵營、法院大樓、監獄、主教府邸、會議室與劇場，並有掌理它們所需的人陪同。」那是個「龐大的帝國行政機器」，主要由「數百年前移植到斯拉夫土地上的德意志自治市鎮居民構成」，而這些移居者在這君主國各處興旺滋長。[40]這一贊助的開銷——每年花在行政官員上二十億克朗，大約是這位皇帝的軍事支出的五倍——徹底壓垮國家預算，一九一三年光是哈布斯堡文職機關就耗去超過四分之一的國家總稅收。一九一一年十二月，法蘭茨·約瑟夫的陸軍部長向奧匈兩代表團講話時透露，光是匈牙利一地（不斷抗議哈布斯堡陸軍規模過大之地），就雇用了三十二萬公務員，換句話說匈牙利的行政官員人數，比整個奧匈帝國陸軍的士兵還要多。[41] 即將降臨的全民戰爭將需要有效的民眾治理，而奧匈帝國本身的條件無法應付這挑戰。一九一四年總綰奧地利兵符的法蘭茨・康拉德・馮・赫岑朵夫將軍，在戰前痛批奧匈帝國「備忘錄、許可條、郵票、請願書、議事錄、報告」的自挖牆腳文化。[42] 地位、頭銜、階位、形式始終被看得比效率重要，導致這帝國亂無章法、屢屢出錯，而在平時這危害就頗大，戰時則會毀掉國家。

哈布斯堡王朝希望其陸軍的運作會比行政系統更有效率，並消弭帝國裡日益嚴重的民族歧異，結果事與願違。在這個原自豪於其「超民族性」包容和活力的軍隊裡，懂得多種語言之人，例如一九〇六年出任參謀總長，能講奧匈帝國十五種語言中之七種的康拉德，乃是異數，而非常態。在匈牙利，馬札兒語之外的語言根本遭禁。在奧地利，外國武官注意到，多民族理想實際上鮮少實現；理論上，舉斯洛凡尼亞團為例，團裡的士兵彼此交談會用斯洛凡尼亞語，但長官指揮他們時用德語。因此，士兵學會幾十個德語短語，但在這樣的團裡，軍官被認為該說流利的斯洛凡尼亞語，以便說明複雜事物，與其士兵打成一片。事實上，德意志籍軍官占大多數的軍官團，會極度倚賴《軍用斯洛凡尼亞語手冊》（*Military Solvenian: A Handbook*）之類的速查卡，裡面有「閉嘴」、「除非找你談別開口」、「在我辦公室等我」、「馬廄裡不准抽菸」、「還是不懂？」之類的實用短語。團軍官得懂他們部下的語言，或至少得懂這些實用的短語，但參謀不必。這導致演習時出現可笑場景（戰時就沒那麼好笑）：參謀快馬馳抵前線部隊，用德語厲聲質問（「敵人在哪裡，兵力如何？」），前線部隊一臉茫然盯著參謀。[43]

對一個建立在地區合作、族群合作理念上的帝國來說，這些語言爭議表明情勢非常不妙。大部分奧匈軍官除了懂德語，其實只懂本族語言（陸軍本身的統計數據顯示，不到一成軍官會講斯洛凡尼亞、烏克蘭或羅馬尼亞之類語言），因而把他們說成是他們的魯里坦尼亞（Ruritania）世界的熱情積極公民，乃是種迷思。無法精通如此多種重要語言，令軍官苦惱，同樣令軍官苦惱的，是敗壞士氣的政治作為。例如，根據未成文規定，共同軍裡的匈牙利籍軍官，對其他語言的掌握可以不必到流利的程度，因為皇帝急欲取得馬札兒人的「輸誠效忠」。這使未能免除這要求且痛恨得利用閒暇時苦記捷克語或波蘭語文法或烏克蘭字母的奧地利軍官怒不可遏。[44] 捷克人在陸軍軍官裡所占比例甚高，但很少出將領；他們也常因彼此用捷克語交談，乃至在咖啡館裡用捷克語對女士講話，會被上級叱責。這種會以用捷克語寫明信片為由懲罰軍官的軍隊，顯然已失去該軍隊過去所一貫擁有的超民族性活力。[45]

語言只是哈布斯堡軍隊所面臨的諸多難題之一。決意遏制維也納獨大的匈牙利，使帝國陸軍自一八六七年起一直維持如此小的規模，從而使軍官對士兵的比例高得離譜。一九一三年時三十三萬五千人的陸軍有兩萬名軍官，軍官對士兵的比例高居諸大國之冠。而且這些軍官的素質在變。首先他們逐漸老化，也就是說有一些已現老態的指揮官和一個由享有豐厚退休金的退役人員組成而吃掉大量現役陸軍經費的龐大組織。哈布斯堡陸軍把那些過度膨脹的退役人員團體稱作pensionopolis。[46]例如，一九一〇年，有三十三名現役三星將領，更有人數是這三倍的退役三星將領。兩星將領的情況同樣糟：九十一名現役，三百一十一名退役。就一星將領來說，退役是現役的四倍之多。

剩下的真正現役軍官，誠如莫里茨·馮·奧芬貝格（Moritz von Auffenberg）將軍一九一〇年談奧匈軍官團的報告所表明的，情況同樣令人驚愕。至一八六六年為止，奧匈陸軍的最高階軍官均由貴族充任，下層軍官則均由鄉紳和靠己力翻身的有錢農民子弟——奧芬貝格所謂的「保守、冷靜、安穩的上流社會人士」——充任。這些人是能把一排排農民出身的步兵團結在一塊，並讓他們心甘情願忍受艱苦行軍、接受死傷的那類人。但二十世紀的新軍官，已跟著社會其他行業一起變動。奧芬貝格發現，貴族已「幾乎完全不投身軍旅」，鄉紳和有錢農民子弟所占比例也在衰退（據奧芬貝格估算，降到四成或更低）。這時，大部分軍官出身「鐵路職員、旅店老闆、店員、基層小官員、老師、商店老闆」。他們缺乏舊式軍官的「吃苦耐勞、勇氣、衝勁」，當舊式軍官統領大部分是農民出身的軍隊時，好似天生就屬於那軍隊。但這時，陸軍裡有農村出身的兵，也有城裡來的兵，把他們交給庶民軍官帶領，庶民軍官很容易受到正撕裂君主國的民族主義政治主張影響，且不大挺得住敵人的猛攻。即便有八成軍官和過半數的士官是德意志人一事，也不利於軍隊戰力，因為這些德國軍士官普遍才幹平庸，面對軍中人盡皆知的低薪和升遷緩慢，甘之如飴。狄奧尼索斯・加布倫茨（Dionysus Gablenz），一八六六年普奧戰爭時惟一從普魯士人手裡拿下一場勝仗的那位奧地利將軍之子，一九一四年，六十四歲官拜少校，仍在特萊辛施塔特（Theresienstadt，捷克語稱泰雷津／Terezin）的要塞行政當局服役（如果那叫做服役的話）。

奧匈帝國的入伍兵大部分非德意志人，不管是戰時還是平時，都不會聽命於這些軍官太久。[47]奧匈帝國軍官對士兵所講語言的精熟程度受到大力讚揚，但在這點上，奧芬貝格也覺得沒什麼特別。他認為由於當時的「民族沙文主義」，奧匈帝國所需要的軍官，遠不只是個結結巴巴說捷克語或斯洛凡尼亞語的德意志籍軍官，而是需要會說德語且能激勵自族士兵的捷克籍或斯洛凡尼亞籍軍官，但這樣的人才老早就離開軍職，投入其他行業。

奧芬貝格也慨嘆軍中缺少富裕中產階級出身且受過教育的軍官。這類人全湧向金融業和需要專門知識的行業，「追逐富與貴」。自一八五九、一八六六年兩場戰敗之後，奧匈帝國陸軍已失去其社會威望，且未再找回，而要和現代「易得手的錢財」和「物質主義精神」相對抗，注定沒有勝算。在平時，中尉要升到上尉，平均要花上十六年，而到了上尉這個官階，普通軍官大概會退役，且還是單身，沒有女朋友（擇偶條件高的女人不會嫁這種男人），靠微薄退休金過日子，把大部分儲蓄浪擲在養馬、制服、賭博、上妓院、上舞廳，以及為上述消費欠下的債上面。有幸於熬了二十五年後升上少校者，一年薪水將只有三千六百克朗（五百美元）：比小學老師、電車車掌、乃至水電工都還不如。而這些人還算命好，只需煩惱升遷緩慢和微薄薪水的問題（匈牙利代表團將薪水凍結在一八六〇年代水平，使有意從軍者打退堂鼓）。那些沒這麼好命者，則在更早時就因傷、因病、或因違反軍紀被迫離開軍隊，過著苦不堪言的窮日子。

奧芬貝格於一九一〇年報告道，奧匈帝國軍官團裡的這些社會性變化，產生一「強烈且危險的自滿心態，而且只有在土耳其陸軍軍官身上才能找到比這更自滿的心態。」還存有一種不悅，對奧地利軍中食堂的不悅。奧芬貝格以陸軍督察身分走訪數十個軍中食堂後指出，「走進食堂，你會發現餐桌上連葡萄酒都沒有。」在場眾人個個為葡萄酒的昂貴發愁。過去，「快樂戰士精神」將晚上喝醉、狂笑的奧地利軍官團結在一塊，此刻，那一精神已成昨日黃花。[48]

儉省掛帥的哈布斯堡陸軍裡，還存有貪污歪風。一九一〇年奧芬貝格揭露這一歪風，而在他拿軍火承包商的股票搞內線交易後，他本人也因貪污於一九一五年受罰。「為了提升社會地位、改善經濟狀況，逃離卑微的邊境崗位，**什麼事**都做得出來……沮喪、憤怒、懷疑、煩亂，使我們的軍官作奸犯科」，他如此論道。奧芬貝格尖銳談到陸軍軍官教育程度的低下，「他們大部分人連一場像樣的交談都做不來」。[49]那些擅於交際者發動猛烈的地盤爭奪戰，以使自己更接近維也納和該地有錢有勢者的圈子。

一八六六年敗於普魯士之手，卻也使奧地利參謀部鹹魚翻身。直到一八六六年為止，職司情報蒐集、動員、作戰計畫擬定的參謀，都被視為可鄙、死氣沉沉的職務；走參謀這條路，不會使人更快出人頭地，只會妨礙人出人頭地。但普魯士毛奇將軍的優秀參謀部，在德意志統一戰爭中所拿下的數場漂亮勝利，已使各國陸軍（包括奧地利的陸軍）相信該擴編參謀部員額，並賦予他們權力。這樣的轉變並不容易，即使對普魯士來說都是如此。一八六六年柯尼希格雷茨之役時，毛奇向某軍軍長下了一道命令，軍長回道，「這好倒是很好，但毛奇將軍是誰？」他當然知道毛奇將軍是誰，只是裝作不知道，以免參謀部連他雞毛蒜皮的小事都要管。

一度困擾普魯士陸軍的那種人事政治，這時在奧匈帝國紮根。參謀官與團軍官勾心鬥角，而軍方的新作風更加劇這暗鬥。哈布斯堡參謀部以讓軍隊更能打、「更普魯士」為名，持續增加團參謀官的人數，於是到一九一〇年時，每個團有十或更多參謀官，每個營兩個參謀官。但野戰部隊認為此舉意在擴大權傾一時的參謀總長的影響力和職務任命權，而非使野戰部隊更有戰力。派系分立，人盡皆知。曾任法蘭茨·約瑟夫皇帝之參謀總長達二十五年（一八八一－一九〇六）的佛里德里希·貝克將軍，乃是惟一被這位老皇帝稱作「我朋友」之人。老狐狸貝克透過這一深厚交情集大權和龐大財富於一身，因而被人畏稱為「副皇帝」。[50]貝克變得日益懶散，生活舒適講究吃喝，卻堅持不肯退休，靠下屬代勞他的職務。其中最可靠的下屬，乃是人稱「貝克的皇儲」，將在一九一四年時扮演成事不足敗事有餘之角色的奧斯卡・波提奧雷克（Oskar Potiorek）將軍。日益萎靡的貝克終於被逼退休時，派系現象更為嚴重，因為新的派系不擇手段謀取貝克超過二十五年來所積聚的權力（貝克被法蘭茨・斐迪南大公逼退時，難過的皇帝給了貝克一份工作清閒而報酬優厚的閒差作為補償）。[51]

法蘭茨・斐迪南大公身為武裝部隊督察長和皇儲，經營一有力派系，但法蘭茨・約瑟夫皇帝和其副官（軍事辦公室主任）阿爾圖爾・博爾佛拉斯（Arthur Bolfras）將軍，有自己的派系。貝克自一八六六年起一直是皇帝的親信，因此皇帝和博爾佛拉斯自然打算讓「貝克的皇儲」波提奧雷克接任參謀總長。但法蘭茨・斐迪南不想看到貝克下台後透過代理人繼續呼風喚雨，於是想到他在一九〇一年匈牙利境內的帝國軍事演習時遇過的法蘭茨・康拉德・馮・赫岑朵夫將軍。[52] 派系分分合合，叫人眼花撩亂。一九〇六至一九一一年擔任奧匈帝國陸軍部長的法蘭茨・舍奈赫（Franz Schönaich）將軍，利用陸軍部結黨營私，提拔自己門生。他與皇帝和博爾佛拉斯結盟對付康拉德，但也對付法蘭茨・斐迪南大公和其超級幹練的軍事文書署署長亞歷山大・布羅施・馮・阿雷瑙（Alexander Brosch von Aarenau）上尉（後來阿雷瑙升少校，再升上校，在這些有權有勢的小圈圈裡升遷不慢）。

一九一一年的舍奈赫危機，使這些派系對立之事曝光。那一年，兩派系達成一重大交易：皇帝願意將舍奈赫解職，換取斐迪南大公將康拉德解職，他因鼓吹戰爭、高談匈牙利之不是而令皇帝極為反感。斐迪南大公瞧不起舍奈赫對匈牙利人不夠強硬，動不動就讓步以安撫匈牙利人的不滿。法國大使館眼中「冷漠、乏味、時時緊張且性情不定」的波提奧雷克，極力想奪下參謀總長之位，具有足以和這個「舍奈赫圈子」聯手對付康拉德的資深地位和份量。法國人指出，「他**極想**坐上參謀總長的寶座」。這一次，波提奧雷克的願望未能實現，但他繼續耍陰謀施詭計，直到一九一四年一次大戰爆發為止，乃至爆發之後。[53]

為遏制持續侵權的斐迪南大公，突顯帝國大政仍由他當家作主，這位老邁的皇帝堅持每年由他，而非由法蘭茨·斐迪南，發布升遷令和交付任務。奧匈帝國軍官抱著嫉妒心態看誰拿到「最好的駐地」和職位，誰被流放到偏遠落後地方。參謀官把野戰軍官斥為「前線野獸」，而這些「野獸」則痛批參謀官在灰屋（〔das graue Haus〕位於維也納的參謀部總部）無休無止的陰謀詭計。在貝克、康拉德領導下，受冷落的「前線野獸」老化，飽受呵護的參謀官則年輕化。一九一二年，有位軍官哀嘆軍隊裡他所謂的「令人苦惱的不搭調現象」，即既有歐洲最老的野戰軍官，又有最年輕的參謀。[54]奧芬貝格於一九一〇年建議打開灰屋的窗子，好讓「光線、空氣、清新微風進去，吹走維也納的派系、愛泡咖啡館者、整天窩在辦公室的頭頭。」[55]布羅施上校於一九一三年示警道，康拉德（斐迪南大公的早期門生）已在參謀部作戰局建立自己的派系。這時參謀部作戰局被人稱作Feldherrngestüt，即將領的種馬場。如果康拉德不讓某軍官到那個機關歷練，那人絕無機會出掌軍或集團軍。一如他之前的貝克，「康拉德權力已太大，凌駕整個軍官團，且安插自己人填補最好的職缺，從而摧毀了士氣。」「在咖啡館這個流言蜚語的淵藪生出」的中傷傳言，引發派系對立。

有斐迪南大公這條人脈當護身符的布羅施上校，在一戰前的幾年裡不斷暗地訴說康拉德的不是，也抱怨錢的事。有錢軍官享有崇高社會地位，收入不足以溫飽的軍官，服役和退役期間都得忍受窮苦生活，兩者間的反差使整個軍官團氣氛緊張。執掌陸軍部某部門的烏爾班將軍（General Urban），一九一一年拿了全額退休金退役，卻在一九一三年重回陸軍部任職，「因為發現在外面過不了好日子」。[56]

在這氣氛下，惟利是圖和貪污之風大行其道。布羅施上校在美景宮任職許久之後，法蘭茨・斐迪南安排他前往博琛（Bozen，義語稱博爾察諾／Bolzano）出掌享有盛名的第二皇家步兵團，然後布羅施從博琛寫信給奧芬貝格，感嘆「即使人在溫泉療養鎮，還是無法放輕鬆。」他為已計畫好與妻子搭船前往希臘、西西里一事發愁：「我要怎樣用我那一點小錢玩個盡興？」他們兩夫婦挑「並不是海上航行之最佳季節」的冬天搭船出遊，因為「那時搭船、在船上吃住較便宜。」安全舒適的客輪，例如漢堡－亞美加利公司或奧地利洛伊德公司的客輪，票價較貴，因此他選擇了票價便宜的老爺船以省下更多錢，那艘船「又小又擠，在波濤洶湧的大海上顛得人想吐。」布羅施得意說道，他把價錢砍到九十五克朗，因為「軍官和其眷屬可打五折！」這一趟出遊省下的錢還不只這些，因為這次出遊將使他離開博琛，從而可以不必參加為軍官、士官、退伍老兵辦的多場嘉年華舞會，讓薪水微薄的他少花一些錢。要在軍中闖出一番事業，必得有團長資歷，而布羅施能出掌這個著名的團和為其軍中資歷鍍金的駐地，得歸功於他的人脈，但他顯然錯過了取得他所謂維也納之「肥缺」的機會。[57]

哈布斯堡軍隊四處找錢或省錢以維持生計時，哈布斯堡帝國危危顫顫走在滅亡邊緣。一八六七年折衷方案的經濟、軍事條款，每十年得重訂，而一九〇七年的重訂爭辯比以往更為激烈。這些條款已與男性普選權這個令人憂心的問題牢牢掛鉤，無法分割。為使老邁的帝國更有活力，皇帝已同意讓奧地利、匈牙利境內的成年男子都享有投票權，但只有奧地利這一邊落實這道法令。匈牙利人向來不甩維也納所發出令其困擾的指示，這一次亦不例外，仍只讓其百分之七的人口享有選舉權，擺明不把他們的人民和君主放在眼裡。直到遲遲未有動作的皇帝終於揚言要用武力（而非只是下命令）在匈牙利落實男性普選權，馬札兒人才在一九〇七年重訂折衷方案，讓這一體制得以再走十年。馬札兒人要能繼續主宰匈牙利，有賴於使該王國內的斯拉夫人、羅馬尼亞人，在其現有體制下——占匈牙利人口五成五的匈牙利人占去議會席位（四百零五個）的九成八——不敢妄動。就連厚臉皮的法蘭茨・約瑟夫皇帝，這時都覺得這一中世紀的安排讓其在國際上顏面掛不住。牛津大學學者塞頓－華森（R. W. Seton-Watson）一九〇八年出版《匈牙利的民族問題》（Racial Problems in Hungary），詳述布達佩斯對外萊塔尼亞境內非匈牙利裔人民的種種不當對待，在國際上引發軒然大波，令法蘭茨・約瑟夫大為不快。為挽回顏面，說服匈牙利議員照奧地利人已做的（和奧地利人所希望匈牙利照做的）行事，皇帝破天荒於一九〇八年秋將其皇廷搬到布達佩斯，以就近督導選舉改革的落實。

七十八歲的皇帝兼國王從伊施爾（Ischl）坐了十小時顛簸的火車到布達佩斯，欲解決男性選舉權的問題，結果吃了閉門羹。馬札兒人靠選舉舞弊保住其獨大地位，匈牙利的「自由黨人」認為沒理由更動現狀，即使皇帝兼國王下令亦然。於是，一九〇八年匈牙利的選舉權「改革」成了這幅模樣：占人口超過四分之一的文盲，只有十分之一有投票權（其他十分之九則無權投票）；高中畢業生（全以馬札兒語受教育者），每次投票領兩張選票；大學畢業生和有錢納稅人可投三次票。投票也非秘密不公開；選票得公開示眾，以使「投票人不致於在秘密投票的掩護下違反自己承諾」。有了這些規定在手，說馬札兒語的鄉紳和有專門知識的專業人員，將可以幾乎毫無阻礙地永保在其在匈牙利的支配地位，無視較弱勢之匈牙利人、斯拉夫人、羅馬尼亞人的心聲。58

簡而言之，匈牙利人要把哈布斯堡帝國拖到懸崖之外。在識字率、自由化、民族意識都日益高漲的時代，這個帝國惟一的指望是逐漸放鬆「支配性民族」的控制權。奧地利人願意；匈牙利人不願。他們不給予男性普選權，甚至以延展折衷方案為人質，勒索到較低的稅率，從而使奧地利人負擔六成四的「共同」稅，匈牙利人只負擔三成四。對匈牙利人享有特權深惡痛絕的奧地利納稅人，愈來愈認清自己在替匈牙利的建設出錢。在匈牙利境內徵集的部隊，高達四分之一由奧地利納稅人在養。原來一直由奧地利境內

Skoda廠製造的火炮，從此將改在匈牙利迪歐什哲爾（Diosgyör）的新廠製造。

一次大戰爆發前幾年，匈牙利人對聯合君主國一直是口惠而實不至。一九〇三至一九〇五年擔任首相的國民自由黨（National Liberals）黨魁伊斯特萬・蒂薩（István Tisza），一九一〇年將這老政黨改頭換面，將其改名為國民勞動黨（National Party of Work），一九一〇年再當首相。蒂薩表面上支持折衷方案，但對於維也納欲加強奧匈合併程度，乃至欲使奧、匈公平分攤合併成本的舉動，一律抵制。[59]義大利時事評論家把法蘭茨・約瑟夫打趣稱作「匈牙利皇帝」，倒也頗有道理，影射這個君主國的大權實際掌握在布達佩斯手上。[60]

在為選舉權和延展折衷方案而爭辯期間，奧地利欲將波士尼亞－赫塞哥維納這個面積不大的東部地區徹底納入掌控，奧地利、匈牙利兩者影響力的日益懸殊，隨之清楚呈現世人眼前。一九〇八年，由於青年土耳其黨革命撼動君士坦丁堡政局，由於親俄的塞爾維亞王朝覬覦位於奧匈帝國與搖搖欲墜的鄂圖曼帝國之間的波士尼亞－赫塞哥維納，維也納認為該將其於三十年前柏林會議上單純只是占領的這些土地併吞。這激發匈牙利人另一波曝露其居心的阻撓，布達佩斯不會同意將波士尼亞－赫塞哥維納併入君主國，不管是併入奧地利，還是併入匈牙利皆然。匈牙利人會堅持採行又一個沒什麼實際用處的折衷辦法。這些新省分將被視為「哈布斯堡王朝的世襲領地」，但統治它們者，其實不會是皇帝，而會是奧匈帝國的財政部長。財政部長將會把大部分時間花在釐清如何與其下屬溝通上，因為皇帝已同意波士尼亞與奧匈帝國部長的往來公函一律以德文書寫，與匈牙利辦公室的往來公函一律以匈牙利文書寫，與克羅埃西亞官員的公函往來一律以克羅埃西亞文書寫。[62]這些荒謬的安排，意在使皇帝在巴爾幹半島取得的這些新土地，永遠處於「特別行政區」這個不上不下的狀態裡；布達佩斯既擔心吞併波士尼亞－赫塞哥維納使內萊塔尼亞更為強大，也擔心外萊塔尼亞境內的斯拉夫人因此變多，特別是擔心多了可能與匈牙利的克羅埃西亞人、塞爾維亞人聯手對付馬札兒人的南斯拉夫人。[63]

法蘭茨・斐迪南大公這樣不苟言笑、辦事有條不紊的人，當然看到軍事、政治上受到這種種掣肘的愚蠢之處。一九一三年，這位五十歲的皇儲誓言，等他當上皇帝，會將波士尼亞－赫塞哥維納併入奧地利；他指出一長遠來看至為荒謬之事，即不斷操縱這些省分（和軟弱皇帝）的匈牙利實質上欲「使奧地利與巴爾幹半島隔絕」，他還說巴爾幹半島是「奧地利未來前途所在」。他要往南擴張，使這君主國的勢力直抵薩洛尼卡，要吸併土耳其放棄的領土，要在地中海開闢新港口，要使這君主國成為推動羅馬尼亞、保加利亞、希臘、乃至塞爾維亞這些巴爾幹新王國貿易與發展的引擎。[64]

但這一計畫，一如其他所有計畫，若要能實現，有賴於匈牙利的配合，而到了一九一三年，匈牙利人已幾乎完全退出奧匈帝國體制。他們連奧匈帝國國歌——海頓的《主佑君皇》（*Gott erhalte*）——的歌詞，都不願唱出口，因為國歌裡有他們所痛恨的字Kaiser（皇帝）。他們會哼著曲子，或不出聲，乃至發出噓聲。由於匈牙利人堅持以日益繁瑣的文書作業和禮儀，來將兩首都、兩議會（一在維也納，一在布達佩斯）、彌合兩政府之歧見的兩代表團連結在一塊，向來不彰的奧地利行政效率每況愈下。在最好的情況下，這一體制都如某外國觀察家所說的，是個欠缺最高權威的「不完整聯邦制」。[65]在最壞情況下，這一體制則如外國另一觀察家所說的，是個出匈牙利掌管的「恐怖、勒索」體制；「法蘭茨·約瑟夫始終屈服於匈牙利人的要求；這時，一個較強勢、較睿智的君主，大概會反擊人口和比利時一樣少的這個小國。」[66]

這個想反擊的較強勢之人是法蘭茨·約瑟夫的侄子法蘭茨·斐迪南大公。一八八九年魯道夫大公自殺後，二十六歲的法蘭茨·斐迪南熬過結核病的荼毒，然後於一八九八年獲指定為奧匈皇儲和皇位接班人。他的幹勁、獨立、好鬥性格為人所津津樂道；他愛打獵成癡，一生射殺了二十七萬五千隻野獸；他挑妻子時，不挑旁人為他選的哈布斯堡家族的堂姊妹，而是挑中擔任女官的伯爵千金蘇菲·荷泰克（Sophie Chotek），從而引發一場「貴庶通婚」的軒然大波。貴庶通婚代表斐迪南大公的子女將來無權繼承皇位。[67]斐迪南大公是哈布斯堡家族某大公和那不勒斯某公主所生，沒有幽默感且一板一眼，人緣不佳，尤其不討法蘭茨·約瑟夫皇帝的喜歡。事實上，每個人原都認定皇帝會再娶，再生個兒子，使法蘭茨·斐迪南繼承不了大位——直到一八九八年大家才不再這麼認為。但皇帝衷情於施拉特女士，從未想過再娶，這個君主國注定要由法蘭茨·斐迪南接掌。

法蘭茨·約瑟夫把折衷方案視為君主國不容懷疑的根基，法蘭茨·斐迪南卻視之為得割除的腫瘤。就像纏著老狗不放的小狗，法蘭茨·斐迪南一九〇四年在下美景宮（Lower

Belvedere Palace）建立自己的軍事文書署，把它當成影子政府來經營，署裡設了職能如同陸軍部長、外交部長、內政部長的職務，而充任這些職務者大部是曾和法蘭茨．約瑟夫意見衝突者。[68]法蘭茨．約瑟夫滿足於堅守哈布斯堡君主國的二元結構時，法蘭茨．斐迪南卻想把君主國徹底拆除再重建。皇儲與皇帝，一年輕一老邁，兩者差異懸殊，不由使眾人開始思索退位之事：老態龍鍾的皇帝主動下台，讓位給法國大使館所謂的「原生液——堅毅、精力充沛的皇儲，如果還未太遲，這人或許能挽救這君主國。」[69]一九〇七年，皇帝命法蘭茨．斐迪南前去布達佩斯慶祝折衷方案施行四十週年時，斐迪南答應得很不情不願：「我得告訴陛下真相，即對於這一慶祝活動，外界其實**充斥不同的想法**，折衷方案施行四十週年慶的此時，正值**這些人**居支配地位的時期，而這些人，我只能稱之為叛徒，他們不斷**鼓動**抵制**任何東西**，王朝、帝國、陸軍諸如此類的任何東西。」[70]

鑑於皇帝老邁，鑑於斐迪南大公雄心勃勃、斐迪南幕僚長布羅施．馮．阿雷瑙熟練的權力鬥爭手腕，忠於法蘭茨．約瑟夫的大臣和官員愈來愈不得不兩邊下注。布羅施於一九〇六至一九一一年擔任法蘭茨．斐迪南的副官，一九一一年，即老皇帝去世的五年前，就開始籌畫帝位接班之事。布羅施的計畫鄭重宣告要將奧地利的投票權引進匈牙利，要終結馬札兒化的不當行徑，要解決各地行政用語的問題，要把波士尼亞－赫塞哥維納的身分地位正常化，要把奧匈聯軍擺在堅實的基礎上，要把奧匈改名為「奧地利君主國」，並只有一面國旗：黑黃底色，上有哈布斯堡雙鷹。最重要的，法蘭茨．斐迪南承諾消除維也納一貫予人的「胡亂應付了事」印象。[71]總的來說，他要執行「公平高壓政策」，取代法蘭茨．約瑟夫吃力不討好的偏匈牙利政策。維也納諷刺作家卡爾．克勞斯（Karl Kraus）對哈布斯堡家族沒有好感，但對法蘭茨．斐迪南卻也只保有勉為其難的尊敬。在他眼中，斐迪南不同於法蘭茨．約瑟夫，「從不迎合維也納人善變、低俗、虛情假意的天性，甚至連博取民心都無意一為。」這位大公是「福丁勃拉斯型的人物，不是哈姆雷特型的人物」，是這個君主國賴以「成為秩序井然之國、賴以撥亂反正」的最後、最大指望。[72]

法蘭茨．斐迪南或許是這個君主國的最大指望（除了他，沒有可讓人寄予重望的出色人物），但他的宏圖大計不可能實現：民族問題太棘手，這位大公本身充斥種種矛盾。比起法蘭茨．約瑟夫，他的確較能幹，有較明確的奮鬥目標——誰不是如此？——但他沒有調和相齟齬之諸民族的計畫，而且身邊除了淨是逢迎拍馬之徒，還有個信教驚人虔誠，拿天主教信仰的虔誠程度作為將領、部長之拔擢標準的妻子。他是恃強凌弱之人（逢迎上意的奧地利體制使他得以恃強凌弱），而且他把自己愚昧的成見化為方針，如一九〇九年他評論奧地利大使門斯朵夫伯爵（Count Mensdorff）與英國官員諾埃爾．巴克斯頓（Noel Buxton）的某場交談時所表明的：「門斯朵夫十足無能。他娶了匈牙利人，已忘了自己是奧地利人。巴克斯頓，一如所有英格蘭人，盲目且愚蠢。你可以把這些觀感告訴康拉德將軍。」[73]

FIGURE 1.2 ——法蘭茨・斐迪南大公和法蘭茨・約瑟夫皇帝

就像纏著老狗不放的小狗，法蘭茨・斐迪南大公在美景宮創設了影子政府，與法蘭茨・約瑟夫皇帝在霍夫堡的政府公開爭奪帝國控制權。「我們不只有兩個議會，還有兩個皇帝，」有位奧地利高官在這一爭權白熱化時如此抱怨道。

照片來源：National Archives

有這樣的上級，難怪奧匈帝國參謀總長法蘭茨・康拉德・馮・赫岑朵夫將軍，以愛說大話、行事魯莽不計後果而著稱。但山中無老虎，猴子稱大王。法蘭茨・斐迪南一九一三年接任哈布斯堡武裝部隊督察長後，逐步侵奪皇帝僅存的權力。那一年，他和康拉德撤換掉奧匈帝國十六個軍的軍長，拔掉皇帝的人，換上自己的人馬。[74]報界以隱晦、拐彎抹角的口吻將斐迪南大公稱作「能幹官署」或「極高層」。每個大國的大使館都在申布倫（Schönbrunn）夏宮和霍夫堡冬宮安插了線民，以了解皇帝在接受何種藥物治療、體重多少、平常疾病的病情。漸漸地，皇帝完全不去霍夫堡，整年留在申布倫夏宮，以免去搬遷之苦。[75]大部分觀察家認為他隨時會死。

法蘭茨・斐迪南的崛起和老皇帝大權的旁落，使這個本已四分五裂的帝國對立更為嚴重。「我們不只有兩個議會，還有兩個皇帝」，有位高官不悅說道。[76]人稱「美景宮之司芬克斯」（Sphinx of the Belvedere）的斐迪南大公，乃是一九〇六年阿羅伊斯・列克薩・馮・埃倫塔爾（Alois Lexa von Aerenthal）出任奧匈帝國外交部長和一九一二年萊奧波德・馮・貝希托爾德（Leopold von Berchtold）伯爵接任埃倫塔爾外長職務這兩項人事案的推手。[77]一九一一年在斐迪南大公力促下出任陸軍部長的莫里茨・馮・奧芬貝格將軍，哀嘆皇帝不願「解決匈牙利問題」，不願挽救萎靡不振的陸軍士氣。[78]法蘭茨・康拉德・馮・赫岑朵夫將軍也支持斐迪南大公的政策，一九〇六年五十四歲獲晉升為參謀總長。[79]

康拉德失望於有五千萬人口的君主國，其外交、財政、軍事卻受制於一千萬匈牙利人，且從未掩飾這份失望之情。就像曾說過「陸軍的主要職責不是保衛祖國防禦外敵，而是防禦所有內敵」的法蘭茨．斐迪南，康拉德深信這個君主國的使命乃是「團結歐洲的西斯拉夫人和南斯拉夫人」，一起防止俄國、德國或匈牙利的稱霸。[80] 一如埃倫塔爾，他深信在巴爾幹半島採前進政策，乃是激勵奧匈帝國衰頹的民心和嚇阻君主國之敵人蠢動所必需。

為使帝國的巴爾幹策略不致流於紙上談兵，康拉德於一九〇六年後重擬了奧匈帝國作戰計畫。針對為入侵匈牙利而擬定的U計畫，增補了三個可能情況：I計畫（I指義大利）、B計畫（B指巴爾幹）、R計畫（R指俄羅斯）。I計畫以奧地利的名義夥伴義大利為對象，嚴格來講自一八八二年結成德、奧、義三國同盟起，義大利就是奧地利的盟邦，但誰都很清楚義大利骨子裡與奧地利為敵。義大利人與法國人常為北非殖民地發生爭端，義大利人加入三國同盟，只是為了在發生這類爭端時取得外交掩護。比起取得利比亞或突尼斯，他們遠更想得到奧地利的的里雅斯特、達爾馬提亞、特倫托（Trento）周邊的蒂羅爾地區。因此，被外交界稱作「結盟之敵人」的奧地利、義大利兩國，很有可能兵戎相向。

維也納擬定俄羅斯、巴爾幹半島作戰計畫，則一點也不讓人驚訝。若與俄羅斯開戰，八九不離十肇因於奧匈帝國與塞爾維亞的衝突，因此康拉德的B計畫、R計畫在兩個戰線都採守勢，並保留一個可能足以決定戰局的四個軍的梯隊作為預備隊，以備需要時介入其中某個戰線。如果俄羅斯人縮手，塞爾維亞會被擊潰；如果俄羅斯人堅持不退，會在加利西亞打成僵局，然後在波蘭受到奧、德聯軍包圍。至少，計畫如此想定。[81]

第二章　犯錯與愚蠢之間
Between Blunder and Stupidity

俄羅斯人比大部分人更敏銳嗅聞到奧匈帝國的腐敗味。在一九〇四至一九〇五年的日俄戰爭中遭擊潰後，俄羅斯人對腐敗有了頗為深切的體會。先前俄羅斯人一意往東亞擴張，從而與日本兵戎相向，這時則看準時機把目光轉回歐洲。沙皇尼古拉二世受到泛斯拉夫主義（認為所有斯拉夫人該團結為一並由俄羅斯領導的一種意識形態）鼓舞，誓言推進巴爾幹半島，扶植塞爾維亞之類斯拉夫王國，併吞通往君士坦丁堡和達達尼約海峽的陸橋，收復往日的東正教首府，透過土耳其海峽連結黑海和地中海。若如願，俄國將一雪敗於亞洲的恥辱，逃出黑海的「牢籠」，以歐洲最強國之姿宣告他們的到來。[1]

俄國在這一戰略轉向中選擇塞爾維亞作為其重要盟友，對奧匈帝國來說大為不妙。塞爾維亞易受擺布且親奧地利的奧布雷諾維奇（Obrenovic）王朝，一九〇三年遭親俄且走強勢民族主義路線的彼得・卡拉喬傑維奇（Peter Karageorgevic）推翻。國王彼得和其首相尼古拉・帕西茨（Nikola Pasic），看出歐洲兩大病夫（鄂圖曼帝國、哈布斯堡帝國）都積弱不振。一八七八年柏林會議，在舊政策（扶持鄂圖曼帝國）和新政策（承認從該帝國的巴爾幹半島諸省脫離自立的新國家，如希臘、羅馬尼亞、塞爾維亞、保加利亞）之間達成痛苦的妥協，由於會議本身沒有一以貫之的原則，從而為各種改變打開了大門。塞爾維亞覺得可以放手蠶食周邊仍屬鄂圖曼帝國領土的省分，包括馬其頓、新帕札爾區（Sanjak of Novipazar）、科索沃、阿爾巴尼亞，甚至覺得可以放手將波士尼亞－赫塞哥維納、匈牙利、克羅埃西亞、達爾馬提亞境內受奧地利統治的兩百一十萬塞爾維亞人納入管轄。[2]塞爾維亞人決意藉與俄羅斯結盟之勢往馬其頓、阿爾巴尼亞境內擴張，開闢一條穿越新帕札爾區抵達蒙特內格羅和海濱的走廊，並開始摧毀哈布斯堡君主國，即塞爾維亞人所戲稱為「由借來之羽毛製成的華麗俗氣之鳥」。[3]

那些借來的羽毛，有許多拔自塞爾維亞的舊版圖。一八六七年奮力脫離土耳其統治獨立建國，以貝爾格勒為首都的塞爾維亞，領土涵蓋了十四世紀時遭土耳其人消滅的舊塞爾維亞帝國之版圖的將近一半。塞爾維亞人決意於二十世紀重建該帝國，為此，他們要收復馬其頓（塞爾維亞古都史高比耶的所在地區）、科索沃（黑鳥原的所在，十四世紀時塞爾維亞在黑鳥原輸掉一場大戰役，從此淪為亡國之民，受土耳其統治），還要竭盡所能奪取奧匈帝國領土。[4]這時塞爾維亞自稱「巴爾幹的普魯士」，打算一統所有南斯拉夫人，建立一更大的塞爾維亞王國，一如俾斯麥一統德意志人。一九〇三年巴爾幹半島上有一千萬南斯拉夫人，但其中只有三百五十萬居住在塞爾維亞或蒙特內格羅境內。

維也納的巴爾幹難題：衰落的土耳其、興起的塞爾維亞，1878-1908

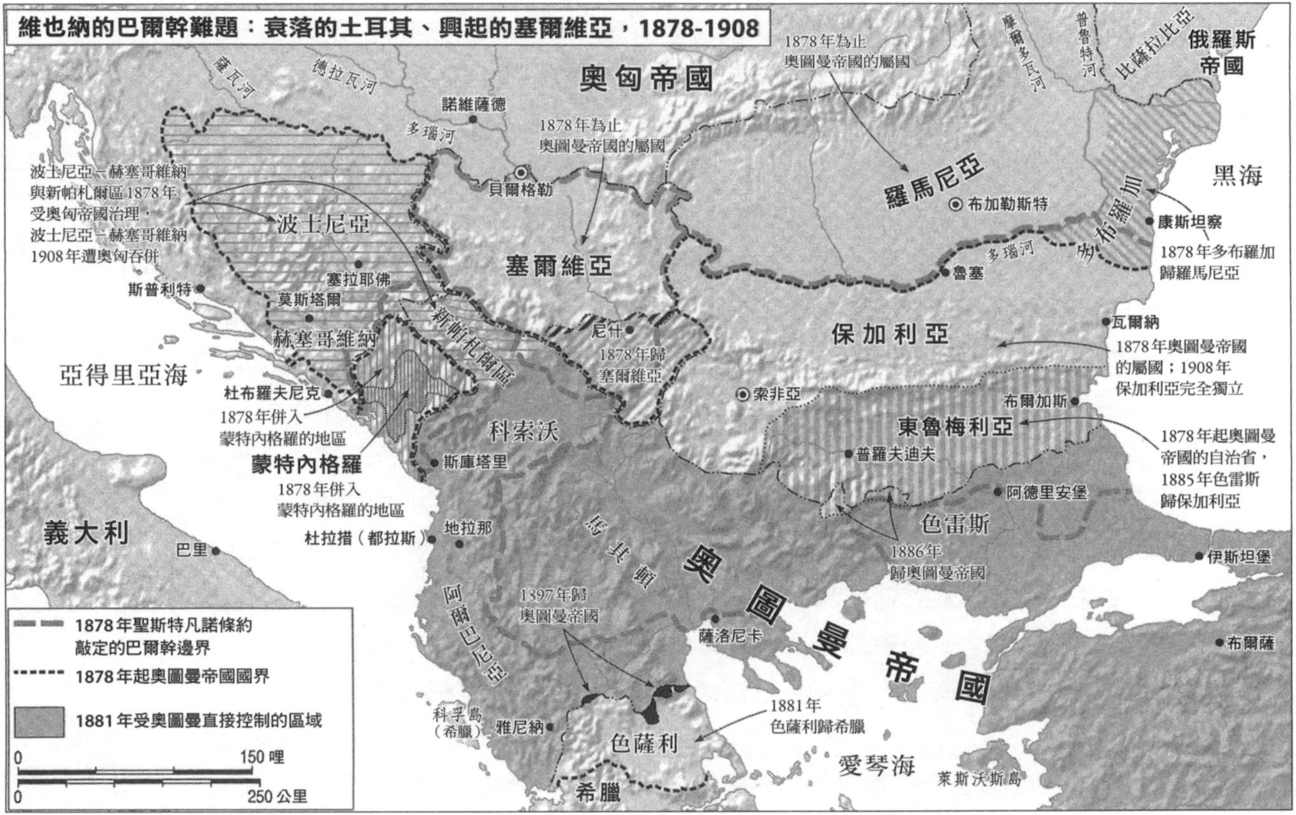

其他南斯拉夫人住在鄂圖曼帝國或奧匈帝國境內。塞爾維亞想把他們全納入自己轄下，且準備為此一戰。[5]

法蘭茨·約瑟夫和法蘭茨·斐迪南察覺到這危險：如果塞爾維亞人真的一統所有南斯拉夫人，他們會建立一個由塞爾維亞主導的「南斯拉夫」，進而把奧匈帝國擠出巴爾幹半島。這一由貝爾格勒治理的「南斯拉夫」，會把奧地利的軍事占領區和土耳其即將不保的諸省，全納入一信仰基督教的斯拉夫人勢力底下，[6]情況就和一八六〇年代皮埃蒙特人把奧地利人趕出義大利，普魯士人把奧地利人趕出德國類似。這時法蘭茨·斐迪南大公開始把塞爾維亞人稱作多瑙河的皮埃蒙特，並於一九〇六年說服皇帝任命阿羅伊斯·列克薩·馮·埃倫塔爾伯爵為外長，冀望藉此讓在前兩任平庸外長領導下死氣沉沉的哈布斯堡外交部展現衝勁。[7]前兩任外長有氣無力地推動奧、俄兩國在巴爾幹半島的友好協議，新外長埃倫塔爾則想打掉既有的協議，從頭開始。奧匈帝國無力重組巴爾幹半島，但他不覺得這是個問題。誠如妙語如珠的維也納人卡爾·克勞斯所寫的，「政策是用來隱藏你真正實力的東西」。[8]奧地利是個弱國，但會擺出強國的樣子。

日俄戰爭期間擔任駐聖彼得堡大使後，埃倫塔爾即認定俄羅斯人無力反對奧地利在巴爾幹半島採行的新侵略性政策。他從未想到情況可能與其認定背道而馳：亦即在東亞吃了敗仗後，俄羅斯人禁不起在歐洲也吃敗仗。埃倫塔爾的認定完全未考慮到奧匈帝國軍力的薄弱，卻洋洋自得於自己的真知灼見，於是放手在巴爾幹半島施行強硬政策，決意擊退俄羅斯人，把哈布斯堡王朝的諸民族團結起來支持重振雄風的王朝，威嚇塞爾維亞人，提醒德國人奧匈帝國仍有能力管理其（縮水的）勢力範圍。埃倫塔爾主張，已該是時候把對波士尼亞－赫塞哥維納三十年猶疑不決的占領轉變為大膽的吞併。吞併波士尼亞將讓奧地利有機會拿下其更大的標的：薩洛尼卡。薩洛尼卡曾是馬其頓王國的最大城，後來成為羅馬帝國與拜占庭帝國的富裕港口，二十世紀時仍是巴爾幹半島上最有戰略價值的要地。埃倫塔爾打算拿下該城，藉由一條貫穿馬其頓地區與新帕札爾區的走廊將其與哈布斯堡帝國連結，控制這個愛琴海港口通往中東與亞洲的貿易路線，利用這港口來打開的里雅斯特、阜姆（Fiume，克羅埃西亞語稱里耶卡／Rijeka）這兩個位於亞得里亞海濱的奧地利「落後地區」。

埃倫塔爾和其恩師法蘭茨·斐迪南大公，打算用這些新吞併的土地（從波士尼亞往南直到薩洛尼卡），使哈布斯堡君主國改頭換面。對外部形勢來說，阻止興建從維也納至薩洛尼卡之東部鐵路的土耳其人、塞爾維亞人，將被冷落到一旁。誠如法蘭茨·斐迪南的代言人所說的，奧地利將成為「歐洲銜接黎凡特地區與中東的橋梁」。[9] 對內，匈牙利將被拿走克羅埃西亞一地，然後用新征服的巴爾幹地區強化克羅埃西亞的國力，並在奧地利與克羅埃西亞聯手下，打造新體制，使有著狼子野心的匈牙利不再那麼猖狂。極無效率的二元君主國將成為較有效率的三元君主國，分別以維也納、布達佩斯、薩格勒布為首都。如果匈牙利人繼續阻撓，將會被奧地利人和克羅埃西亞人以二比一的比數投票否決。[10]

小小的塞爾維亞卡住這些宏圖大計。過去，塞爾維亞人臣服於奧地利，但現在，有了俄羅斯這個堅實的靠山，他們能強勢申明他們的民族利益，而不大需要擔心遭奧匈帝國勢不可擋的入侵。過去受共和法國和帝制英國束縛的俄羅斯人，一九〇七年時已和這兩個大國結成三國協約。這一革命性的外交轉變，使塞爾維亞信心大增，使奧匈帝國不得不投靠維也納眼中惟一可靠的盟邦德國。但德國並不可靠。柏林已採行名叫世界政策（Weltpolitik）的新戰略，在十九、二十世紀之交開始打造遠洋艦隊，以挑戰法國、英國的海外帝國。德國有龐大人口（六千八百萬）、強大陸軍（平時有八十萬兵力，戰時有三百萬兵力）、強大工業（歐洲最強大工業），但即使如此，其國力大概還是無法既擊敗英法且騰出足夠力量來助奧地利對抗俄國。除非奧匈帝國打造一支足以嚇阻塞爾維亞人、俄羅斯人的強大陸軍，否則德國可能得在東戰線和巴爾幹戰線上獨自對抗龐大敵軍。

明眼人都看得出，在軍事上投注巨資，既是二十世紀的時代需求，且是刻不容緩的要務，但維也納無意思考此事。一八六六年起，作戰方式和科技突飛猛進，歐洲每個國家的軍隊都得妥為因應，否則就等著敗亡。第一項長足的進展——所有男性均得服兵役的制度——幾乎造成財政破產，因為過去從未超過三十萬人的軍隊，這時膨脹到平時的將近百萬和戰時的數百萬。不管是採行在狹窄戰線上集結大量兵力以突破敵方防線的法國原則，還是採行將兵力分散在廣闊戰線上以從側翼包抄的德國原則，都需要龐大兵力來攻打靠徵兵組成的敵人大軍和現代的大規模防禦工事。但奧地利人欠缺經費和政治意志來徵召平民並予以武裝；一九一四年大戰前夕，受訓練的奧地利人仍只占總人口的百分之〇．二九，相較之下在法國是百分〇．七五，在德國是百分之〇．四七，在義大利是百分之〇．三七，在俄國是百分之〇．三五。照理光根據這點，維也納就該有自知之明，**絕勿**與別的大國開戰。若動員所有後備兵力來打一場大戰，奧地利受過訓練的兵力不到兩百三十萬，而光是俄國一國的兵力就會是這的三或四倍之多，國民人數比奧匈帝國少一千萬的法國，兵力也會是這的兩倍之多。11

即使是屈居末座的奧地利兵力，若要為其配備武器，也得花上龐大資金。在競爭非常激烈的歐洲軍事領域，火炮已大幅升級。新的鋼材澆鑄技術、鑿刻來復線技術，使加農炮和榴彈炮能把炮彈投得更遠更準。美國內戰期間火炮的最大射程是兩千碼，這時，標準火炮（例如英國的十八磅炮）能把炮彈射到七千碼外。由於有彈簧和液壓制退復進系統來吸收炮的後座力，使炮於射擊後固定在原位以供下次發射，這些火炮的射速也變快。法國著名的七十五釐米加農炮每分鐘能發射十五至三十發瞄準目標的炮彈或榴霰彈。化學高爆炸藥，例如三硝基甲苯（TNT），取代一八六〇年代的舊黑色火藥炮彈，且殺傷力驚人。這些炮彈配上較好的引信，以炮彈碎片、彈丸、震波殺死大量人員。

較輕型武器在此前幾十年裡也得到大幅改良。用彈盒供彈的連發槍，每分鐘發射十二發子彈，使戰場變成槍林彈雨，迫使所有步槍手都成為奧地利陸軍手冊所說的「走動的軍火庫」，時時吃力背著裝有兩百顆子彈的粗帆布背包。然後，一八八〇年代出現靠氣壓裝置自動裝填子彈的機槍，每分鐘能射出六百發子彈。它們使軍隊火力倍增。單單一支六人機槍隊，就能發出等於一個師的步槍火力，每個營配兩挺機槍，每個師十二個營，火力驚人。

對這些新式急射武器（步槍、機槍、野戰炮）投資的同時，也需要在補給勤務上投入前所未見的龐大資金。一八一三年萊比錫的普魯士滑膛槍兵，打一場仗平均發射二十發子彈；日俄戰爭時，步兵通常發射兩百發或更多發。士兵最多只能隨身攜帶兩百發子彈，而在激戰時兩百發子彈十五分鐘內就會打完，因此陸軍需要擴大補給勤務。可為每名士兵補給三百發子彈的營、連彈藥車，得推進到射擊線上的部隊，以維持殺敵火力。[12]每個步兵師都得帶著一百二十輛這些彈藥車投入戰場，以便有額外的六十萬發步槍彈和五萬發機槍彈可供使用。

射速和步槍一樣快的新式急射火炮，帶來同樣的成本負擔和後勤難題。十九世紀的戰時，軍隊一週所產炮彈只有七千枚，一次大戰時軍隊**每天**的炮彈產量則得達到那一數目的十倍，乃至二十倍之多。原因不難理解：一八一三年時萊比錫的一門普魯士加農炮，每天平均發射六十一發炮彈，但一九〇五年時，瀋陽的一門俄國加農炮每天發射五百零四發炮彈，促使法國人於一九一四年時配予每門火炮六百發炮彈。若把這些炮彈全運到前線，火炮會被層層堆疊的板條箱淹沒，因此，每個炮兵連（制式的野戰炮兵團編制有十四個炮兵連，每個連配六門火炮），需要十二輛彈藥車，其中六輛密集布設在火炮周邊，另外六輛則跟在部隊後面，廁身於愈拉愈長、儼然要將二十世紀陸軍吞沒的輜重隊裡。[13]彈藥車也不是現代軍隊惟一的新式隨行裝備；新火炮摧枯拉朽的威力，迫使師級部隊添備更多車輛來運載反制器物，包括沙包（每個師七千袋）、木頭、梯子、鏟。[14]

要與這些令人膽寒的新武器抗衡，向來沒有遠慮的奧匈帝國得汰換其已過時的裝備（來自一八七〇年代的黑色火藥步槍和青銅炮），得耗費巨資買進更多一切必要的裝備。維也納還得更新其鐵公路，以便將部隊更快運到前線。在奧地利所打的最近一場大戰中（一八六六），動員規模相對較小的陸軍，都花上折磨人的五十五天。[15]而針對下一場戰爭，德國打算以僅僅四十二天時間，完成從動員、部署軍隊，到消滅英法軍隊，再將其陸軍全部移到東邊以擊敗俄國這整個計畫。德國人希望奧地利的行動和其一樣迅速俐落。

凡是身形龐然、所費不貲的東西，法蘭茨·約瑟夫皇帝都敬而遠之。法蘭茨·康拉德·馮·赫岑朵夫將軍雀躍於所有新發明的東西（「拿破崙絕認不出這個有著鐵路、公路、電報、電話、汽車、熱汽球、罐頭食品的世界」），法蘭茨·約瑟夫卻對這些東西厭惡至極。一九〇六年軍事演習時，有輛還在實驗階段的裝甲車轟轟駛過法蘭茨·約瑟夫的住所旁，惹得這位屬於維多利亞時代的皇帝老大不高興，嚴正表示「這種東西**絕不會**有軍事用處」。[16]

一九〇八年，法蘭茨·約瑟夫在精力過人的埃倫塔爾敦促下，往併吞波士尼亞－赫塞哥維納之路搖搖擺擺前進，心裡對能否成功沒什麼把握。即使有埃倫塔爾支配巴爾幹、地中海的新戰略護體，這項任務看來仍會是一場空；這時那裡有六十七萬四千塞爾維亞人、五十四萬八千穆斯林、三十三萬四千克羅埃西亞人，只靠令人瞠目結舌的九千五百名奧地利官員來治理（當年土耳其人只派了一百八十名官員來治理）。這些居民絕大部分認為在奧地利統治下沒什麼好處，因為匈牙利人堅持奧匈帝國的共同經費不得撥用於這些落後省分的發展。這一地區的維持費用，一律得在當地籌措，也就是得由已然非常貧窮的當地人負擔，從而等於使他們必然敵視維也納。奧地利人在這些新省分推動土地改革的腳步也很緩慢；穆斯林地主基本上將基督徒農奴（kmet）囚禁在他們的大莊園裡，但奧地利人遲遲不願改革這一制度，以免引起富有的穆斯林反感，以免使奧地利人所認定會投向貝爾格勒而非維也納懷抱的塞爾維亞籍農奴獲得權力。而維也納不願助農奴脫離苦海一事，使農奴必然只會投向貝爾格勒的懷抱。[17]

一九〇八年七月君士坦丁堡的青年土耳其黨革命，使奧匈帝國不得不有所回應。面對一個帶侵略性的新土耳其政權，而非過去那個懶散的蘇丹國，維也納知道它對占領區的掌控和日後奪取馬其頓、薩洛尼卡的任何舉動，都會遭到青年土耳其黨的質疑。這個改革黨由兩位二十九歲的土耳其陸軍軍官領導，即穆斯塔法．凱末爾（Mustafa Kemal）和恩維爾帕夏（Enver Pasha）。凱末爾（日後的「阿塔圖克」）生於薩洛尼卡；恩維爾的父親在馬其頓謀生，父親是阿爾巴尼亞人。這兩位軍官都認為薩洛尼卡百分之百屬於土耳其，兩人都矢志統一土耳其，不願見土耳其衰亡。美國外交官羅伯特・蘭辛（Robert Lansing）論道，這個新土耳其「重生於世，帶有民族雄心。」可想而知，土耳其會要求立即歸還波士尼亞－赫塞哥維納、該地五十萬已要求施行青年土耳其黨體制的穆斯林，以及土耳其在歐洲的其他省分，不願讓它們落入奧地利之類的基督教國家手裡。[18]在埃倫塔爾看來，併吞波士尼亞－赫塞哥維納，似乎不只是緩解土耳其威脅，也是緩解塞爾維亞對奧匈帝國在塞拉耶佛等地之統治正當性日益尖銳的抨擊，最有效的手段。[19]但這一擬議中的緩解手段，危害奧匈帝國與英國的關係，因為英國不希望削弱大有可為的青年土耳其黨政權。這一手段也可能使奧匈帝國與俄國兵戎相向，因為俄國這時堅定支持彼得・卡拉喬傑維奇國王的「大塞爾維亞」計畫。[20]

奧匈帝國領導階層思索併吞之舉時，也惴惴不安看了一眼自己欲振乏力的軍隊。若爆發大戰，奧匈帝國將只能集結出四十八個步兵師，來對抗俄國的九十三個師、法國的八十八個師、義大利的四十六個師、塞爾維亞的十一個師。有位法國軍官於一九一三年拉長調子說道，哈布斯堡陸軍的四十萬兵力，「就一個有五千萬人口的帝國來說，實在不多。」有位德國軍官抱持同樣見解：「夠打一場對付塞爾維亞的戰役，但不夠打一場歐洲大戰。」[21]

奧匈帝國的火炮數量更為不足，每個師只配四十二門炮，相較之下，俄國一個師有四十八門炮，德國一個師有八十門炮。莫里茨・馮・奧芬貝格將軍於一九一一年出任陸軍部長時，發現在火炮對步兵的比例上，奧地利在諸大國裡敬陪末座。奧芬貝格稱火炮是奧匈帝國陸軍的「罩門」，由於這一弱點和其他弱點，他不願介入隱隱即將爆發的巴爾幹戰爭。[22]一八七〇至一八七一年的普法戰爭，確鑿無疑證明鋼炮優於青銅炮，但一九一四年時奧地利人仍購買青銅炮，因為青銅炮較**耐用**，而較耐用正合匈牙利會計人員的意，但不合奧地利將領的意。

建設新炮兵團得花二十五萬美元購買十六門新野戰炮，財政拮据的奧匈帝國於是繼續使用舊炮兵團，也就是說他們的炮兵連混用四十五種不同的炮，需要用到數十種不同的炮彈。這使炮彈較難以大量生產，在打長期戰爭時則幾乎必然免不了「炮彈危機」。[23]就重炮來說，整個哈布斯堡陸軍只有五十六門重型榴彈炮。英國武官於一九一三年從維也納寫道，「這支陸軍火炮不足，但火炮昂貴。」這時候，大家都很清楚奧地利財政拮据，為何有此現象也就毋須多作解釋。在最近幾場奧地利軍事演習中，這位英國武官驚訝於「火炮比例之低」，推斷「如果他們想在真格的戰爭中做他們在這些演習裡所常想做的事，肯定會受到重創。」奧芬貝格評估過所有層面後論道，「你絕不會用有利這個字眼來形容我們的狀況」。[24]

奧地利人也未善加利用他們本身的實力。康拉德口頭上認同新的火力戰術——「現代戰爭靠火力拚搏」——但他的戰法仍固守火力時代之前的戰法。康拉德在所有事物上都是半吊子，在這領域亦然。他分析了一九〇三年的英國－布耳戰爭（在這場戰爭中，持急射武器的布耳戰士從壕溝裡殲滅來犯的大量英軍），斷定這類現代戰術乃是總動員時奧匈帝國陸軍所可能徵募的「男學生、農民、店老闆、工廠與辦公室工作者、工匠」所無法學會。康拉德偏愛較老式的戰術，也就是將使奧匈帝國陸軍在大戰開打僅僅四個月就全軍覆滅的那些戰術。他明知這些戰術大概不管用，卻不以為意。他要找到辦法來使火炮、訓練都愈來愈不足的奧匈帝國陸軍，在外人眼中仍是支健全的軍隊。外國武官開始談論這支陸軍如何地不堪一擊。

與一八六六年消滅哈布斯堡陸軍的那些戰術相近的突擊戰術，似乎提供了某種並不甚理想的解決之道。[25]康拉德主張，得逼奧地利士兵進攻。取代藍色舊軍服的藍灰色新偽裝服，將能在某種程度上防止遭到敵軍射擊，但要真正免遭敵人火力攻擊，部隊得迅速變換位置（儘管有大批車輛和其他累贅），得在緊要時刻取得數量優勢（儘管敵人有防禦火力），得從側翼包抄敵人（儘管面對百萬敵軍，連要找到其側翼都很難）。就這麼簡單，或者說康拉德似乎這麼認為。外國武官則沒這麼篤定。卡爾・史瓦岑貝格（Karl Schwarzenberg）親王參加了一九〇五年奧匈帝國軍事演習後（在布耳戰爭和日俄戰爭的慘烈殺戮後），目睹組成密集隊形的奧地利「紅」軍進攻站在地面上的奧地利「藍」軍，兩方都未用鏟子挖戰壕，大為驚訝。紅軍上刺刀衝鋒；藍軍則排成整齊橫隊，直挺挺站著。史瓦岑貝格轉向身旁打過不久前之日俄戰爭的日本武官，問「你怎麼看？」日本武官思索片刻，然後說「不挖壕固守的，死路一條」。[26]

有位奧地利將領把這些弊病歸因於奧地利缺乏實戰經驗。這個君主國自一八六六年起未打過真格的戰爭，基本上已與現實脫節。哈布斯堡王朝的軍事演習，從未測試軍官結合步、騎、炮兵以火力和運動奪取陣地的能力，反倒要他們在地圖上找出重要地點（高地、樹林、村子），然後要他們著手先拿下它們，而這一要求始終意味著要他們以一身花俏裝飾的騎兵中隊和衝刺的步兵縱隊，不顧種種障礙，一逕往前猛衝，完全不停下來偵察敵人和開火。一九一二年，英國武官證實奧匈帝國的軍演的確十足背離「戰爭情況」。小規模戰鬥經事先安排好，然後派士兵到每個排定的「場景」裡。奧地利騎兵隊在一場「突擊」中——排成橫隊的騎兵揮舞著馬刀，好似時為一八一二年，而非一九一二年——拿下一橋頭堡。奧地利步兵以密集連縱隊隊形攻擊，上刺刀往一百五十公尺外的敵人衝，真要打起仗來，跑不到一半距離，就遭全殲。[27]

「奧地利陸軍的根本原則，似乎是在完全不開火的情況下盡可能逼近敵人」，這位英國武官驚奇說道。奧地利炮兵的作法與此背道而馳，但用在炮兵身上又是錯得離譜：「不等敵人進入射程，乃至不等目標出現，就狂轟猛炸把炮彈打完」，無法與步兵友軍合作，且還可能誤殺友軍。步兵、炮兵各打各的，主要是因為奧匈帝國陸軍的火炮不夠多，若要先從遠距離炮轟敵軍，再從更近距離炮擊敵軍以支援步兵衝鋒，就如這位英國軍官所說的，「有可能使步兵在火炮移動的過程中失去支援」。軍事演習也未模擬戰鬥的消耗和為此所必須權衡的得失。在真正的戰爭中，軍官得在多個目標中擇一，在不濫用兵力下達成目標。[28]

一九〇八年秋，在本國軍力仍停滯不前下，奧匈帝國還是併吞了波士尼亞與赫塞哥維納。奧匈帝國用一千一百萬美元和歸還新帕札爾區打發掉土耳其人，但接下來，俄羅斯不滿自己和塞爾維亞未得到補償，引發一場差點引爆戰爭的危機。[29]埃倫塔爾原承諾協助俄國海軍取得進入達達尼爾海峽（自克里米亞戰爭起俄羅斯人一直不得進入的海域）的權利，以換取俄國同意上述吞併，但後來食言，使俄羅斯人受到粗暴的外交欺騙和挫敗。埃倫塔爾也讓塞爾維亞人受到類似的挫敗。他信誓旦旦表示，隨著希臘併吞克里特島和保加利亞宣布獨立，違反了一八七八年柏林條約，該條約已形同廢文，奧地利也就不須再遵守該條約要它只能占領而不能吞併波士尼亞的規定。埃倫塔爾主張，這時，欲「敉平波士尼亞－赫塞哥維納境內的政治動盪」必須逕予併吞。[30]奧地利要達成其「崇高的文化、政治目標」，就得逼貝爾格勒解散其位在波士尼亞境內作戰動員的正規軍和游擊隊，以及（令塞爾維亞人更覺侮辱的）得逼貝爾格勒公開表示，願「在不要求賠償或無條件的情況下」與維也納保持「友好關係」。[31]布加勒斯特引爆危機之後，有位美國外交官稱它是「一場引人注目的政治遊戲」。塞爾維亞人原以為，哈布斯堡的吞併行動，違反一八七八年條約，會激起國際眾怒，使奧地利如這位美國人所說的「徹底失去列強的支持」，乃至與一個亟欲捍衛「力弱但勇敢之塞爾維亞」之權利的諸國同盟交戰。[32]

埃倫塔爾奮力逃出困境，但並非毫髮無傷。英國外長愛德華．葛雷（Edward Grey）爵士痛心於埃倫塔爾的「搗亂行徑」，美國駐維也納大使館憂心忡忡指出，埃倫塔爾個人追求「偉大」之舉，乃是在「玩火，差點使歐洲陷入一場最終會蔓延多廣卻無人能預料的戰爭。」[33]塞爾維亞就希望戰爭擴大，因此曾求援於俄國。但俄國敗於日俄戰爭之後國力仍未恢復，俄國的主要盟邦法國則無意為巴爾幹半島打一場大戰。[34]

一九〇九年三月德國發給俄國一份照會，即化解了這場危機。德國於照會中要聖彼得堡務必放手讓維也納對付塞爾維亞，不得干預，「否則情況會一發不可收拾」。[35]俄國身為大國，且是泛斯拉夫主義的旗手，卻再度受到羞辱，似乎在與德意志族兩強國的意志較量中敗下陣來。康拉德愚蠢地以為是他的局部動員，而非德國的介入，扭轉了局勢。邱吉爾拉長調子說，「他代表了那個最危險的結合體，即專注於外交政策的參謀總長。」[36]在塞拉耶佛，和康拉德一樣狂熱的戰爭販子米夏埃爾．阿佩爾（Michael Appel）主張，出兵懲罰塞爾維亞和蒙特內格羅將帶來雙重好處，既除去奧地利最急迫的外部威脅，且使奧地利得以振奮人心地壓制內部威脅：「一旦擊敗位於貝爾格勒、尼什（Nis）、采蒂涅（Cetinje）的那些傢伙並將他們解除武裝，我們將往布達佩斯和布拉格進兵，使**他們**也乖乖聽話。」[37]但阿佩爾，一如康拉德，太不自量力。有氣魄而無資源，成不了事，奧芬貝格認為奧匈帝國陸軍在每個方面都太弱，打不了戰爭。政府會計人員看到一九〇八年局部動員的開銷，就驚得目瞪口呆：一億八千萬克朗（三千六百萬美元），相當於該年軍事預算的一半，等於建造四艘新無畏級戰艦的成本。

就康拉德來說，他只是驚訝於德國既已發出最後通牒，奧地利毋須擔心得分兵對付俄羅斯，埃倫塔爾卻未利用這機會入侵、瓜分塞爾維亞。但因此次大膽行動有功而獲皇帝贈予伯爵之位的埃倫塔爾，沒被表面的勝利沖昏頭，清楚理解到這場危機所曝露的一個重要事實：俄羅斯人退縮，完全是因為德國的威脅，而非奧地利的威脅。俄羅斯人會（在德國脅迫下）接受奧地利併吞波士尼亞－赫塞哥維納，但不會允許奧地利入侵塞爾維亞。誠如某美國外交官所說的，埃倫塔爾「能得手，主要歸因於虛張聲勢和德國的支持與影響力。」但德國人不會開出空白支票，對奧地利在巴爾幹半島的冒險行徑照單全收。[38]

但空白支票已在準備。德皇和法蘭茨．約瑟夫於一九〇八年十一月會面，以強化同盟關係。一九〇九年，奧匈帝國與德國兩國軍方舉行一八九六年來首場參謀會談。上一次兩國參謀碰面議事時，主要談俄羅斯問題；而在這場新的參謀會談上，毛奇告訴康拉德，他很遺憾一九〇八年未爆發戰爭，那時「的情勢會比幾年後的情勢更有利於奧地利與德國」。[39]新情勢——和德國人所制訂用以利用那些新情勢的計畫——的確不同以往。一八九六年參謀會談後，德國人的打算，原只是在西邊擋住法國，在東邊與奧地利人聯手對俄國發動壓倒性攻勢。一九〇五年，在施里芬計畫——因德國參謀總長阿佛烈德．馮．施里芬（Alfred von Schlieffen）而得名——影響下，一切改觀。德國人的攻守計畫徹底翻轉，改成要以本身少許的基本兵力和大部分奧地利陸軍擋住動員緩慢的俄國人，把德國九成兵力集中對付法國人。照計畫想定，德國人於不到六星期擊敗法國人後，會移師東戰線解決俄國人。[40]

作戰計畫如此變動，令奧匈帝國大覺不妙，畢竟奧匈帝國戰時動員全部兵力，也將只有俄國兵力的四分之一。但康拉德接受這一改變，態度出奇泰然。一九〇六年出任參謀總長之前，康拉德寫了戰術性著作《論戰術和步兵的戰鬥教育》（*Studies on Tactics and The Battle Education of Infantry*），一舉成名。在這本書中，他主張戰鬥成敗取決於心理素質更甚於身體素質。他說，「不怕苦且勇敢」，一往無前且不惜犧牲性命的部隊，即使面對人數更多且挖壕固守的步兵和炮兵，都會打贏。[41]大部分奧地利軍官同意他這看法；布耳戰爭、日俄戰爭、巴爾幹戰爭已證明刺刀衝鋒戰術已過時，但在奧地利陸軍，一如在歐洲其他陸軍裡，相信這一戰術者仍大有人在。有位奧地利軍官於一九一四年五月寫道，「這一原始工具（刺刀）振奮士氣的作用，絕不容輕描淡寫帶過」，「刺刀是進攻精神的最佳體現；它將士兵的信心與其欲擊敗敵人的念頭綁在一塊。」[42]

對政局不滿的奧匈帝國士兵，恐怕會是歐洲最不可能為國犧牲性命的士兵之一，但康拉德不以為意。更糟的，他從未催促德國人告知其作戰計畫細節，他也從未把自己的作戰計畫詳情告訴德國人。兩國陸軍只是粗略交待各自的戰略目標（擊敗法、英、俄和征服巴爾幹半島），卻未在如何達成那些目標上達成一致見解。雙方都太想保住自己行動上的獨立自主，因而只達成以下共識：奧地利人會在俄羅斯完全動員之前猛攻俄國，德國人會將數量未定的兵力部署於東邊，以為奧地利人將兵力調到東戰線爭取時間。

康拉德知道屆時他需要時間，因為他打算於進兵俄國途中滅掉塞爾維亞，一個他未告知德國人的計畫。康拉德推斷，從波士尼亞與南匈牙利突然奔出的二十個奧匈帝國師，就足以擊潰塞爾維亞人。他一味認定，直到他攻破貝爾格勒，把目光轉向東邊為止，剩下的奧匈帝國陸軍和兵力未定的一支德國陸軍，都會在波蘭、加利西亞守住戰線。這一刻意的含糊，將帶給奧地利人災難。即使在平時，俄國陸軍都擁兵一百五十萬；戰時動員後，會壯大到六百萬或更多。奧地利平時有四十萬現役軍人，戰時最多擴增為兩百萬，且都裝備不良，碰上俄羅斯大軍如洪水般襲來，只會滅頂。[43]

埃倫塔爾始終認定，奧地利在巴爾幹採強勢政策，將嚇阻俄羅斯，鎮住貝爾格勒，使奧匈帝國的克羅埃西亞人、塞爾維亞人、斯洛凡尼亞人不再鼓吹建立南斯拉夫王國。結果情勢發展與此背道而馳：塞爾維亞報界激憤於波士尼亞－赫塞哥維納遭吞併，每天痛批哈布斯堡王朝，塞爾維亞政府則鼓勵組織愛國會社，例如在塞爾維亞和波士尼亞－赫塞哥維納有二百二十個分部的民族自衛社（Narodna Odbrana）。[44]一九〇九年，埃倫塔爾的外交部向五十三名克羅埃西亞人提出訴訟，指控他們與貝爾格勒往來，陰謀叛國。訴訟案的主要證人是奧地利歷史學家海因利希．佛里德容（Heinrich Friedjung），這一轟動一時的審判因此被稱作「佛里德容審判」（Friedjung Trial）。佛里德容、埃倫塔爾和後來康拉德三人，在這場審判中確證為叛國證據的那些文件，後來查明是埃倫塔爾的外交部所偽造。這一令人難堪的大挫敗，讓人窺見已開始襲捲這個多瑙河君主國的恐慌。卡爾．克勞斯的諷刺性報紙《火炬》（*Die Fackel*），以懷疑口吻憤憤說道：「一言以蔽之，奧地利歷史就是如此：發生了那麼多事，卻其實什麼都沒發生。」這場審判是個「地震，但沒有葉子從樹上震落」；它代表了「犯錯與愚蠢間的搏鬥」。埃倫塔爾的所作所為「不是制定政策，而是破壞政策。」佛里德容的角色很可悲：「他操著一口最漂亮的城堡劇院（譯按：奧地利國家劇院）德語，圓潤洪亮，抑揚有致；他講話的口吻像是奧托卡爾（Ottokar）——『這個奧地利是個好地方』。」克勞斯提到在維也納葡萄酒館裡演奏的歡樂音樂，推斷「葡萄酒館音樂騙不了世人，世人還是會了解這場審判的真正意涵。」[45]

埃倫塔爾有一更大策略來強化其在巴爾幹的前進政策，佛里德容審判則是這一更大策略的一環，但塞爾維亞人不接受這一策略。一九一〇年六月，有名塞爾維亞籍刺客朝哈布斯堡王朝的波士尼亞省長開槍，未擊中。一群塞爾維亞陸軍軍官，以化名阿皮斯（Apis）的德拉古廷．迪米特里耶維奇（Dragutin Dimitrijevic）為核心，組織了名叫「不統一毋寧死」（Union or Death）的秘密會社，以更利於實現他們的目標。這個以「黑手」（Crna Ruka）會更為人所知的秘密會社，呼籲巴爾幹半島上的所有塞爾維亞人，包括生活在奧匈帝國境內的塞爾維亞人，集合起來。[46]阿皮斯於一九〇三年時主導殺害塞爾維亞奧布雷諾維奇王朝的末代國王，這時則鼓吹對奧地利人展開「革命性行動，而非文化性行動」。事實表明，他是維也納不能等閒視之的威脅。

在波士尼亞－赫塞哥維納境內，氣氛更為黯淡。皇帝已同意讓被併吞的居民成立議會，東正教塞爾維亞人、穆斯林波士尼亞克人、天主教克羅埃西亞人，均得根據本身族群在各省裡的相對數量，選出代表參與。皇帝承諾議會將是實際人口組成（四成三塞爾維亞人、三成五波士尼亞克人、兩成二克羅埃西亞人）的「真實翻版」，但不久就食言。不足為奇地，這議會轉而與奧地利作對，塞爾維亞人的民心轉向塞爾維亞，波士尼亞克人轉向青年土耳其黨，於是維也納搬出不公正的選區重劃辦法（以使塞爾維亞籍選民無法左右選舉結果），並有計畫地廣建教堂以拉攏天主教徒。一八七八年波士尼亞－赫塞哥維納境內只有一座羅馬天主教堂，三十年後有一百七十九座，還有數十座新隱修院、女隱修院、學校。波赫境內諸省的塞爾維亞族青年與穆斯林青年，被調去哈布斯堡君主國偏遠地區的陸軍部隊服役，比例超乎他們所屬族群在人口中的比例。哈布斯堡王朝把這稱作「去民族化」。[47]但除非將民族主義連根拔除，奧地利人無法使它俯首稱臣。奧斯卡．波提奧雷克將軍一九一一年來塞拉耶佛執掌第十五軍並接任波士尼亞軍事行政長官時，也抱著和康拉德一樣的看法，即認為只有向塞爾維亞開戰並將它擊敗，才能減緩塞爾維亞民族主義在奧匈帝國境內的擴張。[48]

奧地利併吞波士尼亞－赫塞哥維納，意在加固哈布斯堡君主國，但奧地利在巴爾幹的地位還是每下愈況，令康拉德大為沮喪。埃倫塔爾的「大膽出招」，隨著波士尼亞－

赫塞哥維納的內部崩潰，看來愈來愈像是一場徒勞。在這同時，塞爾維亞和其諸盟友聲勢日壯。一九〇九年俄國派激烈反奧的官員出任駐貝爾格勒大使，然後俄國沙皇赴義大利進行國是訪問（以及俄義同意就巴爾幹半島日後的任何變動商議），使康拉德相信哈布斯堡君主國得趁其諸多敵人尚未聯合起來反奧之時將它們個個擊破。施里芬（與康拉德）作戰計畫所依據的那些樂觀的前提，正一個個瓦解。法國出資建造的鐵路將使俄國在幾星期內，而非幾個月內，就陳兵於奧地利邊界。

由於奧地利農民黨成員和實業家為與塞爾維亞締結通商條約之事意見不合，最後雖然取得一致意見，卻只是使奧地利與貝爾格勒的貿易關係陷入兩敗俱傷的亂局。二十世紀初期，奧匈帝國政府受議會阻撓，不得不以提高豬、牛、李子、小麥、大麥、玉米的關稅來平息奧匈地主的不滿，「豬戰爭」一場接一場爆發，而提高這方面的關稅，實質上切斷了奧匈政府與塞爾維亞國最有可為的連結。[49]一九〇六年前，自奧地利的進口額，通常占貝爾格勒總進口額的六成，一次大戰前夕降到兩成四。美國駐維也納大使很驚訝奧地利人竟錯過「分化塞爾維亞的保守商界人士與激進好戰團體」的機會。英國大使館同樣覺得不可思議：奧地利人未「透過互蒙其利的貿易拔除塞爾維亞對其的危害」，反倒「使塞爾維亞人對其心生敵意，同時未想辦法解決他們潛在的分歧。」[50]

事實上，維也納的政策未分化貝爾格勒商界和好戰團體，反倒使他們關係更緊密。一九〇八年，奧匈帝國農民黨成員成功將自塞爾維亞進口的糧食，限制在每年消耗量的百分之一．六（且即使對如此稀少的進口量，關稅都提高了三倍），塞爾維亞人則回敬以對奧地利製造品課以毀滅性關稅：對紡織品是百分之七十，對刀具是百分之百，諸如此類。大為不妙的，塞爾維亞人還取消向奧地利Skoda廠訂購火炮的一筆大訂單，轉向法國的Creusot廠下訂，從而使貝爾格勒與三國協約的軍事關係更為緊密。[51]維也納每年加諸的這項羞辱，使塞爾維亞政府幾度更迭，埃倫塔爾嚴正表示，「只要塞爾維亞懂得走該走的路，隨時可望得到我們的善意對待。」[52]

兩國關係冰封，因為奧地利人不只要求讓其（在沒有補償下）進入塞爾維亞市場，還堅持要貝爾格勒廢除其與保加利亞等鄰邦的通商條約[53]。在塞爾維亞，仇恨馬札兒人與奧地利施瓦本人（Schwaba）的心態升高，塞爾維亞商人悄悄改赴別地貿易：德國、英國、希臘。康拉德沒把這些惡兆放在心上。他不斷促請埃倫塔爾和皇帝先發制人打擊塞爾維亞人或（把遭奧地利拒買的塞爾維亞豬全買下的）義大利人，且在義大利於一九一一年九月入侵土屬利比亞後變得非常狂妄。康拉德不甩埃倫塔爾的反對，要求開戰，誓言他寧可「斷臂」也不願退縮。奧匈帝國一九一二年秋季軍事演習，排定於匈牙利大平原（Alföld）舉行，因為那裡的地形「類似北義大利」。[54]

皇帝展現其難得一見（且短暫）的果斷，一九一一年將康拉德解職，堅持要奧地利走「和平政策」（但不久後康拉德即復職）。對康拉德的好戰已忍無可忍者，不只法蘭茨．約瑟夫。三年前偷偷答應讓義大利取得利比亞，以換取羅馬接受奧地利併吞波士尼亞－

赫塞哥維納之後，埃倫塔爾即對康拉德的愛說大話很不以為然。就連康拉德的恩師法蘭茨．斐迪南大公，都認為這位將軍做得太過火，同意將他解職。康拉德失去他應有的分寸，認為他的「職責大於外長（的職責）」，要埃倫塔爾絕勿讓「外交考量」凌駕「軍事準備」。時任陸軍部長的奧芬貝格，如此概括說明康拉德的看法：「他深信帝國必須以行動證明其會出手痛擊，否則會被拖入戰爭。」換句話說，成功的進攻就是最好的防禦。但這一理論上要奧地利向義大利開戰以表明自身立場的主張，現實上不可行；簡而言之，在一八八二年義大利成為奧地利盟邦之後，這一主張無論何時都行不通。奧地利人不可能為利比亞問題向義大利開戰，因為誠如奧芬貝格所說，奧地利入侵義大利，幾乎肯定會「引發一場全歐的戰爭」，使奧地利成為眾矢之的。[55]康拉德在皇帝眼中已成為十足的絆腳石，於是，一九一一年十二月，皇帝將他解職，換上布拉修斯．舍穆瓦將軍。法蘭茨．斐迪南厚待卸職後的康拉德，讓他出任高薪的陸軍督察（奧地利陸軍設了許多高薪督察）。康拉德於舍布倫宮晉見皇帝時遭皇帝解職，事後他抱怨道，「這」就是「使我們大敗於柯尼希格雷茨」的那個政策。[56]

挑在這時撤換康拉德實在不是時候，因為康拉德下台，舍穆瓦接任時，巴爾幹半島的情勢正處於爆炸邊緣。「舍穆瓦將軍是個什麼樣的人，我到現在還在了解」，法國武官在從維也納發出的報告中說道。「似乎大家對他都所知不多。他個性內向，從未在軍官俱樂部露面；他在波斯住過一段時間，信了他們宗教的某些東西……軍事情報首長說，舍穆瓦完全搞不清楚狀況，得花幾個月時間搞懂這個複雜的新職。」[57]事實上，舍穆瓦一八七八年曾以軍事代表團一員的身分奉派前往波斯。這一代表團的任務是向卡札爾（Qajar）王朝國王推銷奧匈帝國的顧問和軍火，但未能如願；波斯國王選擇採用德國顧問和軍火，舍穆瓦落得清閒，跟著幾名伊斯蘭教托缽僧學道，然後，返回奧地利後，加入秘密的反猶組織「新聖殿騎士會」（New Templar Oder）。這個組織由耶爾格・蘭茨・馮・利本費爾斯（Jörg Lanz von Liebenfels）創立，在多瑙河邊某城堡裡舉行神秘儀式聚會，城堡上飄揚著卐旗。[58]

舍穆瓦新接的任務，似乎和他的波斯之行或他的新聖殿騎士團一樣無望成功，情勢不容許他花幾個月時間慢慢進入狀況。青年土耳其黨革命、波士尼亞併吞危機、巴爾幹諸國日益強勢申明自身立場這三件事，全與俄國、法國的安全有某種利害關係。這三者的急速合流，意味著在如何保留土耳其轄下歐洲地區上，國際仍未有共識。羅伯特・蘭辛從美國國務院寫道，「巴爾幹半島是諸民族的戰場，村子熊熊燃燒的地方，猝然失去性命的地方……『和平』是遭人遺忘的字眼。斯拉夫人、阿爾巴尼亞人、希臘人、土耳其人爭奪這塊土地，為此，用他們的血淹沒它，使它覆滿灰燼。」[59]俾斯麥曾發出名言，說這地區「不值得讓波美拉尼亞精銳部隊付出性命」，但這一宣示這時看來愈來愈站不住腳。奧匈帝國和其他強權不久後終將躲不掉這場殺伐。

The Balkan Wars
第三章　巴爾幹戰爭

巴爾幹半島的殺伐之聲即將大幅升高。一九一二年三月，俄國駐貝爾格勒大使成功打造出旨在阻止青年土耳其黨收回巴爾幹半島失地、擊退奧匈帝國侵犯的塞爾維亞、保加利亞同盟。然後俄國出面居中協調，讓希臘人、保加利亞人、塞爾維亞人達成瓜分馬其頓的協議。奧地利始終認定，馬其頓曾遭多個外族入主一事（曾先後屬於保加利亞帝國、塞爾維亞帝國、拜占庭帝國），還有該地族群、宗教的多元複雜，會使任何巴爾幹國家都無法將其納入控制。畢竟土耳其人二十世紀統治馬其頓時，憑藉的手段包括鼓勵居民（保加利亞人、塞爾維亞人、希臘人、羅馬尼亞人、阿爾巴尼亞人）互相迫害（此舉偶爾迫使列強堅持要求土耳其改革，甚至派國際委員會來落實改革）。[1]

但俄羅斯的介入，對土、奧兩國大計的威脅，遠不只限於馬其頓一地。由於俄國的運作，塞爾維亞與保加利亞為共同目標而結盟，說服希臘和蒙特內格羅加入一起奮鬥，然後在一九一二年十月向鄂圖曼帝國宣戰。這一巴爾幹聯盟的成員國不久後就會為爭奪戰利品而大打出手，但當下他們都有志於趁君士坦丁堡充滿幹勁的新政府尚未鞏固其在國內和在其少數僅存的歐洲省分（例如馬其頓、阿爾巴尼亞）的權力時，先打敗土耳其人。

接著爆發的戰爭，使鄂圖曼帝國失去大片疆土，使其陸軍消亡殆盡。開戰才三星期，五十萬土耳其部隊（在色雷斯的二十二萬部隊和在馬其頓的三十三萬部隊），遭總兵力達七十一萬五千人的巴爾幹聯軍擊敗。希臘人拿下薩洛尼卡；保加利亞人進逼到君士坦丁堡城門；蒙特內格羅人攻入科索沃和斯庫塔里（斯庫台）；塞爾維亞人往南攻入馬其頓，遠至莫納斯提爾（Monastir，馬其頓語比托拉／Bitola），然後十一月時揮兵向西抵達海邊。由於希臘人和保加利亞人占領土耳其的愛琴海沿岸，塞爾維亞人即不客氣奪取鄂圖曼帝國阿爾巴尼亞境內濱亞得里亞海的四個港口：聖喬凡尼・迪梅杜亞（San Giovanni di Medua，阿爾巴尼亞語聖金／Shëngjin）、阿萊西奧（Alessio，阿爾巴尼亞語萊什／Lezhë）、杜拉措（都拉斯）、瓦洛納（Valona，阿爾巴尼亞語夫羅勒 Vlorë）。一九一三年五月簽署的倫敦條約，為土耳其在其歐洲諸省的統治敲響喪鐘，因為鄂圖曼帝國的巴爾幹諸省大部分被轉讓給巴爾幹聯盟。奧匈帝國，歐洲的巴爾幹強權，一無所獲。維也納的《時代》以無法置信的驚訝口吻說道：「這場巴爾幹危機使我們的外交遭逢如一八六六年的挫敗」。[2]

事實上，奧匈帝國在這場危機中的表現並不突出。死於危機期間（一九一二年二月）的埃倫塔爾，認為在維也納準備好可以重新向愛琴海進攻，在途中吞併馬其頓之前，不妨讓這個省分留在土耳其人手裡；不料，人算不如天算，希臘人突然進占薩洛尼卡，塞

巴爾幹戰爭，1912-1913：
塞爾維亞併吞大片土地
布達佩斯
奧匈帝國
第聶斯特河
普魯特河
俄羅斯
帝國
敖得薩
克盧日（克勞森堡）
特爾古－穆列什
摩爾多瓦河
比薩拉比亞
德拉瓦河
阿拉德
蒂薩河
薩瓦河
諾維薩德
羅馬尼亞
併入羅馬尼亞
的領土
貝爾格勒
波士尼亞
布加勒斯特
康斯坦察
多瑙河
南多布羅加
塞拉耶佛
赫塞哥維納
塞爾維亞
普列文
瓦爾納
莫斯塔爾
新帕札爾
尼什
黑海
蒙特
內格羅
保加利亞
杜布羅夫尼克
索非亞
布爾加斯
科索沃
併入保加利亞
的領土
併入蒙特
內格羅的領土
史高比耶
阿德里安堡
併入塞爾維亞
的領土
地拉那
亞得里
亞海
色雷斯
伊斯坦堡
阿爾巴尼亞
馬其頓
布林迪西
埃內茲
薩洛尼卡
布爾薩
阿爾巴尼亞
1913年獨立
奧圖曼
帝國
1913年南馬其頓
歸希臘
希臘
愛琴海
萊斯沃斯
士麥那
愛奧尼亞海
柯林斯
雅典
（與1914年時不同的）
1912年國界線
1914年國界線
奧圖曼帝國因1912-13年
巴爾幹戰爭失去的領土
佐澤卡尼索斯
羅得島
1913年
克里特島歸希臘
克里特島
1912年佐澤卡尼索斯
歸義大利
0 50 100 150 哩
0 50 100 150 公里

爾維亞人突然攻入史高比耶、科索沃以及阿爾巴尼亞諸港。從經濟上講，這一發展無異一場災難。在土耳其百分之十一的關稅下銷售暢旺的奧地利製造品，從此再無法打入這些新市場，因為這些市場被築上進口關稅壁壘，從最低的保加利亞的百分之三十三，到最高的希臘的百分之一百五十。鄂圖曼帝國人民所戴的非斯帽（fez），原幾乎都是波希米亞的毛紡廠所製，但不久後這些毛紡廠就會失去這筆很有賺頭的生意。[3]「頭一個亡於巴爾幹飛竄的子彈者，乃是現狀」，有位奧地利將領痛苦指出。原本令維也納受益的現狀，突然間煙消雲散。[4]在奧地利軍界，巴爾幹危機的解決之道似乎再清楚不過。「就讓這件事爆發為戰爭」，阿佩爾將軍從塞拉耶佛匆匆寫道。「我們有什麼好怕的？俄羅斯？他們不會有任何動作，我們得把塞爾維亞一勞永逸地解決。」[5]

但俄羅斯人大概會有動作，而且法蘭茨·約瑟夫和法蘭茨·斐迪南都不想要戰爭，儘管塞爾維亞就是靠戰爭併吞掉奧匈帝國主要勢力範圍裡的大片土地。接埃倫塔爾之位的萊奧波德·馮·貝希托爾德伯爵，因決意阻止戰爭升級並打造奧俄友好協約，已得到皇帝和皇儲的支持。他主張奧匈帝國不採取任何軍事行動，以免列強想起它一九〇八年的「侵略性角色」。[6]由於無意用武力恫嚇，貝希托爾德採行沒人放在眼裡的軟弱外交路線。他安排一「馬其頓代表團」（來自索非亞的兩名教授和來自史高比耶的一名土耳其其退休官員）訪問英國駐維也納大使館，讓他們在該使館發出獨立而非瓜分的懇求。他們主張，「馬其頓理當得到自治，不該被移交給希臘人和塞爾維亞人」，結果是狗吠火車。[7]

但現實上奧地利人能如何執行他們在巴爾幹半島日益萎縮的治理權？奧地利若掀起大戰，德國將不得不充當其後盾，因此德皇以嘲笑口吻說道，他不會「為了一些牧羊草地」大動干戈。[8]心知為了阿爾巴尼亞的牧羊草地大動干戈，戰火會擴及到加利西亞的農業區，因此，舍穆瓦將軍驚恐萬分地回應這場危機，特別是回應一九一二年秋俄國在華沙和基輔兩地區的試驗性動員。他下令局部動員（在波士尼亞和加利西亞的五十萬奧地利人），但無意動用他們。法蘭茨・約瑟夫皇帝憂心忡忡，在布達佩斯召開一場有康拉德、舍穆瓦、法蘭茨・斐迪南參與的軍事會議，與會諸人全都同意什麼都不要做。[9]這情況和一九一四年七月奧匈帝國會面臨的情況（塞爾維亞挑戰維也納，俄、法兩國站在塞爾維亞這一邊）幾乎一模一樣。但一九一二年時奧地利的決定，比兩年後會做出的決定，明顯更為明智。布達佩斯會議推斷，以奧地利如此薄弱的陸軍，靠軍力解決問題絕對行不通。

R＋B作戰計畫——因應俄羅斯（R）的部隊和因應巴爾幹半島（B）的部隊，加上在這兩者之間策應的一支機動預備隊——表面上看來頗能因應新情勢，實際上掩飾了現代戰爭決定勝負之關鍵（運輸工具、火炮、受過訓練之步兵）的嚴重不足。因此，貝希托爾德把重點放在減少奧地利的損失，盡量保住奧地利的顏面上。基於此考量，他公布一組不算苛刻且勉強保住面子的要求：領土得到擴大的巴爾幹諸國必須「尊重奧地利的經濟利益，與維也納談定貿易協議，保持通往（愛琴海、亞得里亞海）兩海域之鐵公路暢通無阻。」[10]貝希托爾德還讓人意想不到地成為新獨立的阿爾巴尼亞之父（使該地和其四個鄂圖曼港口不致落入塞爾維亞之手），堅持要塞爾維亞繼續當個內陸國，要靠新帕札爾區的阻隔使塞爾維亞無法直接進入蒙特內格羅和亞得里亞海。奧地利人控制新帕札爾區這個八十公里寬的狹長地帶多年，但一九〇八年，作為其吞併波士尼亞後給予土耳其的補償之一，已將它歸還土耳其。這時奧地利人不由得處於一有點荒謬的處境，即試圖捍衛正日漸消失之土耳其轄下歐洲省分的主權。貝希托爾德向奧地利代表團解釋道，「我知道『大家都說』鄂圖曼帝國一瓦解，奧地利就該奪取新帕札爾區，以阻止大塞爾維亞國的出現，但我們覺得如今這麼做，代價會太高。」[11]一心想著實現其擴張天命的塞爾維亞，剛剛收復其在一三八九年黑鳥原（Field of the Blackbirds）之役中被土耳其人奪走的所有領土，在這情況下，要求讓阿爾巴尼亞獨立，乃是維也納所能有的最好作為。[12]阿佩爾將軍行走於波士尼亞境內時，察覺到鄙夷之意：「在這裡，就連村中愚夫愚婦都開始嘟囔『破爛的老奧地利』——一如這裡的報界；每個人都認為這個君主國衰弱，怕得發抖。」[13]

始終把塞爾維亞斥為微不足道的「豬與豬群之地」的法蘭茨・斐迪南大公，這時與舍穆瓦前往柏林，以取得德國保證在奧地利與豬群交戰時支持奧國。柏林報界饒有興味地打量這些憂心忡忡的奧匈盟友：「理論上，歐洲六大國平起平坐；實際上，在民族特性、財力與經濟實力、迅速動員能力、海陸軍隊素質上，有很大差異。」[14]民族特性乃是這幾個項目裡霍夫堡宮能在短期內改變的惟一項目，於是，一九一二年十二月，以愛說大話著稱的康拉德，在法蘭茨．斐迪南的極力要求下復職，取代舍穆瓦。當初康拉德於「舍奈赫危機」期間遭解職的內情，這時也曝光，原來那是美景宮與霍夫堡宮所達成交易的一部分。法蘭茨．斐迪南原想要撤換外長埃倫塔爾和陸軍部長舍奈赫，但皇帝堅持條件交換，以繼續將陸軍抓在手裡。於是，法蘭茨．斐迪南同意康拉德下，舍穆瓦上，前提是皇帝願意照斐迪南的意思撤掉舍奈赫，換上奧芬貝格。但一九一二年三月，三家匈牙利報紙揭露奧地利擬了最高機密的U計畫（斐迪南大公欲入侵匈牙利、關閉其議會的一九〇五年計畫），並指該計畫由奧芬貝格擬定時，奧芬貝格就變成燙手山芋，即使是對斐迪南大公來說亦然。

U計畫的曝光引發軒然大波，於是，一九一二年十二月，即上述交易談成才一年，不得不草草談定另一項交易。皇帝將奧芬貝格解職，且不盡放心地召回康拉德。布羅施從美景宮指出，如果找別人來當，當然更好，但其他候選人全是「婆婆媽媽之徒」。舍穆瓦未做出一番成績。他的聲望不夠高，壓不住陣腳，在戰爭隱隱然即將爆發之際，必然總綰兵符的法蘭茨．斐迪南大公將需要康拉德當他的左右手。[15]法國駐維也納大使館覺得這場危機最有趣之處，乃是揭露了霍夫堡宮與美景宮無休無止的暗鬥。披露U計畫那三家報紙全領皇帝的薪水，這表示法蘭茨．約瑟夫刻意剷除奧芬貝格，「以打擊法蘭茨．斐迪南和其黨羽」。法國大使館論道，這類耍陰使計的行徑，不只降低奧地利高級軍官的戰力，也降低他們的素質。康拉德果然取代舍穆瓦出任參謀總長，但找不到人接替奧芬貝格。「沒有優秀的軍官願意接陸軍部長之位」，法國人指出。「近來，帝國陸軍部被視為匈牙利的附屬機構——事實確是如此——且如今大部分高級軍官效忠於法蘭茨·斐迪南，不想冒著被**他**視為叛徒的風險接掌這職務，因為皇帝太老，不值得把個人前途押在他身上。」[16]最後，博爾佛拉斯終於找到一位已快退休因而不在意前途之人：六十三歲，在比爾森（Pilsen）的Skoda廠督造新火炮的亞歷山大·克羅巴廷（Alexander Krobatin），一個無害且無能之人。[17]

斐迪南大公和康拉德兩人未拾回過去的友誼。虔誠天主教徒法蘭茨·斐迪南，痛惡康拉德與已婚女子半公開往來引發的軒然大波，也痛惡這位參謀總長明知奧地利軍力不強仍那麼不自量力地好戰。斐迪南大公始終中意於奧、俄達成保守性協約的構想（且看不出有什麼辦法能解決與塞爾維亞、俄羅斯、很可能還與義大利、羅馬尼亞同時交戰的難題），因此漸漸轉向貝希托爾德與皇帝的和平政策。但和平政策的可行性似乎也不高——塞爾維亞一心想打仗，俄羅斯想不出與奧地利重啟一八七八年已截止的同盟關係有什麼好處。更糟地，法蘭茨·斐迪南認為阿爾巴尼亞的角色，類似一八六四年時的什列斯威－霍爾斯坦（Schleswig-Holstein）。普奧戰爭就肇因於這個地區的歸屬爭端。普魯士人從丹麥手中奪走什列斯威－霍爾斯坦諸公國，將它們與奧地利分掉，然後以分配戰利品時必然產生的不和為藉口，向哈布斯堡王朝開戰，以一勞永逸的解決「德意志問題」。

法蘭茨・斐迪南深信俄羅斯人在阿爾巴尼亞玩同樣的把戲，打算「縮小阿爾巴尼亞的疆域」，以壯大其「塞爾維亞受保護國」，為剩下的領土挑起與奧地利的戰爭。[19]他只能指望德國人會支持奧地利，制止俄羅斯。[20]如果德國人不願意，奧地利會垮掉。就連老邁的法蘭茨・約瑟夫都驚醒過來，緊張問道「陸軍已可以作戰了嗎？」[21]

一九一二年十二月十一日在舍布倫宮召開的一場高層首長初步會議，權衡了奧匈帝國不同選擇的利弊得失。外長貝希托爾德推測，德國人大概不會支持奧地利在巴爾幹半島的「軍事冒進」。[22]事實上，德國人會；在三天前於波茨坦召開的德國秘密軍事會議中，德皇與其將領已決定，無論情況為何他們都會保衛奧匈帝國，且應引發戰爭，以在俄、法兩國尚未完成其軍事擴張時將它們擊敗，「愈快愈好」。[23]一如以往，德國人不認為有必要將此決議告知奧地利人，奧地利人不覺得有必要向其盟邦徵求意見。一如一九一四年七月時德奧所會有的作為，這兩個大國各搞各的，不知對方的真正意向。奧匈帝國的財長提醒道，不管有沒有德國支持，奧地利節節升高的備戰成本會搞垮財政。陸軍已召集十七萬兩千後備軍人增援現役部隊。其中一半部署於加利西亞，另一半部署於波士尼亞，然後又召集了五萬後備軍人。在比爾森、布拉格、柯尼希格雷茨，捷克籍後備軍人被派赴駐地時高唱塞爾維亞國歌，而非奧地利國歌，譁變情景令皇帝震驚。在柯尼希格雷茨（捷克語赫拉德茨－克拉洛韋／Hradec-Králové），兩千民眾堵住兵營通往火車站的公路，朝試圖驅散他們的警察丟石頭。還有數百名示威者等在火車站，當局動用上了刺刀的部隊才將他們驅離。開拔部隊的指揮官在火車車廂裡遭憤怒暴民攻擊。火車啟動時，又有數十平民躺在鐵軌上阻止運兵火車離開，當局不得不將他們拖離下獄。[24]

俾斯麥那句老話「奧地利皇帝說『上馬鞍』，人民就上馬鞍」，已不再適用於現實情況。在塞拉耶佛，波提奧雷克估計，為了巴爾幹戰爭危機派到那裡的後備軍人，至少有三分之一不堪用——政治上心懷不滿、身體不適作戰，或兩者兼而有之。[25]這樣的局部動員，所費也不貲：這一突發且短暫的活動，耗去兩億七千五百萬克朗（五千五百萬美元），相當於平時陸海軍費的一半。

這樣的開銷如果持續到真正爆發戰爭時，有可能使國家破產。反過來說，這個君主國禁得起這樣的花費卻不動手？康拉德提醒所有聽得進去的人，一九一二年十一月開始的局部動員（只有加利西亞境內三個軍和波士尼亞境內兩個軍），每天要花掉兩百萬至三百萬克朗。光是多添購用以運送補給品、火炮和增援騎兵中隊的馬，就花掉三千多萬克朗（六百多萬美元），但皇帝找任何地方要錢，都吃閉門羹。對於陸軍部長奧芬貝格的緊急撥款請求，匈牙利議會連考慮都不考慮，奧地利議會則用刻意杯葛議事的手段將該請求拒於門外。最後，法蘭茨·約瑟夫動用哈布斯堡王朝典型的利益交換手法，以承諾於倫貝格（烏克蘭語利維夫／Lviv）設立烏克蘭大學，使烏克蘭籍議員不再杯葛議事，但為時已太遲：無計可施的財政部已尋求以屈辱性的條件在紐約借款，也打算針對收入、資本利得、不動產、火柴、菸草、烈酒，以及史上頭一遭的，針對咖啡館裡侍者的小費，徵收不得人心的新稅。[26]

似乎只有前陸軍部長從這場危機中獲益。涉入U計畫，只是奧芬貝格十二月離職的原因之一；另一個原因是他拿承包動員事宜之公司的股票內線交易之事。據說是一位名叫海因利希·史瓦茨（Heinrich Schwarz）的低階軍官向證券交易所密告此事，此人後來自殺，留下他與奧芬貝格將軍往來的書信。[27]維也納顯然一籌莫展。醜聞、蓄意杯葛議事、次級信貸、示威、譁變——維也納無法再承受一次這一連串丟臉的事；它寧可冒戰爭的危險。「奧地利陸軍得發動戰爭，而非只是擺出不惜一戰的樣子……這段時日以來的空等，已耗掉奧匈帝國兩億克朗」，有家德文報紙忿忿說道。「不計代價追求和平的民眾似乎決意用最高昂的成本買得和平，而塞爾維亞則讓自己永遠處於隨時可開戰的狀態，耗盡哈布斯堡君主國的財力，以便戰爭爆發時，俄羅斯可輕易消滅國力遭削弱的奧地利。」[28]

但在這場危機中，徵召三十萬後備軍人的俄國頭一個打退堂鼓，斷定不值得為了替塞爾維亞取得阿爾巴尼亞的港口，與德、奧兩國交戰。[29]俄、奧等列強於一九一二年十二月在倫敦召開大使會議，以阻止危機惡化，避免戰爭發生。「在此談判時，（鄂圖曼）帝國被擺在砧板上砍成數塊」，維也納《新聞報》駐倫敦記者報導道。「馬其頓丟了，古塞爾維亞（Old Serbia）、伊庇魯斯與其附近島嶼（Epirus and the Islands）、阿爾巴尼亞成了受大國保護的中立區。留給土耳其的，只有阿德里安堡（Adrianople）周邊的部分色雷斯地區。」[30]但儘管失去大片領土，青年土耳其黨熬過又一波的打擊。恩維爾帕夏在君士坦丁堡他掛著拿破崙、米歇爾・內伊（Marshal Ney）肖像的辦公室裡招待外國記者時解釋道，青年土耳其黨為保住斯庫塔里、阿德里安堡、達達尼爾海峽入口處四座希臘島嶼之類的地方戰鬥，把每一次失土視為把土耳其外債轉移給巴爾幹的機會而予以接受，藉此弔詭地展示了他們維護祖國的決心。[31]這樣的說法倒也有其難以反駁的道理；土耳其國土縮水，但長遠來看穩住自己，而執著於維護榮譽和歷史權利的奧匈帝國人似乎沒能耐這樣做。國外有個新病夫，那人位在維也納。

戰爭未爆發，但差點爆發，且雙方都從這一令人驚駭的事件得出錯誤的結論。法蘭茨・斐迪南的《奧地利評論報》怒沖沖說道，維也納差一點遭遇「第二次柯尼希格雷茨之敗」，差點「被趕出巴爾幹半島」。[32]布羅施上校驚訝於在人人都已上緊發條準備開打時，「和平意想不到出現」。[33]康拉德認定俄羅斯打退堂鼓，乃是因為他的局部動員，也認定他本可以入侵塞爾維亞和蒙特內格羅然後全身而退。波提奧雷克寫道，**下一場**危機時，將不得不開戰，否則「士兵和軍官會認定政治領導人已對軍隊失去信心」。奧地利不能「像一九〇九、一九一二年那樣」第三度徵集後備軍人，「卻**不**動用」。換句話說，未來再有挑釁，必會引發世界大戰，但這個君主國如此不得民心，碰到這樣的戰爭時，大概會有多達三分之一的奧匈帝國軍人不願為它打仗。[34]

奧地利的敵人也對這場危機有錯誤的解讀。俄羅斯推斷，奧匈帝國未入侵塞爾維亞，乃是因為害怕俄國軍隊，而非因為德國人的制止。塞爾維亞人認為他們帶挑釁意味的吞併無傷大雅，把戰爭恐慌心理歸咎於「又老又病的法蘭茨．斐迪南的武力恫嚇」。

德國則慶幸奧地利避掉戰爭，至少避掉在巴爾幹半島的戰爭。在柏林，德皇像個往巧克力盒裡仔細瞧的人，拿捏不定該追求稱霸歐洲，還是稱霸全球。他把目光盯在「土耳其、中國、南美」境內更美的肥肉，在那些地方，誠如柏林報紙所說的，「下一個十年將決定由哪一個經濟大國擊敗群雄而勝出」。[36]由於這些肥肉已在伸手可及的範圍內，德皇打定主意不想只因為「奧地利不讓塞爾維亞人在阿爾巴尼亞立足」，捲入對抗俄、法、英的民族生存戰中。德國參謀總長毛奇最初判定戰爭「勢不可免」，這時卻根據帝國的新形勢改絃更張，把處於較邊陲地區之巴爾幹半島上的戰爭恐慌現象視為「奧地利人的愚蠢行徑」。[37]

還有更愚蠢之事會發生。一九一三年五月巴爾幹半島上空再度戰雲密布，保加利亞人揚言掀起第二次巴爾幹戰爭以擴大他們在馬其頓所瓜分的領土，就在這時奧地利報界報導了一件引人注目的事。四十七歲的阿佛烈德．雷德爾上校，哈布斯堡陸軍最有才華、最受肯定的軍官之一，在大部分同輩都還在上尉官階苦撐時就當上上校之人，被人發現死於維也納某飯店房間裡。他把白朗寧手槍塞進嘴巴扣動扳機，轟掉顎部和腦部，左鼻孔噴出大量鮮血，幾乎立刻喪命。雷德爾於週六住進飯店，週日早上被人發現癱在安樂椅上，血已乾掉結塊，手槍掉在他右手下方的地板上，手槍（顯然不是他自己的手槍）的使用手冊攤在他身旁的桌子上。書桌上擺了兩封信，一封給他的最後一個指揮官上司，布拉格的阿爾圖爾・吉斯爾（Arthur Giesl）將軍，另一封給他的兄弟，另外還有一份簡單的自殺短箋：「請求諒解和原諒」。[38]

奧地利報界如餓虎撲羊般擁向這則最新的離奇事件。那是醜聞頻發的一年。首先，爆發無畏級戰艦事件，奧地利第一艘全裝重型火炮戰艦同心協力號（Viribus Unitis）交艦時，發現艦身過重，航速比先前對外宣稱的慢了五成。幾名海軍將軍和造船廠主管遭撤職，製造出不符規符之火炮與裝甲的Skoda廠遭公開責難。[39]然後爆發揚德里奇事件（Jandric Affair）。波士尼亞塞爾維亞裔出身，與參謀總長康拉德之子庫爾特（Kurt）交情甚好的奧地利中尉塞多米爾・揚德里奇（Cedomil Jandric），被控將奧地利火炮的技術資料賣給俄國人，且判定罪名成立。[40]陸軍調查揚德里奇，結果查出另一個間諜（庫爾特・康拉德的義大利女友），間接表示小康拉德本人可能也涉入其中，從父親書房偷取最高機密文件賣給俄國人。揚德里奇醜聞之後鬧得非常大的奧芬貝格事件，則似乎坐實了哈布斯堡王朝最高階層貪得無饜、對人性懷疑悲觀的印象。這位哈布斯堡前陸軍部長遭控拿國防承包商的股票內線交易，最後只受到微懲就脫身。然後，現在，就在那最後一樁醜聞的風波幾乎要平息之際，康拉德將軍底下極優秀聰明的一位軍官，被人發現自殺身亡於飯店房間。

報界推測，雷德爾上校是那種為上司承辦大小事，做到累得像狗的人。在佛里德里希・貝克（陪侍皇帝左右且生性很懶惰的皇帝好友）當參謀總長那二十四年期間，這種人到處可見。貝克和其底下的各部門頭頭，常把自己該做的大小事，都丟給波提奧雷克、康拉德和最近身亡這位上校之類積極進取的下屬做。吉斯爾將軍（典型的奧地利好逸惡勞將領，鬆垮垮的三層下巴垂在他軍裝衣領上）把雷德爾調來他麾下，正是因為在維也納的共事經驗，讓他知道雷德爾是個從不喊累的工作狂。總而言之，雷德爾工作個不停，早早就來上班，工作到很晚，然後到咖啡館看報紙，接著回辦公室工作到深夜。他離晉升將官只差一小步，但似乎不堪工作負荷而垮掉。另有報導推測，雷德爾說不定是被國外危險的「秘密活動」搞到精神崩潰。

「我們不清楚他**為何**開槍自殺」，《新自由報》（*Neue Freie Presse*）於五月二十六日星期一坦承道。「聽說他於週六晚上坐轎車來到維也納，有三名軍官來接他。那三人護送他到飯店房間，跟他談了些事，然後離開。」三名軍官離開後，雷德爾離開飯店，在附近一家餐廳用餐，寫了短箋和信，走了一會路，午夜時回到他下榻飯店，在書桌上擺上三千克朗（六百美元），開槍自殺。週日早上五點，那三名軍官派傳令兵去叫醒他，發現他已身亡。[41]到了那一週中期（那名傳令兵也自殺之後），每家報紙都在報導此事，《新維也納日報》則報導了一場「非常古怪的喪禮」。如此受敬重的軍官，為何葬禮如此隱密低調，沒有軍方儀仗隊，而是由老百姓抬棺，且棺木蓋著，然後沒有儀式，急沖沖從駐地停屍間送到維也納遼闊中央公墓一個未標記亡者身分的墓下葬？[42]

到了那個週末，一切真相大白。自那一週中期起，幾家八卦報就一直在拿雷德爾的性生活捕風捉影報導，陸軍部在這些報紙催逼下，終於發布一簡短聲明，說雷德爾自殺，乃是「因為同性戀情使他財務陷入困境，他為緩和此困境，把機密軍事資料賣給某外國的特務。」[43]更簡單地說，雷德爾把奧、德軍事機密賣給他的俄羅斯愛人，換取性愛和金錢。每一次他想洗手不幹，俄羅斯人就威脅要揭發他。八卦報拿這個腥羶醜聞大作文章時，《新聞報》一直對此不碰不談，但此時它也屈服：「我們一直以為這個高貴帥氣的軍官是個喜歡與女人為伍的瀟灑迷人男子，其實似乎已『墮落了』。」[44]

真相是阿佛烈德．雷德爾至少從一九〇五年起就替俄羅斯人蒐集情報。那一年，他四十一歲，掛上尉官階，奉派到高加索學俄語，結果卻對某些俄羅斯人研究得有點太深入。雷德爾在維也納軍中往上爬時，他當年的俄羅斯東道主一直守著這秘密。[45]當上維也納軍事情報局副局長時，他主持反間諜部門，使他不只能洩漏德、奧的機密，還能洩漏維也納安插在俄國的最優秀線民名單。擔任布拉格第八軍（康拉德之機動預備隊的四個第二梯隊軍的其中一軍）參謀長時，雷德爾洩漏了德奧一旦與俄國開戰時兩國在波蘭、加利西亞的聯合作戰計畫。俄國報紙頻頻討論奧匈帝國機密計畫一事，終於促使奧地利展開內部調查，進而揪出雷德爾。他會事跡敗露，敗在一封塞有六千克朗的信。與他接頭的俄羅斯人從德國將那封信寄到他位於維也納的郵政信箱，但他未及時領取，信於是被「退回寄件人」。德國官員收到退回的信，將其拆開，把手中的資料一兜，發現了奧地利人十年來都未發現的秘密。[46]

奧芬貝格憶道，雷德爾事件「帶來接二連三的打擊」，而最後一個打擊堪稱最嚴重。把雷德爾叫到維也納的參謀官，未訊問雷德爾，查明其叛國程度和接頭對象，反倒交給他一把手槍，允許他自裁了事。誠如英國武官所說的，這麼做大概是「為了避免令人難堪的醜事曝光」。維也納的《工人報》問道，「敵人**怎麼**有辦法收買如此傑出且有經驗的奧地利陸軍參謀？」問出了大多數人心中的疑問。[47]《新聞報》覺得「如此幹練的軍官，得到他上司無限的信任」——他甚至是Vertrauensmann（受信任之人），獲准進入法蘭茨·斐迪南在美景宮的私室——竟曾叛國，實在令人震驚。」雷德爾事件令維也納顏面無光，無地自容。

事實上，奧地利軍方領袖最擔心的，乃是雷德爾叛國對軍方可能造成的影響。在四月那件涉及自己兒子的情蒐醜聞中勉強全身而退的康拉德，不希望雷德爾供出他的恩師（康拉德是其恩師之一）、共犯、方法。[48]要那三個逮人的軍官在飯店房間盤問雷德爾，然後給他一把手槍，讓他自裁的人，就是在雷德爾被捕時正在環城大道克特納段（Kärtner Ring）的格蘭德飯店用餐的康拉德。康拉德希望藉此使雷德爾問題消失，以為報紙只會報導有位傑出軍官以奧匈帝國薪水過低的軍官所常有的那種出於絕望的自殺了結自己性命，不料反把事情搞砸。

雷德爾接受倉促的盤問時極不合作，把他的秘密大部分帶進墳墓裡，但逮捕者從盤問中和後來撬開他位於布拉格住所的保險箱中得到的少許資訊，卻令人驚駭：雷德爾已把最新版的R計畫（一九一二年更新的計畫）賣給俄羅斯人，裡面包括所有動員和部署計畫、作戰命令和行軍計畫表、德國針對東邊界制定的動員計畫（得自第一次巴爾幹戰爭期間雷德爾本人在柏林與毛奇開會時）、德奧作戰裝備的技術性說明書、加利西亞一地普熱梅希爾（Przemysl）要塞建築群草圖、該要塞群的物資補給計畫。雷德爾把參謀部對奧匈帝國軍事演習的機密評論賣給俄國人。他常提醒俄國人留意奧匈帝國陸軍部正在思考的組織改革或技術性改革，向俄國人洩漏奧國間諜名單，掩護奧地利境內的俄國間諜，誣告無辜的奧地利軍官為外國刺探情報（以維繫其堅持不懈偵捕間諜的名聲），扼要說明必會接掌集團軍或軍之奧匈帝國將領的長短處。說明康拉德此人時，雷德爾說他「善於籌謀畫策但無識人之明」，而那椿英國大使館所謂「令康拉德大為難堪、名譽掃地」的事件，似乎正坐實這評斷。[49]

對一再容忍康拉德的狂妄而一一予以保護的法蘭茨·斐迪南來說，這林林總總曝光的內情是壓垮他對康拉德之信任的最後一根稻草：這些內情揭露康拉德本身的顢頇無能，為萊塔河兩岸批評哈布斯堡陸軍的那些人，送上進一步縮減軍事預算和特權所需的彈藥。曝光的內情中，包括雷德爾布拉格家的保險箱裡有一名騎兵中尉的裸照，雷德爾只要人在維也納，就與那人黏在一塊。有份報紙寫道，「如今大家說陸軍是反常性愛與性欲倒錯的溫床」。還有一份報紙把焦點放在錢而非性上面：「我們花數百萬的錢在陸軍上，認定至少不會有叛國之事，如今卻爆出這讓人難以置信的醜聞：一名最高階軍官，在未遭察覺下偵刺情報十四年。除了說陸軍是個瞎眼的傀儡，除了是只有封建領主與資產階級勢利鬼才能參與的地方，除了是場災難，我們還能說什麼。」50

康拉德底下參謀部安全意識的鬆懈，到了匪夷所思的程度，否則以雷德爾這個加利西亞公務員之子，財產暴增，生活闊綽，雇用五名僕人，在布拉格租下一間豪華公寓，在維也納買下一間豪華公寓，養了四匹良種馬，怎會一直未受到懷疑。雷德爾還在幾乎人人都沒車的時代，開著一部三十六匹馬力、值一萬六千克朗的奧地利－戴姆勒（Austro-Daimler）汽車，一年花掉估計十萬克朗，憑著上校的薪水卻積聚了兩百萬克朗的財富。雷德爾光付他僕人的薪水，一年就花掉七千克朗，相當於兩名陸軍少校的年薪。如此張揚闊綽，怎會沒人起疑？

信教虔誠的斐迪南大公，也震怒於雷德爾的同性戀。當時的軍官圈子仍把同性戀稱作「波茨坦病」（la Potsdamie），謠傳這種斷袖之癖盛行於普魯士宮廷，因此得名。經查明，雷德爾自殺那間飯店，距霍夫堡宮步程不遠的克羅姆澤（Klomser）飯店，就是雷德爾常從布拉格開車來與男友施特凡．霍林卡（Stefan Horinka）中尉相會的地方，而霍林卡在維也納約瑟夫史塔特（Josefstadt）區的公寓，據房東太太所說，乃是「狂歡作樂」之地。雷德爾總會順道過來，和霍林卡雲雨一番，告訴房東太太他來「看他的侄子」；她不是傻子，知道怎麼回事，但還是納悶陸軍軍官怎能穿得這麼好、開這麼貴的車四處跑。房東太太推斷，「他在部裡搞見不得人的交易，大概在把緩役證明賣給想讓自己兒子緩役的有錢人」，而他對雷德爾的這番認定，正與一般大眾對陸軍的懷疑相一致。[51]

這是自一九〇四年皇帝將路德維希．維克托大公流放出京以來，維也納所爆發的最大同性戀醜聞，使哈布斯堡王朝所希望遮掩的種種事物再一次曝光：蒸汽浴、男按摩師、在維也納市立公園找少年尋歡、以及多瑙運河沿線好色的雷德爾常去的所有地方。而這一切全發生在康拉德眼皮底下。雷德爾的戎馬生涯始於貝克麾下，但在康拉德麾下開始平步青雲，這時，康拉德甚至不願把雷德爾事件的相干人等解職或懲戒，只要霍林卡中尉接受三個月的苦役和貶為大頭兵。[52]法蘭茨．約瑟夫對這些曝光的事極為反感，於是把他的兵權大部分轉移給法蘭茨．斐迪南大公，任命他為「聯合武裝部隊督察長」。若非這一連串發展，皇帝絕不會授予他此職。督察長指揮陸海軍和掌理參謀部，而此前最後一任督察長是這位老皇帝的堂伯，已於一八九五年去世的阿爾布雷希特大公（Archduke Albrecht）。[53]法蘭茨．斐迪南對這些曝光之事的厭惡，至少和法蘭茨．約瑟夫一樣強烈，但這位信教虔誠的大公也認為康拉德讓雷德爾選擇自裁一事違犯神的律法。他再次開始要求撤換康拉德，代之以會掃除積弊、重整紀律與道德之人。他提出特爾斯蒂揚斯基（Tersztyánszky）將軍與波提奧雷克將軍兩人選，儘管波提奧雷克據說是個同性戀。

整個二元君主國，而不只是奧地利報界和軍方，緊盯著雷德爾事件不放。保守派認為此事再一次揭露正腐化奧地利的「社會弊病」：「對金錢與個人前途的極力追求、自我中心、物質主義、浮誇虛華、道德徹底淪喪。就連 k.u.k. 軍官團都已被這些東西滲入。」[54]奧地利議會群情激憤，要求陸軍將此事交給司部法調查，議場裡響起令人難堪的質問：為何雷德爾未被捕，未照規定送交軍法審判？他靠什麼如此快速升遷，當上陸軍部一重要部門主管和軍參謀長？他豪奢闊綽的生活作風怎麼一直未受到注意？他為何獲准自己了結性命？既然雷德爾也洩漏了德國的機密，為何未邀德國一起調查？他出賣了哪些機密？未來任何對俄作戰計畫都已被摸得一清二楚？陸軍理不直氣不壯地自我辯護——「雷德爾穿皇帝的軍裝，但其實完全稱不上是奧匈帝國軍官，因為軍官團是純正的」——可笑、隱含反猶意味（雷德爾是猶太人因而不純正）、被斥為胡說八道。[55]匈牙利議會看到他們所已然鄙視的共同軍裡曝光這些無能、腐敗、墮落之事，驚駭萬分，無法接受。自一九一二年晚期起，貝希托爾德為了得「一勞永逸地」和塞爾維亞打一仗之事受到康拉德圍剿，這時則得到解圍，因為抬不起頭的康拉德噤了聲。[56]

不久後，巴爾幹聯盟的炮火打破這靜默。該聯盟所有成員國自一八九〇年代起就蠶食馬其頓（保加利亞人襲掠希臘人村莊，阿爾巴尼亞人襲掠塞爾維亞人，每個族群都在襲掠土耳其人），這時則張開口，想盡可能吞下馬其頓土地。[57]巴爾幹戰爭前塞爾維亞承諾把馬其頓中、北部的大部分地方讓給保加利亞人，但被列強逼離阿爾巴尼亞後，貝爾格勒反悔，不願割讓馬其頓領土。一九一二年十一月只花一天就把保加利亞軍隊打到薩洛尼卡的希臘人，不願割讓馬其頓或色雷斯的任何土地。羅馬尼亞人跟著湊上一腳，要求取得保加利亞的多瑙河港錫利斯特拉（Silistra）和多布羅加（Dobrudja）南部。奧地利人還是只能窘迫不堪地看著他們在自己主要的勢力範圍裡撒野，插不上手。三月，布達佩斯有份日報寫道，「奧匈君主國在巴爾幹戰爭中喪失的威信，更甚於在此戰爭中遭擊敗的鄂圖曼帝國。」[58]這些新興的巴爾幹國家為統一民族而攻打土耳其人（且彼此攻伐），其初生之犢的衝勁與活力，哈布斯堡君主國裡厭倦、消沉的斯拉夫人、羅馬尼亞人絕對看在眼裡。[59]

一九一三年夏在波希米亞舉行的一年一度奧匈帝國陸軍演習上，法蘭茨・斐迪南大公把康拉德拉到一旁，告以他想在一九一四年安排另一組軍事演習，也就是想在依例於九月舉行模擬和俄國交戰的演習之前，在六月於波士尼亞辦一場大規模軍事演習，以威嚇塞爾維亞，在巴爾幹展示老早就該展示的武力。這位大公甚至已想好日期，六月二十八日，即塞爾維亞紀念一三八九年基督教王國在科索沃的黑鳥原之役敗於土耳其之手的國定假日。[60]

奧地利人暗自籌謀時，保加利亞人掀起第二次巴爾幹戰爭，打算糾正第一次巴爾幹戰爭的不公平結果。七月，他們遭這時已停止運作的巴爾幹聯盟的其他成員國徹底擊敗。保加利亞之所失，即塞爾維亞之所得；貝爾格勒的疆土擴增一倍多，人口增加三分之一，取得從史高比耶至北邊莫納斯提爾（比托拉）的馬其頓中北部大部分土地。一九一三年八月召開和會，結束此戰爭，而奧地利人再次以缺席和會引人注目。德國人不顧奧地利反對，批准和約條文，同意讓羅馬尼亞、保加利亞、塞爾維亞擴大疆域，從而進一步削弱他們奧國盟邦的國力。

維也納能（如埃倫塔爾那般）把塞爾維亞貶為從奧地利果園偷蘋果的「壞小孩」的時代，顯然已經一去不復返，但就在形勢如此危蹙之時，這個二元君主國的兩個部分仍無法共體時艱，同心協力。一九一三年，負責聯繫奧、匈兩國政府的兩國代表團會晤，以討論緊急擴編軍事預算和年度徵兵員額之事，卻為了下了班的哈布斯堡王朝軍官能不能在匈牙利議會兼差當警衛，或為了是否必須取消他們「外國士兵」資格的問題，商議陷入僵局。[61]整個帝國似乎正逐漸崩解。英國某報刊出一篇名叫〈奧匈帝國解體〉的文章，其副標題為〈說不定今日，或許明日，肯定後日〉。該文預言這個君主國會於不久後遭德、義、俄、塞、匈瓜分，而最令奧地利人感到羞辱的，乃是瓜分國裡有匈牙利。[62]

一九一三年波士尼亞境內的哈布斯堡陸軍演習，反映這一普遍的不安；這些演習引爆康拉德與法蘭茨．斐迪南的公場爭吵。康拉德指責斐迪南大公把演習搞砸，然後忿忿然離開演習現場。法蘭茨．斐迪南不甘示弱，罵參謀總長是「華倫斯坦之流」，影射他和三十年戰爭中帶兵得勝、後來陰謀推翻哈布斯堡王朝、最後遭刺殺的奧地利統帥華倫斯坦一樣。[63]康拉德與斐迪南大公爭吵的原因，大大透露了奧地利陸軍持續未消的難題。貝克當參謀總長時，軍事演習的品質就已大不如前，他趕在一兩天內完成演習，以配合皇帝日衰的體力和注意力，且使花招營造攻方兵力龐大的假象，以滿足皇帝愛看盛大場面的心理。[64]康拉德較專業，較跟得上時代。他把一九一三年的演習分為兩部分。第一階段四天，要兩軍（各一萬四千兵力）在科林（Kolin）與布德韋斯（Budweis）周邊丘陵相逼近，陳兵列陣，以測試指揮官的作戰能力。第二階段三天，要測試他們的戰術能力。

這一次，康拉德抱怨斐迪南大公之事，完全言之有理。法蘭茨・斐迪南縮短演習第一階段，使指揮官——不久後就會在戰場上與俄羅斯人真槍實彈對打的布魯德曼將軍和奧芬貝格將軍——沒有機會偵察行動中的敵軍動靜和調度部隊攻打敵軍。然後斐迪南大公在布魯德曼的部隊已開始潰敗時突然中止戰鬥階段，下令隔天針對「以旗子代替的敵人」演習。這一把部隊抽離守方，在他們陣地裡留下旗子，然後要他們加入攻方的作法，曾被貝克大肆使用以營造戲劇化效果，但已遭歐洲所有其他國家的陸軍揚棄，「因為那導引出戰場上所不會呈現的情況」。一九一三年時，較認真的演習都已以沒有旌旗飛揚但切合實際的「空蕩蕩戰場」為特色，騎兵下馬，步兵和火炮進入壕溝或躲在掩蔽物後。武官把人馬擁擠的戰場上旗海飛揚的演習稱作「表演給姑娘看」，且的確有人在無意中聽到，斐迪南大公下令某上校把其參與插旗演習的部隊，調到「從山上較容易看到的地方」，而法蘭茨・斐迪南就和他妻子、小孩一起坐在那山上。

看了數千奧地利士兵以緊密隊形迅速奔馳於戰場上去攻擊一排旗子時，法國武官轉向他的塞爾維亞同行，問道「在你們所打的最近兩場戰爭中，有看過守方守得比這還輕鬆的嗎？」這個塞爾維亞人沒見過。[65]但斐迪南大公不以為意；康拉德要求演習更逼真時，有人不小心聽到斐迪南大公如此反駁：「承平時期沒必要教我們的士兵死」。[66]

奧地利報界報導了在演習場上所遠遠看不到的陰謀。魯道夫・布魯德曼（Rudolf Brudermann）將軍，「美景宮的寵兒」，原本就要慘遭因涉及匈牙利人、金錢、女人的醜聞搞壞名聲，而欲藉由這場演習扳回顏面的奧芬貝格殲滅時，斐迪南大公不想看到自己的愛將輸，於是在布魯德曼的部隊逐漸瓦解之際突然停止演習，然後下令展開插旗演習，以為布魯德曼保住面子，讓奧芬貝格無法如願挽回名聲。[67]康拉德對此極為反感，當場遞出辭呈，遭斐迪南大公駁回。法蘭茨・斐迪南提醒康拉德，陸軍禁不起在雷德爾事件後再出醜聞，因為「猶太人、共濟會的報紙」會拿他們兩人的不和和康拉德的去職大作文章。[68]匈牙利報紙《布達佩斯》報導法蘭茨・斐迪南與康拉德之間的緊張關係時，表露事不關己的立場：「對匈牙利大眾來說，由康拉德還是別的將領占有這職位，無關緊要，因為他們的陸軍與我們國家沒有瓜葛。那不是我們的陸軍，不為我們的國家目標而戰。」[69]

康拉德辭職不成後，在這職位上力求表現。十月十八日在萊比錫與德皇會晤時，康拉德從威廉二世口中索要到一旦與塞爾維亞開戰德國會支持奧國的保證。這時，塞爾維亞正侵犯五個月前才由列強扶立的新國家阿爾巴尼亞。德皇以低沉聲音說道，「我站在你這邊」。同一天，奧地利人向貝爾格勒發出最後通牒，要其撤出阿爾巴尼亞所有有歸屬爭議的領土，揚言若不從將開戰。已在兩次巴爾幹戰爭中損失九萬一千人的塞爾維亞，一個星期後撤兵。

一如在春季時的斯庫塔里危機中所見，哈布斯堡揚言開戰的舉動迫使塞爾維亞人

（和俄羅斯人）從戰爭邊緣縮手。好在威脅奏效，因為奧匈帝國的狂言大話掩飾了陸軍武器的嚴重不足，特別是野戰炮和機槍方面的不足。亞歷山大・布羅施上校從博琛告知奧芬貝格他的團，「樣樣都缺：火炮、機槍、炮彈、步槍、步槍彈。」[70]貝希托爾德漠視這些警訊，且如他在十月二十一日寫給法蘭茨・斐迪南的信中所誇稱的，慶幸他「在沒有（德國人）指導下」又打贏塞爾維亞人一回，儘管德皇曾發電報表達其對奧皇的支持，向貝希托爾德表示祝賀之意。威廉二世告訴駐柏林的奧地利武官，「奧地利擺出威脅姿態；我希望她繼續這麼做。」[71]貝希托爾德的沾沾自喜，主要得歸因於對國際情勢過分樂觀的解讀；貝希托爾德仍認定英國把「強大的奧匈帝國視為歐洲（壓制俄羅斯）所不可或缺」，且認定英國協助阻止了塞爾維亞人取得阿爾巴尼亞的海港，以阻止由俄羅斯主導的「大斯拉夫帝國」形成。[72]就是這些浮誇的認定，使奧國免於和塞爾維亞陷入難以收拾的小衝突（「即使是白癡，有時也會走狗屎運」，布羅施酸味十足評論貝爾希托德此人。）[73]

事實上，維也納已失去身為大國所擁有的大部分行動自由。在外交政策上國內沒有共識，預算赤字達十億克朗。老皇帝和以往一樣瘋瘋癲癲——十月與英國大使館官員會晤時，他閒談巴爾幹半島的整個政局，最後，令款待他的英國人大吃一驚的，他推斷「總的來說，土耳其人是那裡最好的人。」[74]土耳其人當然已不在那裡，但這位皇帝似乎未因這一實際情況改變他的看法。

沒皇帝那麼老朽的奧地利領袖，則非常清楚他們處境的艱險。英國武官報告了這個君主國開始明白自己國力有多弱時，陸軍部和參謀部近乎恐慌的情況。巴爾幹半島上的戰爭恐慌已迫使奧地利人思考真打起仗來他們要如何分配兵力，結果發現兵力太少，不管是要對付俄國、塞爾維亞、義大利、羅馬尼亞、乃至波士尼亞－赫塞哥維納境內的一場叛亂，都無法取勝。聖誕夜康拉德沮喪提筆寫道，「我愈來愈相信我們的目標只會像艘逐漸下沉的船，體面的沒頂。」75

對外，奧地利逃不掉德國的擁抱。「他們（兩國）原是結盟關係，現在則是銬在一塊」，邱吉爾後來如此寫道。德國陸軍（或德國揚言動用陸軍），已成為奧地利惟一的「保命符」。奧匈帝國得趁塞爾維亞還未變得更強大時殺殺它的氣燄，但打塞爾維亞人，必然要打俄羅斯人，而沒有德國助陣，打不贏俄羅斯人。貝希托爾德正催外交部內同仁儘快完成對哈布斯堡外交政策的大幅檢討，而外交部的涉入正證實上述德國角色吃重的看法。檢討報告的主要結果有兩重：塞爾維亞日益受到陸軍和「黑手會」（以及其侵略性的新任駐俄大使）的左右，不可能安撫得了，只有動武才能壓制其野心，而一旦動武，俄羅斯不會退縮。檢討報告指出，聖彼得堡這時正運用其在巴爾幹半島上所能動用的所有手段削弱奧匈帝國的地位。俄國人在煽動塞爾維亞人，試圖使羅馬尼亞脫離其與奧、德的結盟關係，且有可能用法國人的貸款利誘保加利亞人、土耳其人也脫離這關係。情況看來似乎已沒有什麼好談的——只有一團籠罩巴爾幹半島且悄悄滲入由斯拉夫人占多數的哈布斯堡君主國的泛斯拉夫狂熱。這使塞爾維亞掌握了主動權。塞爾維亞這時看出，把俄羅斯、塞爾維亞兩地民族主義合流的沙皇尼古拉二世，絕不會再拋棄貝爾格勒。如果再一次拋棄貝爾格勒，陸軍有可能不再挺他，而陸軍是沙皇政權的支柱。塞爾維亞因此信心大增，絕不會再因奧地利的放言恫嚇而退縮。如果戰爭爆發，他們會放手一搏，心裡認定俄羅斯人會踢開奧匈帝國的東大門，助塞爾維亞征服波士尼亞－赫塞哥維納、克羅埃西亞、斯洛凡尼亞。

柏林這時是左右大局的關鍵，而德皇卻有他自己需要認真思考的疑慮。德國人肯定奧地利自一八六七年開始施行的折衷方案，卻極為擔心奧匈帝國即將到來的接班問題；他們知道法蘭茨．斐迪南一旦接位（據認不久就會發生的事），會動手拔除維也納、布達佩斯之間並不順利的夥伴關係。一九一四年法蘭茨．約瑟夫已八十四歲，身子虛弱到每次斐迪南大公去他的波希米亞鄉村別墅或他位於亞得里海濱的府邸，都有一輛專列等著，以便皇帝突然駕崩時，可將他迅速送回維也納。一九一四年五月，斐迪南大公，而非皇帝，為奧、匈兩地代表團的開會主持開議儀式，因為法蘭茨．約瑟夫病重，無法主持。皇帝未參加陸軍演習已數年，都由斐迪南大公代他參加。[76]但法蘭茨．斐迪南因立場反匈，為匈牙利人所痛恨。在其他地方，他也不得民心。就連克羅埃西亞人都在一九〇〇年代初期背棄他，儘管他原想讓他們在薩格勒布有自己的都城，且已讓他們躋身領導階層，一同治理這個君主國。[77]捷克人也背棄他；一九一四年一次大戰爆發前那幾個月，他們為爭奪布拉格議會和奧地利議會的控制權，和波希米亞的德意志人爭戰不休，加利西亞的烏克蘭人也加入這場爭鬥，攻擊奧地利議會中的「波蘭社」(Polish Club)。如果**每個**民族都要求躋身維也納、布達佩斯的特權統治階層，或要求有權完全脫離自立，奧匈帝國還能倖存？顯然不可能：一九一四年三月，法蘭茨・約瑟夫指示其總理卡爾・馮・史蒂爾克(Karl von Stürgkh)宣布奧地利議會無限期休會，國家進入緊急狀態。

康拉德和毛奇自一九〇九年起進行過零星幾次幕僚會談，粗略同意一旦爆發大戰，德國人會執行其施里芬計畫，擊潰法國人，奧匈帝國則力挫俄國人在東邊的任何早期攻勢。一旦打倒法國，德國人揮兵向東，將奧地利救離勢不可擋的俄軍之手。一九一四年五月他們在波希米亞的卡爾斯巴德(Karlsbad，捷克語卡羅維瓦利／Karlovy Vary)最後一次開會時，確定這一粗略的協議仍然有效。但在具體作法上，有含糊不明之處。按照康拉德的作戰計畫，哈布斯堡王朝陸軍要分成三個部分，即俄羅斯群(二十八個師)、巴爾幹群(八個師)、機動預備隊(十二個師)。歐洲大戰幾乎肯定會在巴爾幹半島點燃，然後立即擴及到俄羅斯，因此，至關緊要的，德國人得得到奧地利的以下保證：維也納將只會用其「最小巴爾幹群」的八個師守住其南邊界，把其他部隊(四十個師)全迅速調到東邊擋住沙皇軍隊。

一如德國，奧地利非常清楚其東疆極難守住。法蘭茨・斐迪南的軍事文書署一九一一年所擬的研究報告推斷，奧地利根本無力在塞爾維亞、俄羅斯兩地同時作戰。這麼做將使人數居於劣勢的奧匈帝國部隊孤軍深陷華沙與倫貝格之間的廣大地區，幾乎必然全軍覆滅。[78]二十世紀時俄軍兵力已如此龐大（六百萬），即使奧匈帝國動用其全部兩百萬兵力，也難以削弱其攻勢。如果抽調部分兵力到塞爾維亞，使迎擊俄軍的奧匈兵力變少，奧地利八九不離十會落敗。

不過，鑑於康拉德不斷痛斥貝爾格勒，他很有可能會先打塞爾維亞。他會試圖集結二十個師來對付塞爾維亞的十二個師——從而實質上執行B計畫，而非R計畫——而這將使奧地利位於東邊的二十八個師陷入險境，可能遭兵力三或四倍於它的俄軍殲滅。德國無視這一顯而易見的危險。毛奇最關心的似乎是使康拉德不要再執著於要德國派軍隊到東邊，因而決定略過細節不談。不講清楚符合雙方的需要：那使維也納可以視情勢發展決定是否要消滅塞爾維亞，也使柏林能保有抽離東線部隊，全力進攻法國的選項。[79]

毛奇、康拉德兩位將軍是行經墓園吹哨子壯膽，其實心裡都怕。一九一四年的俄羅斯已不是十年前施里芬計畫的初步草案中設想的那個不堪一擊的巨人。自敗於日俄戰爭後，俄羅斯力行革新，添置了急射輕炮和重炮，徹底整頓了本國的動員流程。俄國已建造了連接莫斯科、聖彼得堡到華沙的新雙線鐵路，從此將可隨時與敵交戰、配備有比奧地利部隊更多火炮的軍隊，迅速部署到邊疆地區，而不必停下來等姍姍來遲的後備軍人報到。俄羅斯人自信滿滿，因而在一九一一年向法國人保證，第一道動員令一下達，只需十五天，他們就會把八十萬部隊部署到其與德國、奧匈帝國交界處。[80]沒人把俄羅斯人這些保證當一回事（畢竟俄羅斯是個帝國，後備軍人一般來講得跋涉約一千一百公里才能從家鄉抵達兵站），但這些聲明仍間接表示俄國科技的進步和令人吃驚的樂觀。

在這同時，令人憂心的巴爾幹半島情勢，使奧地利、塞爾維亞幾乎免不了要一戰，儘管這樣的戰爭八九不離十會招來俄國出兵干預，屆時，因施里芬計畫和俄國可能進攻東普魯士，而把心力放在別處的德軍，將分不出身來施以援手。形勢有利於貝爾格勒。儘管奧匈帝國想方設法圍堵，塞爾維亞人還是擴張一倍版圖，使其人口增加到將近五百萬。維也納如臨深淵。有家英國報紙示警道，與塞爾維亞、俄羅斯同時對幹，「愚不可及」。[81] 但康拉德就在思考這一愚不可及之事。此刻，他比往任何時候更想這麼幹。

Murder in Sarajevo
第四章　塞拉耶佛逞凶

一九一三年在波希米亞舉行哈布斯堡陸軍年度演習時，法蘭茨．斐迪南指示康拉德規畫一九一四年兩波演習。除了例來固定於九月舉行模擬與俄交戰的演習，斐迪南大公希望在一九一四年六月另外在波士尼亞舉辦一場動用兩個軍的大型演習。維也納希望這場以塞爾維亞人為假想敵的演習，會讓塞爾維亞人膽寒，在巴爾幹半島展示奧地利早該展示的武力。

一旦爆發戰爭即會總綰奧匈帝國兵符的法蘭茨．斐迪南，屆時會親臨現場主導軍事演習。斐迪南大公即將到訪波士尼亞一事，一九一四年三月受到奧國和外國報紙廣為報導，為塞爾維亞恐怖分子提供了一個讓人手癢難耐的攻擊目標。阿皮斯上校和黑手會想用一場驚人的恐怖主義攻擊激怒奧地利人，但也想藉由堵死與維也納的所有協商管道，驅使塞爾維亞總理尼古拉．帕西茨開戰。[1]帕西茨比阿皮斯之類極端民族主義分子更為深謀遠慮，對於正忙於消化甫併吞之馬其頓、阿爾巴尼亞領土的塞爾維亞王國是否能擊退來犯奧軍，遠不如他們那麼樂觀。為迫使帕西茨行動，黑手會於一九一四年春開始在貝爾格勒培訓三名波士尼亞學生，加夫里洛·普林西普是其中之一。黑手會為普林西普三人定好計畫，要他們與另外四名刺客聯手暗殺斐迪南大公，那四名刺客則會在波士尼亞找來。

七名刺客為行刺做準備時，康拉德正努力欲保住他的職位。斐迪南大公於一九一三年陸軍演習現場當眾叱責康拉德，似乎要當著康拉德的面，為他在雷德爾事件後新接任的「聯合武裝部隊督察長」一職立威。兩人雖然言歸於好（康拉德向其情婦吹噓向來疾言厲色的大公用了「非常窩心的話」安撫他），但布羅施上校一九一三年十、十一月寫給奧芬貝格的信，卻想當然爾地認為改變就要發生，會有不像康拉德那樣「減損」斐迪南大公威望、惹惱大公的新人接任參謀總長。接替康拉德者，大概會是波提奧雷克，或是大公的新副官卡爾·巴爾道夫（Karl Bardolff）將軍。前者「渴望接掌此職」，後者「在舍穆瓦任職期間基本上掌理參謀部」。[2]

這兩人和其他人選的名字外洩，間接表示換人在即。康拉德聽到風聲，急急面見皇上以挽救職位。一九一三年十月，這位職位岌岌不保的參謀總長晉見法蘭茨·約瑟夫，相談甚久，皇帝得知康拉德已失去斐迪南大公的寵信，非常樂於讓康拉德改投他旗下。康拉德成為霍夫堡宮與美景宮持續不斷的權力鬥爭中最新的爭奪標的。後悔於雷德爾事件期間將兵權大幅授予斐迪南大公的皇帝，這時向康拉德保證不撤換他，且恢復他直接進宮面見皇上的權利，藉以削法蘭茨．斐迪南的權力。身為斐迪南大公的門生，康拉德與霍夫堡宮的公函往來原都得透過美景宮。如今，他的信函將朝反方向傳送。[3]康拉德想必把大部分醒著的時間花在遊移於不同明主間和保衛他日益縮小的地盤上。剩下的時間，他才用來思考奧地利日益緊縮的行動自由。

一九〇五年的施里芬計畫要奧匈帝國人做到某些事，即得守住位於加利西亞、波蘭的要塞，直到德國人擊敗法國人為止（據這計畫的想定，要六星期），但他們也將得擊退塞爾維亞人。一九〇八年波士尼亞併吞危機期間，戰爭差點引爆之時，康拉德擬出一個乍看之下很漂亮的計畫來落實上述義務。局部性的奧、塞戰爭，發生機率不高，萬一發生，以B計畫（巴爾幹計畫）因應。奧地利與塞爾維亞開戰，把俄羅斯捲入，發生機率頗高，萬一發生，則以R計畫（俄羅斯計畫）因應。為使哈布斯堡陸軍能因應上述任一突發狀況，康拉德把陸軍分為三群：第一梯隊（〔A-Staffel〕九軍二十八個師，開赴俄羅斯戰線）、巴爾幹最小兵力群（〔Minimalgruppe Balkan〕三軍八個師，用於對付塞爾維亞）、第二梯隊（〔B-Staffel〕四軍十二個師，將作為總預備隊在兩戰線之間機動因應）。如果能將奧塞戰爭侷限於當地，第一梯隊將守衛俄羅斯邊界，第二梯隊則與巴爾幹最小兵力群會合，以二十個步兵師和三個騎兵師執行B計畫。如果俄羅斯介入（所有人都認為必會發生的情況），則執行R＋B計畫：第二梯隊將立即上火車運往加利西亞增援第一梯隊，以四十個步兵師打俄國，巴爾幹最小兵力群的八個師則只著重於防守波士尼亞－赫塞哥維納、匈牙利的邊界。[4]

一九〇八年時，塞爾維亞兵力小且弱，俄羅斯還未從敗於日本之手裡恢復元氣，這樣的計畫似乎還管用，但到了一九一四年，情勢已不同：一開戰，維也納的四十八個師將立即要面對至少俄國五十個師和塞爾維亞十一個師，且後續還要對付源源而來的許多俄國後備師和準備支援塞爾維亞正規軍的數千名游擊隊員。一九〇八年時，俄國鐵路非常原始，因而有施里芬所謂的「廣漠無鐵路」的俄羅斯之語，但到了一九一四年，那一廣漠之地已有法國資助建造的雙線鐵路貫穿，奧地利人在運送部隊到東邊上稍有延遲，就會吃大虧。事實上，到了一九一四年，俄國鐵路已好過奧國鐵路。俄國有四條單線鐵路（單線意味著只能單向運輸）和五條雙線鐵路（意味著能雙向運輸）。奧地利只有七條單線鐵路，其中兩條得奮力穿越高聳的喀爾巴阡山。按照當時客觀的估算，這意味著俄國一天能運送兩百六十列火車的兵進入波蘭、烏克蘭戰場，奧地利則是一百五十三列。[5]

在幾位強悍、久經戰火洗禮的將軍領導下，塞爾維亞軍隊兵力成長同時現代化，使奧地利再也無法像過去那樣只消派支小型軍隊越過多瑙河或德里那（Drina）河征討，就能讓塞爾維亞學乖。[6]早在一九一一年，康拉德就在兵棋推演中發現，至少要十四個師才能擊敗塞爾維亞，而如果同時與俄國交戰，根本騰不出這十四師的兵力。為徹底挫敗奧地利，塞爾維亞人的辦法，就只有把軍隊從邊界撤回，迫使奧地利人深入多山的塞爾維亞內陸，陷入曠日廢時的戰事。事實上，一九〇七年奧地利的軍事演習和一九一三年維也納的兵棋推演，已測試並證實塞爾維亞戰術撤退會對不善打仗的奧地利軍隊帶來何等毀滅性的壓力。陸軍部長奧芬貝格在第一次巴爾幹戰爭前夕即看出，奧地利**任何**入侵塞爾維亞的行動，都必須利用摩拉瓦河谷（Morava Valley）這個寬廣的通道，而非蠶食沒有戰略價值、德里那河與薩瓦（Sava）交會處的塞爾維亞王國西北隅。但如此兵分多路的寬正面入侵會需要較多兵力且較耗廢時日，而奧地利沒有那麼多兵力和時間可用。一九一四年四月走訪杜布羅夫尼克（Dubrovnik）時，波提奧雷克做了他自己的兵推——衍生自棋賽的戰況模擬，以鐵製物件標示部隊和補給，在實際後勤、地形因素下每步限於兩分鐘內完成。令在場所有人驚愕的是，塞爾維亞人贏。

波提奧雷克的四月兵推，預示了八月他入侵塞爾維亞會將面臨的景況。實際戰況將如紙上談兵所示——在德里那河下游和薩瓦河交會處作戰的奧匈帝國第五集團軍和在更南邊越過德里那河的哈布斯堡第六集團軍之間的一個大缺口，使塞爾維亞人得以將這兩支軍隊各個擊破。但這場兵推預示的不利情況，康拉德完全未予採納。他對一九一三年冬兵推的看法，說明了他為何會在一九一四年八月做出那些奇怪的決定。用兵塞爾維亞將遇到重重難關，包括道路不良、補給不易、敵人掘壕固守，但康拉德的建議是不計後果蠻幹：「由於缺乏補給、交通工具和全盤了解，我們惟一的辦法會是疾迅勇猛的進攻。」[7]如此低估現代火器的威力，始終是康拉德轄下參謀部的一貫特色。他一九〇八年所擬的對塞爾維亞作戰計畫，狠批日本人在日俄戰爭中的「怯懦」，只憑著他本人一股不服輸心態，無憑無據認為「若有較驃悍的指揮部、較快展開作戰行動、較快結束戰役，傷亡會降到最低。」[8]

塞爾維亞刺客開始聚集於塞拉耶佛時，貝爾格勒陷入騷亂。七十歲國王彼得厭煩於居中調解帕西茨與諸將領的外交政策主導權之爭和馬其頓、阿爾巴尼亞境內新吞併土地的治理權之爭，一九一四年六月卸下其大部分職權，任命二十五歲王儲亞歷山大為其攝政。[9]這絲毫無助於安撫為奧地利斐迪南大公即將訪問波士尼亞而憤怒不已的塞爾維亞民族主義分子。法蘭茨・斐迪南鼓吹建立「大克羅埃西亞」，即一個包含克羅埃西亞、達爾馬提亞、波士尼亞–赫塞哥維納、斯洛凡尼亞，且盡可能吸併塞爾維亞領土的羅馬天主教超國家（superstate）。而這樣的人就要踏足塞爾維亞人宣稱為其所有的那些省分。斐迪南大公的到訪日子也挑得特別差，六月二十八日，聖維圖斯日（St. Vitus Day）：十四世紀塞爾維亞兵敗科索沃、遭鄂圖曼土耳其人制服的日子，自那之後令塞爾維亞人既開心又難過的國定假日。法蘭茨・斐迪南若有意以挑釁心態展現他對塞爾維亞的不屑，或他對皇帝謹小慎為作風的不屑，再沒有比挑這一天到訪更挑釁的了。「別讓大公太出風頭」，法蘭茨・約瑟夫的副官於這趟訪問之行前寫信告訴波提奧雷克。「我們不希望人民忘了還有皇帝在」。[10]但這位大公即將大展他從未有過的風頭。

在康拉德與波提奧雷克陪同下，斐迪南大公觀看了六月二十六至二十七日在塞拉耶佛西南邊山區舉行的第十五軍（杜布羅夫尼克）、第十六軍（塞拉耶佛）的演習，然後在二十八日帶著他的妻子，大公妃蘇菲，參觀了塞拉耶佛。全規格的奧匈帝國軍事演習，一如以往，會在九月舉行，模擬俄軍入侵加利西亞的情況：這一次的巴爾幹演習，用意只是展示武力，警告塞爾維亞勿輕舉妄動。塞拉耶佛之行不會太久，斐迪南大公會去一個兵營、市政府、一座新博物館、一間地毯工廠看看，並與波提奧雷克共進午餐，而這些行程的用意，全在炫示哈布斯堡王朝的威權，確立奧地利對塞爾維亞宣稱為其所有之省分的所有權。天黑時，大公一行人已會在離開波士尼亞的火車上。[11]

六月二十八日，斐迪南大公在伊利札（Ilidze）的波士納飯店起床。伊利札是溫泉療養地，位在塞拉耶佛郊外為濃密森林所包圍的涼爽開闊地裡。他一身騎兵將軍的禮服（藍上衣、黑長褲、帶綠羽毛的雙角帽），在一間已為了他的造訪事先祝過聖的飯店房間裡做禮拜（祝聖花了四萬克朗），然後爬上一輛已候著之汽車的後座。六輛車子排成一列，這輛敞篷跑車排在第三。車隊駛往塞拉耶佛，沿途法蘭茨・斐迪南與蘇菲向佇立於路旁的民眾點頭、微笑，波提奧雷克蹲在可收折座椅裡，面朝他們，一路指出主要景點。七名塞爾維亞刺客，彼此隔著一定距離，分布在這一路線沿途。第一名刺客拿起白朗寧手槍，隔著九公尺距離開槍，未射中。法蘭茨・斐迪南轉頭，看著奧地利警察擒拿這名刺客，阻止民眾對他施以拳腳。對皇帝敵意和不良居心深有所感的大公，粗啞喊道：「盡快把他吊死，維也納會頒他一面獎章！」[12]第二名刺客丟出一枚手榴彈，但大公座車司

FIGURE 4.1 ———法蘭茨·斐迪南與波提奧雷克在波士尼亞軍事演習場

法蘭茨·斐迪南大公下令於一九一四年六月在波士尼亞辦場動用兩個軍的特別演習，以威嚇塞爾維亞人。照片中大公在研究地圖，替他拿著地圖者是軍長和波士尼亞行政長官奧斯卡·波提奧雷克將軍。
這是斐迪南大公生前所度過的最後一個整天。隔天他就在塞拉耶佛街頭中槍。
照片來源：Heeresgeschichtliches Museum, Wien

機加速駛過，手榴彈在下一部車底下爆炸，輕傷了波提奧雷克的副官埃里希·馮·梅里齊（Erich von Merizzi）中校。

抵達第一個停留地點，一八九四年建成的仿摩爾式雄偉市府大樓時，大公怒火中燒。塞拉耶佛市長和其諸市政委員排成兩列，一邊是戴非斯帽、著燈籠褲的穆斯林，另一邊是著燕尾服和高頂黑色大禮帽的基督徒。大公硬生生打斷市長帶著巴結意味的問候：「市長先生，你說這些有什麼用？我來塞拉耶佛親善訪問，卻有人朝我丟炸彈？太離譜了！」進了市府大樓後，大公氣消。他向他的隨從開玩笑道，「留心聽著，這個（刺客）大概會按照奧地利的老作風獲頒功績勳章，而不會被『弄成無害』。」[13]

事前，波提奧雷克堅持由他一手包辦此趟訪問的所有安全事宜，結果發生行刺之事，令他非常尷尬。他希望這一天會結束得比開始時完滿，向法蘭茨．斐迪南保證必會讓大公如預定計畫安然完成他在此市的行程。法蘭茨．斐迪南願意走完預定行程，但堅持改變路線，以便去醫院探望受輕傷的梅里齊。斐迪南大公從未打過仗，這是最近似於在戰場上救助受傷同袍的經驗。眼下他不顧後果，堅持基於人情之常該怎麼做他就怎麼做。波提奧雷克同意，但忘了把更動計畫之事告訴此刻正按照原安排的路線把車隊帶離市府大樓的塞拉耶佛市長和其司機。大公的司機傻傻跟著市長座車開，拐彎駛進法蘭茨．約瑟夫街，被波提奧雷克猛然叫住。波提奧雷克厲聲要他停車、倒車，然後繼續沿著碼頭直走，前往軍醫院。

一九一四年，汽車還很稀少，車隊六輛車都是從奧地利汽車俱樂部暫時借來，司機則是騾子脾氣，不高興之下就突然停住車不肯前進。[14]道路兩旁擠滿圍觀民眾，大公的司機使勁將車往後退然後轉向，法蘭茨．斐迪南在這時拉長調子告訴波提奧雷克，「說到刺客，人真的得把自己性命交給上帝發落。」大公座車停住，準備打直，而大公夫婦直挺挺坐在後座，就在這時，加夫里洛．普林西普（黑手會在貝爾格勒徵募到的三名波士尼亞學生之一）擠過人群，近距離開了兩槍：第一槍打穿大公的頸動脈，第二槍打進蘇菲的腹部。兩人都在幾分鐘後死亡。

法蘭茨·斐迪南與其夫人的遺體擺在附近的舊鄂圖曼官邸——圍牆環繞的波提奧雷克府邸——時，有人發現大公脖子上掛了七個護身符，每個護身符用來防止不同的邪靈近身。蘇菲沒有血色的脖子上圍了一條金鍊，身上披了一條肩布，肩布裡有用來防止疾病或意外上身的聖徒遺物。這兩人是據認要把巴爾幹半島從落後與迷信中救出來的現代哈布斯堡家族成員。維也納諷刺作家卡爾·克勞斯，在這越管控糟糕、悲劇收場的訪問裡，發現更為荒謬可笑之處：「皇儲在法蘭茨·約瑟夫街和魯道夫街的街角中槍身亡，正象徵了身為奧地利人所代表的意涵。」[15]

普林西普立即被認出是波士尼亞的塞爾維亞人，大公的每個隨行人員都理所當然認為這名刺客是抗議奧地利占領波士尼亞－赫塞哥維納已多年的塞爾維亞政府所派。因為疏於小處的安全工作而間接助行刺者得逞的波提奧雷克，此刻如某同僚所說的，「竭盡全力」鼓吹戰爭，「以洗刷他的過錯」。[16]波士尼亞演習結束後，康拉德打道回府，在薩格勒布換車時，才得知行刺之事。這時，他鼓吹那古往今來常用的解決辦法：如貝希托爾德所說的，「戰爭，戰爭，戰爭」。與皇帝和內閣閣員開會時，康拉德要求採取「果斷行動」。[17]陸軍部長亞歷山大·克羅巴廷向法蘭茨·約瑟夫的副官大施壓力，以促使皇帝「立即宣戰」。[18]奧地利大部分高階將領和他們同聲一氣，力主向塞爾維亞「暗殺政權」和其「行凶者」報復。「給我一個軍和一個後備師，我就可以搞定」，米夏埃爾·阿佩爾從其位於塞拉耶佛的辦公室激動說道。[19]

在薩格勒布，克羅埃西亞民族主義分子有了將異族殺光的念頭。「我們周遭有太多討厭的塞爾維亞人；從今天起，就把消滅他們當作我們的目標」，報紙《赫爾瓦茨卡》氣沖沖說道。「srbe 或 vrbe」（意為「把塞爾維亞人吊死在柳樹上」），成為流行的口號。[20]奧匈帝國駐貝爾格勒的公使館——受到「此地低規格哀悼」公開侮辱，「此地的人在街上和咖啡館裡嘲弄我們的不幸」——也發出同樣的激越言語：「得讓塞爾維亞再度懂得害怕……我們得趁這機會發出毀滅性的一擊，不要有其他顧慮，以為我君主國爭取再數十年的和平發展時間，以讓加諸我皇上的這一侮辱受到懲罰。」[21]

六月三十日在舍布倫宮晉見皇上時，老皇帝法蘭茨．約瑟夫的悲痛，令貝希托爾德印象深刻。皇帝傷心主要是為了君主國的困境，而非為了斐迪南大公。聽著貝希托爾德向他陳述他所能選擇的路，皇帝流下淚水。自一八六六年大敗之後，法蘭茨．約瑟夫一直避戰，但此刻連他都了解到，戰爭，或最起碼威脅開戰，已不可避免。普林西普對哈布斯堡王朝的打擊太凶殘，太侮辱人。但匈牙利能否決奧地利的決定，因此，得等到匈牙利總理伊斯特萬．蒂薩前來陳述布達佩斯的看法，才能決定下一步怎麼走。

那天更晚時與蒂薩的會晤，結果一如預期。蒂薩反對向塞爾維亞開戰，主張只在外交戰場上對貝爾格勒發動譴責戰。他擔心與塞爾維亞起衝突會招來俄國的介入，而俄軍就陳兵於匈牙利邊界旁。蒂薩當政數年來刻意削弱奧匈帝國軍力，比大部分人更清楚這君主國軍力的虛實。[22]

匈牙利的膽小怕事，令老早就想找藉口與塞爾維亞攤牌的德國大失所望。德國參謀總長毛奇，一九一三年二月以德、奧兩國人民不會為了阿爾巴尼亞版圖之類的小問題與人開戰為理由，把康拉德從戰爭邊緣拉回來，此刻卻在奧地利的不幸中瞥見機會。德國、奧匈帝國人民會為了替哈布斯堡皇儲的慘死報仇而戰。這正是鼓動德國、奧匈帝國人民所需的「口號」。[23]德國希望奧地利人搶占這道德高地，立即摧毀塞爾維亞，然後將所有兵力移到東邊，但這份希望在炎熱的夏季裡破滅，原因不只出於蒂薩的堅不讓步。

在塞拉耶佛，七名刺客中已有六人被捕並受訊問。有一人自稱「塞爾維亞英雄」，但要說塞爾維亞政府是這場暗殺陰謀的共犯，再怎麼說證據都不夠確鑿。米蘭・奇嘎諾維奇（Milan Ciganovic），是位在貝爾格勒的自家公寓衣櫥裡存放了炸彈製造原料的政府雇員，他認為這些刺客與他們的軍事訓練員沃津・坦科西奇（Vojin Tankosic）少校，以及阿皮斯、民族自衛社有關連。但這些塞爾維亞官員是我行我素的無賴，不是政府的代理人，只是奧地利人（和德國人）對此重大差異視而不見。[24]波提奧雷克從塞拉耶佛示警道，如果維也納不下重手反擊波尼亞士的塞爾維亞人和在幕後資助他們的國家，會治理不了波士尼亞－赫塞哥維納。康拉德在波士尼亞的線民，告訴他差不多的看法：得把治理之責從操控維也納政局的「波蘭外交官和宮廷顧問」手裡拿走，交給軍方。有人告訴他，「該是時候拿起鐵掃把把這裡清掃乾淨了……這裡的塞爾維亞人至少有六成是國家的敵人。」[25]就連主張以和為貴的貝希托爾德都改變立場，六月三十日主張與貝爾格勒「算清總帳」。[26]同一天，柏林德皇勸奧地利人開戰：「機不可失！」。[27]

奧地利皇帝原希望於七月三日德皇威廉二世來維也納參加斐迪南大公葬禮時與他商議因應之道，但德皇擔心塞爾維亞刺客行刺，也擔心奧地利安全措施不足，決定待在柏林以策安全。在柏林，他收到法蘭茨·約瑟夫的來信，信中斬釘截鐵說斐迪南大公遇害是塞爾維亞、俄國兩地泛斯拉夫主義分子所為。這一推斷使德國得以向其優柔寡斷的盟邦施壓加溫。德國記者和特使維克托·瑙曼（Viktor Naumann）七月一日與貝希托爾德的幕僚長亞歷山大·霍尤斯（Alexander Hoyos）會晤時，告訴霍尤斯此刻已該向德國請求大力支持其「消滅塞爾維亞」。瑙曼被德國政府找來當中間人，七月頭幾天向維也納傳達了這一明確的訊息：「奧匈帝國愈早開戰愈好；明天比今天好；今天比明天好。」[28]貝希托爾德「受惑於軍方的魔力和武力，且著迷於軍方恐怖機器的隆隆聲響和耀眼奪目」（邱吉爾語），興高采烈地同意，告訴德國外長戈特利卜·馮·賈高（Gottlieb von Jagow），柏林和維也納得「扯斷敵人用來織成網子包住我們的繩索」。[29]德國的回應不會讓貝希托爾德失望；德皇震驚於同是皇族成員且與他交情深厚的斐迪南大公遇刺，光是根據這一點，德皇就應該會同意讓奧地利全權行事。

與瑙曼會晤四天後，霍尤斯以貝希托爾德特使身分來到柏林。他先到德國外交部見了次長阿爾圖爾·齊默曼（Arthur Zimmermann），向齊默曼扼要說明了維也納的目標：由奧地利和其巴爾幹半島諸盟邦將塞爾維亞瓜分，基本上將它「從地圖上抹除」。這場暗殺事件將被用來「編造與塞爾維亞算帳的藉口」。[30]

但德國所需要的，不是消滅塞爾維亞，而是讓它繼續扮演騷擾奧地利且與俄國結盟的角色，但要削弱它的國力。在波茨坦，德皇正為他隔日要動身的一年一度北海之旅做準備時，奧地利大使拉迪斯勞斯・瑟傑尼（Ladislaus Szögyeni），傳達了較霍尤斯、貝希托爾德溫和的主張，承諾不將塞爾維亞從地圖上抹除，只會「使塞爾維亞無法在巴爾幹政局裡興風作浪」。[31]這一宣示使德皇願意放手讓奧地利自主行事。維也納可以放手攻打塞爾維亞，德國會支持奧匈帝國，即使俄國介入，「引爆大戰」亦然。[32]

七月三日在維也納的西火車站（Westbahnhof），為將送往阿爾茨泰滕（Artstetten）安葬的法蘭茨・斐迪南靈柩送行時，康拉德與奧芬貝格附耳交換了看法。康拉德斷言這一次絕對得教訓塞爾維亞。奧芬貝格同意這看法，但指出入侵塞爾維亞幾乎肯定會升級為牽連更廣的戰爭。康拉德說或許會如此，但未必一定如此。奧芬貝格提醒他，奧匈帝國炮兵戰力一如以往不足，而在任何「生死搏鬥」中這都是陸軍非常顯眼的罩門。哈布斯堡陸軍，每個軍只有九十六門火炮，俄國有一百零八門，法國是一百二十門，德國是一百四十四門。奧匈帝國火炮也較老舊、射程較短、準度較差、口徑較小。[33]康拉德有氣無力的同意：「那我很清楚，但**此刻**我沒辦法解決。」[34]

康拉德無法解決火炮問題，除了因為種種常見的原因，還因為在這關頭還養起情婦的他，打算帶著情婦馮賴寧豪斯（von Reininghaus）赴南蒂羅爾度長假。他會離開維也納整整三個星期（從七月七日到二十二日），七月十九日回來參加內閣會議，然後迅即回到因尼琛（Innichen，義語聖坎迪多／San Candido）他情婦的小屋，與她再共度四天。未出門度假的德國駐維也納武官，從康拉德幾乎停擺的辦公室，無法得知奧匈帝國陸軍究竟打算怎麼做：要用火車運多少兵力對付塞爾維亞，要運多少部隊到加利西亞。[35]由於康拉德不在，其他人也都決定請假。克羅巴廷到鄉間宅邸度假，就連最重要的參謀部鐵路局局長約翰·史特勞布（Johann Straub）上校也出去度假，在南邊達爾馬提亞的葡萄園和海灘上悠哉悠哉。陸軍十六個軍，有七個軍放他們的農民兵休假，好讓他們回家去幫忙夏收；要到七月二十五日才會回營。難怪康拉德的參謀部八月時會要被「技術性難題」搞得手忙腳亂；七月時沒人解決這些問題。

這時德軍裡有許多人渴望在法、俄的軍備採購和兵力計畫還未完成之際來場世界大戰，但毛奇依然力主審慎，並指出明眼人都看得出的道理：普林西普的行徑，至少得到塞爾維亞政府某種程度的默許，在世人都驚駭於此惡行而同聲一氣之際，如果奧匈帝國抓住機會，迅速入侵塞爾維亞，一舉即打垮這王國，那會比較好。並非奧地利盟友的邱吉爾，也認為這一暗殺行徑卑鄙，類似於發動「泛凱爾特計畫以一統愛爾蘭、蘇格蘭、威爾斯」，並用「都柏林兵工廠所供應的武器」暗殺威爾斯王儲的愛爾蘭。[36]就連俄羅斯人都覺得很難回應，德皇預測沙皇尼古拉二世不會「站在弒君者那一邊」參戰。柏林的決策者，就如馬克白夫人，一致相信「要是幹完了之後就完了，那還是快一點幹。」換句話說，維也納得利用這場危機正熱的勢頭和同情心理，取消休假，動手。動員要三個星期：後備軍人向團報到要一星期，團加入軍要一星期，軍加入位於邊境的集團軍又要一星期。每個人都篤定認為奧地利人不會幹傻事，因而在其他諸大國裡，只有少數人取消夏季長休；七月五日，德皇告訴奧匈帝國駐柏林大使，「如果像現今這樣有利的時機還不好好把握，（他）會很難過。」那是毫不掩飾煽動戰爭之語，隔天德國總理特奧巴登．馮．貝特曼．霍爾維格（Theobald von Bethmann Hollweg）更推波助瀾，敦促奧地利人動手，即使「出手對付塞爾維亞會導致世界大戰」。[37]

召來戰雲之後，德皇即搭船出海展開三個星期的挪威峽灣之旅，毛奇回波希米亞的卡爾斯巴德泡溫泉，陸軍部長埃里希．馮．法爾肯海因（Falkenhayn）和陸軍部、參謀部重要部門主管紛紛奔往湖邊、溫泉療養地、海灘、山上度假。[38]德國總理貝特曼．霍爾維格甚至同意，只要維也納的討伐迅速展開，沒有必要照三國同盟的規定知會羅馬與布加勒斯特。毛奇從其位於卡爾斯巴德的療養地寫道，「奧地利必須擊敗塞爾維亞人，然後**迅速**締和，要求以奧塞結盟為締和的惟一條件」，且頗不識趣地寫道，「就像一八六六年普魯士對奧地利所做的那樣」。德皇已向奧地利大使瑟傑尼表示奧國可自主行事，認定奧地利人會快速了結對手（越過多瑙河，包圍塞爾維亞陸軍，攻占塞爾維亞首都），然後造成令世人（和特別是俄羅斯人）只能乾瞪眼的既定事實。[39]

但「快速」是個從來與奧匈帝國軍隊扯不上關係的字眼。一九一四年奧地利與塞爾維亞對決竟迅速升高為世界大戰一事，與奧匈帝國政府決策的拖沓和哈布斯堡軍隊部署的緩慢，有很大關係。在七月七日（暗殺事件十天後）的奧匈帝國內閣會議上，匈牙利總理蒂薩仍主張向塞爾維亞人施加純外交性的壓力，不願支持蓄意羞辱塞爾維亞人而對方肯定不會接受的最後通牒。匈牙利民意大大左右了這位總理的意向，因為大部分馬札兒人基於三個理由不願打仗。首先，斐迪南大公生前打算縮減匈牙利的國土和武力；在布達佩斯，沒人為他的死而哭。其次，匈牙利人不希望這個君主國裡有更多斯拉夫人，因此，以併吞巴爾幹或波蘭為目標的戰爭，在他們眼中並不明智。第三，匈牙利人清楚，打完一場大國戰爭，結果很可能若非是俄國宰制中歐與巴爾幹，就是德國宰制這些地區；而不管是上述哪個結果，都不利於布達佩斯。[40]

康拉德對奧匈帝國作戰計畫的檢討結果，也未提振蒂薩的信心。這位參謀總長太自信，以為只要俄國的意圖「在動員的第五日之前」明朗化，他有辦法壓得住塞爾維亞，並在需要時順利將兵力調到對俄戰線上。蒂薩最擔心的事，乃是羅馬尼亞人可能趁奧俄交戰時入侵、併吞哈布斯堡王朝的川西瓦尼亞，但康拉德不把這放在心上。[41]內閣會議上似乎無人理解俄國所帶來的存亡威脅。只有德國也出兵攻打俄國，才有可能打敗羅曼諾夫王朝，但施里芬計畫要求先打法國，也就是說俄國大軍一旦出擊，奧匈帝國將首當其衝。這也說明蒂薩為何不肯輕易附和出兵之議。

與蒂薩爭辯，又耗掉整整一個星期。蒂薩堅持認為戰爭未能改善奧匈帝國的民族問題，反倒會「引爆」那些問題。[42]匈牙利人拖延不決，康拉德和克羅巴廷乾脆以此為藉口，不定案作戰計畫，樂得延長他們的夏季假期。奧地利駐貝爾格勒公使館痛斥這一延宕，呈文貝希托爾德，表示塞爾維亞人正利用這一空檔「完成他們的作戰準備，為將會讓我們吃不消的俄國介入爭取時間。」[43]正在度假的奧芬貝格將軍，七月十日在薩爾茨卡默古特（Salzkammergut）碰到正在度假的奧匈帝國財長。謝瓦利耶·萊昂·德·畢林斯基（Chevalier Leon de Bilinski）正在阿爾卑斯山度他例行的夏季長假，而雖然身為奧匈帝國財長和波士尼亞－赫塞哥維納的行政長官，他完全不知道這個君主國就要轉入戰爭狀態。[44]

直到七月十四日，蒂薩的馬札兒族同胞暨外交政策顧問伊斯特萬·布里昂（István Burián）伯爵提醒他，對塞爾維亞的惡行絲毫不予制裁，將只會使羅馬尼亞人更加敢於在川西瓦尼亞（布加勒斯特所欲染指而以羅馬尼亞人為最大族群的匈牙利一隅），如法炮製作亂生事，蒂薩才轉而支持多數人所贊同的開戰立場。蒂薩主張勿併吞塞爾維亞領土，以免君主國的民族問題更為棘手，與會眾人匆匆同意此議。康拉德私下告訴克羅巴廷：「等著瞧！巴爾幹戰爭前，列強也講要維持現狀；戰後，沒有一個大國擔心現狀不保。」[45]

維也納修潤最後通牒至定稿，又過了一個星期。七月二十一日，貝希托爾德終於把最後通牒定本帶到巴德伊舍（Bad Ischl）的皇帝別墅，給正在該處避暑的法蘭茨·約瑟夫批示。就要八十四歲且絕不是英明統帥的皇帝，過目且批准。最後通牒要求塞爾維亞「勿再反對奧匈帝國併吞波士尼亞－赫塞哥維納」，然後列出十項羞辱人的要求：要貝爾格勒審查其報紙報導「以移除反奧文章」，移除學校教育中反奧的教材，撤掉反奧的官員和軍官，逮捕可疑的陸軍軍官和政府官員，停止運送非法武器入波士尼亞－赫塞哥維納和達爾馬提亞，解散民族自衛社之類的秘密會社，以及最貶損國格的，允許奧匈帝國官員（在塞爾維亞境內）主導調查「顛覆運動」和「六月二十八日的陰謀」。[46]

若是早個一個月，行刺事件剛發生後，提出這份最後通牒，大概會受到國際支持，但這時，暗殺事件已過了數個星期，這一外交手段拖了這麼久才出爐，奧地利已失去其在這場危機之初的優勢。義憤已消。行刺事件已過了一個月，在這同時，斐迪南大公的遺體已從塞拉耶佛運到海岸，搬上一艘無畏級戰艦運到的里雅斯特，然後上火車運到維也納舉行葬禮，再轉運到位於上奧地利的皇族用教堂地下室，在那裡長眠已將近三個星期。塞拉耶佛的奧匈帝國駐軍司令官阿佩爾將軍滿腔悲憤：「我們已失去兩名為奧地利的榮耀喪命的烈士；我們是受辱的帝國；我們的武力隨時可將他們打垮，但至今連個動員令都沒有！我們希望動員令盡快下達。」[47]更糟的是，德國人將奧地利要發給塞爾維亞的最後通牒的內容輕率透露給義大利人，從而已使整個行動曝光。在聖彼得堡進行國是訪問時，法國總統雷蒙．普恩加萊（Raymond Poincaré）清楚表示，他和俄國人都知道怎麼回事，還說奧匈帝國欲使這場戰爭限於局部的企圖不會得逞：普恩加萊嚴正表示，塞爾維亞「有朋友」。[48]

七月二十三日下午六點，奧匈帝國駐貝爾格勒公使烏拉基米爾・吉斯爾（Wladimir Giesl）將最後通牒送到塞爾維亞外交部。奧地利報紙同時刊出通牒內容，而由其內容可清楚看出，發通牒者不希望塞爾維亞人接受，也不認為塞爾維亞人會接受。塞爾維亞人有四十八小時考慮，而七月二十五日塞爾維亞人答覆時，叫人跌破眼鏡的，竟同意奧地利的幾乎所有要求，只不接受讓奧地利人在塞爾維亞境內調查這一項，並提出轉交海牙國際法庭審理作為其替代方案。[49]塞爾維亞人欲爭取國際支持，因此努力營造講理的形象。但奧地利在德國人和受損尊嚴的催促下，顯得蠻不講理。吉斯爾看了塞爾維亞人的解釋，認為無法接受，於是斷絕外交關係，離開塞爾維亞，搭渡船越過多瑙河，來到匈牙利的塞姆林（Semlin，塞爾維亞語澤蒙／Zemun）鎮。這就是戰爭信號。

但奧地利政策（最後通牒）與行動計畫（動員）的落差之大，令人震驚。不久後將接掌一集團軍的奧芬貝格將軍，仍在上奧地利度假。有個親人突然騎著腳踏車出現，手裡揮著報紙大喊「引信已經點燃；是最後通牒！」時，他正和姊妹共進午餐。後來，奧芬貝格憶起他當時的驚訝：「自塞拉耶佛發生那些令人震驚的事已過了四個星期，我因此以為這場危機也會是虛驚一場。」[50]哈布斯堡將領的作戰準備極為不足，但仍振奮於終於有機會打一仗。駐因斯布魯克的奧地利第十四軍軍長維克托・丹克（Viktor Dankl）收到這消息時，向其司令部幕僚大喊道，「謝天謝地，要打仗了！」他把駐地樂師叫來，要他們辦場音樂會慶祝。英國駐維也納大使莫里斯・德・班森（Maurice de Bunsen）爵士看到在奧地利首都有「大批民眾遊行直到凌晨」，還有在俄國大使館前帶敵意的示威。班森表達了他對維也納戰爭狂熱的驚愕：「民眾明顯認為這會是一場與塞爾維亞人交手的戰爭……對塞拉耶佛所發生之罪行的迅速報仇……似乎少有人想到一大國強行介入巴爾幹半島，必然招來其他大國插手。」[51]

大國間的衝突，正是康拉德照理該防杜卻未防杜的不測事件。康拉德理應利用暗殺事件後那一個月時間，做好迅速進攻的準備，以在其他大國還未能插手時把塞爾維亞打得無力還手，而非在阿爾卑斯山與情婦度假。一八八〇年代起所擬的諸多作戰計畫，奧地利人都強調必須迅速動員、迅速部署、迅速擊敗塞爾維亞人，因為戰事一旦拉長，俄羅斯八九不離十會介入，而必須強行渡河（渡過多瑙河、薩瓦河、德里那河或三條河全部）才能入境塞爾維亞，意味著戰事只會曠日廢時。

七月二十五日，塞爾維亞人撤出貝爾格勒，把中央政府遷到尼什（Nis）。由於塞爾維亞把中央政府遷離邊境，且把陸軍集結於科盧巴拉河（Kolubara River）後面的瓦列沃（Valjevo）、阿蘭傑洛瓦茨（Arangjelovac）周邊，這時入侵塞國，結果幾乎肯定是陷入泥淖，而非迅即得勝。奧地利人猶豫不決時，塞爾維亞人已速速完成其初步動員（三十萬兵力和五百四十二門火炮）。[52]這說明了當時人為何那麼驚愕於奧地利遲遲才回應皇儲遇刺事件：維也納已給了塞爾維亞人和俄羅斯人整整四個星期來備戰。

康拉德始終主張，若與塞爾維亞攤牌，時間因素會攸關成敗，但儘管他夸夸其談，事實表明他太被動，未預先因應可能狀況。[53]他批准讓現役士兵放假回去幫忙夏收，允許數萬士兵於六月回老家幫忙收割。軍官也放暑假。因此，當塞爾維亞人對最後通牒給了令奧地利不滿意的答覆，皇帝於七月二十五日下令局部動員時，康拉德沒什麼兵力可動員。皇帝於七月二十八日向塞爾維亞宣戰時，奧地利軍方**毫無動靜**。後來，一九一五年接替貝希托爾德出任外長的布里昂伯爵，以這一被動消極為理由，反駁外界對奧匈帝國發動戰爭的指控：他以猜測的口吻表示，「事實表明奧匈帝國陸軍完全未做好作戰準備」，在這情況下，怎麼可能「在幽暗的作坊裡謀畫出這場戰爭？」[54]

康拉德的作坊照理應有更好的準備。這位參謀總長已在七月七日向貝希托爾德保證，只要於動員起的五日內清楚俄國的動向，他應付得了兩面作戰。[55]然後他的確知道俄國的動向：塞爾維亞人不接受最後通牒那天，沙皇已下令莫斯科、華沙、基輔、敖得薩諸軍區局部動員。法國總統則從俄國首都向奧地利警告，塞爾維亞「有朋友」。顯而易見地，此刻該R計畫，而非B計畫上場，但康拉德就是聽不進道理，仍想打塞爾維亞人。但這麼做愈來愈沒有勝算。奧地利陸軍費力局部動員（只動員四成兵力）時，塞爾維亞人已忙著部署他們的全部兵力。到了七月二十五日，塞爾維亞人已徵召到四十萬人，且已開始集結三個野戰集團軍。俄國人已開始加快動員腳步，英國人則已開始向德國人施壓，要他們逼奧地利人在貝爾格勒停住（即只教訓塞爾維亞但不將其瓜分），透過談判解決七月危機。[56]

康拉德刻意淡化來自俄國的威脅，仍認為「拿起鐵掃把橫掃」塞爾維亞較為可取。[57]他的一味昧於形勢，令人吃驚。奧匈帝國的參謀部始終想當然爾地認為與塞爾維亞開打，只是與俄國開打的另一場更大戰爭的第一步，而未深入思索此舉的嚴重性。[58]康拉德把頭埋在沙裡，看不見周遭情況狂揮亂打。這樣的人不只他一個。七月二十八日夜，奧芬貝格將軍與皇帝的親信顧問暨前駐聖彼得堡武官亞歷山大・馮・于克斯屈爾（Alexander von Üxküll）會晤時，聽到于克斯屈爾把俄國的作戰準備說成「虛張聲勢」，驚訝不已。于克斯屈爾自信滿滿地說，俄國「不會插手」。[59]貝希托爾德也在黑暗中摸索，看不到康拉德在做什麼。康拉德下令第二梯隊十二個師開赴塞爾維亞邊界，而非加利西亞，異想天開地認為俄羅斯人會在面臨德國具體威脅時打退堂鼓。[60]奧芬貝格憶道，「把我們的軍隊分割為兩部，並非我所樂見」，康拉德打算只以二十三個師對付俄國（兵力太少）、十八個師對付塞爾維亞（太多），並以七個師作為總預備隊在這兩部之間機動支援。

簡而言之，照康拉德的部署，奧地利在各個戰線都要吃敗仗。他的上司，斐迪南大公死後獲皇帝任命為總司令的佛里德里希大公，識見不足，無法修正康拉德的決定。與五十八歲的佛里德里希——至交好友口中的佛里茨爾——見面後，奧芬貝格覺得他乏善可陳：「我們簡短聊了些瑣事；一如這類人所一向予人的印象，這位仁兄讓人覺得無可救藥的平庸；由他統領兩百萬大軍，叫人生不起信心。」[61]所幸仍有一條出路可避掉這場即將降臨的大災難。英國大使於七月二十八日拜訪貝希托爾德，表示願意幫忙，並提醒這位外長絕不可再「漠視（維也納與塞爾維亞爭吵的）歐洲層面」。如果繼續漠視，會有一場把所有大國都捲入的世界大戰。貝希托爾德告訴英國大使，俄國人不會插手，「因為我們會（向俄國）保證我們無意擴張領土」。[62]貝希托爾德如此謹慎之人，對世局的看法竟也如此天真。

德國人為開戰推了最後一把。七月三十日，德皇要法蘭茨．約瑟夫同意以「貝爾格勒或其他要塞」的控制權為擔保，確保塞爾維亞與維也納合作調查暗殺陰謀，一時之間似乎支持「在貝爾格勒停住」這條路，但隔天，威廉二世的立場突然一百八十度翻轉，向聖彼得堡和巴黎都發出最後通牒。「勿接受英國為消弭戰火進一步提出的建議」，毛奇指示康拉德。「歐洲戰爭是挽救奧匈帝國的最後機會。德國願毫無保留地支持奧地利。」

其實，毛奇應該還要補充一句，歐洲全面戰爭是挽救德國的惟一機會，因為貝特曼已嚴正表示，「未來是俄國的天下，俄國愈來愈壯大，像愈來愈深沉的惡夢重重壓在我們身上。」[63]只有戰爭能防患未然阻止俄國壯大，或者說柏林是這麼認為。維也納與柏林之間這些意見交換，證實德國和奧地利是掀起這場戰爭的元凶，而毛奇坦承知道自己在幹什麼一事，則提供了更確鑿的證據。毛奇寫信告訴貝特曼．霍爾維格，說會有一場「世界大戰」，諸大國會「相互廝殺」，帶來不堪設想的惡果：「幾乎整個歐洲的文化會毀於一旦，數十年無法恢復。」[64]但不要緊。一如奧地利人，德國人覺得他們現今享有的軍事優勢，會在兩或三年內被俄國、法國的大規模軍事整備計畫壓倒。那些計畫將使俄法兩國擁有更多兵員、火炮、基礎設施，使靠著一九一三年的龐大軍事支出計畫而這時仍占上風的德國，將得在公平的立足點上與他們較量。毛奇於一九一四年五月在卡爾斯巴德告訴康拉德，「拖愈久，我們的勝算就愈低。」[65]

而一如奧地利人，德國人也苦於國內的政治亂象。貝特曼・霍爾維格當德國總理已有五年，卻從未能在國會掌握可靠多數；他的職責已淪為讓國會通過龐大陸海軍預算，抵禦社會黨、亞爾薩斯－洛林黨（「法蘭西萬歲！」）、在自家地盤上不斷批評每個說德語學校和官員的波蘭人，對執政黨愈來愈肆無忌憚的抨擊。推動戰爭的勢力太強，貝特曼想擋可能也是螳臂擋車。這位總理抱怨，「在軍事活動方面」，他未「得到充分告知」，「開戰的決定是在德皇周邊的封閉小圈子裡做出」。[66]後來奧地利人憶起柏林這些焦慮萬分的決策者「害怕、緊張、遲疑、神經質」的特質。他們先後於八月一日、八月三日向俄國、法國魯莽宣戰，缺少了「俾斯麥審時度勢的能力」。八月五日英國不情不願地加入反德同盟一方，「以防整個西歐為單一強權所宰制」時，德國人的反應是暴怒（且愚蠢）：「多了一個敵人，只是多了一個緊密團結、戰鬥到底的理由。」[67]

奧匈帝國的宣戰行動，完全看不到德國人的這種心態，八月六日才不情不願、有氣無力的向俄國宣戰，而其理由，一如貝希托爾德所說的，「鑑於俄國在奧地利、塞爾維亞衝突裡擺出的威脅姿態」。康拉德滿懷悲觀——將傷害他對整場戰事之運籌帷握的一種悲觀——嚴正表示「若是在一九一二至一九一三年，勝算大概還不小，但如今，我們是va banque。」[68]這番宣示完全未能穩住民心士氣，因為va banque是賭徒術語，意指拿莊家的所有賭本對賭，「贏則全拿，輸則賠光。」一如以往，康拉德表現得好像他是整個情勢的無辜受害者，而非情勢的主要推手。蒂薩繼續阻撓，主張走德皇最初提出的「在貝爾格勒停住」路線，堅持要貝希托爾德「打消（奧地利出兵侵略的）妄言」，但為時已太遲。在舍布倫宮安靜的房間裡，老皇帝已無奈接受侵略路線。他不發一語坐著，如他的副官所說的，相信「我們名正言順的目標」可成。這位副官，阿爾圖爾．博爾佛拉斯將軍，對未來頗為樂觀，在寫給人在塞拉耶佛的波提奧雷克的信中大言不慚說，「我要再次高呼『許多敵人，好多榮耀。』」[69]

博爾佛拉斯不會歡呼太久。

第五章　蒸汽壓路機

The Steamroller

加夫里洛·普林西普在塞拉耶佛街頭刺殺斐迪南大公夫婦的前一晚，六十二歲的法蘭茨·康拉德·馮·赫岑朵夫將軍坐下來，寫了封一副要慷慨赴難的信給情婦吉娜（他寫給吉娜這樣的信不只一封）。康拉德寫道，戰爭就要來臨，奧匈帝國捱不過這場戰爭；俄國和塞爾維亞會是「這個君主國的棺材釘」。但康拉德會打到最後一口氣，「因為如此古老的君主國和如此古老的軍隊不能亡得不光彩」。[1]

康拉德的浮誇之詞，掩蓋了更為不堪的真相：不只這個帝國完全未準備好迎接這場即將來臨的風暴，康拉德本人亦然。康拉德當作家和官員時表現亮眼，但未聽過現代戰場的槍炮聲。他以探討波耳戰爭和其他衝突的戰術性著作名揚國外，但他惟一的作戰經驗，來自一八七八年在波士尼亞某步兵師當基層軍官時。一九〇一年獲法蘭茨·斐迪南賞識後平步青雲，短短五年就從一星將領升為三星將領，但現代戰爭的嚴酷挑戰和那些挑戰所帶來的痛苦抉擇，似乎從未遮暗他熠熠耀眼的軍人生涯。大戰前卡爾·克勞斯就預料，「只要響的是軍號，而非槍炮聲，康拉德就一直會是最偉大的指揮官。」克勞斯說得沒錯，而這就要帶來麻煩。

在情婦吉娜眼中是道地德意志英雄的康拉德，開始惹惱德國人。俄國有人口一億七千五百萬，比美國人口多了將近一倍，比奧匈、德國、法國三國人口總和還要多，除非戰事一爆發康拉德立即就將所有火炮調到東戰線，否則奧地利會被俄國的人海淹沒。[2]在德國人擊敗法國的八十八個師（據作戰計畫要約四十二天），把兵力調到東邊打俄國人之前，奧地利的四十八個師——加上頂多德國十七個師的增援——得挺住對塞爾維亞的防線，並力抗俄國的一百一十四個師，守住加利西亞和波蘭。俄國兵力如此龐大，一旦俄國參戰，維也納別想奢望對塞爾維亞發動攻勢作戰。[3]從動員第一天起，奧地利人就得把一切人力物力調到東邊，以擊退俄國「蒸汽壓路機」（畏怯的英國報紙所編造的字眼，用以反映俄國看來源源不絕的人力）。這輛蒸汽壓路機是揮之不去的幽靈，康拉德每次想根據俄國武力現況來修改他看似漂亮的作戰計畫時，它就出來騷擾，不讓他如願。

奧地利人將得增加他們不足的兵力，且得早早就把這輛蒸汽壓路機打得動彈不得，以免它動員六百萬後備軍人來增援其一百四十萬現役兵力後，對付不了。奧地利人已採取某些作法來擴大他們的可用兵力：一九一二年，奧地利已把役期由三年減少為兩年，同時將後備役期由七年拉長為二十七年，藉以增加哈布斯堡兵力。從此，只要是未滿五十歲的男丁，奧國都能將其召回，投入後備部隊。這似乎是五千三百萬人口的貧窮帝國，面對一億七千五百萬人口的另一個貧窮帝國時，惟一的備戰之道。[4]問題——不久後就會顯露的問題——在於徵集到兵員是一回事，要他們成為可戰之兵是另一回事。這個君主國被高昂的訓練成本嚇到，每年只對其少部分合資格的二十一歲男子施予訓練，因而一九一四年動員時，前來兵站報告的奧匈帝國士兵，大部分沒受過什麼軍事訓練。

其他投機取巧的作法，助長維也納的盲目樂觀心態。到了一九一四年，奧匈帝國已把他們的動員期降為十六天，[5]也把奧地利、匈牙利兩地地方防衛軍各八個師的備戰狀態，提升到能被動員、能歸類為野戰部隊、能與三十三個正規師整合為十六個軍的程度。那當然有利有弊。占總兵力三分之一的地方防衛軍，原定位為預備隊，把他們列為一線部隊，意味著奧匈帝國陸軍不再有受過訓練的後備兵力可以填補第一波交戰後損失的兵力或保衛突然受威脅的地方。

由於沒有多餘的預算來建立真正的預備師，康拉德就用有名無實的後備部隊將就混充：退役軍官、一年期志願役軍官（志願服一年兵役以免去徵兵義務的受過教育男子）、自一九〇〇年起陸軍所徵召但其實未入伍的所有未受過訓練的男子。這些被排在徵兵順位後段的幸運兒，即所謂的非現役人員，不必入正規軍和地方防衛軍服役（徵兵順位前段者入正規軍，中段者入地方防衛軍），但一旦爆發大戰，肯定會被徵召入伍。但事實上，他們如果被徵召，也沒地方安置他們，因為匈牙利人連創立有名無實的預備團來容納他們都予以阻止，因此，一旦總動員，他們將只會四處打轉，派不上用場。最後他們會被組成新編隊，配予用剩的制服和老舊步槍（最老的步槍為一八七〇年代的東西），在最草率的指示下出征作戰。最幸運的「非現役人員」當然老早就移民美國，對橫越大西洋千里迢迢送到康乃狄克州工廠、賓夕法尼亞州礦場或密西根州伐木區新興小鎮的動員令，樂得置之不理。較沒這麼好命者，也就是未在大戰爆發前跑掉者，則被風光編入Landsturm（譯按：由三十四至五十五歲男子組成的戰時預備隊）或Ersatsreserve（譯按：由因某些因素免服兵役的男子組成的預備隊，類似台灣的國民兵），湊成火力、裝備都不足的行軍旅。這些行軍旅理論上將提供十一個預備師的兵力，其實是充當炮灰：「當武器和裝備發下，**樣樣東西**都得解釋一番時，士兵和軍官都非常吃驚」，有位老兵冷冷憶道。[6]

由於有這類部隊問題，照理康拉德或許該採取較步步為營的策略。如果他想在東戰線打贏，得盡快集中他分成三部分的陸軍，得完全放棄把第二梯隊調到南邊增援與塞爾維亞作戰之巴爾幹最小兵力群的構想；然後該把第一、二梯隊的四十師兵力聯合起來對付俄國，留巴爾幹最小兵力群的八個師對付塞爾維亞的十二個師。[7]到了一九一四年七月，只有狂熱分子還會以為能把奧地利、塞爾維亞戰爭侷限於當地，能把第二梯隊的十二個師，即愛德華．馮．伯姆–埃莫利（Eduard von Böhm-Ermolli）將軍之第二集團軍的四個軍，安然調到塞爾維亞與巴爾幹最小兵力群會合。一九〇八年併吞危機和兩次巴爾幹戰爭後奧、俄關係急劇惡化，若還以為俄羅斯人會坐視奧匈帝國入侵塞爾維亞，幾乎是異想天開。但後來的發展表明康拉德就是這麼地異想天開。

俄奧如已交戰，把第二梯隊調去打塞爾維亞，即會招來大禍。俄國已改善其鐵路，已把數十個預備師改造為能迅速動員、出擊的第一線師，從此不必等後備軍人召集。這時俄國已有九條新鐵路，其中五條是雙線，直抵與德、奧接壤的邊境。沙皇從此能把九十六個步兵師和三十七個騎兵師（三十個軍兩百七十萬兵力）迅速投入戰場，且有來自西伯利亞與亞洲移動較緩慢的兩百三十萬兵力作後備。[8]每個人都認為義大利的二十五個師最後會投入反奧陣營。勝敗全看奧地利能否在東戰線挺得夠久，讓柏林得以先解決西線戰事，再移師東線與俄國一決。但即使是這一先決條件，主事者都沒有把握守得住；一九一四年五月最後幾次參謀人員會談時，毛奇只說他**希望**在六星期內打敗英法。如果不成，奧匈帝國就會像用手指頭堵住堤壩缺口的荷蘭小男童，只能獨自力撐。[9]

康拉德根據一含糊帶過、從未獲正式認可的條件——毛奇會在戰爭頭幾天為東戰線**出點力**，或許是十二個師——同意獨自力撐。事實上，不講清楚一直是自一八九一年施里芬擔任德國參謀總長以來奧、德軍事關係的基調。他之前的德軍參謀總長都和奧地利人毫無保留的合作；相對地，施里芬以對奧有所提防著稱。他不相信奧匈帝國能守住德國機密，從不相信奧匈帝國會信守承諾攻打俄國。一九〇六年接替施里芬之位的毛奇，承繼這一對奧有所猜忌的心態，與奧地利人溝通時總是不把話講清楚。一九一四年五月，他**似乎**同意聯合進攻，保證德國會派第八集團軍與從加利西亞出擊的一支兵力更大上許多的奧匈帝國軍隊，在彼此保有很大自主性的情況下共同出擊。第八集團軍只是德

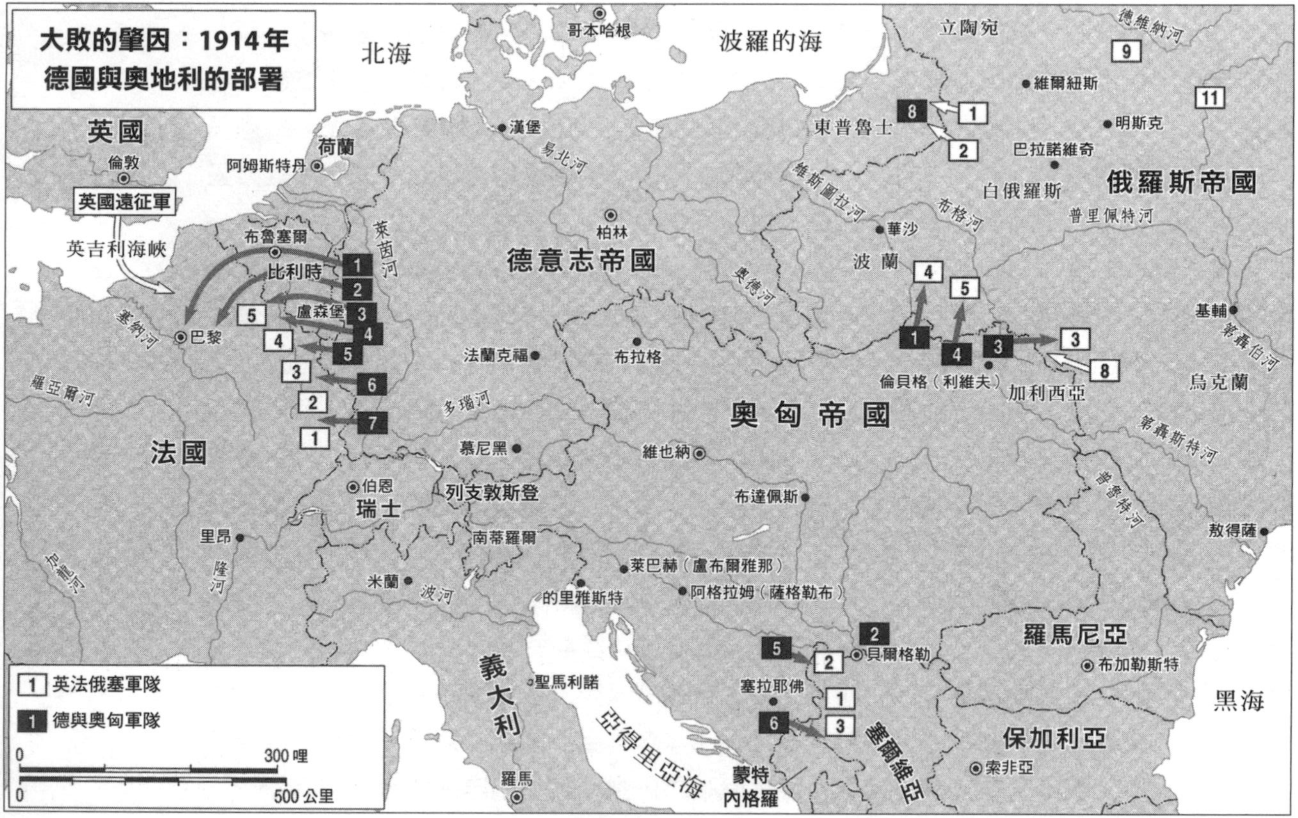

大敗的肇因：1914年
德國與奧地利的部署
北海
哥本哈根
波羅的海
立陶宛
德維納河
英國
倫敦
英國遠征軍
英吉利海峽
荷蘭
阿姆斯特丹
布魯塞爾
比利時
盧森堡
萊茵河
巴黎
塞納河
羅亞爾河
法國
里昂
隆河
漢堡
易北河
柏林
德意志帝國
法蘭克福
布拉格
奧德河
多瑙河
慕尼黑
伯恩
瑞士
列支敦斯登
南蒂羅爾
米蘭
波河
的里雅斯特
萊巴赫（盧布爾雅那）
阿格拉姆（薩格勒布）
維也納
布達佩斯
奧匈帝國
義大利
聖馬利諾
羅馬
亞得里亞海
蒙特內格羅
塞拉耶佛
貝爾格勒
塞爾維亞
東普魯士
維斯圖拉河
華沙
波蘭
布格河
倫貝格（利維夫）
加利西亞
維爾紐斯
明斯克
巴拉諾維奇
白俄羅斯
普里佩特河
俄羅斯帝國
基輔
第聶伯河
烏克蘭
第聶斯特河
普魯特河
敖得薩
羅馬尼亞
布加勒斯特
保加利亞
索非亞
黑海
英法俄塞軍隊
德與奧匈軍隊
0
300 哩
0
500 公里

國支援的先頭部隊，待於西線擊敗英法軍後，會在合理的時間內接著派大軍到東線。

康拉德對德國人的提防，至少和德國人對他的提防一樣深，常在文件上蓋上「勿讓德國參謀部知曉」的印子，但出於十足的誤判，他欣喜於德國含糊的保證。[10]他相信他能面面俱到，事事兼顧：既盡到他所該盡吃力不討好的抗俄職責，把大部分的抗俄重任丟給德國人去揹，同時仍拿下打敗塞爾維亞的光榮勝利。康拉德知道下一場戰爭會在巴爾幹半島爆發，所以無意把哈布斯堡軍隊運到到處是塵土的波蘭、烏克蘭，打得不到掌聲的守勢作戰，拿掉對塞爾維亞人的套索。一九一三年一月他就稍稍透露他的看法，當時他告訴毛奇，巴爾幹危機中「俄國無法預料的態度」，可能促使他視每天情勢的變化臨時決定他的因應對策。[11]毛奇未要康拉德具體說明那一令人驚愕的主張，康拉德則於一九一四年春（在未告知德國人的情況下）開始這種沒有預定計畫的即興作為。他未把他運到加利西亞的部隊推進到俄國邊界，擺出奧匈帝國欲入侵俄屬波蘭的威脅姿態，藉以減輕德國所受的壓力，反倒決定把那些部隊調到遙遠南邊的桑（San）河、第聶斯特（Dniester）河邊——在那裡他們可以置身要塞和河川後面，安全無虞——以便在等待已久的戰爭終於爆發時更快擊敗塞爾維亞。

這當然與德國人所認定他們已和康拉德談妥的方案背道而馳。事實上，一九〇九年康拉德向毛奇提出類似於此的建議時，這位德國參謀總長怒不可遏，指出奧德擊敗俄國，「塞爾維亞問題自然迎刃而解」。[12]換句話說，德國人認為奧地利人該在布格河邊，而非德里那河邊，決定塞爾維亞的命運。

但就在一九一四年七月與俄國開戰的可能性更高時，康拉德仍希望在加利西亞維持其安全、不具威脅性的部署態勢，以為擊敗塞爾維亞爭取時間。事實上，他正悄悄將四成的哈布斯堡兵力派去打塞爾維亞。[13]七月三十日，也就是俄國開始其「局部動員」（一百一十萬兵力）兩天後，康拉德告訴其鐵路計畫主任約翰・史特勞布上校，即使與俄國開戰在即，他仍希望讓第二梯隊專門用於應對塞爾維亞戰事。康拉德甚至在那一天下令緊急修改作戰計畫。照理在第二梯隊要開赴的地點明確下達之前，第二梯隊應在兵營裡待命，騰出鐵路以便將第一梯隊快速運送到加利西亞，將巴爾幹最小兵力群運到塞爾維亞邊境，但此刻康拉德要驚置不已的史特勞布把第二梯隊**立即**運到塞爾維亞。他甚至從第一梯隊抽走一個軍，要史特勞布想辦法將它也運到塞爾維亞。[14]

柏林對康拉德的自行其是更為震驚。由於俄國已開始總動員，德皇於七月三十一日打電報給法蘭茨・約瑟夫，要他勿「同時進攻塞爾維亞，以免分散你的主力。」毛奇對施里芬計畫（迅速擊敗法國，然後從容擊潰俄國）深信不移，因而在一九一三年四月宣布，德國獨立對俄作戰的計畫，將不再納入考慮甚至更新。這雖然愚蠢且不負責任，此刻要奧地利全力應付東線戰事的需要還是一樣高。俄羅斯雖然人多，部隊卻是部署在歐洲最大濕地區的前面：從白俄羅斯綿延到烏克蘭的普里佩特（Pripet）河草原濕地、林間濕地、洪泛區。「集中全力對付俄羅斯」，毛奇從柏林吩咐康拉德。「把（俄羅斯人）趕進普里佩特河濕地，把他們淹死在那裡。」[15]

史特勞布上校也抗議運兵塞爾維亞之事太急迫（他判定「技術上不可行」），要求「寬限數日」，以重定大批火車與四輪馬拉貨車的行進路線。[16]斐迪南大公遇刺後已浪費掉一個月，但此刻康拉德還是同意再浪費一星期。他於七月三十一日宣布奧匈帝國對俄動員，但指定於八月四日開始動員。直到八月二日，他才開始與他的集團軍司令官會晤。時間愈來愈急迫，奧地利與敵一戰的氣勢逐漸消竭，奧國還在慢慢來。

七月三十一日正午俄、德宣布總動員時，康拉德已排定將他一半的兵力運到塞爾維亞，以便與一巴爾幹小國交手，從而陷入一完全可預料到的困境。一如以往，法蘭茨·約瑟夫皇帝完全在狀況外。他向德皇保證，他會把他「大部分」軍隊調去對付俄國，但一如在大部分事物上所見，他完全不清楚細部運作。德國人則不然——認定第二梯隊該在加利西亞穩住奧地利陣地的右翼——因此，當康拉德的**真正**計畫慢慢揭露，顯示與他於五月時和毛奇似乎約定的方案背道而馳時，德國人大吃一驚。出現這樣的差池，德國人當然也要負部分責任。德國駐維也納武官八月一日驚愕發現，儘管一九〇八年起國際危機接二連三，毛奇和康拉德卻從未在「如何協調對俄作戰」上達成一致意見。事實上，未敲定任何「密切協議」，只有粗略的口頭協議。[17]

康拉德剛若無其事告訴他的各軍軍長，「儘管俄國介入，所有指示仍然有效」，這時卻致電一臉驚訝的史特勞布上校，問是否「能把列為首務的巴爾幹動員改為俄羅斯動員」。不好意思的康拉德，問的是能否把他於星期四下令運到塞爾維亞的五個軍，改於星期五運到加利西亞。史特勞布嚇得往後退；他轄下有一百四十列火車每天行駛在通往加利西亞的七條路線上和通往巴爾幹半島的四條路線上。[18]他整夜不眠不休執行康拉德先前的輸運更動指示，已讓載了第二梯隊頭幾批部隊的一百三十二列運兵火車駛往塞爾維亞。要撤銷最近的操作，幾乎不可能；剛從達爾馬提亞度假回來的史特勞布表示，若一定要這麼做，「火車運行會亂掉，出了事，我承擔不起。」即使能把火車止住，要它們駛回車站，康拉德知道，要部隊如此離譜地調頭，已然低落的士氣會落得更低。參謀部「俄羅斯群」的主任埃米爾・拉琛霍佛（Emil Ratzenhofer）少校指出，第二梯隊繼續既定行程，不只可以省去因矛盾命令而火藥味十足的電報往返，也可以讓部隊鬥志不致受損：「我們擔心士氣、政治、紀律方面的損害；若要他們調頭，士兵對他們領導人之專業職能的信心會受挫。」[19]

已然想要挽救自己戰後名聲的康拉德、史特勞布和拉琛霍佛，如果更有見識，應該擔心奧國在塞爾維亞、俄羅斯潰敗（他們的動員無方是敗因之一），會對士兵的信心有何影響。比起打敗仗，要火車調轉方向根本是小事一樁。後來康拉德聲稱驚訝且失望於奧匈帝國鐵路的死板僵化，但在戰時鐵路**歸他**統籌運用，而且其實在一九一三年七月（R＋B計畫已被賭掉）時，他就知道不會有讓他變通的餘地。他在一九一三年三月告訴皇帝，第二梯隊可在兩戰線之間迅速移動；七月，即七月危機的整整一年前，他的鐵路專家即很篤定告訴他，那其實辦不到。換句話說，康拉德一開始就該謀定而後動，因為一旦開拔，就很難叫部隊調頭。[20]

但康拉德從來不是果斷之人。他討厭下決定，因為下決定使他得承擔決定的後果。而且他從來不是謀定而後動之人，在他的政治生涯裡，在他的私人生活裡，在戰爭裡，都是如此。一如後來他試圖把他的每一次挫敗歸咎於無能外交官或下屬，他試圖把一九一四年的動員失當歸咎於史特勞布和拉琛霍佛。但一如戰場失利得歸咎於他，動員失當也得歸責於他。他在整個七月危機期間拿不定主意，然後不乾不脆地把用兵重點擺在塞爾維亞，最後發現自己犯了個大錯，決定把用兵重點再擺回俄羅斯，卻為時已晚，無法挽回他在俄羅斯戰線上已造成的傷害。

追根究柢，康拉德精於表演甚於謀略，而此刻，就在他急欲打消其塞爾維亞計畫時，他表現出仍在貫徹該計畫的模樣。康拉德原打算領軍入侵塞爾維亞；由於俄羅斯戰線需要他坐鎮，他才不情不願地將塞爾維亞作戰行動的指揮權交給他的死對頭波提奧雷克。八月，他增撥一支兵力給波提奧雷克打塞爾維亞，但附帶條件：康拉德告訴波提奧雷克，第二梯隊只能供它於多瑙河邊的過渡期（一星期）內「佯動之用」。對於康拉德總是能把事情搞砸的作風，第二梯隊的參謀不以為然地嘲諷道：「希望迅速擊倒塞爾維亞，然後把所有兵力調去對付俄國——只有這點才能說明最高指揮部為何有這古怪的作法。」康拉德的總司令部（簡稱ＡＯＫ）向毛奇保證，會懷著只是暫時被削弱的德意志民族忠誠迅即去進攻俄國。[21]八月二日在陸軍部接見他所指派統領加利西亞三集團軍的三名將領時，康拉德要他們盡快部署他們的部隊。所有欠缺的東西（後備軍人、火炮、彈藥、補給品），隨後會補上。

這三位驚訝的集團軍司令官拿到康拉德的作戰局給他們的筆記本，還有開拔令：全軍從桑河河口往東南部署到倫貝格、第聶斯特河，丹克的第一集團軍在左側，奧芬貝格的第四集團軍在中間，布魯德曼的第三集團軍在右側。照原定計畫，第二梯隊應該推進到布魯德曼集團軍右側，在倫貝格處保衛該集團軍南側，把自己的右翼擺在第聶斯特河邊，藉此為對抗俄羅斯蒸汽壓路機的奧軍提供某種程度的保護，結果卻不見蹤影，因為出乎所有人預料的，它仍在駛往塞爾維亞的火車上。布魯德曼集團軍因此曝露側翼，失去掩護，面對人數居於優勢的俄軍，只有被包圍的份。[22]

東戰線的大戰還未開始，但瞄一眼地圖就可看出，由於康拉德的運籌失當，奧匈帝國會輸掉這一戰爭。八月二日與康拉德開會的情形，令奧芬貝格不安。他說參謀總長正把滋長出雷爾德事件的那種講究隱密、不透明的參謀文化（軍官圈所謂的康拉德的「日本作風」）注入野戰部隊裡。要率兵開赴俄羅斯的奧地利將領（要前往巴爾幹半島的將領未與會），原以為會中會詳細探討君主國的軍事目標、與德軍的關係、對俄與對塞爾維亞作戰之奧地利軍隊的兵力分配，結果完全沒有。康拉德要會議短短就結束，只談到每個集團軍要集結的「部署區」。除此之外，他**什麼都沒說**——沒說部署之後集團軍要做什麼，沒談俄羅斯的動靜，沒談得勝或戰敗後奧地利的計畫。

這些將領所立即注意到的東西，乃是修正過的部署區。按照R＋B計畫，奧地利陸軍要開拔到鐵路所能運到的最東邊處，開拔到加利西亞東部，然後大軍會在那裡就定位，早早向俄國發出攻擊。康拉德於一九一四年三月悄悄修改了計畫，把整個大軍「向後移動」拉回到加利西亞西部。他為何認為這是個好點子，不得而知；奧地利與俄國大軍交手時，惟一的優勢是猝然出手攻擊。把奧地利大軍拉回到克拉科夫（Cracow）和桑河，其結果若非給予俄國時間來完成其動員，就是奧軍得步行走過原本可以搭火車穿過的地區。[23]

康拉德顯然把一切都搞砸；為了打他想打而有勝算的對塞爾維亞之戰，他完全忽視他所不想打、沒有勝算的對俄之戰，從頭到尾不給予具體明確答覆，把所有人搞糊塗。他赫然發現只有八個軍，而非十三個軍，可對付俄國。史特勞布和拉琛霍佛向他保證，八月二十三日前可把少掉的五個軍（第一梯隊的第三軍和第二梯隊的四個軍）弄到加利西亞，但其實到了九月八日時，只有其中兩個軍踉踉蹌蹌開赴東戰線就位，而他們來得太遲也太累，即使投入關鍵戰役，也無法發揮戰力，扭轉戰局。[24]

波提奧雷克不知道康拉德部署陡變，因而八月六日聽到參謀總長坦承第二梯隊不會在巴爾幹逗留，反倒會在鐵路一暢通就開赴俄羅斯戰線時，大吃一驚。但波提奧雷克仍抱著希望。在公開場合，他保證會取得「戰術成功」：他會用留給他的兩個集團軍包圍塞爾維亞人。[25]私底下，波提奧雷克痛斥康拉德背叛：「我不懂最高指揮部怎麼會在決定上有如此突然的改變」，波提奧雷克抱怨道。「那大大揭露了這部機器的運作實情」。[26]

奧匈帝國的動員，要把將近兩百萬人（現役部隊、受過訓練的後備軍人、未受過訓練的後備軍人）集合起來並給予裝備，然後將他們運到不同地方。這部機器不堪動員的負荷，已開始解體。在部隊的集合、給予裝備、部署上，奧匈帝國陸軍比大部分國家的陸軍更費勁。這支陸軍在平時保持小得可憐的兵力，因而法蘭茨．約瑟夫宣戰時，有四分之三的士兵連制服都沒有。奧匈帝國得找到超過一百五十萬的後備軍人，並給予他們裝備，把他們編成可送到前線的部隊。[27]把未受過訓練的後備軍人召來後，最初，在一百零六個常備團裡，沒有地方安置他們，因而，在奧匈帝國全境的駐地城鎮裡，有數萬男子四處遊蕩數日，甚或數星期，等著發下制服、武器、命令。動員第三天，就有師級部隊，例如在布拉格集合、預定開赴塞爾維亞的第九師，回報如下的亂象：「所有馬鞍都得替換，我們短少兩萬五千份咖啡配給、四萬份醃肉、一千七百公斤烤乾麵包。」在布拉格和德里那河渡河口之間，部隊在每個鐵路小站都錯過火車，據說是「因為他們搞錯離站時間」。[28]如果他們想趕上錯過的火車，其實**用走的**也能追上。軍方小心過度，要所有火車的行駛速度都不得超過行駛在君主國最爛鐵路上的最慢火車的速度，因而奧匈帝國運兵火車的平均速度，比腳踏車快沒多少。整體來講，哈布斯堡陸軍花了一個月才將部隊部署到加利西亞和塞爾維亞，遠遠不符R＋B計畫中所預想的德意志民族效率。[29]

康拉德仍在維也納，渾然不察日益擴散的亂象。八月十五日，他赴申布倫宮晉見老皇帝。康拉德要走時，皇帝說了如下叫人洩氣的話：「上帝許可的話，一切都會很順利，但即使事事都不順利，我也會力撐到底。」隔天早上，康拉德與佛里德里希大公在維也納北站搭上早班火車，前往東邊桑河邊的普熱梅希爾要塞，即總司令部的設立處。康拉德在月台上與情婦吉娜難分難捨，拖了好久才上車；他緊握住她的雙手，要她答應與丈夫離婚，「戰後」嫁給他。[30]火車往東行期間，康拉德的政治顧問約瑟夫·雷德利希（Joseph Redlich）注意到他們所經過之牆壁和火車車廂上的塗鴉：有幅粗糙的素描，畫了隻大猩猩，圖說寫著「一身老百姓打扮的沙皇」；沙皇吊死在絞刑架上，下方有文字「俄羅斯人和塞爾維亞人，我們要把他們都打敗。」[31]儘管衰落數十年，奧地利人仍自以為在各方面都優於俄羅斯熊。

康拉德試圖從桑河邊的普熱梅希爾督導東戰線和巴爾幹戰線，力勸波提奧雷克不要在少了牛肉、架橋設備、藥、電話這些瑣事上吹毛求疵，該把重點放在打敗塞爾維亞人上。他認定塞爾維亞人會取道烏日采（Uzice）攻向塞拉耶佛，蒙特內格羅人會攻向莫斯塔爾，因此奧地利該先發制人。八月九日，他寫道，「兵敗巴爾幹的後果，絕不是我們所能承受。」那將使我們顏面盡失，使那些「搖擺不定的國家」（義大利、希臘、保加利亞、羅馬尼亞）相信該繼續保持中立，乃至加入反奧一方（康拉德還說，「我剛把保加利亞武官請到我辦公室，告訴他保加利亞如果不立即攻擊塞爾維亞，就是在自取滅亡。」）

當塞爾維亞人動員完成，二十個奧地利師進抵德里那河和薩瓦河時，波提奧雷克寫了數封長信給維也納的戰爭檔案館館長，其中八月八日那封信寫道：「我會每天把說明我帶兵方法的資料寄給你，讓你在今年冬天寫正史時可用。」波提奧雷克的自負，乃是未被康拉德亂無章法的動員傷害的少數事物之一。波提奧雷克認定戰爭很快就會結束，認定奧國會贏，他會有英雄般的表現。他每天寫給戰爭檔案館館長二十頁的「每日記事」，供未來撰寫正史之用，包括如下的直率陳腐之詞：「司令官戰時、平時的惟一差別，乃是戰時司令官花較多時間坐在書桌後講電話！」[32]這位司令官怎會知道這一點？畢竟他未經歷過戰爭，未帶兵打過仗。

塞爾維亞人未出兵攻擊，於是，不知道波提奧雷克每天和後人寫信的康拉德，八月十四日發文給這位巴爾幹方面軍司令官，要他在第二集團軍（第二梯隊）完全撤走之前動用第五、第六集團軍渡過德里那河攻擊：「趁它（第二集團軍）還在，還能在薩瓦、多瑙河區佯動，利用一番。」乍看之下，康拉德交付波提奧雷克的任務似乎再簡單不過。塞爾維亞徵集的兵員分成三級，前兩級是年輕男子，第三級是年紀較大者。它能在前兩級裡動員到三十萬人，加上第三級徵得的兵員，總兵力達四十萬人。但兵力可觀，武器則不然：全軍只有三百八十一門急射野戰炮，三級部隊裡彈藥、機槍、步槍都極為不足，影響戰力甚鉅。許多塞爾維亞部隊，會有三分之一士兵沒步槍可用。第二級師所擁有的野戰炮，數量只有第一級師的一半，第三級師則更少。[33]即使肯定要和俄國交戰，奧地利人仍不全然悲觀，原因在此。一九一四年八月光是波提奧雷克轄下的兵力，就和塞爾維亞總兵力一樣多，而且還有五千三百萬人口的帝國作後盾，火炮、彈藥都多於塞軍。[34]在維也納，個個信心滿滿，勝券在握，至少認為在塞爾維亞戰線是如此。

奧地利努力將康拉德的北方面軍部署到加利西亞，將波提奧雷克的南方面軍部署到塞爾維亞時，傳來法國戰場頭幾場仗的消息。維克托．丹克將軍八月十日才來到波蘭東南部的塔爾努夫（Tarnow），在那裡短暫停留，然後前往熱舒夫（Rzeszow），在那裡注意到他的第一集團軍什麼都缺。[35]奧芬貝格將軍回到他位於桑河邊的第四集團軍後，抱怨奧地利居民出乎意料地敵視：「在雅羅斯勞（Jarolsau）、多布羅米爾（Dobromil）、拉瓦魯斯卡（Rawa-Ruska）等地，不可靠分子太猖狂。」不可靠分子主要是烏克蘭教士和小學老師這些親莫斯科人士，他們把奧地利部隊的駐在地點和兵力洩露給俄國人。康拉德下令狠狠肅清這些「敵對分子」。煽動者和叛徒一律立即槍斃或吊死。這想必喚醒自我感覺良好的奧地利，因為這地區的烏克蘭過去一直是奧匈君主國最忠心的子民。[36]

德軍挺進速度快過康拉德的奧軍，但德國七個集團軍在法國的死傷，令德國人震驚。法境德軍兵分兩路，一路在梅斯（Metz）和佛日山脈（the Vosges）之間作戰，另一路取道默茲峽道（Meuse defile）攻向巴黎。兩路軍在各戰場激戰，慘烈程度令德國人大吃一驚。已有數個部隊遭從掩蔽陣地裡發出的法軍炮火整個殲滅，而每次法軍攻擊，德軍也回敬以猛烈炮火予以殲滅。兩軍都以為這場戰爭會像普法戰爭那樣出現巨大但應付得了的死傷，以及猝不及防的側翼包抄，但這一次，殺戮威力屬於工業級，熱兵器一開火一下子就是一大群人倒地，而且兵力龐大到不可能遭從側翼包抄的部隊，被逼入壕溝固守。德國軍官抱怨，在這場由火炮推動的「機器戰爭」中，勇武英雄無用武之地。[37]有位德國騎兵軍官哀嘆這新時代：「這些戰場曾是羅馬－哥德軍團與阿提拉的騎士廝殺之地，如今，在這些地方，只有從數哩外看不見之處、不知何人發出的致命炮火。」[38]

在白俄羅斯尚未經受血之洗禮的俄軍總司令部，仍然一派樂觀。沙皇的堂叔尼古拉大公（Grand Duke Nikolai），戰前任騎兵督察，這時擔任俄羅斯帝國軍總司令。他一派輕鬆談到要吞併哈布斯堡王朝的加利西亞，要把俾斯麥的帝國打回不會傷人的原形：「德意志帝國必須消失，必須分割為林立的小國，屆時每個小國會怡然自得於自己小小的王廷。」在俄軍總司令部，有個外交部官員向群集的將領開玩笑道：「你們軍人該高興我們替你們安排了這樣一場美好的戰爭」。有位將領回道：「那會不會真是這樣一場美好的戰爭，我們拭目以待。」[39]

Misfits
第六章　格格不入之人

對蜀中無大將只好要康拉德這個廖化當先鋒的奧匈帝國總司令部來說，這場戰爭看來不會是美好的戰爭。皇帝已任命佛里德里希（佛里茨爾）大公為哈布斯堡陸軍總司令。此職原要留給法蘭茨．斐迪南，但他已死，而新皇儲，法蘭茨．斐迪南二十六歲的侄子卡爾大公，戰爭爆發時還是個少校，被認為太嫩，不足以承擔此重任。臉色紅潤、蓄著濃髭的五十八歲佛里茨爾，看去有大將之風，且是將門之後（一八九〇年在阿斯珀恩擊敗拿破崙的更早一位卡爾大公是他的祖父，一八六六年在庫斯托察擊敗義大利人的阿爾布雷希特大公是他的伯父），但佛里德里希本人是個平庸的哈布斯堡家族成員，直率但缺乏自信，制不住康拉德的魯莽蠻幹。佛里德里希的帶兵作戰經驗只限於演習，而且在演習裡還表現得一塌糊塗，在所有想定情況裡都吃敗仗。法國人報導在布達佩斯附近舉行的夏季演習時論導，「他差勁到被對手繞到後面攻擊，致使裁判官不得不出手救他；他轄下的幾個軍全軍覆沒。」[1]奧芬貝格震驚於找佛里德里希擔此要職，說「最高指揮官的重任，遠非他平庸的能力所能勝任。」[2]

康拉德抓住暗殺事件所提供的機會，開始他已鼓吹多年的戰略「提振」過程。他要多達八個軍的兵力——鑑於此時已必然要和俄國開戰，這一兵力派遣令人費解——攻入塞爾維亞，消滅塞軍。七月二十九日，航行於薩瓦河、多瑙河的奧匈帝國淺水重炮艦朝貝爾格勒開炮暖身，但只帶給塞爾維亞人少許損傷，而這主要是因為塞爾維亞中央政府老早就遷到尼什辦公，宣布首都為「不設防城市」。[3]要完成維也納樂觀稱之為只是「討伐行動」的這個任務，需要地面部隊，但就在奧地利的第二集團軍下火車，部署於塞爾維亞邊境時，康拉德宣布該部隊將於不久後移到俄羅斯戰線。

愛德華．馮．伯姆－埃莫利將軍的第二集團軍士兵，汗流浹背擠在悶熱的火車車廂裡（每個車廂塞四十二人或八匹馬），前往新駐防地，而佛里德里希大公比他們更早到。康拉德原打算將總司令部設在塞爾維亞戰線，俄國完全在預料之中的動員，使總司令部不得不立即移到加利西亞。於是，偵察過塞爾維亞邊界才六天，佛里茨爾就把他的總司令部移到普熱梅希爾。《好兵帥克》的主人翁描述了命令改來改去的亂象：「他們總是搞不定要我們進什麼洞，上哪個戰場。」[4]

「他們」當然指的是奧地利高階將軍，位於加利西亞的佛里茨爾和康拉德，以及位在塞拉耶佛的波提奧雷克。有第二集團軍加入，波提奧雷克轄下兵力將達四十萬。沒有這支大軍，他的兵力將只剩二十九萬，遠不足以擊潰塞爾維亞。畢竟塞爾維亞完全動員時有四十萬兵力，此外還有四萬蒙特內格羅人和人數不定的游擊隊員。奧地利已就定位的第五、第六集團軍，戰力「弱」，各只轄兩個軍，而非一般編制的四個軍。至八月六日為止，波提奧雷克一直相信會有八個軍供他指揮。結果，那一天，康拉德通知他，第二集團軍的四個軍將只供他用於薩瓦河沿線的「當地協同」，且只到八月十八日為止，然後他們就會被調到加利西亞。波提奧雷克怒不可遏，仔細看了真正歸他長久統轄的部隊之後，他火氣更大。又熱又累的第五集團軍士兵裝病，在塞爾維亞邊界附近虐待他們所碰到的老百姓，招來司令部的怒斥：「毆打、囚禁無辜奧地利老百姓之事得停止：k.u.k. 陸軍得贏得敬畏，但得表現出騎士風度，絕不可墮落，幹出惡事、沒人性的事。」[5]

波提奧雷克和康拉德兩人似乎把打敗對方看得比打敗塞爾維亞人來得重要。他們已對立多年，一九〇六年兩人爭奪參謀總長之職，自那之後彼此猜忌甚深。波提奧雷克在貝克的事務部門苦幹多年，在貝克追逐金錢、勛章、女人時，做參謀部的苦差事，滿心以為會得到這最高職務作為獎賞，沒想到它卻落入康拉德手裡。[6]他對這一不公平的安排滿懷怨恨，且怨恨從未平息，一九一四年八月，波提奧雷克把康拉德決定將第二集團軍調到加利西亞一事視為要整他，而非出於戰略的調度。他認為此舉居心叵測，蓄意要讓他在巴爾幹吃敗仗，立即向霍夫堡宮疏通（他與霍夫堡宮的博爾佛拉斯將軍交情甚好），要求不受康拉德的總司令部節制，八月二十一日如願以償。七十六歲的博爾佛拉斯，一八七八年在波士尼亞獲授勛章，十年後出任皇帝的副官，在軍中權力很大。他是皇帝的代理人，因作風溫和、以和為貴，人緣很好。[7] 在康拉德、波提奧雷克的長期權鬥中，他也明顯偏袒一方：他對康拉德心懷疑忌，認為重用波提奧雷克可有效制衡這位參謀總長。總是選錯路的這位霍夫堡宮要人，再一次選錯。康拉德有再多缺點，終究是全軍最高指揮官。霍夫堡宮不該插手他與其麾下野戰將領之間的事，卻插了手。波提奧雷克獲皇帝搭救（至少眼前獲搭救）之後，開始研究如何在通訊不良且僅有約二十五萬兵力的條件下，在六百多公里的邊界線上，完成「討伐」塞爾維亞的任務。

康拉德與波提奧雷克在大部分事情上看法南轅北轍，在如何對付塞爾維亞上亦然。康拉德設想在八月第二個星期發動迅猛的攻擊，由波提奧雷克率領第五軍越過德里那河下游撲向瓦列沃，在那裡包圍、消滅被第二集團軍困在貝爾格勒與馬奇瓦（Macva）地區之間的塞爾維亞軍，但波提奧雷克對這場仗該怎麼打，有全然不同的看法。康拉德把第五集團軍視為將第二集團軍鐵砧上的塞爾維亞軍擊碎的錘子；波提奧雷克則把未受過山地戰訓練，不可能在德里那河下游取得多大戰果的第五集團軍，視為堵住塞爾維亞軍的鐵砧，而由第六集團軍將塞軍擊碎。第六集團軍將在維舍格勒（Visegrad）附近越過德里那河上游，然後插進被第五集團軍誘來的塞爾維亞軍側翼。

作戰計畫之凌亂，叫人直呼不可思議。康拉德要求「強勢挺進塞爾維亞心臟地帶」，波提奧雷克主張陳兵德里那河下游，等塞爾維亞人來犯，屆時，花上幾星期才能橫越友善但未開發的波士尼亞，並通過位於利姆（Lim）河、德里那河上游的荒涼山區過來的第六集團軍，正可攻擊塞軍曝露的未設防側翼。[8]兩個計畫都建立在不實的認知和對地形、敵人動靜的極度無知上。戰前，哈布斯堡軍方未把飛機的購置列為要務（買進的飛機數量是德國的五分之一、法國的三分之一、俄國的二分之一），因而缺乏掌握塞軍動態的最可靠辦法。[9]康拉德的計畫認為，儘管塞爾維亞人（透過俄國情報）**知道**第二集團軍會調離，這支軍隊仍會引走大批塞國兵力。波提奧雷克的計畫認為，儘管位於第五集團軍左側的第二集團軍調走，儘管第六集團軍遲遲才會抵達其右側的山區，第五集團軍不會覆滅。第二集團軍大半兵力會在八月十八日開拔前往加利西亞，但第六集團軍要等到八月十三日才完成其在塞拉耶佛周邊的動員，且在八月二十日前到不了德里那河。霍夫堡宮或許為各集團軍司令明定了一個方向，自己卻迷失在自己的浪漫幻想裡：「我們就要走過暴風雨前的寧靜」，博爾佛拉斯寫信告訴波提奧雷克。「我仍要高呼：『更多敵人，更多榮耀！』」[10]

八月十二日，第五集團軍開始越過德里那河。波提奧雷克訴苦馬奇瓦地區「地形崎嶇難行」，且因缺乏架橋設備，使他們更加大嘆難行，但他告訴康拉德，他不能只是「靜觀其變」。第二集團軍為他助陣只有不到一星期時間，而在這樣的地形裡，一星期不夠他完成這次任務：林木覆蓋，丘陵起伏，還有可讓人完全隱身其中的高大玉米田，對塞爾維亞步兵，還有對塞爾維亞游擊隊來說，都是絕佳的作戰地形。這些游擊隊在巴爾幹戰爭中就扮演吃重角色，這時則躍躍欲試，想在這場戰爭中也大展身手。

波提奧雷克在整場戰爭期間都出奇樂觀。「辦公桌是他偏愛的地形」，有同事如此說六十一歲的波提奧雷克，而實情確是如此。坐辦公桌出身的他，與副官梅里齊（Merizzi）留在塞拉耶佛，未實地去了解德里那戰線。接掌此任務之前，波提奧雷克從未被視為帶兵之人。擔任貝克副手時，他就以不善與人交際往來而著稱。軍官同僚注意到他不善騎馬，不善與女人打交道。他們稱他是女人之敵，而這若非因為他不喜歡女人，就是因為他太愛上班。有人竊竊私語，說他和老友之子、比他年輕二十歲的梅里齊是一對。波提奧雷克於一九〇三年挑梅里齊當他的侍從副官，自此兩人一直在一起。在阿佩爾看來，他們兩人都是與部隊格格不入之人，害怕自己麾下的部隊，往往窩在辦公室裡，而不願去認識他們的部隊。誠如阿佩爾在戰前所說的，他們在塞拉耶佛的行政長官府邸裡，打造出完全不關心外面世界的「象牙塔」。所有人都認為波提奧雷克自命不凡，以做作和冷淡不語的作風為人所知（非冷談不語時，只有苦笑和惡意譏刺）。通俗報紙動不動就以誇張搞笑手法將他描寫為毛奇作風的完美典型。波提奧雷克嚴肅、不苟言笑，「只要流的是墨水，而非鮮血，波提奧雷克就會一直是個戰神。」一八九八年，四十五歲時，波提奧雷克統領布達佩斯的某個旅，有位下級軍官說「他額頭上帶有來日將成人中龍鳳的印記；他口中所說的，無一不清楚、不真切，任何批評都無法刺穿他話語簡省、封閉、孤高的自我。」他生活在「自我構築的世界裡」。這樣的人肯定無法勝任在巴爾幹半島統兵打高難度戰爭的重任，但不知為何，哈布斯堡軍方選了他。[11]

FIGURE 6.1

奧斯卡·波提奧雷克將軍

波提奧雷克以實際工作表現表明他是出色的參謀官，且除開他的對手康拉德，每個人都這麼認定，但他自負且無軍事經驗。誠如未卜先知的卡爾·克勞斯所說的，「只要流的是墨水，而非鮮血，波提奧雷克就會一直是個戰神。」

照片來源：National Archives

波提奧雷克認為，以暴制暴，可輕易消滅塞爾維亞游擊隊。自一八七八年起，奧匈帝國在維持巴爾幹半島治安時就從不吝於採取恐怖手段，在這場戰爭裡，也不會例外。波提奧雷克坐鎮他舒服的前鄂圖曼官邸，鼓勵他麾下的軍長、師長下手要狠：「對付塞爾維亞游擊隊的最佳辦法，乃是把他們殺光，絕不寬貸；把整支游擊隊殺光，然後夷平窩藏他們的村子，把此事廣為宣傳。」[12]

在擊潰塞爾維亞正規軍上，波提奧雷克同樣信心滿滿。儘管沒有第二集團軍助一臂之力（這時已成定局），他仍深信能把塞爾維亞大軍引來瓦列沃周邊攻打第五集團軍，然後用姍姍來遲的第六集團軍包抄其右側予以消滅。他沒想過第五集團軍要如何來到瓦列沃。它光是要渡過德里那河就得費很大工夫，行動緩慢的第六集團軍無法為其提供側翼保護，且穿越德里那河與塞爾維亞內地之間的丘陵地時，大概會遭遇掘壕固守的塞爾維亞火炮和步兵。

在這同時，塞爾維亞人並非被動等待奧匈帝國來犯。自一九〇八年併吞危機起，他們就積極規畫如何防禦此一入侵。塞爾維亞統帥是年輕的攝政王，亞歷山大．卡拉喬傑維奇（Alexander Karageorgevic）王儲，但在克拉古耶瓦茨（Kragujevac）的總司令部，真正運籌帷幄者是陸軍參謀長拉多米爾．普特尼克（Radomir Putnik）將軍。他自一九〇三年就主掌塞爾維亞參謀部和陸軍部，因慢性阻塞性肺病而不良於行（這場戰爭裡他有許多時候躺在擔架上發號施令），但這位六十七歲的將軍卻是高明戰略家和受人民愛戴的英雄。

戰爭爆發時，普特尼克正在奧地利史蒂里亞（Styria）的溫泉療養地巴特格來興貝格（Bad Gleichenberg）泡溫泉，所幸還是化險為夷安然回到塞爾維亞。七月二十五日在布達佩斯換車時，他病得氣喘吁吁，遭到拘留，靠法蘭茨．約瑟夫皇帝自認俠義的干預，他才獲釋。奧芬貝格氣得講不出話：「外交關係已經斷絕；我們抓到敵軍指揮官，一個能幹且受崇拜的人物，卻把他放了！我們政治、軍事的愚蠢，在此又一明證。」[13]普特尼克獲釋之事在布達佩斯談妥時，他的副官用炸藥炸開他在貝爾格勒辦公室的保險箱，取得惟一一份塞爾維亞對奧匈帝國作戰計畫。在這同時，塞爾維亞軍方急忙部署軍隊，為三年內塞國打的第三場戰爭備戰。

奧地利人喜歡嘲笑塞爾維亞「落後」，塞爾維亞動員卻很有效率。塞爾維亞有五個

「師管區」，新兵向最近的師管區報到，每個師管區能募集到多達四個師的兵力：一個一級徵兵師（二十一至三十一歲男子）、一個二級徵兵師（三十二至三十八歲男子）、一個三級徵兵師（三十九至四十五歲男子）、一個「最後防禦」師（由十八至二十歲和年逾四十五歲男子組成）。塞爾維亞太窮，只有一級徵兵師全面配發制服和現代步槍。第二、三、四級徵兵師的兵員穿自己的衣服，大多配發一八七〇年代的單發黑色火藥步槍。短時間內連打兩場戰爭，已使每種人力、裝備都大量損耗或供給不足：軍官、士官、技術兵、火炮、機槍、炮彈、子彈、槍、馬、四輪馬拉貨車、制服、帳篷、炊具。此外，什麼時候不挑，就挑在這時從德製七釐米毛瑟步槍轉換為俄製七・六二釐米莫辛－納甘（Mosin-Nagant）步槍，意味著就連一級徵兵師都不會有標準的步槍或子彈。事實上，一九一四年時，塞爾維亞陸軍所用的步槍款式、口徑有多種，除了毛瑟槍、莫辛－納甘步槍，還有第一次巴爾幹戰爭時從土耳其軍手中繳獲的更老毛瑟槍，第二次巴爾幹戰爭時從保加利亞人手中繳獲的八釐米曼利歇步槍（Mannlicher）。奧地利人繞遠路取道羅馬尼亞，將普特尼克送回國，八月五日普特尼克終於來到位於克拉古耶瓦茨的塞爾維亞總司令部，途中在羅馬尼亞時，身患慢性阻塞性肺病的他更染上肺炎。[14]

普特尼克的副手茲沃因・米西茨（Zivojin Misic），已在主帥不在期間完成塞爾維亞軍隊的部署。這可是很了不起的成就，因為大部分軍隊得從新近併吞的土屬馬其頓、科索沃兩地北運過來，而這兩個地方的鐵路由經營不善且腐敗的東方鐵路會社興建、維護，鐵路狀況在歐洲敬陪末座。一九一二年塞爾維亞的火車頭和車廂就已不足，一九一四年版圖擴大後，更是徹底地捉襟見肘不敷使用，而由於塞爾維亞的煤得從國外進口，且和其他每樣物資一樣供給不足，鐵路運輸情況更為窘迫。塞爾維亞的作戰師什麼都缺：在每個一級徵兵師裡，三分之一到一半的兵員沒有步槍。全軍有一半的營沒有機槍。軍中的騎兵、炮兵、後勤補給隊沒有馬。只有少數士兵拿到制服；其他人只有軍帽和軍上衣，也只能將就著用。至於靴子，想都別想。事實上，士兵領到的是歐盤齊鞋（opanci），即巴爾幹農民所穿、鞋尖捲翹的無後跟軟鞋，少部分為皮革材質，大部分是卡紙板材質。[15]

勉強同意開戰的帕西茨總理，看到這沒有一點軍隊樣的武裝部隊，大吃一驚：「沒有衣物、鞋子或帳篷。」塞爾維亞軍方則沒他那麼擔心。他們若得知英國駐貝爾格勒武官的如下看法，應會大表同意：那位武官注意到這些穿得破破爛爛的塞爾維亞人「勇敢、能吃苦……在會把一般英國人嚇得退避三舍的環境裡，幾乎不靠任何東西也能過活。」美國公使同樣讚佩有加：「給塞爾維亞士兵麵包和一顆洋蔥，他就心滿意足。」[16]塞爾維亞軍方了解這點，自一八七八年維也納占領波士尼亞起，就以裝備較佳的奧地利軍隊為假想敵排練作戰，每年在德里那河、薩瓦河、多瑙河戰線進行參謀實地戰術考察和實兵演習。一九〇八年併吞危機後，塞爾維亞人敲定一明確計畫：守住塞爾維亞王國直到更大範圍的歐洲情勢明朗為止，然後在奧地利將兵力調往其他戰線時發兵進攻。[17]

米西茨將軍知道俄國的干預使奧地利在塞爾維亞的攻勢作戰必須速戰速決，因此部署了三個集團軍來反制奧地利所有可能的攻擊。武器短缺使這任務特別難以達成。每個塞爾維亞師照理應有四十八門炮，但一級徵兵師鮮少能湊到超過三十門的火炮，二級徵兵師幸運的話能弄到十二門，其中許多火炮是一八八〇年代的過時法國加農炮，沒有炮手防護裝置或後座力吸收裝置。面對這樣的軍隊，就連波提奧雷克的南方面軍都變成難對付的勁旅。[18]

普特尼克和米西茨把塞爾維亞三個集團軍擺在塞爾維亞北部，沿著從瓦列沃到帕蘭卡（Palanka）的單線鐵路部署。第二集團軍（四個師），有第三集團軍的四個師掩護其左翼，被賦予最重的任務：承受奧地利的攻擊主力然後反擊。如果攻擊主力從北邊越過薩瓦河而來，第二集團軍要擊其右翼。如果從西邊越過德里那河而來，第二集團軍要插入其左翼。第三集團軍要加入反擊，或如果波提奧雷克的第六集團軍比預期早到的話，要頂住第六集團軍。塞爾維亞第一集團軍（駐在阿蘭傑洛瓦茨的四個步兵師和一個騎兵師），要充當總預備隊，用於抵抗任何進犯的奧軍。

波提奧雷克於八月十二日開戰，或者說試圖於此日開戰。由於缺乏架橋設備，利博里烏斯．法蘭克（Loborius Frank）將軍的第五集團軍分成數股兵力緩慢抵達寬闊、湍急的德里那河時，不得不停下腳步。時值盛夏，天氣熱得讓人昏昏沉沉。大部分士兵是後備軍人，口渴，帶著超過身體負荷的二十七公斤裝備，其中許多東西（刷子、鞋油、歌本）是累贅。這個地區不利於戰術開展：多濕地，靠塞爾維亞那一側河岸高聳，森林、灌木

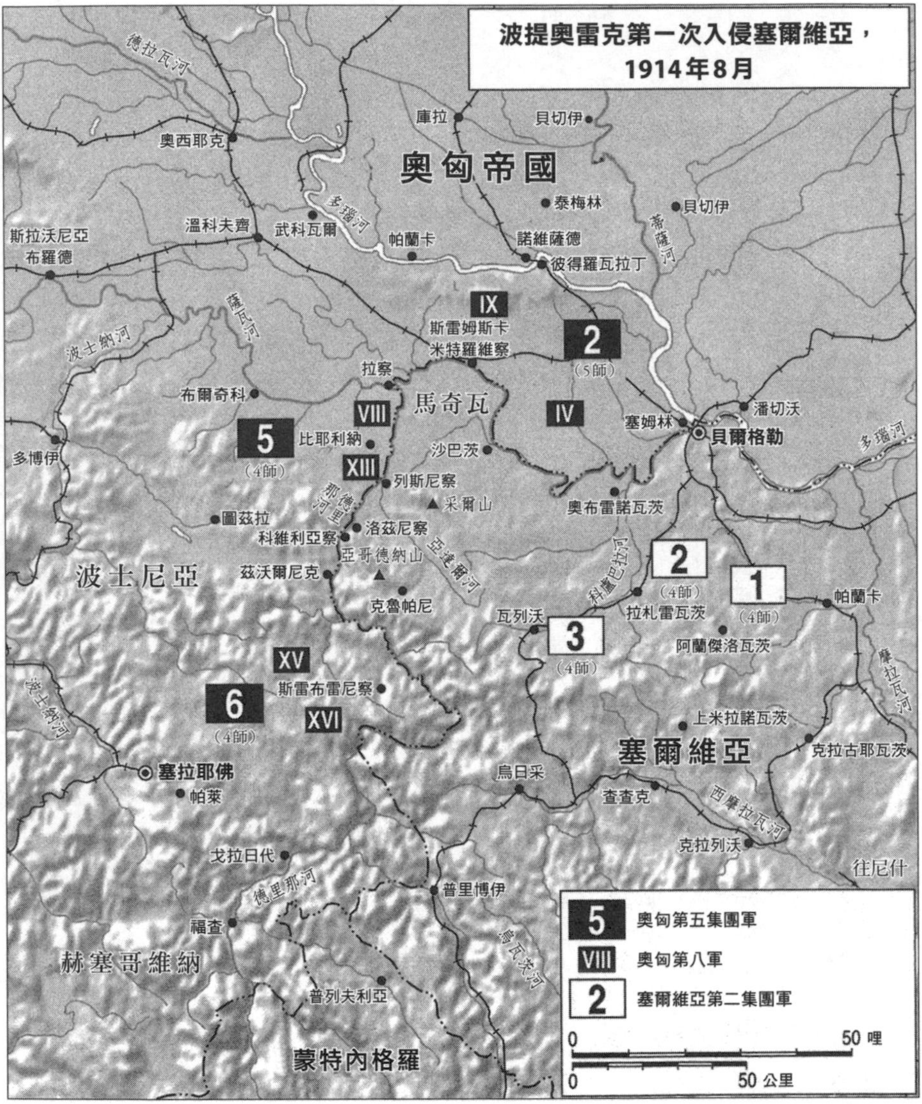
波提奧雷克第一次入侵塞爾維亞，
1914年8月
德拉瓦河
庫拉
貝切伊
奧西耶克
奧匈帝國
多瑙河
泰梅林
貝切伊
蒂薩河
溫科夫齊
武科瓦爾
帕蘭卡
諾維薩德
斯拉沃尼亞
布羅德
彼得羅瓦拉丁
IX
薩瓦河
斯雷姆斯卡
米特羅維察
2
(5師)
波士納河
拉察
布爾奇科
VIII
馬奇瓦
IV
潘切沃
塞姆林
貝爾格勒
5
比耶利納
多瑙河
多博伊
沙巴茨
(4師)
XIII
列斯尼察
德里那河
采爾山
奧布雷諾瓦茨
圖茲拉
洛茲尼察
科維利亞察
科盧巴拉河
亞哥德納山
2
波士尼亞
茲沃爾尼克
亞達爾河
(4師)
1
帕蘭卡
克魯帕尼
瓦列沃
拉札雷瓦茨
(4師)
3
阿蘭傑洛瓦茨
(4師)
XV
摩拉瓦河
6
斯雷布雷尼察
波士納河
XVI
上米拉諾瓦茨
(4師)
塞爾維亞
克拉古耶瓦茨
塞拉耶佛
烏日采
帕萊
查查克
西摩拉瓦河
克拉列沃
戈拉日代
往尼什
普里博伊
德里那河
5
奧匈第五集團軍
福查
烏瓦茨河
VIII
奧匈第八軍
赫塞哥維納
普列夫利亞
2
塞爾維亞第二集團軍
0
50 哩
蒙特內格羅
0
50 公里

林、玉米田密集。奧匈帝國第三十六師某旅派半數的營搭小船渡過德里那河，以建立還堪用的橋頭堡，但每艘小船都遭到河岸上塞爾維亞正規軍與游擊隊員開火痛擊，死傷慘重。但仍有幾個奧地利連渡到東岸，甚至部署了一支團屬軍樂隊。塞爾維亞火炮和機槍從附近樹林和一直綿延到水邊的玉米田開火，猛轟奧匈帝國部隊時，這支樂隊演奏「歐根親王進行曲」以提振士氣。[19]

照計畫奧匈帝國第二集團軍應在薩瓦河邊的沙巴茨（Sabac）建立自己的橋頭堡，以引走大量塞國兵力，卻發現匆促動員，忘了帶架橋設備。法蘭克的第五集團軍因此在兩翼皆得不到保護下，開始在茲沃爾尼克（Zvornik）與比耶利納（Bijelina）之間渡過德里那河，而此處河面寬闊，有些地方水深五．四公尺。在塞爾維亞輕度抵抗下，阿爾圖爾．吉斯爾將軍的第八軍，需要整整兩天的時間來架好浮橋並渡河。空中的飛行員和地面的軍官描述了奧地利這一邊十足混亂的情況，從河對岸飛過來的每一顆塞爾維亞流彈，都在未經戰火洗禮的奧地利部隊裡引起恐慌，士兵不知敵人在何方猛開火還擊，「馬兒掙脫，在營地上四處亂跑。」橋終於開通時，沒有經驗的奧匈帝國士兵同時一湧而上，橋一時堵得無法通行。[20]保羅．尤里西奇－史圖姆（Paul Jurisic-Sturm）將軍的塞爾維亞第三集團軍看出敵人的弱點，悄悄移到更接近德里那河諸渡河點處，部署火炮。

八月十二日，奧地利第二集團軍把第二十九師的部分兵力送到薩瓦河對岸的米特羅維察（Mitrovica），隔日又有其他部隊越過在克萊納克（Klenak）倉促搭成的一座浮橋。維也納一時欣喜若狂，報童大喊「沙巴茨大捷！」，奧地利人爭相搶購晚報以了解此捷報。[21]但就在第八軍仍在忙於架橋渡過德里那河時，阿道夫・馮・雷門（Adolf von Rhemen）的十三軍，在只有少許吉斯爾部的兵力掩護其側翼下，八月十四發兵進攻。官兵立即發覺他們的「藍灰色」（hechtgrau）偽裝服，偽裝效果不是很好。藍灰色軍服不如德國人穿的綠灰色軍服合用，原係奧地利於一九〇八年針對密布大石的義大利阿爾卑斯山區環境所購置，但在該區以外的任何環境裡都太亮，在蔥綠的馬奇瓦地區，就成為顯眼的靶子。[22]

奧地利第七十二旅旅長海因利希・豪斯坦因（Heinrich Haustein）將軍指出，他的部隊「立即被塞爾維亞的步槍火力和敵人十二公分炮彈摧枯拉朽的威力打得士氣渙散」。塞爾維亞人有大量新舊火炮，包括五十四門十二公分施奈德急射榴彈炮，而豪斯坦因部在這裡似乎就受到其中一個榴彈炮連猛轟。飽受驚嚇的豪因斯坦旅奉命清除從列斯尼察（Ljesnica）往東那條公路沿線的敵人，卻畏縮不前。豪斯坦因寫道，「由於我部士兵疲累不堪，不得不讓他們休息。」豪因斯坦旅在夏日高溫下坐著喘氣，看著他們周邊的友軍部隊快速趕上來，越過他們。傍晚時他們終於開拔，往築有防禦工事的多布里茨（Dobric）村挺進時，赫然發現沒有子彈。他們的彈藥車已經不見蹤影。[23]

與第七十二旅並肩開進前線的第七十一旅有彈藥，但面對普萊茨（Plec）周邊數座三百公尺高的高地，前進不了；奧匈帝國士兵奮力衝向進攻目標，卻遭塞爾維亞壕溝機槍的縱射火力和前後左右的炮火擊倒。塞爾維亞人甚至想在馬車路沿線的樹上吊手榴彈，待奧軍經過時，開槍將其引爆。有位奧地利軍官憶道，「很不舒服」，「我的兵很快就信心全失」。[24]另一位奧地利軍官指出，他的兵「還沒與敵交手，就被聽來的塞爾維亞游擊隊、挨餓、口渴、疲累、睡眠不足、陌生戰鬥聲響的故事嚇得沒了鬥志。」第十六團宣告「遭消滅，只見到烏合之眾逃離那座小山。」[25]第七十二旅被從天而降的重炮彈、噠噠響的機槍聲和咻咻急射的步槍彈嚇住，而由於奧軍感受到敵軍火力猛烈，卻只看到空無一物的山坡，不見人影和武器，士氣更是降到谷底。「敵人躲進壕溝，掩蔽得非常好，我們連**看**都看不到他們」，豪因斯坦報告道。[26]

匈牙利地方防衛軍第四十二師在茲沃爾尼克渡過德里那河，奉命攻上位於克魯帕尼（Krupanj）的高地，以利於和位於其右側的第六集團軍接合，並掩護在泰克里斯（Tekeris）的采爾山（Cer Planian）上與敵交手的第八軍右翼。鑑於來犯之師武器精良，塞爾維亞部隊（來自德里那區的一級徵兵部隊）最初避攖其鋒，退回到察夫拉卡（Zavlaka）。但訊問過俘虜的匈牙利地方防衛軍士兵後，他們了解對手是支不堪一擊的部隊。「我們抓到五個人，三名匈牙利人與兩名克羅埃西亞人；他們說他們來自第二十七、第二十八、第三十二團。關於第三十二團的戰力，有個匈牙利俘虜說他們士氣低落，因為士兵是來自布達佩斯的城裡年輕人，只有農民能打。得靠軍官拿手槍在後面逼，士兵才肯上場殺敵。他們軍官把所有時間花在威嚇自己的兵，而非花在打我們的部隊上。」這支匈牙利團來自奧西耶克（Osijek），而光是從該地行軍二十公里路去火車站，以便搭火車前往塞爾維亞，該團就有三分之一人倒於熱衰竭。[27]

在第四十二師左側，第八軍裝備較佳的第九師也於八月十四日渡河投入戰鬥。吉斯爾將軍原希望洗刷他識人不明提攜雷德爾上校的恥辱，如今看出那是奢望。他概括說明了他們的困境：「不停地打仗、沒水、烤人的高溫、極度疲累。」[28]吉斯爾部第九師轄下的數個旅立即遭到塞爾維亞游擊隊與正規軍夜以繼日的攻擊。沒打過現代戰爭的奧地利部隊，夜間移動時，手持鐵路提燈，貨車上掛上鐵路提燈，以照亮前路，然後當塞爾維亞人開始朝亮晃晃的目標開槍時，他們顯露吃驚神色。後來奧地利人發現，塞爾維亞人在數公里外就得知他們來犯，因為他們太吵——士兵與汽車司機高聲呼喊對方，未繫牢的裝備一路匡啷匡啷響。

第五集團軍第九師與塞爾維亞人交手時，士兵不看目標胡亂開槍。長官不得不下令取走戰死者和傷者身上所有彈藥，因為還活著的人濫射一通，把子彈打光，且通常什麼都沒打中。就連用過的彈殼都從地上掃起，運回奧地利再利用。[29]軍官發出的報告痛斥朝四面八方胡亂開槍，痛斥士兵喜歡沒看到目標，朝空中開槍。但除非能聽到自己士兵連續開槍，不然不管是人仍在塞拉耶佛辦公室的波提奧雷克，還是他的軍長、師長，有許多時候都不清楚自己的部隊在哪裡。如果軍官人在電報聯絡網外（通常如此），往往就不回報位置，惹來吉斯爾將軍一陣怒斥：「如果沒有電報可連絡，派人傳個口信，總之要連絡上！絕不要讓最高指揮部整天在找部隊在哪裡！」但就連傳信的人都會在德里那河對岸的荒野裡迷路。有位傳令官八月十五日從科濟亞克（Kozjak）寫道，「我帶著參謀部的馬在這裡，但這裡的電報不通，我收不到命令。四周都是炮火。請指示該如何。」[30]

那天，八月十五日，康拉德在維也納見了保加利亞武官，告訴他「奧匈帝國把兵力全投入塞爾維亞，控制所有關鍵高地」，但實情並不這麼叫人振奮。[31]現代戰爭倚賴眾多火器和龐大後勤，的確拖慢行軍速度，拿破崙部隊一天最多可走二十二公里，到了一八七〇年，老毛奇的部隊一天只走約十三或十四公里，但波提奧雷克的部隊幾乎完全不動。列斯尼察到洛茲尼察這段河岸沿線的這些苦戰，預示康拉德、波提奧雷克的強攻辦法不管用。有位軍官指出，人數大大劣於我們的「塞爾維亞小部隊的頑抗，使我們體認到瓦列沃遠非只是五日行軍的距離那麼近。」[32]簡而言之，包圍者很快就淪為被包圍。

但波提奧雷克仍認為他占上風。他未正視前線令人洩氣的事實，反倒理所當然地認為普特尼克會撤退，會把他的部隊分為數股純守勢的兵力，以保衛塞爾維亞諸主要城鎮。結果，這位塞爾維亞指揮官反倒深入研究了波提奧雷克所犯的錯誤，開始下出幾步經過精心計畫的險棋。[33]在沙巴茨，寬闊的薩瓦河構成天然屏障，使康拉德所批准施行的小活動不可能得手，該地的戰況也就沒什麼好擔心，普特尼克因此得以把九個師全擺在沙巴茨與瓦列沃之間，用這部大軍的主力對付德里那河邊的第五集團軍。第二集團軍仍留在薩瓦河左岸，未渡河投入右岸的戰鬥，使普特尼克確信該部欲前往加利西亞。[34]對普特尼克來說，這是發動塞爾維亞長期抗戰計畫下一階段的信號：在來犯奧軍減少兵力或重新部署後展開反擊。這時普特尼克把沙巴茨的戰事（擋住第二集團軍殘部）、克魯帕尼的戰事（抵禦第六集團軍），與采爾山的戰事（盡可能消滅孤立的第五集團軍兵力）擺在一起全盤思考。

普特尼克的直覺使他在面對奧地利第五集團軍時享有一很大優勢。普特尼克把沙巴茨－泰克里斯－克魯帕尼視為單一場域，把三個戰場合為一場「采爾山爭奪戰」，要他的部隊強行軍趕到那個險惡的丘陵地。[35]於是，八月十六日，奧軍第九師往內地推進時，赫然發現有大批塞爾維亞步兵、炮兵守在采爾山上泰克里斯周邊的壕溝裡。塞軍第九師裡有許多未受過訓練的後備軍人，從未學過以疏開的小規模戰鬥隊形用步槍與敵廝殺，於是奧匈軍官把士兵編成數個衝鋒縱隊，要他們攻上有機槍和榴散彈等著他們的陡坡。不幸地，奧匈部隊也未受過挖戰壕的訓練（奧匈軍官認為掘壕固守是懦夫的行徑）。大部分奧匈步兵在行軍途中就把挖壕器材丟掉，這時只能用雙手挖出淺淺的散兵壕。[36]

但波提奧雷克仍向法蘭茨・約瑟夫皇帝報告他的部隊正往前推進——大概是因為這位南方面軍司令官留在塞拉耶佛，對著地圖追蹤戰況。戰前法國人就認為波提奧雷克是紙上談兵的將軍，「很有學問、窩在辦公室的理論家」，而他的表現正證明法國人所言甚是。波提奧雷克從其府邸自信滿滿寫道，「我們已擊退德里那河下游列斯尼察一地的塞爾維亞人；他們正潰退。戰俘告訴我們他們會在瓦列沃做最後抵抗。」[37]在這同時，普特尼克已確認哈布斯堡第二集團軍的確要前往加利西亞，理解到奧地利第五集團軍在無友軍支持下渡過德里那河往瓦列沃挺進，乃是奧匈帝國的主要攻勢。他把他的三個集團軍往前調，使三者呈梯形配置。[38]第一集團軍在右，能視情勢需要往薩瓦河或德里那河進擊。第二集團軍在中，能集結其所有兵力對付在列斯尼察、洛茲尼察周邊的法蘭克第五集團軍。第三集團軍陳兵於克魯帕尼周邊，以打擊法蘭克部的側翼，同時留意第六集團軍的動向。

塞爾維亞上校和將領比奧地利的同級軍官年輕十二至十五歲，且都在晚近戰爭中取得實戰經驗。[39]他們強力挺進，一心想與敵交手，察覺到對手雖然（就巴爾幹當地標準來看）裝備精良卻不會打仗。塞國三個集團軍能抽出部分兵力，擊退在這弧狀地帶上奧地利人的任何攻勢。[40]普特尼克在馬奇瓦地區原本無法有大作為，因為奧軍渡過薩瓦河、德里那河後，即有兩河保護其側翼，使普特尼克難以溜到第五或第二集團軍身後。這位塞爾維亞參謀總長認為采爾山是成敗關鍵，它由一連數座六百公尺高的小山組成，俯臨位於列斯尼察、洛茲尼察的德里那河過河處，奧軍必得拿下這些高地才能往東推進，保護其補給線和側翼。

斯捷潘·斯捷潘諾維茨（Stepan Stepanovic）將軍的第二集團軍，派兩個師日夜兼程，趕在奧軍能大舉抵達之前，先來到位於山頂的泰克里斯村，在八月十六日奧地利地方防衛軍第二十一師費力往上爬，欲登上采爾山、拿下泰克里斯時，將其消滅。這場勝利來得不易，因為有些塞爾維亞團還在等從俄國運來但一再遭延期的軍火，轄下步槍不足兩千枝，兵員人數卻是步槍數的兩倍。[41]但那不礙事：因為這次出征讓奧地利地方防衛軍第二十一師（大多是召募自波希米亞的捷克人）猶如掉入煉獄，苦不堪言。他們從布拉格坐了五天火車，八月十四日渡過德里那河，同一天和隔天頂著烈日，背著滿滿的背包，沒有飲用水，往采爾山頂挺進。那一夜他們沒有休息，朝著自己部隊的巡邏兵和漆黑中從高大玉米田裡放冷槍的塞爾維亞人開了槍。十六日早上十一點，位於海拔四百五十公尺處，他們終於遭遇塞爾維亞人。軍官拉著他們成群往上衝，他們周遭的德意志族同袍高喊 Hoch das Sieg! Hoch Seine Majestät Kaiser Franz Joseph! 但捷克兵鬥志低落，假裝受傷，大批倒地。[42]

地方防衛軍第二十一師被困在山坡上時，塞爾維亞人日夜不停反擊，切斷他們與第九師的聯擊，擊斃他們的軍官，最後該師兩個群龍無首、與友軍聯繫不上的旅瓦解，往德里那河潰退。倖存者憶道，塞爾維亞人以夜色為掩護大舉湧入，用德語高喊「別開槍，我們是克羅埃西亞步兵！」，然後拿起毛瑟槍開火。每次法蘭克將軍接近前線檢視他的部隊，都注意到彈藥車和野戰炊事車周邊擠滿想搭便車到後方的奧地利兵；每次有奧地利兵被敵人槍炮打傷，就有十餘名未受傷的同袍自告奮勇要護送他到後方。難得抓到塞爾維亞人時，也總會引來一群人將他押回司令部。「鐵的紀律！」法蘭克吼道。「有太多人混水摸魚、裝病！」[43]

法國報紙《費加洛報》從巴黎嘲笑道，「法蘭茨·約瑟夫皇帝陛下的軍隊丟人現眼」。

有位奧地利將領對此毫不覺意外。他寫道，塞爾維亞兵是吃苦耐勞的農民；奧匈帝國兵是「工廠工人、工匠、辦事員，習慣於喝啤酒、舒服天氣、有屋頂遮風蔽雨的愜意生活。」在塞爾維亞，這些東西全沒有，他們根本不想打仗。[45]

在塞拉耶佛，波提奧雷克似乎渾然不察德里那河邊這場慘敗。他正把心力放在揪出暗殺事件的其他陰謀者上，八月十六日得意地發電報告訴財政部長畢林斯基，說有位目擊者「指控另外三人是大公遇害事件的陰謀者，分別是貝爾格勒神學家、波士尼亞律師、來自巴尼亞盧卡（Banja Luka）的侍者。」[46]波提奧雷克在塞拉耶佛提出自己的調查結果時，采爾山爭奪戰正演變為某種軍事法庭，因為雖有某些奧地利人奮勇作戰，大部分奧地利人想方設法逃亡。第九師某旅奉命出擊以為友旅爭取喘息空間時，只有一個營照辦，該營立即遭火炮和機槍消滅。指揮這場大亂仗的將領，把這場慘敗也歸咎於「誤解」，指出在這一戰線上，每一次的戰敗，都必有個孤立被棄的奧匈帝國部隊被組織更完善的塞爾維亞軍隊包圍，陷入其交叉火網裡。[47]

奧匈帝國第九師未能好好打場仗就垮掉。渡德里那河就把士兵搞得精疲力盡，先是在炙人的烈日下，然後碰上下了一兩天的大雨；他們被困在河岸整整三天，穿著濕透的外套露宿野外，咒罵他們的軍官和補給太差。終於在采爾山上與敵交手，卻被塞爾維亞火力殺得幾乎全軍覆沒。八月十八日，他們在「如榛果般大的雹塊」空襲下撤退，士兵趴在輜重車底下爬行，以躲避雹塊和塞爾維亞炮彈。軍需官奉命燒掉他們帶到河對岸塞爾維亞境內的所有物資時，士氣才有稍許提振。[48]戰地報告提及多不勝數奧匈帝國兵裝病的事，特別是在傷兵拿「嚇人的敵人情事」嚇壞未受傷者之後。法蘭克將軍被某同僚稱作「年老糊塗的迂腐之人」，不管有沒有友軍掩護其側翼，他都不是最適任的指揮官。他下令官兵交換「英勇故事，不准談這些可怕的事。」他忿忿說道，如果繼續談可怕的事，會以「懦弱罪」當場處死。[49]

難得抓到的塞爾維亞戰俘，給了奧爾維亞人一線希望。有位奧匈帝國軍官訊問過某戰俘後推斷：「塞爾維亞人精疲力盡，補給糟糕；軍官行事使他們更為慌亂；他們每個營只有一挺機槍。」但在這條戰線上的普特尼克部隊，至少有一半士兵打過巴爾幹戰爭，且儘管火炮不足，炮彈也開始短缺，他們堅守陣地，耐心擊潰來犯奧軍。[50]命喪塞爾維亞驃悍軍隊之手者，包括奧地利地方防衛軍第二十一師師長，絕對談不上身經百戰、敢打能打的阿爾圖爾．普日博爾斯基（Przyborski）將軍。他的同僚稱他是「環城大道將軍」——娶了陸軍部長舍奈赫女兒且是坐辦公室而非帶兵出身的軍職官員（譯按：環城大道是維也納氣派堂皇的大道，陸軍部大樓就位在這條大道上）。面對這場混亂且瞬息萬變的戰鬥，普日博爾斯基從未能跟上腳步。[51]

在亞達爾（Jadar）河和采爾山遭擊退後，第五集團軍軍心動搖。餓壞的奧地利士兵在德里那河沿岸四處搜尋可吃的東西，把還未熟的玉米、瓜吃進肚裡。也沒什麼水可喝；井似乎下了毒，水呈綠色帶酸味，喝下兩三天後就出現霍亂症狀。「我們遙遠的（補給）

火車，連個影子都沒有」，有位軍官嘲笑道。[52]奧地利的補給業務，有許多轉包給民間業者，而這時法蘭克命令麾下軍官，「斃掉他們的馬，毀掉他們的四輪馬拉貨車，當場殺掉他們的馬車夫」，如果他們不更賣力工作，不表現得更勇敢的話。在這同時，奧地利士兵將只得挨餓，而（吃飽喝足）的師長則向他們訓話道，「絕不能以補給品沒送來為理由，吃掉你們的戰地口糧……戰時補給不可能時時都令人滿意。」[53]

八月十六日，波提奧雷克一副從他的戰場衝出來的姿態，請求第二集團軍給予更多支援，但康拉德修改了這一請求：他下令，「在不延宕你（第二集團軍）開赴（加利西亞）的情況下能做多少就做多少」。[54]於是，第二集團軍第二十九師八月十六日於沙巴茨處渡過薩瓦河，與塞爾維亞某師打了煞有其事的一仗，然後於下午撤退。波提奧雷克火冒三丈，痛罵康拉德把第二集團軍的諸部隊「像水滴般」損耗掉，未派他們大舉同時進攻。如果波提奧雷克真的人在前線，而不是待在他塞拉耶佛辦公室（這時他正在那裡力促調查三十名塞爾維亞少年），大概會注意到不管是分批次小兵力進攻，還是大兵力大舉進攻，奧地利的進攻都不可能得手。[55]

在這次入侵行動的初期，奧匈帝國軍隊一直未能適應現代火力。德國步兵連已在運用疏開隊形戰術（一個排擺出寬間距的小規模戰鬥隊形帶頭進攻，後面兩個排也擺出疏開隊形，呈梯形配置），奧匈帝國連則要眾多士兵緊挨在一塊，成為敵人活靶一般，一逕往前猛衝。「不管是兵還是官，都不知道如何協同進攻」，阿佛烈德．克勞斯將軍接掌第二十九師後在其日記裡如此寫道。「不管碰到什麼情況，他們都只是上刺刀亂無章法的衝鋒；塞爾維亞人看出這點，誘引我們做這些進攻，然後開火把我們撂倒。」在第五、第二集團軍間的兵力缺口統率一騎馬步兵團的費利克斯·史瓦岑貝格（Felix Schwarzenberg）上校，無意中聽到步兵軍官「以無比輕蔑的口吻」告訴其部屬，「別擔心，塞爾維亞人掘壕固守，但我們架上刺刀衝進去時，壕溝救不了他們。」史瓦岑貝格還注意到奧地利野戰炮兵愛在開闊地作戰，未考慮到在開闊地自己易被有壕溝防護的塞爾維亞火炮轟碎，且愛朝塞爾維亞壕溝猛射傷不了對方的榴霰炮，因為手邊沒有可將他們消滅淨盡的高爆炮彈。炮彈比榴霰彈貴，於是，展現奧匈帝國獨有的作風，乾脆不買。這是支在打**它**的上一場戰爭（一八六六），而非最後一戰（一九一三）的軍隊。已然沒有鬥志的史瓦岑貝格親王在信中告訴妻子，「為奧地利禱告」。56

第二集團軍已排定於八月十八日移往加利西亞，於是康拉德只同意暫時借調卡爾·特爾斯蒂揚斯基（Karl Tersztýánszky）的第四軍，希望這會有助於擊退薩瓦河邊的塞爾維亞人，消除德里那河邊第五軍所受的壓迫。特爾斯蒂揚斯基決意於八月十九日進攻塞爾維亞第二集團軍在沙巴茨的兵力。他計畫以旗下兩個師奪取有一萬四千人口和重要火車站、河船碼頭的沙巴茨，然後循著三條平行的公路往南挺進。這一南進行動至關緊要，如果失敗，普特尼克將能放心大膽將其全部兵力轉向法蘭克的第五集團軍，將其團團包圍。但情況看來不妙：奧地利軍方對塞爾維亞軍的動向掌握甚少，除了「將沙巴茨橋頭堡往南推」，別無明確計畫。[57]司令部認為沙巴茨周邊地形類似義大利，有高大玉米田、圍欄、樹籬、濃密小樹林，使他們無法綜覽全局，易遭偷襲。

奧地利人輕鬆拿下沙巴茨，但在往南的公路上推進極為不順。第九十二團某奧地利下士憶起在濕熱的夏季從沙巴茨出征的情形：「玉米長得很高，能把騎在馬上的人都完全隱沒；事事都變得不順；我們覺得已有幾天沒睡；口渴至極；臉上汗流如柱；我們用泥污的手擦汗，然後舔手，以補充水分。」第九十二團編成縱隊行軍，縱隊寬，道路狹小，兩側的士兵不得不走在田裡；他們得穿過林立的玉米稈、葡萄藤、土塊、波浪般的小麥、南瓜田和瓜田，自行開路；會有一排又一排的士兵被障礙物絆倒，一趟行軍後有一半的人腳底起水泡。各回憶錄主要談到熱、渴、累，以及幾乎每一頁都出現的，「無情的太陽」。[58]

奧地利受到藏身於玉米田和樹林裡塞爾維亞部隊騷擾，用他們一貫的作風猛開槍還擊，很快就把子彈打光。塞爾維亞人精於挑起混亂：「他們把帽子、背包放在地上引我們開火，然後迅速轉移到新陣地」，有位奧匈帝國軍官苦惱報告道。塞爾維亞人把玉米當第五元素般來用，排成寬正面的橫向戰鬥隊形隱身於玉米田中，又快又準地朝群集的奧地利部隊開火。以匈牙利兵為主體的第三十一師，朝背包、帽子等欺敵東西打完子彈之後，步履蹣跚地朝耶夫雷莫瓦茨（Jevremovac）走去，只剩刺刀可防身；然後遭自己炮兵攻擊側翼。遭友軍炮火猛轟時，他們也受到塞爾維亞步兵攻擊，但未還擊，因為子彈已用完，且因為塞爾維亞人離他們側翼那麼近，他們以為是友軍。由斯洛伐克人和匈牙利人組成的一支奧地利團，裂解為驚恐的兩股，全部沿著公路北逃沙巴茨。約瑟夫大公所轄師的其他部隊跟著北竄，敵軍、友軍炮彈在他們身邊炸開，他們驚慌失措往部隊後方跑，使這個師如同繳械。第三波士尼亞團欲將塞爾維亞人趕出俯臨他們所要行經之道路的樹林時，先是主帥遭擊斃，然後全團遭殲滅。上校團長、其副官、一名營長喪命於一陣榴霰彈的攻擊，然後兩名連長、十五名中尉、三百三十二名士兵也喪命。59

有個奧地利連被困住，子彈打光；軍官也全喪命，於是倖存的士官高呼預備隊上前。預備隊是支新兵連，以橫向小規模戰鬥隊形俯臥於他們後面。但預備隊不肯上前。「我們氣呼呼向他們高喊『膽小鬼，過來！』」有位倖存士官憶道。「但他們連把臉抬離地面都不願意」。先頭連撤退，走過後面這些趴在地上嚇得半死的人身旁時，赫然發現他們不是嚇得半死，而是已經死掉，已在以整齊一列隊形前進時被一挺塞爾維亞機槍全部撂倒。60

有位少校參謀奉約瑟夫大公之命前去沙巴茨查明奧匈帝國第三十一師潰退的原因，發現「匈牙利第四十四團部分士兵在教堂廣場上累到癱。這個團已形同在慌亂中瓦解。」他們失去三十名軍官，四百八十七人受傷，還有數目不詳的死者；軍醫估計這些死傷有四分之三是自己人所致，後衛部隊慌亂誤朝前方部隊開槍。高聲下達的命令、號角信號、旗幟揮舞，都未能遏止潰退，逃進沙巴茨的匈牙利人喊「塞爾維亞人要來了！」其實還沒有。那天晚上，普特尼克將軍從法國參謀部處得知，奧匈第二集團軍確定要開赴加利西亞。法國人建議，「現在進攻，他們的部隊大部分要離開。」法國人在馬恩河邊遭德軍重擊，急欲解除這一壓力，於是向塞爾維亞人保證，只要塞爾維亞願意進攻，他們會免費提供炮彈。[61]

安德烈亞斯·格里斯勒（Andreas Griessler）將軍的三十二師渡過薩瓦河，進抵第三十一師左側，下場更慘。這個師往南行，目的地武科西茨（Vukisic），被途中穿過的樹林和玉米田打亂行軍隊形，使自家炮兵看不到他們，側翼和後衛因此遭到自己炮兵猛轟，整個師不得不後撤，以避開自己火炮攻擊。「我們絕不可再朝自己步兵開火，要朝**他們的步兵**開火」，法蘭克勸道。[62]塞爾維亞炮彈也又狠又準落在他們身上，因為塞爾維亞農民在道路兩旁點燃乾草堆，標示奧軍動向。[63]到處都有人死傷，士兵激動地朝四面八方開火。有牛或小孩誤闖入高大的玉米田，發出窸窣響聲，奧地利部隊就對著發聲處舉槍齊射。這些兵大部分是未受過訓練的後備軍人，已兩天兩夜走了將近六十公里，就快垮掉。

第三十二師軍官試圖熄滅燃燒的乾草堆，安撫慌亂的部隊，要求增援兵力和彈藥以填補早上的損耗時，又花費了數小時。丟了八門火炮和二十輛彈藥車。後來，驚愕的哈布斯堡稽查員列出此師某一團所丟棄的裝備總數：八百八十六個背包、一千兩百頂帳篷、四百個子彈盒、九十支鏟子、兩百八十個乾糧袋、四百件外套、一千兩百五十雙鞋子、四十個鋼絲鉗。[64]數個野戰醫院，連同仍躺在野戰醫院床上的傷兵，整個給棄之不顧，丟給進逼的塞爾維亞人。[65]軍司令部連番下令繼續進攻，格里斯勒將軍於是上馬，走過一群群掉隊的士兵和一堆堆棄置的裝備來到耶萊尼察（Jelenica），然後回報仍無法進攻：士兵無視軍官命令繼續撤退，有許多部隊已解體、混在一塊，無法重新整編，而且士兵自天亮起一直未進食。這個師由匈牙利人、德意志人、塞爾維亞人、羅馬尼亞人四種民族組成一事，也不利於它重啟攻勢——民族組成的混雜，使士兵連最簡單的命令都往往搞不清楚。但軍司令部繼續要求進攻，最後，晚上七點半時，格里斯勒回報，部隊已得到相當的重整，足以發動進攻。但由於天色漸黑，格里斯勒下令部隊紮營，擱下進攻之事。他們排成縱隊走向切羅瓦茨（Cerovac）時，塞爾維亞人躲在漆黑的夜色裡，模仿動物叫聲嘲弄他們：狗吠、母雞叫、貓頭鷹叫。[66]

後來，特爾斯蒂揚斯基把他的挫敗歸咎於把他已走離沙巴茨的部隊過早叫回的波提奧雷克，而非把他的部隊摧毀殆盡的那個來自蘇瑪迪亞（Sumadija）的一級徵兵師：「我們已從沙巴茨往內地走了十公里，忽然奉命退回北岸。」但戰前被視為前途大好的特爾斯蒂揚斯基，乃是拿潰敗已成定局之時的情勢，斷章取義作文章。因為不管波提奧雷克對他下了什麼指令，面對塞爾維亞人如此激烈地反抗，八九不離十都無法扭轉敗象。[67]

在沙巴茨，奧匈軍隊所做的，除了暴行，還是暴行。「我們真的得對沙巴茨和其附近的居民施以嚴厲的鎮壓」，特爾斯蒂揚斯基輕蔑表示。「他們朝井水下毒，在我們背後放冷槍，我甚至聽說有個十二歲女孩朝我們丟了一顆手榴彈。」統領第三十一師的約瑟夫大公坦承，他底下的某個匈牙利團，在塞爾維亞游擊隊朝他們側翼開槍後，集攏某村所有村民全部殺掉。[68]奧匈帝國部隊不搶劫時，就睡覺：「這些事把他們累慘了，因而一有機會就睡覺，即使只是短得不能再短的停留。他們聽話，但已失去鬥志。」[69]誰能怪他們？第二集團軍凌亂撤退到薩瓦河對岸，使第五集團軍只能任由波提奧雷克異想天開地擺弄。由於第二集團軍大部分兵力往東轉移到俄國，這時波提奧雷克認為法蘭克那支精疲力竭、千瘡百孔的軍隊（最初被設想為鐵砧的一支軍隊），從此可以扮演錘的角色，往東南出擊，把被第六集團軍的鐵砧頂住的塞爾維亞軍砸碎。

八月十八日，皇帝誕辰那天，波提奧雷克的第六集團軍終於快完成其在德里那河上游沿線拿捏不定的部署。波提奧雷克原希望在這一天獻上征服底定的塞爾維亞為皇帝祝壽，不料奧匈帝國的塞爾維亞戰役這時幾已注定要失敗收場。波提奧雷克計畫派第五、第六集團軍大舉攻向流經貝爾格勒與瓦列沃之間的科盧巴拉河，但就在他如此規畫這場戰役的下一階段時，前線傳來令人震驚的消息。普特尼克已於八月十九日集結五個師的兵力，在第五集團軍的兩個軍之間打開一個十公里寬的缺口。奧匈帝國部隊接到反擊命令，卻抗命。法蘭克部的士兵正渡過德里那河回對岸，無視波提奧雷克以電報下達「不計代價堅守」的命令。[70]

在這同時，從軍事角度看，第四軍拱手讓出了沙巴茨。從書面報告看，特爾斯蒂揚斯基將軍守住陣地，他（從開往加利西亞的舒服特等車廂裡）堅稱他的幾個師真的在薩瓦河畔得勝：「我從不覺得我們落敗……但我的士兵可能不了解這點，因此我要人簡略寫下這場仗的經過，好讓軍官拿給士兵看。」[71]但波提奧雷克可不是傻瓜；他知道塞爾維亞人已拿下協約國在這場戰爭中第一個無可置疑的勝利。「這歡喜的日子已變成哀痛的日子」，他在日記裡寫道。他寫信告訴法蘭克，「不計代價打到底；援軍已在路上！」[72]但沒有援軍要來：北邊的部隊要開赴俄國，南邊的部隊正在高山上跌跌撞撞的前進，不知道這裡的情勢，因為波提奧雷克從未告訴他們。第六集團軍某上校寫道，「我們對整個情勢幾乎一無所知，真的知道情況時，乃是非常無意中得知，是在本要下給別人的命令誤送到我們手上時得知。」[73]

波提奧雷克的才幹根本擔不起南征大任。他調度兵力進攻時太拖沓笨拙，使塞爾維亞人得以在與奧地利人衝突時每次都取得優勢。塞爾維亞人也靠奧匈帝國軍隊丟棄的裝備壯大實力，有位哈布斯堡軍官注意到塞爾維亞某師官兵全穿著奧地利的藍灰色外套。奧地利人每次的倒退，似乎都使塞爾維亞更為強大。[74]

波提奧雷克這時以為，他仍能藉由將他尚未濺血的第六集團軍投入戰鬥轉敗為勝。在波士尼亞境內，第六集團軍縱隊誤把眾多波士尼亞憲兵當成塞爾維亞游擊隊而對之開火，造成幾場難堪的意外，然後全軍終於緩緩進抵維舍格勒處的德里那河邊。[75]在這個多山的戰線上，人人都很清楚第六集團軍絕對趕不上第五集團軍，或絕對無法深入塞爾維亞。山地旅帶著馱負大型柳條籃的騾子緩緩前進，籃子裡裝滿彈藥。他們一路拔除築有防禦工事的塞爾維亞前哨基地，前進緩慢且艱難。「我們對這裡的敵人動靜所知不多」，第四山地旅從利姆河邊的奇格拉（Cigla）報告道。「我們於八月二十二日拿下一道壕溝，但那後面還有一道。」每一步前進，即使沒遭遇抵抗，都要花上很長時間。軍官指出，不受制約的士兵「連（碰到）微不足道的障礙物」都會停下來，休息良久。夜裡士兵幾乎不睡，因為「槍聲不斷；士兵覺得每顆石頭後面都躲著敵人，整夜緊張兮兮地開火，使每個人無法好好休息，浪費彈藥。」[76]

第六集團軍的左翼部隊在維舍格勒渡過德里那河，展開被樂觀稱之為「全面東進」的行動，卻立即被困在曠日廢時的山地戰裡。普特尼克寄望靠山地戰拖慢波提奧雷克的前進速度，使其得以消滅法蘭克部。第七山地旅通過維舍格勒，然後八月二十日整日都花在突破附近某山上的塞爾維亞陣地上。奧地利人死傷陡增，擔架兵抬不勝抬，乾脆在岩石、樹木之間施予急救。奧地利部隊往山頭推進時——軍官洋洋自得於儘管敵方守軍火力猛烈，他們仍發動一波又一波的衝鋒——愈來愈多奧地利步兵遭後方的同袍開槍射中而倒下。塞爾維亞火炮、機槍、榴彈使奧地利步兵驚恐萬分，因而往山上胡亂開槍，打死自己人。

也有多得讓人驚愕的奧匈部隊軍官，在試圖驅趕士兵前進時中槍。軍官被教導要身先士卒，要抬頭挺胸指揮射擊、觀察射擊效果，因而很容易就成為塞爾維亞神槍手（或己方驚慌失措士兵）的槍下亡魂。拂曉時開打的戰鬥，直到薄暮時分塞爾維亞人撤到下一道防線才結束，奧地利人清點死傷：二十三人死，一百二十八人傷，二十六人失蹤。軍官死傷特別嚴重。[77]照原先計劃，第六集團軍應走弧線往北和第五集團軍會合，在瓦列沃完成對塞爾維亞軍的大包圍，但情勢看來這樣的會合已是奢望。第六集團軍以和第五集團軍一樣的方式發洩失利的怨氣，燒掉塞爾維亞人的小屋，洗劫，偷牲畜，把農田作物拔光，槍斃人質以嚇唬當地居民。有位奧地利將軍氣急敗壞告誡其部隊，「這不是文明軍隊所應為」，但沒人聽進去。事實表明，波提奧雷克的一流作戰計畫，落實到巴爾幹半島上完全不管用。

在主戰線上，第五集團軍的第八軍已撤回德里那河對岸，把阿道夫．馮．雷門的第十三軍丟在東岸。雷門部從未能統合它轄下各部隊。第三十六師從頭到尾抱怨，友軍匈牙利地方防衛軍第四十二師一直未抵達，使它注定吃敗仗。而這支匈牙利地方防衛軍（由薩格勒布周邊徵集的克羅埃西亞兵組成），則覺得每次與塞爾維亞人打遭遇戰，都注定吃敗仗：「他們把外套擺在地上，然後爬上樹朝我們開槍。」匈牙利地方防衛軍朝外套開槍時，塞爾維亞人朝這些克羅埃西亞人開槍。[78]在這同時，已遭擊敗的奧地利地方防衛軍第二十一師徹底瓦解，其裝備散落戰場。「很遺憾地，我們的武裝部隊並非全是從同一個沖壓工廠沖壓出來的」，霍夫堡宮以如此冷淡的話語，評論這支以捷克人為主體的師的「可憎行徑」。[79]

更為可憎的行徑，在後方繼續上演。奧匈帝國軍隊驚怖於塞爾維亞游擊隊的攻擊，憤怒於自己所受的羞辱，於是對馬奇瓦地區的老百姓施予一波暴行。這場巴爾幹戰爭充斥不合作戰常規的行徑，使他們覺得施暴老百姓正當合理。部隊報告，公路上埋設了餌雷，塞爾維亞平民把飲用水下毒。他們報告，塞爾維亞步兵穿上奧地利軍服，用德語高聲下達命令，以把奧匈士兵弄糊塗，或舉白旗投降，然後把前去受降的奧地利人射殺。他們報告，有塞爾維亞傷兵從背後射殺奧地利人。他們報告，塞爾維亞前線士兵高喊「我們是你們的朋友」以瓦解奧匈軍的斯拉夫人士氣，或高喊「嘿，我們是克羅埃西亞籍的匈牙利地方防衛軍」，假裝成克羅埃西亞人（來自奧匈帝國的塞爾維亞人），誘騙奧匈軍靠近，然後賞以子彈。而試圖以來自奧匈君主國的行軍營填補自身龐大兵力損失的奧地利人，則自己把自己搞亂。一八六六年後建立的新式陸軍，包含許多德意志人士兵、匈牙利人士兵或說克羅埃西亞語的奧地利地方防衛軍士兵，下達命令時常用錯語言，因而如某軍官所說的，造成層出不窮的「摩擦和敵意」。[80]

總而言之，把錯全怪在塞爾維亞人身上較省事。「除此之外我們還能怎麼辦？」雷門將軍吼道。「他們是文化落後的民族。對付**他們**時，怎能堅守我們的歐洲文化，繼續遵守戰爭法則？」[81]雷門提醒士兵要區分犯下罪行的塞爾維亞人和無辜的塞爾維亞人，但士兵通常懶得這麼做。入侵部隊裡有這麼多克羅埃西亞人——來自杜布羅夫尼克、塞拉耶佛、薩格勒布三個軍區——原因之一在於維也納清楚這是它最後一次在激烈的宗教、文化戰爭裡動用天主教克羅埃西亞人對付東正教塞爾維亞人的機會。[82]在克魯帕尼，匈牙利地方防衛軍第四十二師士兵用步槍槍托把一群老漢和青年打倒在地，然後把還有氣息者全吊死。在洛茲尼察附近，奧地利士兵抓老百姓當人質，然後在補給線遇襲後，把他們處死報復。有個奧地利步兵遭割喉奪命後，六十名人質遭殺害，附近幾個村子遭殺光。在列斯尼察，奧地利第八軍以行刑隊施行集體處決。以德意志人為主體的第七十三團洗劫該鎮兩個小時，殺人、姦淫女人，然後吊死塞爾維亞平民。師部下令「不得再有這種沒必要的劫掠、破壞情事」，「因為我們終究是文明之師」，但大抵言者諄諄聽者邈邈，而這主要是因為波提奧雷克已於八月十三日向所有部隊明令展開擄民為質、吊死報復、縱火燒屋的行動。[83]後來有六十八名塞爾維亞人被發現挖掉雙眼，有三十四名塞爾維亞人鼻子被割掉。以斯洛凡尼亞人為主體的奧匈帝國第九十七團某士兵報告，他的部隊已獲批准「在各地燒殺」以壓下塞爾維亞人的反抗。[84]

但這些暴行無一能止住奧地利軍隊的潰敗。奧地利地方防衛軍第二十一師垮掉，使第九師側翼失去掩護，從而使該師也受到猛烈攻擊。倒楣的是他們攻向泰克里斯時，所在的地方正是平時塞爾維亞人為練習火炮射擊已測繪過的地方；因此炮彈落點驚人精準。第九師撤退，把十二門火炮留給追上來的塞爾維亞人。[85]塞爾維亞人站在采爾山頂，看著他們所痛恨的說德語的人被潰退：「可以看到他們呈縱隊往四面八方退去；我們派出由步兵和炮兵組成的數個小分遣隊追殺。」[86]其中某些追殺隊，兩個營和一個炮兵連，追上奧地利人，出手攻擊。在姆拉莫爾（Mramor）東邊某峽谷裡，塞爾維亞人把第三十六師和匈牙利地方防衛軍第四十二師部分部隊逼到走投無路，用步槍和火炮猛擊。才幾分鐘，捷克第二十八團就「死傷數百」。身手矯健得以逃脫者，像蜘蛛般手腳並用爬上峽谷的峭壁尋找生路。有兩千人隻身或呈小群體窩在丘陵裡整整兩天，才找到回自己部隊的路。[87]

高層提醒奧地利軍官應盡的職責：「在集體恐慌或有人發出動搖軍心之語時，得當場斃了這些犯罪者。」[88]但犯罪之人太多，軍官不夠多（因為已有許多軍官受傷或生病），再怎麼動用槍斃以儆效尤也無法提振這支軍隊的鬥志。第五集團軍帶著八萬兵力渡過德里那河進入塞爾維亞；撤回河對岸時已損失高達六百名軍官和兩萬三千士兵。幾乎每個部隊都失去其最優秀的軍官和五分之一的配給兵力。有位奧地利軍官在法蘭克部逃回德里那河對岸時不以為然地說道，「在**這個**國家，**我們**的部隊和**我們**的裝備，打不了正規戰役」，[89]顯然奧地利人早該事先想到這點。

八月二十日第二集團軍四個軍的第三個軍開始從沙巴茨往東開赴加利西亞時，放棄行動將幾近完成。伯姆－埃莫利的集團軍將陷入兩頭落空之境，即太早離開塞爾維亞而無法影響該地戰局，又太晚抵達加利西亞而無助於該地戰事。匈牙利駐維也納皇廷使節伊斯特萬・布里昂伯爵表達了奧地利與匈牙利日益失望苦惱的心情：「在巴爾幹諸國、義大利、羅馬尼亞帶來何等可怕的效應。我們何時才能取得一勝？」[90]八月二十三日第四軍最後一次試圖取勝，該軍士兵奉命「只帶背包」渡過薩瓦河（意味著欲在沒有輜重

FIGURE 6.2 ——**射殺塞爾維亞村民的奧地利步兵**

奧地利步兵射殺塞爾維亞村民。有位奧匈帝國將領一九一四年連番目睹對塞爾維亞平民的暴行後，反感寫道，「這不是文明軍隊所應為」。

照片來源：Heeresgeschichtliches Museum, Wien

車隊拖累下發動又快又狠的進攻），卻在摸黑渡河時亂成一團（有些人搭汽船，有些人走橋），因而不得不取消進攻，士兵先是奉命就寢，然後奉命開拔往東。「部隊士氣大受打擊」，約瑟夫大公論道。「他們一有機會就倒地呼呼大睡」。[91]

波提奧雷克原指望在敵方防守薄弱的德里那河上游取得勝利，但在此他也遭敗績。照理該與第五、第二集團軍協同作戰的第六集團軍，來得太遲，隔得太遠，而無法與友軍合作。波提奧雷克最後終於離開塞拉耶佛，及時趕到德里那河上游，而得以親自帶領遭孤立的第六集團軍到渡河處，在八月二十、二十一日於維舍格勒、普里博伊（Priboj）打贏無關大局的遭遇戰。但他與受重創的第五集團軍仍相隔一百零四公里，采爾山上幾場仗打下來，第五集團軍這時已令人吃驚地失去超過四分之一的兵力和四十二門火炮。[92]八月二十四日，波提奧雷克發出全線撤退令（「再進攻已無意義」），把第六集團軍拉回德里那河對岸。第四軍放棄沙巴茨時殘害該鎮居民，暴行就和第六、第五集團軍在德里那河沿線村鎮所為沒有兩樣：數十名塞爾維亞男女老少被關在一教堂裡數日，然後在奧地利人撤兵時遭行刑隊槍決，使在奧地利欲將塞爾維亞「西歐化」的這場行動中遇害的塞爾維亞平民，達到大約三千五百人。[93]就在這十天前，波提奧雷克力促第六集團軍「讓塞爾維亞人知道該恭敬歸順奧匈帝國，一如在歐根親王和拉德茨基（Radetzky）的時代。」[94]這場撤退絲毫沒有拉德茨基當年的作風。為自己的連番挫敗和濫殺無辜的惡行感到厭煩的奧地利人，退回到散落自己糞便的污穢營地。「得告誡士兵使用廁所，不要再隨地大小便」，有位第八軍將領氣鼓鼓說道。「也得要求他們碰到長官就要敬禮。」[95]

波提奧雷克把錯全歸在康拉德頭上，說「我從不清楚第二集團軍的部隊是否會為我留下……我得擁有完全不受限制指揮**我**戰場所有兵力的權力……總司令部不得再與**我的**下屬聯繫。」但這場挫敗毫無疑問是他的挫敗。他在塞拉耶佛留太久，然後又將司令部從後方的某個偏遠地點隨意轉移到另一個同樣位於後方的偏遠地點，從未掌握這場戰爭的實情。[96]

匈牙利軍官向蒂薩告知波提奧雷克無能之後，蒂薩於八月二十三日寫信給皇帝，扼要說明這位巴爾幹司令所幹的蠢事：「正面強攻築有防禦工事的陣地，未先充分偵察敵情，乃至未備好火炮，導致……彼此拉得很開的各縱隊，在沙巴茨－洛茲尼察一線遭塞爾維亞人以優勢兵力各個擊破，傷亡慘重，而整個第六集團軍，位於南方，相隔太遠，連調動部署都不可能。」[97]蒂薩大大嘲笑奧匈帝國可在將軍隊主力用於對付俄國的情況下擊敗塞爾維亞的想法，促請皇帝和貝希托爾德正視現實，把塞爾維亞擺到一旁，全力對付俄國。

但霍夫堡宮還不願對波提奧雷克和其巴爾幹夢想死心。這位南方面軍司令官至少給皇上寫了幾封信，康拉德沒有。八月二十四日博爾佛拉斯安慰波提奧雷克，「我說啊，你的情況會好轉；畢竟地球是圓的，得不停地轉！」[98]對七千名死在德里那河沿線丘陵、森林、村子的奧匈帝國人來說，地球已不再轉動。還有三萬奧匈人受傷，四千人被俘，四十六門火炮和三十挺機槍落入敵人手裡。塞爾維亞的損失相對較低（死三千人、傷一萬五千人），士氣仍然高昂。塞爾維亞人嘲笑奧匈帝國的挫敗，稱哈布斯堡軍隊是「烏合之眾」，蒂薩是「條蛇」，哈布斯堡君主國是「反人道的罪人」。[99]數千名奧匈帝國傷兵疏散到奧、匈兩國境內的醫院和自家時，暢談在塞爾維亞的慘敗，招來最高指揮部的駁斥：「必須用他們的母語告訴士兵和軍官，不准再拿這一壞消息讓老百姓驚恐。他們與敵激烈廝殺，全不具有如實描述情勢所必需的綜觀全局眼光或冷靜心態。」法蘭克將軍展現他一貫昧於現實的作風，建議一律予以「嚴懲」。[100]

對外，維也納試圖遮掩挫敗，八月下旬向諸中立國保證奧地利會贏。義大利不信；當地報童一再喊著「奧地利大敗」，群眾示威要求與奧匈帝國開打，部隊以整齊隊形走過奧地利大使館和領事館旁，用口哨吹著加里波底頌和馬賽進行曲。義大利人顯得愈來愈好戰。[101]對內，維也納在帝國境內諸城鎮張貼官方公告，說明戰敗原因：由於俄國介入這場戰爭，入侵塞爾維亞只是旨在「削弱、擊退」人數多上許多之塞爾維亞軍隊的一個「穿插的表演」和「痛擊」，而且奧地利那些措施成功收場，使奧地利得以「有條不紊地撤離塞爾維亞」。[102]在霍夫堡宮內，博爾佛拉斯把情勢看得很清楚。他提醒波提奧雷克，得在塞爾維亞境內打幾場勝仗，「以打造會使我們在巴爾幹的任務更易於完成的政治情勢」。「接下來呢？」博爾佛拉斯憂心如焚問道[103]

第七章　克拉希尼克

Krásnik

康拉德也發出同樣的疑問：「接下來呢？」他一直誇稱自己是英明果斷的將材，但在奧匈帝國的東戰線，他一開始的兵力調度就亂無章法到無以復加的程度。他與德國人沒什麼聯繫，他不喜歡德國人，但德國人更不喜歡他。他對一事無成的塞爾維亞戰役置之不理，而那場戰役仍在消耗捉襟見肘的寶貴資源。波提奧雷克仍抓著兩個弱集團軍不放——用來保衛奧匈帝國疆土綽綽有餘，但用來再次入侵塞爾維亞則兵力不足。就東戰線說，德、奧已在戰前談到從北、南兩線分別出擊（德國人從東普魯士，奧地利人從加利西亞），奪取從俄羅斯帝國本體往西突出的俄屬波蘭。他們甚至談到使波蘭、烏克蘭脫離俄國，將它們合組為一個由奧地利人治理、位於俄國與西方之間的緩衝國，為這場戰役畫下句點。[1]但說到入侵俄國，康拉德需要動用他的**全部**兵力，需要陳兵於俄國邊境。結果他把他已遭削弱的兵力部署在他戰區最東邊鐵道卸載點以西約一百六十公里處，希望藉此為擊敗塞爾維亞多爭取一些時間。

康拉德自相矛盾的戰略構想和不知打哪兒來「戰爭逢凶化吉」的自信，最終被現實打碎。德國人正把重心放在西戰線上，東戰線上連一場象徵性的挫敗都非他們所樂見，因此他們把他們小兵力的東線部隊扣住，防衛東普魯士，而非與奧地利人聯合攻入俄屬波蘭。[2]康拉德自己在塞爾維亞戰事上的優柔寡斷，使奧匈帝國在東戰線的兵力部署，八月二十八日時只有三十一個師，九月四日終於有第二集團軍第三個軍從沙巴茨開拔過來時（第四個軍還留在南戰線以安撫波提奧雷克），兵力增加為三十七個師。這些姍姍來遲的奧地利軍官裡，有一位向記者抱怨，塞爾維亞的戰事令他極不舒服：「我們接到的命令是殺光、毀光，很不人道。」他把奧地利高階將領稱作「土匪」。[3]他們也是拖拖拉拉的慢郎中，而德國人未掩飾他們對那些人的鄙視。奧匈帝國大使從柏林回報了其在德國政界、軍界所感受到，「對我們行動不夠積極與迅速，未能」在德國人正於法國與敵廝殺時，「將俄軍引離德國」的憤懣。[4]

鑑於柏林不滿奧國的表現，法蘭茨·約瑟夫的新任駐德大使戈特佛里德·馮·霍亨洛赫（Gottfried von Hohenlohe）親王，急忙力勸本國政府「立即攻打俄國，以表明這兩個帝國平均分攤這場戰爭的重任。」[5]結果，俄國人已在加利西亞動員四十五個步兵師和十八個騎兵師，還有正在華沙集合以會同入侵德國或奧匈帝國的俄國第九集團軍十一個步兵師。戰前，奧地利預測屆時，俄軍所部署的兵力只會有二十四個師，但眼前卻有超過五十個師陳兵於其與奧、德的邊界上，部署速度之快大出奧地利的預料。[6]

奧匈帝國要在戰場上打敗俄國，只有一個機會，就是趁俄羅斯人還未能全面動員之時迅速出擊；但康拉德已白白喪失那機會。這場戰役連第一槍都還沒發出，似乎就注定落敗，主要原因在於奧地利人彈藥已開始不足。他們把大部分彈藥工人徵召入伍，使得位於維也納、施泰爾（Steyr）、皮爾森（Pilsen）、布達佩斯的大兵工廠產量大大低於最高產量。到了九月中旬，它們每天只生產三百五十萬發步槍彈、九百枚炮彈，而且即使要把如此少量的子彈、炮彈運到前線部隊手裡，都碰到困難[7]。奧匈帝國駐慕尼黑公使九月八日發給貝希托爾德一份令人氣憤的電報，傳達了以下消息：德國人將把先前被斥為「過時的」、「只適合給中國軍隊使用」的兩百五十萬發步槍、機槍彈送交奧地利。[8]

奧軍部署在桑河、第聶斯特河邊，前方沒有足夠的防禦工事保護，且拖了這麼久遲遲未有行動，照理這時康拉德對進攻一事應該連想都不要想。運用位於普熱梅希爾的據點——自古即是戰略要衝，這時為數座現代堡壘所環繞，有「東方凡爾登」的綽號——康拉德本可以將氣勢嚇人的俄國大軍（三百萬俄軍對付兵力不到那一半的奧軍）阻擋於奧匈帝國邊境外。俄國六個集團軍（三、四、五、八、九、十一）正挺進五百公里長的戰線，以將奧匈帝國三個集團軍（一、三、四），還有倫貝格周邊赫爾曼·克費斯（Hermann Kövess）將軍轄下不斷在波動的兵力，都包圍住。克費斯部包含從塞爾維亞境內伯姆－埃莫利的第二集團軍零星且緩慢轉移過來的部隊。俄羅斯人已於一九一三年用五億美元的法國借款，改善進入這戰場的鐵公路，使在後勤上原居優勢的奧地利反居劣勢，使俄國從此能比奧地利運送更多部隊進入這個加利西亞邊界地區。[9]

康拉德秉持其一貫不服輸的精神，儘管沒有勝算且沒有德國人配合，仍選擇進攻。後來法蘭茨·約瑟夫說到康拉德時表示，「對於有著如此宏大計畫的參謀總長，我們找不到適合他一展身手的領域」，但一九一四年八月時，皇帝表現他的一貫作風，絲毫未阻止康拉德實現其計畫。[10]康拉德以未構築防禦工事的倫貝格為其右翼的依托，大膽假定他能用他的左翼兵力（他第一、第四集團軍的十八個師）往東北強力挺進，包圍、消滅集結於盧布林（Lublin）、海烏姆（Chelm）周邊的兩個俄國集團軍。如果康拉德擊潰這兩個集團軍，不必等毛奇打敗法國後履行承諾回師東線，他就可宣告在布格河邊得勝。

像康拉德這樣壞脾氣的人，很難抗拒如此美好前景的誘惑，但衡諸現實，他該抗拒住。即使擊敗盧布林周邊的兩個俄國集團軍，他們後面還有兩個作為預備隊的集團軍（第十一、第九），而康拉德不可能讓這兩個集團軍也稱臣，因為他缺乏後備兵力、運輸工具、彈藥。康拉德在戰前擬的作戰計畫，想定以超過三十個師的左翼兵力執行這一攻勢，迂迴、包圍俄國在波蘭、加利西亞動員的部隊。如今他左翼的兵力卻只有十八個師，根本不足以震懾俄羅斯人。至這時為止，俄國已以比預期更快的速度部署了五十二個師，且俄國師的戰力大於奧地利師：俄國師下轄的營、機槍數目比奧地利師多，平均來講戰力較強六至七成。俄國師在火炮上也擁有摧枯拉朽的優勢，野戰炮比奧地利師多一倍，重型火炮多兩倍。就火炮來說，俄國與德國相比，居於劣勢，與奧地利相比，卻

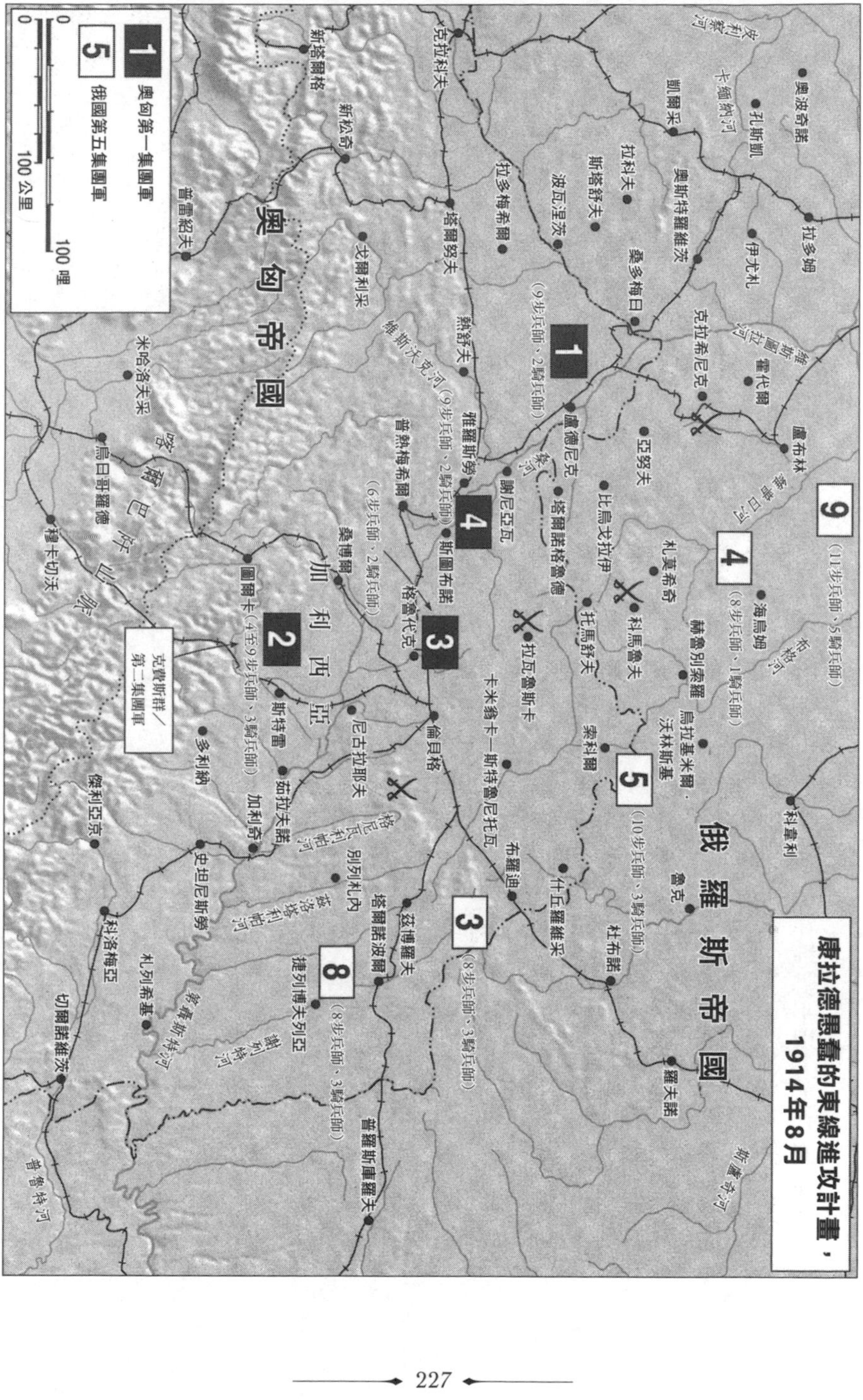
康拉德愚蠢的東線進攻計畫，
1914年8月
1 奧匈第一集團軍
5 俄國第五集團軍
0 100 公里
0 100 哩
奧匈帝國
俄羅斯帝國
加利西亞
喀爾巴阡山脈
克費斯群／第二集團軍
1 (9步兵師、2騎兵師)
4 (9步兵師、2騎兵師)
3 (6步兵師、2騎兵師)
2 (4至9步兵師、3騎兵師)
9 (11步兵師、5騎兵師)
4 (8步兵師、1騎兵師)
5 (10步兵師、3騎兵師)
3 (8步兵師、3騎兵師)
8 (8步兵師、3騎兵師)
克拉科夫
新塔爾格
新松奇
普雷紹夫
戈爾利采
塔爾努夫
熱舒夫
雅羅斯勞
普熱梅希爾
桑博爾
圖爾卡
斯特雷
多利納
加利奇
茹拉夫諾
尼古拉耶夫
倫貝格
格魯代克
斯圖布諾
米哈洛夫采
烏日哥羅德
穆卡切沃
傑利亞京
史坦尼斯勞
科洛梅亞
切爾諾維茨
札列希基
捷列博夫列亞
塔爾諾波爾
茲博羅夫
別列札內
布羅迪
卡米翁卡－斯特魯尼托瓦
拉瓦魯斯卡
托馬舒夫
科馬魯夫
札莫希奇
比烏戈拉伊
塔爾諾格魯德
謝尼亞瓦
盧德尼克
亞努夫
克拉希尼克
桑多梅日
奧斯特羅維茨
拉多梅希爾
波瓦涅茨
斯塔舒夫
拉科夫
凱爾采
奧波奇諾
孔斯凱
拉多姆
伊光札
諾沃亞歷山德里亞
維斯圖拉河
盧布林
霍爾姆
海烏姆
赫魯別索羅
烏拉基米爾－沃林斯基
索科爾
什丘羅維采
杜布諾
羅夫諾
盧克
科韋利
布格河
桑河
維斯沃克河
德涅斯特河
格尼拉利帕河
茲洛塔利帕河
塞列特河
普魯特河
斯盧奇河
普羅斯庫羅夫
皮利察河
卡緬納河

遠遠占上風。[11]

康拉德諸師這時得**行走**約一百六十公里才能抵達他們的進攻點，由此觀之，康拉德的冒進更顯魯莽。康拉德想必知道，光是行軍就會毀掉他以平民為主的軍隊。康拉德的青年時代回憶錄講述了他惟一的打仗經驗（一八七八年在波士尼亞），談到當時夏季酷熱帶給士兵何等「說不出口的痛苦」，造成集體掉隊、乃至自殺。[12]康拉德若照原來的部署計畫行事，他的部隊會坐火車橫越這酷熱的一百六十公里路，結果，他的部隊是在炙人的烈日下，靠雙腳吃力開赴前線，一路吃輜重隊、騎兵、火炮揚起的塵土。隨行的牲畜（將陸續宰殺供奧地利每個軍食用的七十頭牛、兩百頭豬、三百隻綿羊），一路叫，一路大便，令士兵更為痛苦。

「酷熱」中行軍的往事，令來自蒂羅爾的皇家步兵團一員奧托·拉塞茨（Otto Laserz）永生難忘；部隊在維也納上火車，開到名叫盧比恩·維爾基（Lubien Welki）的小村子時被叫下車，改用走的到一百四十幾公里外的倫貝格。這一趟艱苦行軍走了三天，如果搭火車，只需兩個小時。走到第二天時，每個人都因蝨子、口渴而痛苦不堪。他們在第一個小時就把水壺裡的水喝光，然後每隔好幾公里才會碰到水井，而一到水井，士兵會按階級高低排隊，等著喝溫熱、微鹹且必然導致痢疾的水。這些皇家山地步兵團——來自維也納、施蒂里亞、蒂羅爾這三個徵兵區的奧地利地方防衛軍部隊——也不解為何要他們帶著繩索、帶鐵釘的鞋底、冰斧，以及釘有平頭釘的靴子，在地勢平坦的加利西亞作戰。

比起一般的軍靴，這種靴子走在加利西亞的沙地上陷得較深。官僚作風在奧地利根深蒂固，因此，若沒有照文書作業申辯理由，沒有人敢，就連拉塞茨的團長都不敢不帶這些不適用的東西，而因循苟且的官員當然未想到去做這種文書作業。於是，士氣渙散，「腳扎痛，背和肩發疼。」拉塞茨的一名部下，行軍第一天就落隊落得很嚴重，下午才重見人影；拉塞茨指出，「他把所有東西，山區裝備，乃至背包和乾糧袋，全丟了，這時終於露出笑容。夏天在加利西亞一天行軍五十公里，就是這個情景。」[13]

康拉德要他口渴、步履蹣跚的部隊往北穿過平坦的加利西亞時，也未費心穩固他的右側翼。在加利西亞，一望無際、空蕩蕩的平原上，點綴著遍地塵土的村子，村中有陡斜屋頂草屋和三圓頂式教堂；有位好奇的奧地利騎兵在日記裡寫道，「我們對奧地利這個省一無所知，只知道它產油、鹽、髒、蝨和許多猶太人。」[14]不管是八月十五日進入俄羅斯境內偵察敵情的奧匈帝國騎兵，還是奧匈君主國的飛機，都完全未注意到在普羅斯庫羅夫（Proskurov）和塔爾諾波爾（Tarnopol）集結和從東邊逼來的俄國第三、第八這兩個集團軍。奧匈帝國初建的陸軍航空兵團，已在八月時被自己人打得幾乎全部停飛，因為興奮的農民兵一看到飛機從頭頂上飛過，就朝它們開火，也不管它們是不是本國的飛機。[15]最初，軍方向不分青紅皂白亂開槍的奧地利部隊說明了奧、德、俄飛機標誌、形狀的差異，要他們只能向俄國飛機開火，不久後乾脆要他們看到飛機都不准開火。[16]

飛機這項新武器能長程偵察（往返三百二十公里），精確且及時的掌握敵軍動態，

FIGURE 7.1 ——進入加利西亞某村的奧地利部隊

一九一四年八月進入加利西亞某村的奧地利部隊。有位奧地利步兵寫道，「我們對奧地利這個省一無所知，只知道它產油、鹽、髒、蝨和許多猶太人。」照片來源：Heeresgeschichtliches Museum, Wien

理論上應能縮短部署時間，加快戰鬥的開打，但在這裡，一如在塞爾維亞，效用不大。可憐的奧地利人只有五架位在倫貝格的飛機；其中三架不能飛，能飛的兩架，有一架於八月十二日在俄國境內墜毀。[17]出問題總愛放馬後炮的康拉德，把錯怪在別人頭上：「我建議為陸軍配備一千兩百架飛機時，有人說我是傻子；現在他們知道我是對的了。」[18]身為參謀總長，他本有權力堅持建造飛機，但他沒有堅持。於是，他的南、北兩方面軍仍照著舊式土方法在蠻幹。

事實表明，絕對落伍的奧匈帝國騎兵與哥薩克人打邊界小規模戰鬥時，只有任人宰割的份，全線潰退，死傷慘重，抱怨身上的裝備、盔甲笨重累贅。奧芬貝格得知他的第六騎兵師在托馬舒夫（Tomasow）周邊潰敗之後寫道，「什麼都缺」。[19]許多奧地利騎兵選用閱兵用的重馬鞍，把他們未習慣這種馬鞍的座騎擦傷弄痛，因而被馬從馬背上摔下來。數千騎兵因此跛著腳徒步走回基地，後面牽著他們因疼痛而退縮不前的馬。那些得以順利前進的騎兵，搜索過四百公里寬的前線，深入俄境一百六十公里，卻遭遇出其不意的猛烈齊射火力。有位俄國中尉憶道，戰爭初期，他那些發狂的鄉巴佬士兵會「每個都朝一奧地利騎兵發射二十發子彈」，使整個部隊在下一次補給到達之前形同失去武裝。[20]

龐大的奧地利騎兵屏護部隊不知為何完全未碰到俄軍主力，康拉德因此相信「沒有欲從東邊不利於其右側翼的大規模兵力移動跡象」。[21]在個人回憶錄中，俄國第八集團軍的阿列克謝·布魯西洛夫（Aleksei Brusilov）將軍，驚訝於他在塔爾諾波爾附近邊境遇到的奧軍部隊之「少」，驚訝於他所遇到的那些奧軍投降之乾脆和供出情報之迅速。原來，奧地利人深信俄羅斯人正在慢條斯理動員，而非進攻。[22]奧地利將領赫爾曼．科費斯的兵力群（在第二集團軍的餘部從塞爾維亞來到之前，屏護西利西亞東部的兩個軍），早在八月二十三日就示警道，整個俄國第八集團軍在普羅斯庫羅夫周邊集結，要跨過邊境。奧地利軍方慎重其事派了架飛機去察。有位憂心忡忡地參謀官在那天寫道，「今天下午會派一架飛機去偵察；軍官絕對要告誡士兵勿把它打下來。」[23]情勢比上述警告還要糟糕：俄國兩個集團軍（第八和第三）正從東邊合攏。他們一直利用涼夜行軍，炎熱的白日則躲在樹林裡，藉此避開空中偵察。[24]

這時康拉德心情較好；吉娜請人送來一個紀念品盒，內有一幅迷你的老毛奇（一八六六年擊潰奧軍的普魯士將領）肖像。這位奧地利參謀總長把它掛在脖子上，希望如老毛奇般大敗敵人。[25]但他絕不是毛奇之流的將材，由他愚蠢的用兵決定——用如此薄弱的兵力攻入很容易被敵人從兩側包圍吃掉的遼闊地方——可見一斑。從先前的「往後移動」和這時得用行軍才能抵達本可以坐火車更早、更容易抵達的前沿陣地來看，這一決定更令人困惑不解。康拉德後來辯稱，要保住加利西亞的油井、鐵公路和該地區首府倫貝格，要乘其不備奇襲俄羅斯人，要先發制人以打消他們對加利西亞其他地方、喀爾巴阡山脈、匈牙利所必然發動的壓倒性攻擊，這一北攻行動是惟一辦法。八月二十日，奧芬貝格將軍來到普熱梅希爾見康拉德、佛里德里希大公和新皇儲卡爾大公。奧芬貝格以

FIGURE 7.2 ——搜尋俄羅斯人的奧地利騎兵

戰前奧地利人把過多心血投注在騎兵上，一九一四年八月時這些長槍騎兵，一如其他奧地利騎兵，雖然搜索過四百公里寬的前線且深入俄境一百六十公里，卻未能找出俄軍的位置。飛機是更有效的偵察工具。

照片來源：Heeresgeschichtliches Museum, Wien

為會討論仗怎麼打，結果發現康拉德和佛里茨爾繃著臉坐著，一語不發。波提奧雷克原宣告已在塞爾維亞取得大捷作為八月十八日皇上誕辰的賀禮，這時卻說他敗了。

康拉德和佛里茨爾都抱怨德國人不守信用，抱怨毛奇太頑固，堅持把重點放在西戰線，儘管佛里茨爾的抗議讓奧芬貝格覺得可笑：「即使是最厲害的指揮官，都無法同時追捕兩隻兔子。」德國人得先解決英、法，才能回頭對付東邊的俄國。康拉德「對於他自己的作戰構想沒什麼可說的，對於敵人

FIGURE 7.3
莫里茨·馮·奧芬貝格將軍
莫里茨·馮·奧芬貝格將軍是法蘭茨·斐迪南的親信，一九一一至一九一二年當過陸軍部長。一九一四年接掌哈布斯堡第四集團軍後，未掩飾他內心的不安。準備入侵俄國時奧芬貝格寫道，「我們情況不好。這場戰爭事前準備不良，開始也沒做好。」
照片來源：National Archives

沒什麼可說的。」佛里茨爾臉上「憂心忡忡」。只有皇儲開心，因為沒人想要向他說明情勢。奧芬貝格還見了總司令部的德國軍事代表團——胡戈·佛雷塔格－洛林霍芬（Hugo Freytag-Loringhoven）將軍和卡爾·馮·卡格內克（Karl von Kageneck）上校——發現他們心情不好。這兩個德國人已對康拉德的拖拖拉拉失去耐心。回到位於雅羅斯勞附近的集團軍司令部後，奧芬貝格表示他很沮喪。他在日記裡寫道：「我們的狀況不好。這場戰爭事前準備不良，開始也沒做好。地形不利於我們，全世界也和我們作對。就連日本如今都已向德國宣戰！」[26]

德國人仍想藉由拿下塞納河邊的勝利，打贏布格河邊的戰爭，因此康拉德真正能走的路，就只有等待。奧匈帝國在戰爭初期享有的優勢，已被他一點一滴流失掉。康拉德未調四十個師急赴俄國邊界，反倒要不少的兵力繞道到塞爾維亞再轉赴東戰線，而且要真的抵達加利西亞的三十個師在離邊境還很遠處下火車，然後把八月最後一個星期和九月頭五天花在把第二集團軍的最後幾個師運來第聶斯特河邊的史坦尼斯勞（Stanislau）上面。而這時，俄羅斯人已動員兩百七十萬兵力：九十六個步兵師和三十七個騎兵師。由於兵力如此龐大（且德國人仍把重心放在西戰線），俄國總司令部能擺出將小小的奧地利北方面軍完全包圍的威脅姿態。俄羅斯人在北邊盧林布和海烏姆周邊部署了兩個集團軍（第四和第五），在南邊杜布諾（Dubno）周邊擺了另位兩個集團軍（第三和第八），使康拉德兩側翼都受到威脅。只要攻向維斯圖拉河（Vistula）和倫貝格南邊，俄軍就能把奧軍包圍在桑河與喀爾巴阡山脈之間的盆地裡。27

俄軍實際的推進情況與康拉德日益錯亂的構想相牴觸，於是康拉德又浪費了寶貴的數日思索該怎麼辦。吉娜封他為毛奇再世，因此他得表現出毛奇的樣子。八月二十二日晚上，康拉德終於向麾下諸將發令。他命令位於雅羅斯勞的莫里茨・馮・奧芬貝格將軍的第四集團軍與位於其左邊的維克托・丹克的第一集團軍向東北進發，丹克進向盧布林，奧芬貝格進向海烏姆。魯道夫・布魯德曼將軍的第三集團軍和已從塞爾維亞抵達的第二集團軍部分兵力，則要從倫貝格往東攻向布羅迪（Brody）。晚上八點看過康拉德的命令後，奧芬貝格驚訝於那些命令「有非常詳細的行軍表，卻隻字未提整體計畫，未提我們該怎麼**做**。」命令裡完全沒有指導思想。[28]這就是康拉德的作風，不事先計畫，但視情況隨機應變，如果成功就在事後把事實塑造為明確的計畫，如果失敗則把它們撇得一乾二淨。

康拉德的整個計畫，從一開始就有問題。要攻向盧布林和海烏姆以切斷俄國通往華沙、布列斯特－立陶夫斯克（Brest-Litovsk）的鐵路，從南邊、東邊威脅維斯圖拉河邊諸要塞，只有在德國人從北邊、西邊威脅它們的情況下，才行得通。德國人未做出這樣的威脅。他們已在八月二十日敗於貢賓嫩（Gumbinnen），正在東普魯士重整其軍隊。這意味著康拉德的鉗子，最順利的話，只會抓到空氣，最糟糕的話，則反會遭俄國的鉗子痛擊，擋住其退路，使其無法井然有序退到桑河邊（桑河是克拉科夫和往北、往南進入德國、奧匈帝國之道路的屏障）。

康拉德的一九一四年三月計畫，預想由丹克第一集團軍的九個師進攻與奧芬貝格第四集團軍的九個師交戰的俄軍側翼，並以伯姆－埃莫利的的第二集團軍為預備隊。但由於第二集團軍的兵力以分批零星的方式從塞爾維亞移入，康拉德於是將其報到的對象，由丹克部、奧芬貝格部，改為這時正與俄國第三、第八集團軍相對峙的布魯德曼第三集團軍。事實上，俄國兵力集結愈來愈大，第三集團軍必須增援奧軍右翼，但由於康拉德讓這支部隊先到塞爾維亞過水，它來時已經太遲，對該地的戰局也沒有助益。一如在塞爾維亞所見，這意味著奧軍的兵力在每個地方都會太弱，在任何地方都打不出決定性的勝仗。丹克的日記證實此點：他寫道，「我們後面」「空空蕩蕩」——只存在一可能性，即德國一個軍往南推進到塔爾努夫（Tarnow）或克拉科夫，以將德奧兩軍連在一塊的可能性。除此之外沒有預備隊可用於乘勝追擊或解救失敗的進攻。

加利西亞境內三個半的哈布斯堡集團軍，就是奧匈帝國用以對付俄羅斯蒸汽壓路機的所有兵力。這樣的兵力不足以令敵人生畏，奧芬貝格不得不在開赴邊境的征途中發函麾下諸將，「儘管俄軍火炮比我們多上許多，我深信我們炮兵向來的優秀表現會抵銷那一優勢。」他肯定是在開玩笑。俄軍的重炮和高爆炸藥會把奧地利「向來的優秀表現」一下子打倒在地。奧芬貝格憶道，透過經嚴密審查的奧地利報紙，比透過康拉德本人，更清楚了解丹克部、布魯德曼部的動向。康拉德擬定計畫時，從未向他的將領透露計畫內容。奧芬貝格把這稱作康拉德的「秘密系統」，後來這位參謀總長則用它改寫一九一四年歷史，把自己塑造成受無能下屬拖累者。[29]康拉德事後聲稱他的三個集團軍乃是一個環環相扣的大體系的一環，這個大體系的最佳防禦之道就是進攻（以加利西亞第三集團軍為誘餌引俄軍來犯，第一、第四集團軍則南進攻擊該俄軍），但那是厚顏無恥的虛構之詞，以為哈布斯堡的野戰集團軍能在俄軍部署愈來愈密的五百公里戰線沿線自由移動，想法太偏離現實。

一九一四年初期康拉德就已在維也納的某場將領會議上推演過這樣的兵力調度，如今他還這麼幹，就更令人震驚。此刻領兵作戰的諸集團軍司令官都參與了那場會議，推演過程中有個集團軍在普熱梅希爾穩住側翼和後部，三個集團軍往東攻以包圍俄軍。那時東戰線的兵力比現今多了一個集團軍，且那場兵棋推演雖有四個集團軍投入，康拉德仍指出令人憂心的障礙：爛泥道路、多雨的波羅的海氣候、位於華沙和伊凡哥羅德（Ivangorod，波蘭語登布林／Deblin）的俄軍防禦工事。這些防禦工事將使奧軍無法施展，需要德國大軍增援才能將其攻破（而這樣的增援大概可望而不可得）。30

儘管犯了上述種種差錯，康拉德至少統籌奧匈帝國全國人力、物力的戰爭動員。俄國的戰爭動員則因為諸多權力中心的意見不一而未有定案，在如何打這場戰爭上，這些權力中心都還未打定主意。兵力部署問題令俄國大為頭痛。一八一五年起成為俄羅斯帝國一省的波蘭是個突出部，北鄰德國東普魯士，西接德國西里西亞，南鄰奧地利加利西亞，乃是從俄羅斯嘴巴伸出的「波蘭舌」。如何保衛這個突出部，該向哪個方向進攻去助西方的俄國盟邦一臂之力，成為被沙皇底下諸將領踢來踢去的政治皮球。

沙皇尼古拉二世於一九一四年任命他五十八歲的堂叔尼古拉大公（Grand Duke Nikolai）為俄軍總司令，但這位大公的總司令部並未擁有實權。真正掌有兵權者是佛拉基米爾·蘇霍姆利諾夫（Vladimir Sukhomlinov）。蘇霍姆利諾夫自一九〇九年起擔任陸軍部長，已是公認的軍中拉斯普廷（譯按：Rasputin，因醫治了王子的病而成為沙皇尼古拉二世和皇后寵臣進而干預朝政的西伯利亞農民），生性愛出風頭，且巧妙利用皇后的偏見打進高層成為沙皇心腹。他的治軍作為，主要是為了壯大個人權力，而非為了軍隊的長遠發展，在一九一四年前的七年裡如走馬燈般換掉多位俄國參謀總長，前後換掉的總長人數比德國過去百年裡所換掉的還多出許多倍。[31]蘇霍姆利諾夫大搞這種藉權牟私的事，無暇顧及建軍備戰的正務，儘管貪污情事屢遭披露，仍得到沙皇與皇后保護，因為蘇霍姆利諾夫對羅曼諾夫王朝（和拉斯普廷）忠貞不二，因為這位將領追隨時代風潮鄙視俄羅斯國會。

這在一九一四年所帶來的影響，乃是即使將軍隊部署到邊境，俄軍仍無法敲定一協調一致的計畫，仍無法在南、北兩兵力群之間轉移預備隊。雅科夫·季林斯基（Yakov Zhilinsky）將軍統率的西北方面軍和尼古拉·伊凡諾夫（Nikolai Ivanov）將軍統率的西南方面軍，都自視為固定不動的建制，不能視外在情勢而變動，也不能縮減。兩方面軍的司令官（和提攜他們兩人的蘇霍姆利諾夫）的威信，與兵力的大小和其兵力所享的優先權習習相關。德國與奧匈帝國的總司令部能將軍級部隊在不同前線之間調動，以因應實際戰況的變動，俄國總司令部做不到。即使尼古拉大公想將某集團軍的資源調到另一個集團軍，也得徵求蘇霍姆利諾夫的同意，只要這一調動令他在野戰集團軍裡的哪個門生不悅，他即會予以否決或修正。尼古拉大公的主要助手，尼古拉·雅努什凱維奇（Nikolai Yanushkevich）和尤里·達尼洛夫（Yuri Danilov）兩位將軍，都是蘇霍姆利諾夫（不顧這位大公的反對）親自挑選派任，因此向蘇霍姆利諾夫徵詢意見之事根本不會發生。大公會請求調動，雅努什凱維奇會表示後勤上根本辦不到。

康拉德竭力欲結束塞爾維亞境內戰事並攻入俄國時，俄羅斯人正忙著敲定該怎麼因

FIGURE 7.4 ——大公、蘇霍姆利諾夫、沙皇

尼古拉大公（左）、蘇霍姆利諾夫將軍（中）、沙皇尼古拉二世（右），
攝於戰前不久的俄國軍事演習現場。尼克拉將出任參謀總長，
但蘇霍姆利諾夫得到沙皇寵信，實際掌握兵權。蘇霍姆利諾夫和拉斯普廷一樣
狡猾、貪腐，未成為尼古拉大公總司令部的助力，反倒紊亂指揮體系。
照片來源：National Archives

應戰局。尼古拉大公的新總司令部位於西北、西南兩方面軍的中途，白俄羅斯巴拉諾維奇（Baranovichi）鎮上某條鐵路側線上的一個車廂裡，比起位於華沙和基輔，設立已久且固定於一地的俄軍司令部，寒傖許多。位於華沙的司令部專門對付德國威脅（俄國戰前擬定的G計畫），位於基輔者則對付奧匈帝國（A計畫）。華沙、基輔兩司令部都是蘇霍姆利諾夫所扶立，也就是說它們都不大需要俄軍總司令部的協助，且兩司令部無意於彼此的合作。華沙的將領知道他們得把既有的槍炮和刺刀全用來對付德國人；基輔的將領想先打敗奧匈帝國，原因之一是擔心波蘭若遭成功入侵，可能不保。幾位沙皇壓制波蘭語言、教會、貴族已五十多年，如果奧地利人或德國人在俄屬波蘭取得立足點，波蘭人可能把他們當解放者來歡迎。英法催俄軍總司令部加重對德國的軍事施壓，以消除西戰線的壓力。處於這樣的情勢下，照理尼古拉大公該解決上述爭辯，但他沒有。當沙皇任命他為總司令時，這位大公反倒悲痛自己的無能，眼淚奪眶而出。沙皇既不喜歡他，也不信任他，軍事上較聽信蘇霍姆利諾夫的意見。[32]

俄國的戰前計畫主張把重點放在奧匈帝國，對德國嚴採守勢，但法國請俄國在東邊佯攻以牽制德軍，要求緊急修正G計畫並準備進攻。佯攻行動將由坐鎮比亞韋斯托克（Bialystok）司令部，統率西北方面軍的季林斯基將軍領軍。他也是蘇霍姆利諾夫的人，戰前任華沙軍事行政長官，且曾（在一九一一年擔任俄國參謀總長期間）承諾部署八十萬兵力，以解除法國所受壓力。[33]一九一四年八月德國二十五個軍大舉攻入法國，沙皇同意派倫嫩坎夫（Rennenkampf）的第一集團軍和森索諾夫（Samsonov）的第二集團軍進入遍布湖泊與森林的馬祖里（Masuria）地區牽制德軍。被委以這項牽制任務的季林斯基，此刻不可能領會該與友軍合作對抗奧地利人的道理，或該與友軍共享隨著俄國的動員而在西北、西南兩戰線後方積聚的後備兵力的道理。俄軍總司令部要季林斯基的兩個集團軍挺進東普魯士的命令下得太突然，因而他們於八月十七日出征時，總兵力不到四十萬，而非季林斯基先前所承諾的八十萬。但他們的兵力仍比東線德軍多一倍，因而俄國仍頗樂觀。

這時俄國派了三十四個步兵師前往東普魯士，四十七個步兵師開赴加利西亞。[34]西南方面軍司令部所在的羅夫諾（Rovno），被英國武官說成「一個典型的俄羅斯邊境城鎮，骯髒，到處塵土，街上充斥目瞪口呆盯著外地人看的猶太人。」尼古拉・伊凡諾夫坐鎮此司令部，參謀長是米哈伊爾・阿列克謝夫（Mikhail Alekseev）。[35]伊凡諾夫掌管四個集團軍，安東・薩爾札（Anton Salza）將軍的第四集團軍和帕維爾・普列韋（Pavel Plehve）將軍的第五集團軍，從盧布林、烏海姆往西南部署，尼古拉・魯斯基（Nikolai Ruzski）將軍的第三集團軍和阿列克謝・布魯西洛夫的第八集團軍，從塔爾諾波爾往西部署，魯斯基部駐紮於塔爾諾波爾鎮北邊的杜布諾、布羅迪周邊，布魯西洛夫部駐紮於此鎮南邊。在伊凡諾夫部與加利西亞首府倫貝格之間，只有第聶斯特河的兩條小支流，茲洛塔利帕河（Zlota Lipa）和格尼瓦利帕河（Gnila Lipa）。[36]與伊凡諾夫（前線指揮官）未生口角時，阿列克謝夫（前線參謀長）主張從右邊出擊，切斷奧軍往克拉科夫撤退的路線。其他人主張從左邊進行側翼包抄，也就是從南邊繞到奧軍後面，把奧軍困在倫貝格與喀爾巴阡山脈之間的口袋裡。

俄軍總司令部的達尼洛夫將軍力推這兩個計畫，主張俄軍的優勢兵力使其得以從康拉德北方面軍的兩側翼進行雙重包圍。第四、第五集團軍將包抄康拉德左側翼，第三、第八集團軍則包抄其右側翼。打過日俄戰爭，脾氣壞但能征善戰的伊凡諾夫認為，說不定一戰就能全殲奧匈帝國軍隊。康拉德在東戰線只部署了三十六個師，兵力只及當面俄軍一半，而隨著俄國從內地調來更多師，敵眾我寡的情勢還會更惡化。[37]如果可以作主，阿列克謝夫大概會要左翼的兩個集團軍（第三、第八）往前推，以掌控桑河一線並把奧軍困在加利西亞，使右翼的兩個集團軍（第四、第五）得以將奧軍團團包圍。但由於戰爭頭一個月法國蒙受二十五萬人死傷，俄軍總司令部決定由右翼的兩個集團軍打頭陣，這兩個集團軍較靠近德屬西利西亞，較可能引來柏林注意。[38]

一場大遭遇戰儼然即將爆發，因為雙方都深信已準備好一擊就將對方擊倒（在布格河邊將康拉德擊倒，在桑河邊將伊凡諾夫擊倒）。伊凡諾夫這時已從奧軍行軍路線沿線的多嘴村民口中了解當面奧軍兵力的薄弱，認為包圍康拉德的北方面軍指日可待。薩爾札第四集團軍的十五個師和普列韋第五集團軍的十八個師，要西進切斷康拉德與克拉科夫的聯繫，薩爾札部進攻熱舒夫（Rzeszow），普列韋部進攻拉瓦魯斯卡。魯斯基第三集團軍的十八個師要攻入倫貝格，布魯西洛夫第八集團軍的十五個師則要在倫貝格南邊渡過第聶斯特河，以從側翼包抄想守住該城的奧匈帝國軍。普列韋的集團軍在這一大調動後面居中策應，視情況協助包圍倫貝格，或協助往克拉科夫的攻勢。[39]英國武官憶起快開打時伊凡諾夫司令部裡的興奮氣氛，還有俄軍一名有妻有五個孩子的炮手流露的悲觀。有人拍那炮手的背，告訴他不久就可回家與家人團聚時，炮手不以為然的說：「有人說通往戰爭的路很寬，回家的路很窄。」

俄國的第四、第五集團軍循著寬闊大馬路南進，直指奧匈帝國北進的第一、第四集團軍。俄國的第三、第八集團軍被加利西亞南部的不良道路、注入第聶斯特河的一連串南北向河川、魯斯基與其參謀間的爭執拖慢速度，致使奧地利得以暫時免遭俄羅斯蒸汽壓路機的蹂躪。補給和交通系統仍是俄軍的罩門。俄國的摩托化程度比奧地利還低，一個十五萬人的集團軍只有十輛汽車、四輛摩托車，整個數百萬人的大軍只有不到七百輛交通工具。[40]俄國的補給部門糟到令人憤慨，每次都因怠惰、腐敗壞事。英國武官九月中旬參觀過俄國後勤指揮部華沙總部後，報告了他的所見所聞：「整個地方髒得無法形容；每個人都在等……似乎都甘於等。」似乎沒有真正稱得上補給體系的東西；可供使用的馬是「可怕的稻草人」；犯人、逃兵、療養的傷兵四處遊蕩沒人管。[41]

俄國人不急於將零散分布於邊陲地區的兵力統合成駭人武力，使奧地利當下在波蘭突出部得以有五五波的勝算。三十五萬奧軍部署於該地，對抗同樣兵力的俄軍。康拉德預期可能得勝，甚至針對即將征服的華沙任命了一位軍事行政長官。[42]

頭幾場大仗之前爆發長達一星期的小衝突，曝露了奧、俄兩軍在戰術上的重大差異。俄國人對火力有應有的看重；奧地利人不然。八月十五日為爭奪俄屬波蘭境內的貝烏熱茨（Belzec）而爆發小衝突時，作為第四集團軍先頭部隊的一個奧地利騎兵師率先與敵廝殺。該騎兵師請求維也納第四條頓騎士團首領步兵團（位於附近的一營來援，該營果然現身，但領軍者不是個少校或上尉，而是團長路德維希·霍爾茨豪森（Ludwig Holzhausen）上校和其所有參謀。軍人總喜歡說，「男人打第一仗的滋味，就像男孩的初吻」，那是軍人衝上前接受火的洗禮時，令他們著迷的神秘滋味。

這時，俄國人（哥薩克人和某些步兵）已小心翼翼下馬，藏身於房子裡、樹林裡、牆後；他們不敢置信地看著霍爾茨豪森慢悠悠走到奧地利小規模戰鬥隊形的前面，抽出馬刀，率全營士兵往前。對於這位上校必不可免地喪命，奧地利官方報告提到他「極勇敢、不怕死的態度」，「激勵士兵，驅使他們往前。」驅使士兵往前者，究竟是霍爾茨豪森的姿態，還是把這一營的側翼士兵一個個撂倒的哥薩克人子彈，難以確知，但在為時九十分鐘的交火中，霍爾茨豪森立即喪命。「一顆子彈打斷他的頸動脈；幾秒後他就一命嗚呼」，該團某營長指出。該團三十八人跟著他一起喪命，五十一人受傷，在一場小規模戰鬥裡死傷率達一成二。[43]這種有勇無謀的男子氣概，將使一支支奧地利部隊在接下來的戰鬥中失去指揮官。那麼多書面資料暢談現代火力的殺傷力，卻還出現這種蠻勇行徑，著實令人不解。

奧地利數個集團軍往四面大範圍開展，其左翼的第六騎兵師於八月二十二日進入札莫希奇（Zamosc），赫然發現該地有強大俄軍。奧地利第三騎兵師在克拉希尼克遭擊退，但不久即注意到有數股龐大的俄軍縱隊從拉多姆（Radom）、伊凡哥羅德（登布林）過來，換句話說指向奧地利第一、第四集團軍後方。[44]一架孤零零的奧地利飛機，八月二十二日從桑河河口起飛，注意到至少有俄國五個軍從海烏姆、盧布林往東南急行。東南！這意味著俄羅斯人要集中全力對付位於倫貝格的布魯德曼部，從而使他們的側翼門戶洞開，為奧地利丹克部、奧芬貝格部的「北攻」提供機會。

粗心的康拉德忽視當面敵軍後面的俄羅斯後備集團軍，下令發動「北攻」。丹克同意「北攻」的確讓奧地利有機會——至少從紙上談兵的角度有機會——「從左側擊潰敵人，把俄羅斯人趕走到東邊。」[45]但這整個行動計畫似乎太牽強。在龐大的當面俄軍後面肯定還有龐大的後備兵力，而且康拉德不清楚俄軍究竟在第聶斯特河與布格河之間廣大地區的何處。八月二十三日，他只告訴他轄下諸集團軍下面這點：「我們估計俄國在布格河與維斯圖拉河間部署了八到十個師，其中無一個師在九月一日前可執行作戰任務。」[46]事實上，在那個地區至少有三十四個師，而且那些全可執行作戰任務。但沒什麼能讓康拉德收手；誠如奧地利參謀史所指出的，「希冀是意念之父」，而康拉德希冀打出克敵制勝的重大一擊。他不顧後果一心想幹，因而甚至命令第三集團軍，亦即僅存保衛倫貝格與北方面軍右側翼的兵力，準備開拔往北，加入這場「總攻擊」。由於布魯德曼部奉命參與「北攻」，科費斯部得渡過第聶斯特河，在倫貝格與普熱梅希拉尼（Przemyslany）村之間地區做守勢部署，並在那裡等正慢慢移入史坦尼斯勞的伯姆－埃莫利第二集團軍的餘部到來。[47]

情況已開始不妙。就在第三集團軍開始往北移時，普熱梅希爾康拉德總司令部收到東邊有數大股俄軍的驚人消息：從茲巴拉日（Zbaraz）、布羅迪、塔爾諾波爾圍上來的步兵大軍，以及位於胡夏廷（Husiatyn）的騎兵、步兵部隊。配屬采爾諾維茨軍醫院的奧地利軍官卡斯伯・布隆德（Kasper Blond），描述了被俄國大軍包圍的感覺：「我們的軍隊已離開；如今出現老百姓逃難人潮，男女老少，有的徒步，有的坐四輪馬拉貨車，全都往南邊逃，或想往南邊逃。老百姓花離譜的高價買獸拉大車，雙手拿著一些家當四處亂轉。女孩和婦女穿著睡衣行走；偶爾有輛塞滿人和家具的敞篷四輪馬車，從行走的人潮中穿出。」猶太人擠進這家醫院，以躲過已洗劫他們店鋪的暴民傷害。[48]

康拉德拚命想從側翼包抄俄軍，卻使自己側翼門戶洞開。但他不死心，八月二十二日再下令「總攻擊」。他把他能再抽調的兵力都抽出來投入這一行動，下令第二集團軍的第三軍（倫貝格以東的幾個部隊之一）守住該城，擊退從東邊來犯的任何俄軍，但要時時準備好開拔，加入「北攻」。保衛倫貝格的兵力，只剩第十二軍、第十一師和已被八月中旬以來的種種作戰任務損耗到幾乎算不上是戰鬥部隊的三個騎兵師。「我得提醒你，第一騎兵師自戰爭開打以來作戰不斷，騎兵人數已從三千八百人減為只有兩千人」，阿爾圖爾・佩特阿尼（Arthur Petcani）將軍報告道。「我們亟需休息」。[49]從巴爾幹半島過來的部隊，要在史坦尼斯勞渡過第聶斯特河，朝北部署。

「北攻」部署就緒準備發動時，康拉德突然潑了一大盆冷水，下令部隊八月二十二日休息。部隊裡有太多後備軍人，士兵疲累，行動緩慢。丹克仍然樂觀，在八月二十三日的日記裡寫道，「俄羅斯人構成威脅，但是個小威脅。」他無知於俄國的真正實力，因而虛妄地認為「除了屈服於我們的優勢武力，他們別無選擇」。丹克有些許不安，但不是太憂心。集團軍開拔，以與薩爾札部對決時，他覺得勝券在握：「很可惜塞爾維亞的戰事不像這裡這麼順利」。[50]

塞爾維亞的戰事當然已打了兩個星期，奧軍總司令部把從中學到的一些初期教訓，憂心忡忡傳達給北方面軍諸將領。其中之一是「絕勿以沒必要的行動削弱部隊的士氣和衝勁」。北方面軍的整個部署，展開於倫貝格以西約一百六十公里處，無疑就是個沒必要的行動，但還有更糟糕的。「軍官絕勿發動正面強攻，得了解地形，得了解敵情，得繞過敵人側翼，絕勿攻入未受壓制的敵人槍炮火力中。」[51]但剛剛吃力穿過塔內夫河（Tanew River）上游的森林、沙地、濕地，在納雷夫－泰雷斯波爾（Narew-Tereszpol）一線休整的奧芬貝格集團軍，還是準備往未遭壓制的敵人槍炮火力網裡衝鋒。有位軍官憶道，通往戰鬥之路，本身就是場戰鬥，得戰勝及腰深的濕地、使人深陷到膝蓋處的鬆軟沙質路徑，然後是滿地塵土的道路、炙人的高溫、渾濁的水、沒東西吃或沒水喝（因為補給車比人更難以通過這樣的地形）。[52]

八月二十三日，丹克的第一集團軍與安東・薩爾札的俄國第四集團軍於桑河東邊的克拉希尼克相遇時，也手忙腳亂投入戰鬥。伊凡諾夫命薩爾札前進到桑河一線，守住從該河河口到雅羅斯勞這一段。丹克則以包圍俄國這支進攻部隊為目標配置其兵力，要第十軍在右翼往前推進，第五軍居中，第一軍在左翼押後。兩軍相遇之前，丹克剛在日記裡寫道，他希望在克拉希尼克以西的這一線連綿的高地與俄軍交手，而今果然如願。[53]

薩爾札派其第十四軍、第十六軍和擲彈兵軍（精銳部隊）上前線，前線拉得很寬，穿越札克利庫夫（Zaklikow）、亞努夫（Janow）、佛蘭波爾（Frampol）諸村。丹克的左翼部隊，第五師和奧地利防衛軍第四十六師，在八月驕陽下汗流如注，在深沙地和深濕地踉蹌前進，攻擊札克利庫夫北邊的俄軍第十八師。

在中間部位，匈牙利地方防衛軍第三十七師，既要與盤踞亞努夫旁森林高地上的俄軍周旋，也要辛苦解決語言麻煩。命令以德語下達該師，但由於匈牙利人拘泥於細節，命令得以馬札兒語轉達更下級部隊，往往下達給不會說馬札兒語，乃至看不懂馬札兒文的單位。[54]在右翼，丹克能集中五個師的兵力對付沃伊辛第十四軍底下的兩個師。俄軍這兩個師凌亂分布於盧布林南邊多沼澤、地勢起伏、為森林所覆蓋的三十二公里寬的地區上。奧匈帝國軍隊難得一次在兵力和火炮上居於上風，丹克抓住機會衝上前。

丹克深信他與橫跨歐洲的一場大勝息息相關，在日記裡興奮寫道，「德國人在法國境內也大有斬獲！」[55]但在俄屬波蘭的西緣，戰事比法國境內任何戰事更為慘烈。第五軍帶頭進攻，為奪下山頂的波利赫納（Polichna）村，奧地利第七十六團三次強攻，導致六百人死傷或失蹤。部隊以密集隊形攻上無遮蔽物的長長山坡，被火炮和機槍大批撂倒，然後以笨拙的縱隊隊形踉踉蹌蹌攻入村子，逐屋打肉搏戰，雖然攻下村子，卻只是慘勝。

明眼人都看得出，奧匈帝國禁不起和俄羅斯帝國打消耗戰，但奧地利祭出這種自損

FIGURE 7.5 ——維克托．丹克將軍

「謝天謝地，戰爭開打了」，奧地利於一九一四年七月向塞爾維亞宣戰時，維克托．丹克將軍如此興奮表示。他大膽表示，「俄羅斯人構成威脅，但是個小威脅。」才一個月多一點，丹克的奧匈帝國第一集團軍就被俄國大軍打得潰不成軍。

照片來源：National Archives

兵力的戰術，正是在打消耗戰。似乎沒人注意到這點；戰場上的奧地利軍官寫下可笑的戰後報告，以粉飾如此可悲的死傷。第七十六團團長得意表示，「人人都是英雄」。在這樣的戰術指導下，這些可憐人不得不成為英雄。[56]

從右側合攻波利赫納的奧軍第三十三師，仰攻這村子時，好似把這場仗當成十八世紀的戰爭來打：兩個營橫向相連當前鋒，第三營在他們後面當第二梯隊，第四營當預備隊。第十四師以同樣方式進攻，四個營共千人組成密集的數個群，汗流浹背往山頂的波利赫納攻。這個師的戰鬥任務大部分與救回第七十六團倖存者有關，而有位奧地利上校寫道，「我們自己的火炮」使這一任務較難達成，因為「它們的榴霰彈沒打中敵人，反倒打中我們。」[57]為奪取佛蘭波爾和戈拉伊（Goraj）兩村故以兩面夾擊桑河，俄軍薩爾札派其第十六軍和榴彈兵軍

FIGURE 7.6 ——奧匈帝國某場強攻後屍體狼籍的慘狀

奧地利軍官喜歡把「男人打第一仗的滋味，就像男孩的初吻」掛在嘴上。但打仗完全不是這麼一回事。奧匈帝國步兵在刺刀衝鋒裡大批喪命，留下滿地狼藉的屍體。

照片來源：Heeresgeschichtliches Museum, Wien

對付右邊的奧地利第五、第十軍。奧軍從高處開火，將他們擊退，然後反攻，擄獲數百戰俘和十九門俄國火炮。薩爾札下令退往東北，退到數公里外，通往盧布林之路邊的下一線高地。[58]

奧地利的藍灰色軍服，在塞爾維亞未隱蔽部隊，在這裡亦然。有位軍官寫道，「我們一身藍灰色，始終很醒目，俄國人穿著土色軍服則遠沒這麼醒目。」[59]康拉德在總司令部向某德國軍官說明慘重傷亡時，不只歸咎於軍服。他怪罪於普奧戰爭的影響，指出哈布斯堡軍隊「不合時宜地蠻勇源於一八六六那場戰爭」，奧地利步兵在那場戰爭裡就是這樣進攻。或許康拉德說得沒錯；一八六六年後的經費不足、承平、升遷緩慢，使一九一四年時奧匈帝國的常備軍官年紀都偏大（大部分上尉年逾四十，其中許多人將近六十）、肥胖、變不出新把戲。無法騎馬的高階軍官坐汽車，但汽車很快就不能動，因為這個君主國沒有進口橡膠可供製造備胎。「在這些爛路上開車要更慢更小心」，康拉德的補給主任低聲說。「我們的輪胎沒問題，關鍵在你怎麼開。」[60]

傷亡雖然慘重，奧軍終究得勝。他們把俄軍趕出波利赫納之類重要村落，占領克拉希尼克，挖戰壕，度過讓士兵和軍官都緊張不安的一夜。對大部分人來說，這是他們第一次嚐到打仗的滋味，而那令人膽戰心驚。「露宿於遍地屍體和傷兵的戰場上，傷兵整夜哭喊、求助，那經驗是我們大部分人永遠忘不了的」，奧地利第八十三團團長寫道。[61]獲欣喜的德皇威廉二世頒予鐵十字勳章的康拉德，下令丹克與已得到布魯德曼部三個師增援的奧芬貝格部會合，接著下令這支集結的大軍（丹克部、奧芬貝格部、約瑟夫·斐迪南大公的第十四軍）攻向盧布林。丹克的左翼仍然沒有掩護，但德國人承諾派一個軍的地方防衛軍增援。此刻，誰動作快，誰就占上風，但丹克卻把不少時間浪費在二十五日與佛里茨爾某位副官的對應俗套上。佛里德里希大公從普熱梅希爾派這位副官前來祝賀克拉希尼克大捷，丹克因此得精心準備他的回應。

丹克已得不到後勤支援（他的九個師已把補給品用光而且正往至少十八個俄國師的裡面鑽），但他似乎渾然不察。八月二十五日丹克寫道，他和奧芬貝格接下來能「把俄國人趕回到盧布林和更後面」。他評估了自己的幾場勝仗之後吹噓道，「俄國人正丟掉所有東西（戰俘、炮、旗），逃離這區域。」但有份飛機偵察報告證實，數支俄國大軍繼續沿著維斯圖拉河往丹克部的左側翼和後方奔來。拿破崙時代有句老話，「包抄人者反被包抄」，在此就應驗：丹克愈往前，出現在他身後的俄羅斯人就愈多。康拉德已把丹克部的第十軍改調去保護奧芬貝格第二軍的右側翼，使丹克更難抵禦俄軍的攻擊。由於沒有多餘兵力可抽調，康拉德此刻在玩騙人把戲，把各軍調來調去補洞，但每次移動都露出新洞。[62]丹克和薩爾札此時都望著南方苦盼援兵：奧軍盼著奧芬貝格第四集團軍的四個軍，俄軍盼著普列韋第五集團軍的四個軍。一如在一張墊子上互相兜圈子的摔跤選手，奧軍和俄軍愈靠愈近，雙方都準備鼓起最大力氣撲向對方。[63]

Komarów
第八章　科馬魯夫

康拉德仍認為他能以大膽的調度打贏東邊這場大戰，於是這時，在漸漸無力的「北攻」之外，加上南部一擊。他從第三集團軍抽走約瑟夫·斐迪南大公的第十四軍，命其在拉瓦魯斯卡鎮（不久後將聲名大噪的一個鎮）附近的一片馬鈴薯田，進攻普列韋部的左側翼。八月二十六日這個奧地利軍由亞歷山大·布羅施（Alexander Brosch）上校的第二皇家步兵團打頭陣攻進去；他們就要首度體驗打仗的滋味。他們的（青銅）加農炮首度開火時，有個軍人向同袍說道：「兄弟，這些炮要一路轟到基輔！這下俄國人真的完了。」俄國人當然沒完蛋。在這場戰鬥裡，一如在其他大部分戰鬥裡，奧地利舊加農炮大部分不管用，未能打中正從遙遠某道丘陵後面間接開炮的俄國榴彈炮，甚至找不到那些炮的位置。

這支皇家高山步兵團，編成兩個長長的小規模戰鬥隊形，搖搖擺擺穿過馬鈴薯田，仍受累於隨身攜帶的繩子、鎬、冰斧、帶釘鐵鞋底。他們一接受現代火力的洗禮，立即省悟戰爭榮耀的虛妄。數十團白、紅色煙霧在頭上方發出爆裂聲，這些士兵首度感受到榴霰彈的威力。有位名叫約翰．科馬羅米（Johann Komaromi）的該團步兵，描述了奧地利人的反應：「我們隊形大亂，縮成數個小群體，想盡辦法遠離如雨落下的彈丸。」但榴霰彈的特色就是彈丸遍地落下，落在「我們的前後左右」。立即有六枚炮彈在他們上方爆開，引發恐慌，士兵「四處亂跑」以躲開彈幕。科馬羅米在一山丘頂上趴下，往外一看……什麼都沒有。他寫道，「完全不見敵人」。東戰線戰事的一個奇怪之處，乃是未學過西方壕溝挖法的俄軍，只往地上挖深溝卻未築矮防護牆，人一躲進壕溝，從外面看就不見蹤影。奧軍行進時，直到俄國農民兵站起身開槍，才注意到有俄軍在近旁。[1]

俄軍榴霰彈打到上空，彈頭裝有引信的炮彈落地，把草土炸到十二公尺的空中，皇家步兵團各排急往山下衝，跑了百公尺跪下，以掩護下一批同袍過來。他們在下一個樹林裡找到俄軍，以個別開火回敬俄軍齊射的火力。同旅的另一團投入前線時，他們從側翼包抄，把俄軍趕出樹林。俄軍退到另一個樹林繼續開火。

幾小時後奧軍也拿下那片樹林，但俄軍火炮仍從看不見的遠處陣地開炮，炮彈落在他們之間，準度驚人。這是剛開打的科馬魯夫戰役的其中一小段，而在這一小段裡，奧地利在戰術、戰略上的缺陷完全呈現。奧地利人抱著基本上屬於十九世紀的觀念，即戰場上堅毅和決心會戰勝火力與兵力的觀念，投入這場戰爭。布羅施的團報告道，「俄軍藏身壕溝與樹林裡，使我們的步槍不易找到目標，從而迫使我們上刺刀往前衝鋒。」[2]

這當然就是俄國的盤算：把奧地利人趕到開闊地殺掉。俄國步兵團士兵若與奧地利皇家步兵團士兵單挑，絕非後者的對手，但靠著齊射的火力，他們重創敵人，而俄國炮兵安穩位於步兵團後方約三公里處，不斷炸死奧軍。拿下第二座樹林後，奧地利人本該掘壕固守或退到俄軍火炮射程之外，結果卻受到軍官的唬弄——「你們心裡不怕，對不對？」——要他們再度進攻，目標指向遠遠的炮陣地。這最後一次衝鋒，損耗更多精銳兵力卻毫無所得。奧軍也讓自己的軍官無端步入鬼門關；科馬羅米的營長和連長都在這場戰爭第一天喪命。他的排長冷冷看淡這些傷亡，開玩笑道「今天還在，明天走掉」，一個星期後他也戰死。[3]

對俄軍來說，這場戰爭也不是很順利。與俄軍每次交火，奧地利人都注意到對方火力管控不佳。俄國步兵團不准單兵單獨開火，只能照軍官指示一齊開火。但他們總是往高處打，因而被他們打死打傷的前線奧軍士兵，不如後方沒有提防而被他們打死打傷的奧軍士兵來得多。只要曾有俄軍待過的地方，地上都散落黑色小彈夾，說明他們開槍浮濫不知節制。這些愛扣扳機的俄國農民兵，可能使俄國步兵團變成沒牙的老虎；在俄國每月為全軍一百一十五個師生產五千九百萬發子彈時，光是俄國一個師打一天仗就能輕鬆打掉四百萬發。換句話說，俄國三座子彈工廠一年生產七億發步槍彈，而軍隊一個月就把一年產量打掉。[4]

俄國炮兵已開始感受到炮彈不足，而且此後直至戰爭結束，都未能擺脫此不足之苦。俄國制定作戰計畫者把重點放在動員其龐大軍隊，卻未用心思索在戰場上如何維持這支大軍。達尼洛夫將軍憶道，「需求之大怎麼也料想不到」。俄軍參謀部以為一個月三十萬枚炮彈的產量（相當於每炮每天一至兩枚炮彈）足敷使用，實際上顯然不夠。炮手一天發數百枚炮彈，一個月耗掉兩百萬枚，使庫存迅速耗竭，但由於戰爭開始時，蘇霍姆利諾夫的陸軍部已關閉俄國的炮彈工廠，把工廠工人送到前線，耗掉的庫存根本補不回來。要從國外買也不易，因為俄國的港口遭封鎖（土耳其人封閉黑海、德國人封閉波羅的海）。5

為善用克拉希尼克之勝的餘威追擊潰敗之敵，丹克下令仍歸他指揮的兩個軍於八月二十六日出擊。走沒多遠，他們就發現俄軍並非撤退，而是在盧德尼克（Rudnik）周邊的下一排高地上築起強固陣地，挖了戰壕且部署了火炮。此事具體而微說明了為何奧地利絕對打不贏這場戰爭。俄國有更多兵員，更多火炮。奧芬貝格曾得意表示，奧地利炮兵「向來的優秀表現」會抵消俄國在炮兵和口徑上的優勢，結果完全不是這麼回事。俄國炮兵在八公里的射程內有效打擊奧軍，而配備青銅加農炮的奧軍得逼近到三公里或更近處，炮才打得準。俄國人在每一處的火炮數量也多於奧軍，因而，誠如某絕望的奧地利報告所說的，「敵人始終能以其少量火炮消滅我們的進攻步兵團」，用剩下的火炮消滅奧地利的火炮，造成「大量傷亡」。6

但火炮只是使奧匈帝國在這場戰爭中吃鱉的諸多因素之一。奧軍為數不多的機槍，因為機槍組員抹豬油防銹導致槍管卡住而故障（康拉德的總司令部吼道，「立刻把每挺機槍的豬油清乾淨」。[7]）奧地利人沒有辦法迅速移動、用火炮和機槍為步兵團助陣、或將敵人打得一蹶不振。他們再怎麼好也只是如同一支沒有火炮助陣的小型俄軍。俄軍步槍射擊出了名的不準，但誠如某奧地利軍官所說的，靠著眾槍齊發的氣勢（「他們許多人從遠距離一齊開火，低沉的槍聲轟轟不斷」），令奧地利戰鬥部隊膽寒，尤其是因為奧軍通常不准還擊，「上級嚴令保住他們僅有的少許彈藥」。武器和知識的貧乏，戰前就已明顯可見，但多年來康拉德粉飾太平，掩蓋真相。

酷熱的八月天，丹克部將領佇立凝望盧德尼克的俄軍壕溝，討論如何對付。他們把攻擊行動延後一天，然後於八月二十七日打入覆蓋林木的高地區。每個部隊都死傷慘重，奧地利炮兵完全未出手干擾位於掩體裡的俄軍。奧地利第八十三團攻下一道俄軍壕溝，上校團長接受了一名俄軍上校和他團裡數百人投降。俄軍上校揮著白手帕從壕溝裡現身，就奧軍士兵的「勇敢」向奧軍團長道賀。他說，「我的兵絕不會**那樣子**進攻」，而從戰場上橫七豎八、無法替補的奧地利人屍體來看，這實在稱不上是恭維。俄軍上校和其他戰俘被送到後方，離去時他向奧軍上校說：「脫掉你穿的那些黃色軍官綁腿；我們遠遠就看見它們，朝它們開火。」[8]

雙方軍隊仍不清楚對方位置，只能訴諸揣測，但被奧地利參謀部譽為「精明、做事有條不紊之傑出領導人」的伊凡諾夫，這時開始理出頭緒。[9]他猜丹克部的左翼是整個奧地利北方面軍的左翼，且認為那左翼位於從托馬舒夫到札莫希奇的道路上，於是命普列韋的第五集團軍往西南急走，從側翼和後方攻打它。薩爾札要在戈拉伊的高地上停住，擋住奧軍，讓普列韋部打進他們的側翼。魯斯基要與俄國第三集團軍直直往前挺進。利用倫貝格到拉瓦魯斯卡的道路，他將能攻擊位於倫貝格的奧地利第三集團軍，或從南邊逼使奧地利第四、第五集團軍往中間移動以便予以包圍。

丹克不察自己可能遭從兩側翼包抄吃掉，仍一味要求進攻，催促其疲累的部隊往維茲尼察（Wiznica）溪走，然後渡溪。丹克的第一軍（第五、第四十六師）吃力往維爾科瓦斯（Wilkolaz）前進。七十一歲的薩爾札未遵照指示在戈拉伊固守，反倒退往盧布林。伊凡諾夫當場斃了他，升阿列克謝·埃維特（Aleksei Evert）接替。

丹克的第十軍進入戈拉伊，發現俄國步槍和其他裝備散落一地。[10]在為期三天的克拉希尼克之役中，奧匈帝國部署一百四十四個步兵營、七十一個騎兵中隊、三百五十四門火炮對付兵力約略相當的俄軍，俄軍失利，損失兩萬人和二十八門炮。丹克雖損失一萬五千兵力，仍獲頒瑪麗亞·泰蕾莎十字勛章（Maria Theresa Cross）表彰其英勇，而皇帝則為終於在這場戰爭中拿到一勝感到極為欣慰。在維也納，有人迅即編出曲子《丹克將軍之歌》（*Lied vom General Dankl*）。歌共八節，描述「俄羅斯大軍從北方越過乾草原而來，如沙灘上的沙粒不計其數」，恣意「殺燒和劫掠」。這首歌唱道，丹克把「俄羅斯狗」一路趕回盧林布，他的部隊「以有力的喊殺聲拚命追擊」，側身其中的丹克揮劍砍倒俄羅斯狗，直到「無俄羅斯人可殺」為止。[11]

康拉德的積極進攻，一時之間似乎收到成效。戰前他狂妄預測他會像鑿子般把俄軍裂成兩半，把他們趕進黑海和普里佩特濕地，而當下這預測似乎就要成真。[12]丹克已重創薩爾札的集團軍，奧芬貝格已蓄勢待發準備攻打普列韋部。把來自東普魯士的消息也納入考量的話，俄國的情況更顯不妙。在東普魯士，德國第八集團軍得到從法國抽調過來的兩個軍和一個騎兵師增援，八月底時投入坦嫩貝格之役（Battle of Tannenberg），擊潰俄國西北方面軍的兩個集團軍，死傷俄軍三十萬，擄獲六百五十門炮，威脅挺進波蘭，與節節進逼俄國的奧軍聯手。柏林販賣報刊的女人向路人喊道，「擄獲數千俄國戰俘，與登堡還在算他們人數！」（因為報童都被送上前線）。[13]

但德國勝利不表示奧地利也會勝利。雖有《丹克將軍之歌》，奧地利並未將「俄羅斯狗」解決。他們只是暫時後撤，而且無疑未退到盧布林那麼遠。能停下休息的少數奧軍部隊，每個夜裡都被哥薩克人（或哥薩克人來襲的傳言）驚醒，「向四面八方猛開火」，被自己人打死打傷的奧地利人，遠比死傷於哥薩克人之手的奧地利人還要多。[14]但德皇仍在二十八日頒予老邁的法蘭茨．約瑟夫功勛勛章（Pour le Mérite）——普魯士最高勛章，又稱「藍馬克斯勛章」（Blue Max）——以感謝奧地利拿下的這些初期勝利（如果能把它們稱作勝利的話）。

丹克於二十九日再度出擊，攻進下一道丘陵，死傷殆盡。埃維特的第四集團軍正集結更多兵力，欲往西推進找出丹克的側翼。在中間部位，丹克的第三十三師從俄國人手裡辛苦奪下皮奧特羅科夫（Piotrokow）村，但不久又被敵方槍炮殺死數千人。光是第八十三團在二十九日就損失四百士兵和六名軍官。奧地利軍官仍傻傻地要部隊以營縱隊方式前進，以進行長距離衝鋒，然後要心懷恐懼的士兵上刺刀，大步跑過那最後一段距離，衝入俄軍的步槍、機槍、榴霰彈火網裡。

俄國人擁有奧地利人所沒有的一種求生本能。他們會背靠壕溝壁的上段躺著，向上了刺刀衝鋒的奧軍猛烈開火，直到第一批殺紅了眼的奧軍抵達壕溝邊緣為止。這時壕溝裡的每個俄國人會同時高舉雙方投降。有位奧地利上校後來寫道，「我提及此事，只為證實我們的龐大傷亡不是俄軍進攻所致，而是俄軍的防禦火力所造成。」奧地利軍官身先士卒，大批喪命，俄國軍官則偏愛押後：「我們很少在前線附近看到俄國軍官；大部分俄國軍官在很後面，受到很好的掩護。」俄羅斯人發揮農民的巧詐，打起仗比奧地利人聰明。隔天，兵力耗竭的奧地利第八十三團收到其第一個「行軍營」（菜鳥新兵和後備軍人）。這個營從該團的川西瓦尼亞兵站派來，以填補死傷的現役兵員。消耗戰已開打。15

由於俄軍犯錯，康拉德已不可思議地挺進到布格河與維斯圖拉河之間的區域，挫敗了俄軍欲渡過桑河、將德國與奧匈帝國軍隊分開的企圖。眼下，他掌握了主動權。但好景不常。俄軍總司令部正調撥普列韋的第五集團軍和普拉東・利奇茨基（Platon Lichitski）

的第九集團軍，以包圍、翦除康拉德的左翼。位於康拉德右邊的倫貝格，就要被俄國蒸汽壓路機輾碎。後來康拉德聲稱他估計威脅倫貝格的俄軍只有十個師，但那又只是文過飾非之詞。事實上，有充分的警訊要他留意俄軍整整兩個集團軍（第三、第八）十六個師逼近。[16]但康拉德很想拿下一場大捷，以為只要他更強力推動「北攻」，俄軍會瓦解。但更強力推動「北攻」和從右翼抽調更多兵來強化其左翼，只使他位於倫貝格的右翼更難抵禦敵人進犯。如果俄軍擊潰右翼或繞過右翼後面，康拉德將失去在北邊拿下的所有土地，北邊的諸集團軍也很可能全軍覆沒。[17]

康拉德無視於這些應考慮的因素，命奧芬貝格與丹克部一起攻向盧布林。奧芬貝格部鋪展在百公里寬的前線上，八月二十六日碰上六十四歲普列韋之第五集團軍的側翼，當時普列韋部正往丹克的右側翼吃力前進。[18]康拉德從頭到尾把心思全放在他的情書上，二十六日把寶貴時間花在與他的政治顧問約瑟夫・雷德利希聊吉娜上。八月炮火在四周隆隆作響之際，雷德利希表達了他的反感；他喜歡康拉德這人，但遺憾於這位將軍的「悲觀－多情」和其對已婚情婦的執迷。雷德利希震驚於康拉德的憂鬱和「無限天真」。在他眼中，這位參謀總長「在人生與世事的判斷上像個小孩子……與一般的參謀官沒有兩樣。」要讓奧匈帝國軍隊站得穩走得遠，康拉德得深思熟慮，得有果斷行動，但被例行公事和他對吉娜「老人般」的溺愛所縛，他辦不到。[19]

在未得到康拉德充分指示下，奧芬貝格抓住這一可重創普列韋部的機會，希望能與

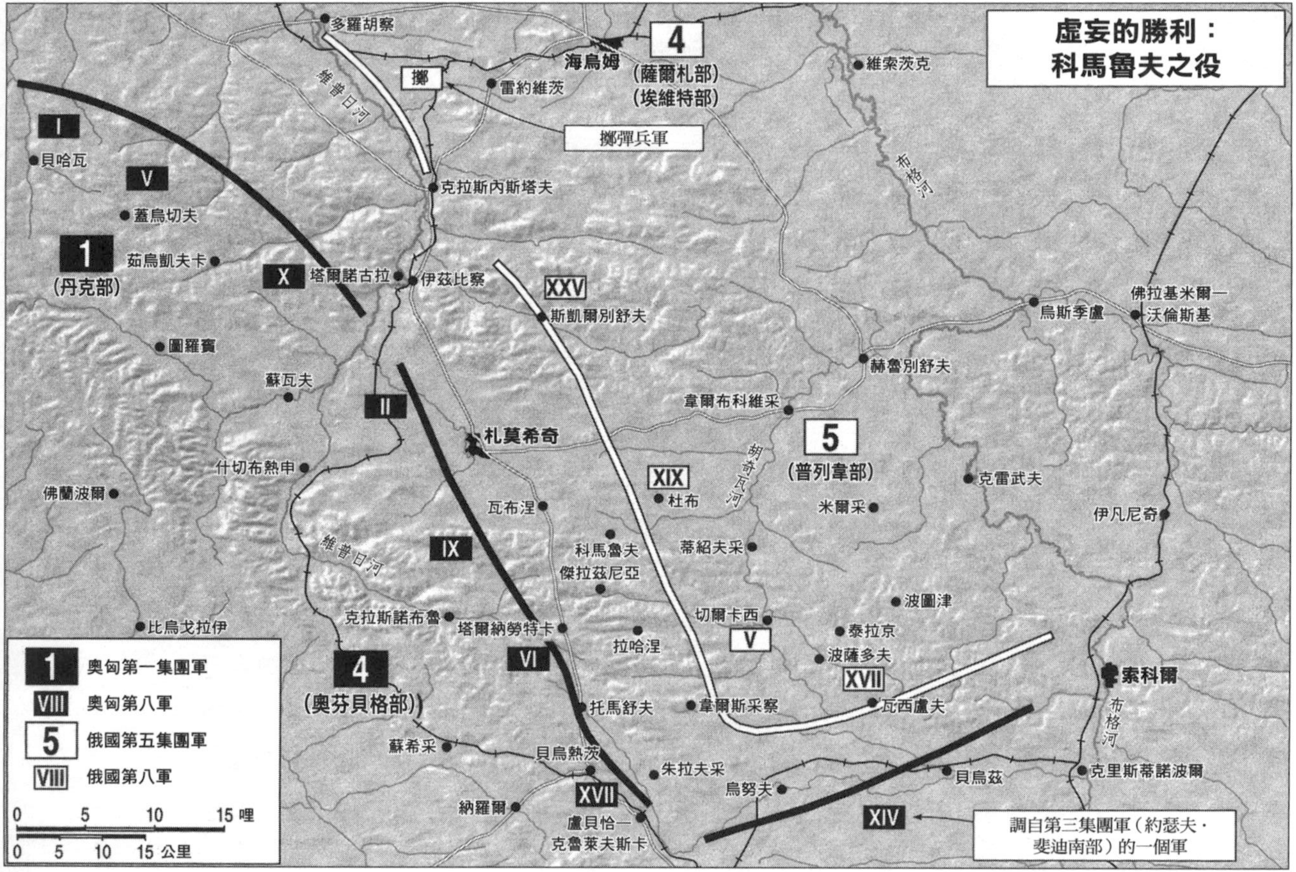
虛妄的勝利：
科馬魯夫之役
多羅胡察
4
海烏姆
(薩爾札部)
(埃維特部)
維索茨克
擲
雷約維茨
擲彈兵軍
維普日河
布格河
I
貝哈瓦
V
蓋烏切夫
克拉斯內斯塔夫
1
(丹克部)
茹烏凱夫卡
X
塔爾諾古拉
伊茲比察
XXV
斯凱爾別舒夫
佛拉基米爾—
沃倫斯基
烏斯季盧
圖羅賓
赫魯別舒夫
蘇瓦夫
II
韋爾布科維采
5
(普列韋部)
札莫希奇
胡奇瓦河
XIX
杜布
克雷武夫
什切布熱申
佛蘭波爾
瓦布涅
米爾采
伊凡尼奇
IX
科馬魯夫
蒂紹夫采
維普日河
傑拉茲尼亞
波圖津
克拉斯諾布魯
切爾卡西
泰拉京
比烏戈拉伊
塔爾納勞特卡
拉哈涅
V
波薩多夫
VI
索科爾
XVII
4
(奧芬貝格部)
托馬舒夫
韋爾斯采察
瓦西盧夫
布格河
蘇希采
貝烏熱茨
朱拉夫采
烏努夫
貝烏茲
克里斯蒂諾波爾
XVII
納羅爾
盧貝恰—
克魯萊夫斯卡
XIV
調自第三集團軍（約瑟夫·
斐迪南部）的一個軍
1 奧匈第一集團軍
VIII 奧匈第八軍
5 俄國第五集團軍
VIII 俄國第八軍
0 5 10 15 哩
0 5 10 15 公里

來自左邊的丹克部和來自右邊的約瑟夫．斐迪南大公部一起包圍這支俄軍。這又是難得一次奧匈帝國軍與俄國蒸汽壓路機旗鼓相當的情況，由奧芬貝格的一百五十六個營、四百七十門炮對抗普列韋部的一百四十四個營、五百二十六門炮。奧芬貝格命其第二軍往迷人的文藝復興風格城鎮札莫希奇挺進，命其第九、第六軍往科馬魯夫進發。科馬魯夫是位於高處的市集鎮，鎮上最高處是一座可扼控周邊田野的磚造教堂。約瑟夫．斐迪南大公的第十四軍，從倫貝格一路往上打，要在第六軍右側強力挺進，邊緣兵力掠過布格河，以完成對普列韋部的包圍。

八月二十六日，奧地利第二、第九軍的四個師，在札莫希奇的古帝國道路上與俄國第二十五軍交手。厭煩於康拉德不斷更動命令的約瑟夫．斐迪南大公，要其部隊在維爾凱（Wielkie）停腳休息。所幸他做此決定，因為康拉德這時又改變心意，要這位大公勿與奧芬貝格合作，改調頭走回倫貝格支援布魯德曼部。奧芬貝格則得靠自己的兵力完成既定任務。他把他的第六軍往右側部署到遠處，以接替約瑟夫．斐迪南大公離去那一軍的位置。於是，倒楣的第六軍第十五師不由得得以一個師的兵力執行原計畫以五個師執行的任務。

丹克部二十六日休兵，受到俄軍從克拉希尼克北邊射來的炮火才起而應戰。針對八月二十七日，丹克打算繼續進攻；儘管精疲力竭且兵力因死傷而受損，康拉德仍把第一集團軍視為「北攻」的左鉗。埃維特的集團軍似乎要退到盧布林。二十七日，丹克以兩個軍進攻，從俄軍手裡奪下幾個村子，又有大批人員死傷。但情勢看來樂觀，因為據觀察，俄國三個軍在奧軍攻擊之前就開始撤退。丹克於二十七日將其司令部移到克拉希尼克鎮上，移入前一日還是頓河哥薩克（Don Cossack）團總部的一棟建築裡，這時則打算移到杜札（Duza）和貝烏日采（Belzyce）。但經過數日戰鬥和行軍，他的集團軍已幾乎潰散。他的第一、第六軍死傷殆盡，亟需行軍旅來填補兵力。丹克下令二十八日休兵。

丹克部這一鉗行動緩慢，奧芬貝格仍瞥見勝利。調來提振薩爾札部萎靡之士氣的埃維特仍在北撤，使普列韋的第五集團失去保護。八月二十七日，這場戰役的第二天，奧芬貝格要斯維托札爾．博羅耶維奇（Svetozar Boroevic）將軍的第六軍在拉哈涅（Rachanie）攻擊普列韋部第十九軍的側翼；博羅耶維奇最初有所斬獲，但後來碰壁，他的匈牙利地方防衛軍第三十九師遭俄軍打掉一半兵力。奧芬貝格在奧萊希采（Oleszyce）的府邸花園裡來回踱步，聽著遠遠隆隆的炮聲，突然有人遞上初期死傷名單，奧芬貝格睜大眼睛不敢置信：「這上面說匈牙利地方防衛軍第三十九師死傷一半。我不願相信，但後來更精確的消息傳來，證實有些部隊甚至損失過半兵力。」[20]

在右側，佛里德里希．沃年斯基（Friedrich Wodniansky）將軍的第十五師進攻普卡爾舒夫（Pukarczow），但他的士兵已「因為炎熱、口渴、沒睡覺而萎靡不振。」一如克拉希尼克的丹克部士兵，以匈牙利人居多的這些士兵費力爬上俄軍已挖好壕溝的高嶺，進入讓他們成片倒下的火網裡。光是沃年斯基部的第五團，就在這幾波攻擊裡損失八名軍官和三百士兵，而找不到人來操作該團的機槍乃是死傷如此慘重的原因之一。[21]爭奪馬沃尼什（Maloniz）附近某個覆林山頂的沃年斯基部某旅，攻到山頂時發現「我們整個小規模戰鬥編隊，兩百三十人，全已死亡。」俄軍把他們殺光，然後撤到一百公尺外屠殺另一批人，一個營的波士尼亞人：「俄羅斯人太會隱藏；每次我們派一個小規模戰鬥編隊前去，都立即被整批撂倒。」拚命往上爬時，軍官（一位少校、幾位上尉、幾位中尉）想帶領士兵進攻，卻一個個遭撂倒，無一倖免。少校大喊「兄弟們，讓你們在國內所摯愛的人看看你們是何等的英雄！」，然後死在進攻隊伍第一排。十一名軍官死，七名軍官傷，包括寫這份報告的上尉。他跑過一挺俄軍機槍前面，子彈噠噠噠掃來，左頰（擦傷）、腹部（擦傷）、馬刀（解體）、左肩（射穿）。[22]另一位連長被炮彈炸飛進林間濕地，頭昏腦脹，無法動彈。[23]

奧地利兵員不夠多，打不贏俄國；哈布斯堡軍隊漸漸迷失於遼闊地區，與周遭的友軍失去聯繫。這使俄軍得以滲透進那些地區，朝奧軍側翼和後方開火。沃年斯基接到繼續前進的命令，但他辦不到，因為他的前方和他整個右側翼都有俄軍。若要攻到俄軍和猛吐子彈的俄軍機槍前，他得越過胡奇瓦河（Huczwa）的林間濕地。[24]回到貝烏熱茨（［Belzec］一九四二年時會成一惡名昭彰之納粹死亡營的市集鎮），博羅耶維奇將軍試圖用電話、電報、傳令調動他的第六軍。數則報告指出俄軍從東南過來，奔向科馬魯夫，這意味著奧芬貝格的勝利保不了多久。[25]

後來所謂奧地利在科馬魯夫大勝的說法，從作戰紀錄來看，似乎不大站得腳。這場戰役只打了一天，兵力吃緊的奧芬貝格諸部隊，就如某將領所說的，「分崩離析，快要陷入混亂。」士兵已有數日未睡或未好好進食。他們行軍時走到睡著，甚至打仗時打到睡著。第十五師已在二十五日時走了約三十公里，二十六日走了約二十公里，二十七日走了約二十四公里，三天下來沒吃過溫熱的一餐，只睡了六個小時。博羅耶維奇一再保證會讓他們多休幾天以「補償」這些天的勞累，但休息日總是遙遙無期的「明日」。這些又累又火的士兵拿下托馬舒夫這個戰前原是俄國設兵駐防的城鎮時，掠奪俄軍兵營和軍官住所，把能帶走的都偷走，帶不走的全毀掉。[26]他們累到一肚子火。

佛里德里希大公從普熱梅希爾斥責奧芬貝格（「你得制止這些離譜惡行，那毀掉我軍的國外形象，使士兵相信掠奪沒關係」）時，康拉德正發動他的另一場離譜作戰行動。普列韋部似乎已被困於科馬魯夫的口袋，但博羅耶維奇無法在右側封死這口袋，於是，剛剛才打電報告訴奧芬貝格位於倫貝格的第三集團軍情況「不妙」的康拉德，這時仍下令約瑟夫・斐迪南大公把他那個已吃了好久苦頭的第十四軍（再度）調頭，與奧芬貝格部再度會合。[27]該軍士兵已於二十六日往南穿過沙地和林間濕地，這時卻奉命調頭，往反方向再穿過同樣地形，平白浪費掉一整天。這些強行軍（沒來由的一天走五十公里）漸漸毀掉這個軍，每天使將近一成的兵力因「掉隊」而流失。[28]

這位大公的參謀長約瑟夫・帕伊奇（Josef Paic）將軍，在日記裡記載了人在遙遠後方辦公室的康拉德向前線部隊一再更改命令之事。二十六日：「部隊辛苦行軍以投入第四集團軍的戰鬥；就在我們要下達攻擊令時，電話響起，我們接到新命令，要我們折返走回倫貝格，以支援第三集團軍在該市東邊的戰鬥。」帕伊奇的參謀忙了四個小時以調整整個軍的行進方向，心知「方向變更和新的行軍會大大打擊部隊士氣」。四小時後，二十七日凌晨一點十五分，輜重隊和野戰炮已上路往南，後面跟著沒睡的步兵時，帕伊奇收到康拉德另一組命令：「走往倫貝格之事擱置，執行原計畫。」[29]

第十四軍徒勞折返時，奧芬貝格有了幾天前才組建的新部隊，卡爾·胡因（Karl Huyn）將軍的第十七軍，加入他麾下，並命令該軍第十九師從貝烏熱茨前去攻打似乎搞不定自己究竟是獵物還是掠食者的普列韋部。眼下，奧芬貝格仍覺得自己是掠食者；彼得·斐迪南（Peter Ferdinand）大公的第二十五師已在二十七日拿下札莫希奇，該市長者遵照傳統歸服儀式，獻上盛放了麵包和鹽的一只淺銀盤向征服軍表示歸服。彼得·斐迪南的參謀長憶道，「士氣很高，我們死傷很輕。」但他也指出，在這裡，在左中側，奧匈帝國軍隊似乎也處於垮掉邊緣。他們自二十一日一直行軍、打仗，沒有休息。「照理我們該追擊俄軍，但辦不到。我們需要休息一天。」他們於二十八日休息，彼得·斐迪南大公住進中央飯店的豪華房間。[30]

奧芬貝格重拾原計畫，也就是要博羅耶維奇部迅速往前，把俄國第十七軍、第五軍釘死在胡奇瓦河的河彎處，然後要從南邊折返的約瑟夫·斐迪南大公部攻擊他們的側翼。但博羅耶維奇部累垮了，幾乎走不動，更別提打仗。二十七日晚康拉德豪氣干雲要奧芬貝格部一路攻到海烏姆時，奧芬貝格吃驚得差點說不出話。「去海烏姆？」奧芬貝格結結巴巴地說。「為此他們拿走我三分之一兵力，撥給布魯德曼？」那些部隊最終（第二次）歸建，但已無法影響科馬魯夫之役的結局；這些增援部隊來得太遲也太累。「這些士兵會怎麼想我們？」奧芬貝格在日記裡寫道。「我們要他們在烈日下沙子路上迂迴前進」。[31]為鞏固自己右翼，以迎接約瑟夫．斐迪南大公部到來，奧芬貝格於二十八日午夜剛過叫醒他的第十五師，要他們往前，從俄軍手中奪下蒂紹夫采（Tyszowce），穩住第四集團軍的右翼。他們跋涉過胡奇瓦河的林間濕地後，黑暗中遭到俄國第五軍襲擊。未得到充分休整的這支奧地利師立即整個潰散，倉皇撤退，損失四千人和二十門炮。[32]

急欲拿下一勝的奧芬貝格，想找出兵力日增的俄軍之側翼。他打算繼續往東北走，指向海烏姆，但空中偵察提醒，「在海烏姆－蒂紹夫采一線有強大敵軍正往我軍右翼合圍」。這是魯斯基的第三集團軍，奉命急奔西北解救普列韋部，趁奧軍還未能從側翼包抄普列韋部時包抄奧芬貝格部。奧芬貝格驚愕，要約瑟夫．斐迪南大公部在胡因第十七軍旁靠攏，派一個騎兵師做侵略性偵察，擊退魯斯基或普列韋欲包抄奧芬貝格右翼的任何企圖。

約瑟夫．斐迪南大公轄下布羅施上校的第二蒂羅爾皇家步兵團，日夜兼程趕去與奧芬貝格部會合，有位老兵憶起從科馬魯夫部隊長途跋涉到倫貝格部隊再走回來之事：

「奧芬貝格在那裡，布魯德曼在這裡，我們在炎炎夏日裡走在這兩地之間，翻越起伏的綠色丘陵，穿越古老森林，走向無邊無際的藍色地平線。」這支三天前在拉瓦魯斯卡附近打過小衝突的部隊奉命開拔，這時已往回走，驚嘆於俄羅斯的遼闊和寂靜，置身其中只覺自己的渺小。二十八日，布羅施疲累的輕騎兵團無精打采走進貝烏熱采「這個貧窮、受到洗劫、極為骯髒的猶太村」，終於準備從南邊大舉進攻普列韋部的左側翼。[33]

人在普熱梅希爾的康拉德仍然相信他會打出制勝的一擊，八月二十七日打電報告知奧芬貝格，「這場戰役的成敗，如今繫於對左翼這些大有可為的攻擊能否圓滿達成上。」奧芬貝格大吃一驚。「對第十四軍別有什麼期望，它已被總司令部不斷更改的命令丟在太後面」，使該部和丹克部（康拉德所提及的「左翼」）易遭普列韋部、魯斯基部攻擊。[34]康拉德對這些勸誡充耳不聞。後來邱吉爾寫道，「機槍和有刺鐵絲網已準備好要讓這場攻勢的諸多鼓吹者，包括他（康拉德），認清許多事實。」[35]康拉德這時要奧芬貝格以其所有可用兵力大膽挺進；戰場上任何一地遭挫，都不得撤退。[36]在戰場上與敵廝殺過的奧地利軍官，都已察覺到這場仗已輸，這場戰爭大概也會輸，冷冷開玩笑道，「最起碼我們都已留了一顆子彈了結自己」。沃年斯基將軍不是開玩笑：那天夜裡，他拿起手槍頂住頭自殺身亡。[37]

奧芬貝格轄下諸師八月二十八日休息——暴風雨前的寧靜——等待針對二十九日的指示。康拉德幫不上什麼忙，因為他的心情已從極度樂觀猛然轉為憂心忡忡；先前還誇稱會打出制勝一擊，這時他卻與霍夫堡宮翻舊帳，聲稱這場戰爭打不贏，堅定表示要是皇帝於一九〇九或一九一二年就聽進他先發制人的主張，現在就不會有這麼多麻煩。他寫了封時機挑得特別不對的信給博爾佛拉斯，信中發牢騷道，「真是造化弄人，如今竟由我承擔那一疏忽造成的爛攤子。」[38]

康拉德麾下軍官也在思索未來下場；他們知道得趁當面俄軍還未能重整、增強兵力之時，把他們殺得片甲不留。為安撫正在馬恩河邊力拒德軍的盟邦法國的不滿，俄軍以不符穩紮穩打要求的速度行軍、作戰，因而在前期這幾場仗裡被打得七零八落組織渙散，面對丹克部、奧芬貝格部的攻擊卻反應遲緩一事正是明證。當奧地利第十四軍（現為奧芬貝格第四集團軍右翼）挺進到距該集團軍位於札莫希奇的左翼不到兩天行軍距離時，情況似乎表明康拉德那忽而冒出的樂觀有其道理。但俄軍總司令部終於有所反應，將第九集團軍調到西南方面軍，以阻止丹克部與奧芬貝格部會合和擋住奧軍前進。俄國第四集團軍的司令部禁不住外部壓力而垮掉，集團軍司令官薩爾札以二十三日的慘敗為由撤掉沃伊辛，不料伊凡諾夫反將薩爾札本人撤職，讓誰都看得出是個庸才的沃伊辛恢復原職。在對面的普熱梅希爾，似乎也是無能當道。但俄國兩個集團軍（第四集團軍和作勢威脅的第九集團軍）足以擋住丹克部，而將魯斯基部調去解救普列韋部，也將擋下奧芬貝格部的攻勢。[39]

為在魯斯基部尚未將普列韋部救離南邊之前打敗普列韋部，奧芬貝格在奧萊希采花了長長一晚籌謀畫策，八月二十九日早上六點半他下達其計畫：「第四集團軍以所有可用的步兵發動總攻，執行即將到來的決定性一擊。」[40]胡因的第十七軍——這時胡因已因「緊張」撤職，由卡爾・克里泰克（Karl Kritek）將軍接掌——扮演將第四集團軍與約瑟夫・斐迪南大公的第十四軍接合的角色。第十七軍也要從右側掃蕩普列韋部，將其困死在科馬魯夫予以殲滅。[41]奧芬貝格原以為反胡因的兵變（胡因的參謀長致電總司令部，「如果不處置他，我們會自行斃了他」），已穩住他的右翼，這時發現不然。克里泰克接任後，轄下諸師和胡因在任時一樣沒有進展，它們轄下諸旅欲渡過胡奇瓦河攻入普列韋陣地的心臟地帶時，遭俄軍火炮、機槍擊退。每次奧軍拿下一座山頭，都發現俄軍只是拔營到後面的山頂，在那裡挖壕溝、架機槍固守。原野上星星點點般散布的小樹林都部署了俄軍步兵團，每次奧軍攻擊，他們就朝奧軍側翼開火。奧軍一挺機槍開火，就會招來俄軍三或四門火炮反擊。俄軍炮彈落個沒停，陸續擊斃第三十四團大部分軍官和殲滅該師兩個皇家步兵營。第十九師投入其最後的預備隊，也在俄軍火力下撤退。[42]

左側的情況一樣糟。布拉修斯・舍穆瓦將軍統率的第二軍摸索著前進（舍穆瓦原任參謀總長，一九一二年遭撤換，由康拉德接任後，出掌第二軍）。舍穆瓦的第二十五師由彼得・斐迪南大公指揮，而二十八日休息後，大公於隔日離開札莫希奇舒適的中央飯店，繼續東進。但彼得・斐迪南的第五十旅立即受到俄軍來自科馬魯夫的猛烈炮火襲擊。就據認被困在口袋裡的部隊來說，俄軍的積極進攻令人佩服。

彼得・斐迪南大公命第二十五師攻向杜布（Dub）村以封住口袋，而由於俄軍反擊日益快速，這一目標似乎漸漸變得不合理。這位大公原以為會在其左側找到匈牙利地方防衛軍的一個師，不料卻發現哥薩克人。他的炮兵一如以往不管用，射出的榴霰彈越過俄軍壕溝，未傷及敵人，而俄軍重炮發出的炮彈，則令第二十五師和此師兩側的友師軍心恐慌。俄軍兩個集團軍（普列韋的第五和魯斯基的第三集團軍）圍住他們，在這條地動山搖的前線沿線，每個奧軍部隊都以為俄軍已突破他們的防線，欲攻向他們的側翼。二十九日夜色降臨時，精疲力竭的奧軍士兵就地睡覺，預備隊擺在小規模戰鬥隊形後面百步之處，沒有炊火，沒有雜音。舍穆瓦的命令透過口耳悄悄傳給大公，再傳給第十師，要其天一亮就重新進攻，但第十師告訴大公，該師八月三十日得休息一天，因為「士兵累癱了」。[43]

康拉德在科馬魯夫周邊的失利和他把預備隊調去支援該處戰事一事，在倫貝格鑄下惡果。第十四軍被撥去支援奧芬貝格部，削弱布魯德曼集團軍的兵力，俄國第三、第八集團軍看出此點，八月二十六日攻向倫貝格。他們揚言不只要擊潰布魯德曼的中軍，還要從兩側翼對他雙重包圍。不管奧軍在科馬魯夫拿下什麼短暫的勝利，如今都要在倫貝格被俄軍討回去。到處都是俄軍，奧軍每個人都覺得兵敗在即，軍心渙散。陸軍部長亞歷山大・克羅巴廷將軍從維也納發了封電報到普熱梅希爾，督促康拉德平息從他的總司令部和諸集團軍沸沸揚揚傳出的「駭人、喪氣傳言。」[44]

但這時已是人人自危，意志消沉。第十四軍被撥到奧芬貝格轄下後，布魯德曼這時得用僅僅兩個半軍的兵力守住倫貝格：他自己的第十一軍和第三集團軍的第三軍和第十二軍的一個師。事實表明，要第二集團軍到塞爾維亞過一下水再過來加利西亞一事，鑄下大錯，因為倫貝格所亟需的另外三個師，這時仍在從薩巴茨經匈牙利緩緩運送過來途中。最好的情況下，布魯德曼或許可靠九個師勉力對付俄軍至少十六個師的兵力；他要能撐這麼久，只有寄望於爛路和魯斯基謹小慎為的習性。[45]下轄四個軍的魯斯基，仍信服雷德爾時代的認定，即認為奧匈帝國的主要作為會是從倫貝格南攻，而非指向科馬魯夫的北攻（這時他仍認為奧軍的北攻是佯攻）。魯斯基認定擋在他前面的奧軍有三十個師，而非九個師，因此率部朝奧地利的東都緩緩推進，在他自己的地盤上一天平均只前進八公里，進了奧地利地盤，速度更慢。

魯斯基的移動緩慢讓康拉德生起不切實際的指望，以為他能在科馬魯夫拿下勝利，即使這麼做會削弱布魯德曼部，使其陷入險境。這時，即使是奧匈帝國的前線部隊都漸漸理解到他們與俄軍的兵力差距有多懸殊；俄居優勢、奧處劣勢的傳言甚囂塵上，布魯德曼不得不下令凡抓到散播此謠言者一律處死。他吼道，「趁還來得及，加強軍紀。」[46]

但已太遲。伊凡諾夫催促魯斯基前進之後，終於在八月底開始攻向倫貝格。奧匈帝國軍的離譜疏失，讓他如虎添翼：倫貝格周邊的奧地利將領用不防竊聽的電話線討論計畫，讓俄國人聽得過癮。康拉德遲遲才得悉俄國人這一偵刺行為，勃然大怒，要求軍官講電話時用喬伊斯密碼。此後提到倫貝格時要說Uzldampf，說到一個軍時要說Ulmklotz，說到一個師時要說Ulmtexas，諸如此類。[47] Uzldampf是奧匈帝國第四大城，四條重要鐵道的交會點，基於影響力和軍事需要，康拉德禁不起丟掉它，但八月三十日時，伊凡諾夫所集結進攻倫貝格的兵力，已是布魯德曼防守該城兵力的三倍之多。魯斯基將從東邊攻打倫貝格，布魯西洛夫要從南邊。

俄軍在倫貝格周邊這些動作，令奧芬貝格和丹克意識到，克拉希尼克、科馬魯夫之勝不是勝利，而是他們自己被兵力大上許多、看來更能打的俄軍包圍、擊敗的序曲。這兩位奧地利將領接著都猛踩煞車，清楚每往前一步，就只是讓自己更深陷俄軍口袋裡。札莫希奇附近，奧地利第一、第四集團軍之間，立即出現一道三十公里寬的缺口，普列韋快馬馳過，脫離險境。在北邊嚐到勝利滋味的康拉德，這時只能沮喪看著戰前被蔑稱為「病老頭」的普列韋逃脫。[48]奧芬貝格把此事歸咎於彼得．斐迪南大公八月三十一日將其第二十五師後撤，「把許多已拿下的地方還回去」。彼得．斐迪南照理該在科馬魯夫「用所有用得上的步槍和火炮」封住包圍圈，卻在收到報告說他後面有俄軍後收手。「令人無比失望，他把勝利果實丟掉」，奧芬貝格如此寫道。一九一二年壓下的奧芬貝格內線交易醜聞，一九一五年時被重新挖出來大作文章，使他受到難堪的譴責，就此結束戎馬生涯。而在上述兵敗得找人咎責的情況下，奧芬貝格這樣的下場幾可說是在劫難逃（畢竟彼得．斐迪南大公是哈布斯堡皇室成員）。[49]

彼得．斐迪南大公的參謀長寫下他自己的科馬魯夫之役報告，把主要過錯歸在來自奧芬貝格的聯繫不良上面。戰役初期諸集團軍司令官就一致認為，由於俄國基礎設施簡陋且國土遼闊，急報得花上數天才能送達，命令的有效率傳達，在這一戰場比在其他任何戰場都來得重要，但奧芬貝格的命令和目標每一次都遲遲才送達或完全未送達。這一延宕使俄軍有時間填補缺口，將後備兵力和火炮送到前線解圍。這時奧軍的炮彈和子彈已快用盡，卻又面對得到增援、有較好補給的俄軍部隊。欲使奧軍各部隊翼翼相連，每次都未能成功——幾乎每份報告裡都出現「與鄰近部隊接觸因林間沼澤而無法如願」這行字。

八月三十日下午兩點，彼得．斐迪南大公得悉他兩翼的部隊遭兵力大於己方甚多的敵軍攻擊，但予以擊退。這位大公和第四集團軍戰線上的每個指揮官這時都清楚，奧芬貝格、康拉德和軍方新聞處所正高聲要求的將俄軍圍於科馬魯夫一事，根本不可能。事實上，俄軍正企圖包圍奧芬貝格部。那天下午四點，彼得．斐迪南大公呈報舍穆瓦：「我們得做出選擇，不是撤向札莫希奇，放掉我們目前為止已打下的重大戰果，就是今天下午把剩餘兵力全投入最後攻擊，攻向杜布求勝。」奧芬貝格一心想轉敗為勝，從司令部派奧埃爾斯佩格親王（Prince Auersperg）少校快馬馳往彼得．斐迪南的司令部，傳達「繼續前進，在杜布完成對敵包圍」的命令。[50]

但這時，就連奧埃爾斯佩格親王出馬，都無法讓奧匈帝國第二十五師動起來；它已力氣放盡。奧芬貝格自己的科馬魯夫戰役回憶錄，證實奧匈帝國士兵不再信杜布包圍這一招：「前線士兵的抱怨愈來愈大聲」。他們感覺到四面都是俄軍，覺得守不住。在約瑟夫・斐迪南大公部的左側，第四師未出現，奧地利地方防衛軍第十三師（德意志人、捷克人、烏克蘭人）已解體為驚慌失措、不願堅守的數股兵力。約瑟夫・斐迪南大公寄望於右邊，懇請第十師為最後一擊支援兵力。第十師回以人、獸、炮、彈藥皆匱乏，予以拒絕。從邊境行軍過來、與敵數場廝殺、缺眠、頻頻恐慌，把每個人累垮。

但這位大公仍不死心。他搬出自己的哈布斯堡皇室成員光環——和他作為當地最資深師長的身分——命令第十師拿出它最用心、最後的努力，與他的師一起對杜布發動同心圓式攻擊。數小時後，黑夜降臨，第十師師長的傳令，穿過樹林和林間沼澤，送來對皇族成員那道命令的回覆：「我軍東邊一千五百步處是俄軍陣地——架設了八挺機槍和火炮的數道壕溝。我軍第三十六團和第十二皇家步兵營進攻這一陣地一整日，遭擊退，傷亡慘重。在我軍火炮摧毀這些陣地之前，再啟進攻都是徒勞。」

奧軍撤退，嘴裡仍誇稱他們已在克拉希尼克、科馬魯夫拿下大勝。但把這些勝利稱作勝利，就像靠得分拿下第一輪但在第二輪被擊倒的拳擊手聲稱已贏得比賽一樣，乃是自欺欺人之詞。厚顏的奧芬貝格，稱科馬魯夫之役是「這場戰爭裡，甚至應該說是這君主國歷來打過的戰爭裡，最漂亮一場機動作戰」，也就是說五百年來最了不起的勝利。他認為他在科馬魯夫的戰績，至少和老毛奇在柯尼希格雷茨的戰績一樣出色，說「在這兩場戰役裡，戰勝者所拿下的戰利品差不多：一八六六年是一萬八千戰俘、一百八十二門炮；一九一四年是兩萬戰俘、兩百門炮。」[51]當然，時移勢易，這樣的戰績和柯尼希格雷茨之役的戰績完全不能比，因為二十世紀的俄國能以十九世紀（乃至二十世紀）奧國所辦不到的方式迅速填補兩萬人力。但奧芬貝格仍迅即獲皇帝賜予「馮・科馬魯夫」（von Komarów）這個尊稱和八千克朗的獎賞。局部勝利總是聊勝於無。

Lemberg and Rawa-Ruska
第九章　倫貝格與拉瓦魯斯卡

抽調布魯格曼的大部兵力增援奧芬貝格，在科馬魯夫未有任何助益，反倒造成奧軍兵敗倫貝格。但康拉德未改其一貫作風，這時試圖倚賴不久前才被他削弱兵力的那位司令官挽回頹勢。奧芬貝格部與丹克部都已幾乎敗下陣來，康拉德於是命令布魯德曼部和伯姆－埃莫利之第二集團軍的殘部挽救東戰線的危局。八月二十五日康拉德命布魯德曼東進，「擊退敵軍，藉此穩住全軍的側翼和後方。」[1]換句話說，「北攻」已完蛋，束諸高閣。始終鼓吹進攻的康拉德，試圖以從倫貝格發動而未經事先規畫的「南攻」取代「北攻」。不消說（克拉希尼克、科馬魯夫兩戰役已清楚點出奧匈帝國攻勢作為的可能下場），這場以配備小規模炮兵的小型軍隊發動的攻勢，大概也不會順利。服役於第三軍第四團的後備軍人奧托・拉塞茨，二十六日午夜酣睡時被同袍叫醒，奉命開拔前往倫貝格火車站。這支步兵團帶著迷迷糊糊的睡意，魚貫走過該城漆黑的街道，進入寬闊氣派的新藝術風格車站。這座火車站十年前才花費巨資建成，以拓展奧地利的東向貿易，象徵哈布斯堡王朝在加利西亞統治地位的永遠屹立不搖。

士兵擠進貨運列車車廂，向東駛往普熱梅希爾。從東邊進抵倫貝格，要越過兩道天然障礙：格尼瓦利帕（「爛酸橙」）河、茲洛塔利帕河（「金黃酸橙」）河。布魯德曼希望在這兩條河後面掘壕固守，擊退俄軍。火車抵達格尼瓦利帕河時，睡意未消的士兵奉命下車：「每個人都出去，拿起裝備，排好隊，移動！」萊塞茨憶起當時的混亂和興奮，因為這批奧地利士兵還未打過仗：「敵人在哪裡？哥薩克人在哪裡？」到處都沒看到。「前士兵排成一列走回車站，第一次看到傷兵，那是從茲洛塔利帕河用獸拉車運回的。「前線情況怎麼樣？」士兵興奮喊道。傷兵只是面無表情望著他們或有氣無力地揮手。萊塞茨所屬部隊搭貨運列車回來，再轉往茲洛塔利帕河，一路開著門，聽到隆隆炮聲。他們在杜納尤夫（Dunajov）下車，組成小規模戰鬥隊形。

第四條頓騎士團首領步兵團士兵看著友軍在前面山丘上部署的一個炮台；沒幾分鐘，炮台就受到俄軍炮彈、榴霰彈的夾叉射擊。一枚接著一枚炸開，全以那群炮兵為目標，不時可見紅焰和黑煙，被炸上天的泥土，或榴霰彈在上空爆炸發出的白煙。奧地利炮手開始在自家火炮之間拚命躲避，有名炮手逃出炮台，尖叫著跑下山，欲投奔拉塞茨的排，最後還是被一枚炮彈炸死。拉塞茨發子彈給他的兵時，看到在伯姆－埃莫利率部從塞爾維亞來到之前，統率第二集團軍部分兵力的赫曼曼．科費斯將軍，站在杜納尤夫鐵路路堤上，往這邊、那邊看，想弄清楚這場嘈雜的戰鬥是怎麼回事。

FIGURE 9.1 ——**接受急救的奧匈帝國傷兵**

一九一四年八月倫貝格附近的軍隊急救站。經過的士兵興奮喊道，「前線情況怎麼樣？」傷兵只是面無表情望著他們或有氣無力的揮手。

照片來源：Heeresgeschichtliches Museum, Wien

萊塞茨這群人穿過一貯木場，看到一群輕騎兵攤開四肢躺在地上，「精疲力盡，死氣沉沉，一臉疲累和恐懼。」這些來自維也納的德意志族步兵，以行軍隊形走過輕騎兵身旁時，向他們熱切地敬禮，用德語喊著「奧地利軍隊」，但全是匈牙利人的這些輕騎兵，一臉惱怒回報他們。萊塞茨的排走到一片草地，正欲穿過草地時，一支匈牙利軍樂隊從草地另一頭的樹林走出來，快步跑過他們身旁，後面拖著他們的號，喊著「炮彈！炮彈！」這支步兵團終於來到茲洛塔利帕河，「一條又深又窄又濁的溪」。他們拆下一道圍籬，往溪對岸丟去，架起臨時橋，然後渡溪。圍籬垮掉，他們掉進溪裡，拚命往對岸游，爬過岸邊爛泥上岸。「我們的漂亮新藍灰軍服毀了，濕透，沾滿黑色爛泥」，萊塞茨埋怨道。

黑色爛泥痕跡一路穿過被壓平的青草，說明了這群人如何前進，他們以小規模戰鬥隊形匍匐前進，其中大部分人咕噥道，他們的香菸和巧克力都毀於水和淤泥。他們爬進小麥田，俄軍步槍彈嘶嘶飛過上方，然後他們碰到「我們的第一具軍人屍體：一個穿軍服、裝備一應俱全的匈牙利人，右側著地側躺，一隻手臂往外伸，臉色死白，張著空洞的眼睛盯著我們，血從鼻子和嘴汩汩流出。」不久，這些奧地利人爬過更多屍體身旁；他們起身改成蹲姿，往前衝，終於看到約六百公尺外的樹林裡有俄軍。整個營一齊開火，「一千支步槍同時發射」，然後衝鋒。一九一四年奧匈帝國戰術的愚蠢，在此展露無遺：俄軍位在約六百公尺外，藏身樹林裡，奧軍起身——耳邊響起尖銳哨子聲——開始衝刺。這時俄軍機槍開火。萊塞茨看到子彈打在他前後左右，士兵倒下，身體打碎、流血，地上的塵土往上翻飛。他們與一支匈牙利部隊並肩進攻，在他們旁邊擠成一團，朝俄軍邊跑邊開槍，而除了看到俄軍開槍的火光，仍看不到俄軍的人。

奧地利人趴在地上，決意再往前衝以縮短射程，匈牙利人卻「像瘋子一樣」開槍，且不願停，使奧地利部隊無法往前。有位中尉跑過去要匈牙利部隊停火，另一位中尉起身帶他的排往前。萊塞茨一直記得那張臉：「帶著懼意，面如白蠟，右手緊抓著手槍，手指頭關節因用力而變白，先看了我們，再看向（俄軍盤踞的）樹林。」這位中尉立即中彈身亡；事實上，萊塞茨注意到他，開始喊「趴下」時，他已經中彈。

號手吹響衝鋒號，整個連起身，衝入有去無回的槍林彈雨裡。另一名中尉帶頭衝鋒，「揮舞馬刀，尖叫，高喊。」連長「拜爾勒上尉像一團白雲般衝上前，身上穿著白色亞麻長褲」，趕上中尉。匈牙利地方防衛軍部隊也往前衝；萊塞茨記得有個人在他旁邊跌跌撞撞往前，完全看不見前面，因為舉起他的掘壕工具擋在臉前面當盾牌。他們靠近樹林時——左右的人倒下，到處有吼叫聲、尖叫聲、高聲禱告聲——一群匈牙利人進入樹林，然後又慌張失措退出樹林。萊塞茨抵達樹林，發現俄軍已撤走。這是俄軍的一貫打法，在一地堅守，重創做刺刀衝鋒的奧地利人後，就撤離。萊塞茨第一次看到重傷軍人，「半裸，渾身是血，痛得尖叫。」

萊塞茨與在樹林裡迷了路的一些俄國人正面相遇，猛然舉起槍，俄國人——這些「留著白鬍子的大雞」，迅速舉手投降。奧地利人打量這些戰俘，對俄羅斯人身上充當戰鬥服的簡單農民長罩衣印象最為深刻：「嘿，上面沒有紐扣！你相信嗎？這些傢伙身上沒有紐扣！」然後他們拿到他們的第一個作戰紀念品，主要是俄羅斯帽和子彈帶。萊塞茨一派輕鬆走回樹林邊緣，看到一地的死傷——草地上到處是奧地利、匈牙利人屍體，傷兵「呻吟，嚎哭」，太陽西下，樹林漸暗。[2]

萊塞茨所屬部隊，是支遭大幅削減兵力後的布魯德曼第三集團軍的一小支。已有數個師被派去支援奧芬貝格部，另有三個師在從塞爾維亞過來的火車上。但接到康拉德進攻令後，布魯德曼，一如萊塞茨，在茲洛塔利帕河邊與俄軍遭遇。第三軍第六師迂迴穿過青綠蓊鬱的大地時，撞上與他們右邊的萊塞茨所屬第四條頓騎士團首領步兵團所遇到同樣的障礙。有位參謀寫道，「我們直直走進從未見過的俄軍陣地，遭敵人以榴霰彈和步槍近距離平射攻擊。」奧軍未撤退，反倒進攻，軍官以緩慢、鄭重而沉悶的語調說，「儘管士兵英勇作戰，死傷非常慘重，一再強攻，仍未有進展。」部隊真的攻入俄軍防線，呼求側翼包抄時，對方告以側翼包抄做不到，因為每個奧匈帝國部隊都正全力與「兵力大占上風的俄軍」交手，分不了身。[3]在這場並未用心打的戰鬥（後世史家所謂的第一場倫貝格戰役）中，布魯德曼向他以為只是俄國一個孤立軍級部隊的敵軍出擊。他被魯斯基懶洋洋的行進所騙，這時才知道他所攻擊的敵軍，不是一個軍，而是整個集團軍（布魯西洛夫第八集團軍的四個軍），兵力只有對方三分之一。

在布魯德曼部左側，德西德流斯·科洛斯瓦里（Desiderius Kolossváry）將軍把奧匈帝國第十一軍帶入前途未卜之境。他所下達的命令反映了康拉德一直以來無意弄清楚俄軍實力的作風：「在友軍第三、第十二軍左側前進，以掩護他們攻擊已在布羅迪和塔爾諾波爾越過我們邊界的敵人。」[4]問題是「敵人」這字眼太含糊。康拉德完全未交待俄軍兵力或位置。因此科洛斯瓦里從倫貝格東征，打算占領位於布斯克（Busk）的布格河渡河口，攻擊正與他右側的兩個友軍交手的俄軍側翼。新兵頂著烈日走在土路上，光是行軍就使科洛斯瓦里部一天不想動。他們於八月二十六日休息，在這同時，布魯德曼把自己當成如當年打奧斯特利茨（Austerlitz）戰役的拿破崙般調遣他的其他部隊，打算把俄軍困死於一地，然後用他兩翼的軍級部隊（例如科洛斯瓦里部）打垮其側翼。一九一三年哈布斯堡軍事演習時，布魯德曼三兩下就遭奧芬貝格打得無力再戰，而真槍實彈打，他的表現一樣糟。頗為奇怪地，他認為兩側翼不會受到威脅，深信往左右側各調一個師過去，就足以使他不致受到包圍，且深信「我們第十二軍的兩個師會在中間部位**聯合**進攻我們第三軍所面對無論多少兵力的敵軍，而這場仗會由這一進攻的成敗來**決定**。」他做計畫時的不求精確（在已有電話、飛機、汽車的年代還用「無論多少兵力的敵軍」），令人咋舌，而同樣令人咋舌的，乃是在那一刻正漸漸包圍布魯德曼部之俄軍的攻擊。5

一百九十二個俄羅斯營，踩著規律的步伐緩緩走向奧匈帝國第十一、第三、第十二軍。從倫貝格重新踏上疲累的征途，仍然不察危險漸漸逼近的科洛斯瓦里，發現布斯克已落入俄軍之手；他朝南走，以援助他右側的兩個軍，要求約瑟夫．斐迪南大公轄下第十四軍的奧地利地方防衛軍第四十四師和匈牙利地方防衛軍第十一騎兵師，「攻擊」擋在他路上之俄軍的「側翼和後方」。結果未如他所預期：「奧地利地方防衛軍第四十四師不願照辦，匈牙利地方防衛軍的騎兵師一直沒回覆。」十四軍被派去北邊的科馬魯夫，然後被召回倫貝格（第三次），已被操到體力極限，實質上失去戰鬥力。科洛斯瓦里報告道，「由於這些未預見到的情況，我部無法有效地介入這場戰役。」他嘗試在沒有第

FIGURE 9.2 ——魯道夫・布魯德曼將軍

魯道夫・布魯德曼將軍曾被譽為奧地利「神童」和「未來希望所寄」，甚得皇帝與皇儲法蘭茨・斐迪南寵信，卻在倫貝格與拉瓦魯斯卡栽了個大跟斗。這位神童遭解除兵權，送回維也納。照片來源：National Archives

十四軍提供側翼保護下，派轄下數個旅進攻位於克拉斯內（Krasne）的俄軍陣地，結果，如他所字斟句酌表示的，受到「相當大」的死傷，軍官則有「頗大」死傷。他的火炮有一半遭俄軍炮火擊毀。[6]奧地利第八十團朝克拉斯內的俄軍開火，殺敵效果卻比平常差。事後他們才發現，後勤單位誤給他們平時演習用的空包彈，而非實彈。[7]

在這同時，俄軍大舉攻入奧軍中央和兩側翼。奧匈帝國參謀——不是靠自家騎兵偵察，而是靠穿過他們防線逃回來的加利西亞難民，了解俄軍動態——用藍鉛筆速速寫下憂心忡忡的看法，派人快馬加鞭送到倫貝格：「迫於敵軍人數甚多，我師撤退；我軍傷亡甚為慘重。」[8]把第十四軍借給奧芬貝格後，布魯德曼只剩自己九個師和第二集團軍兩個師守住奧地利在加利西亞陣地的整個右翼。他轄下兵力損失驚人，許多部隊失去三分之二有生力量。在中央部位，普熱梅希拉尼這個熱絡的大市集鎮東邊，埃米爾．科萊魯斯（Emil Colerus）將軍的第三軍一再試圖以刺刀衝鋒戰術……擊退俄軍。這種打法完全不對，每個旅都回報「死傷非常慘重」。俄軍藏身於又深又窄的壕溝裡，外面看不到他們，榴霰彈也傷不到他們，等著奧軍每次進攻，然後同時起身，用齊射火力將奧軍全數撂倒。奧軍逃離俄軍的連續齊射時，俄軍反擊，攻入開口處，打奧軍側翼。[9]

布魯德曼部和科費斯部後撤約十五公里到下一道河線，即距倫貝格只四十公里的格尼瓦利帕河時，第二集團軍更多部隊從塞爾維亞馳抵他們右側，使奧軍在這一關鍵區塊的軍力增加為十五個戰力薄弱的步兵師（總兵力十四萬五千）和八百二十八門炮。但面對布魯西洛夫部和現在的魯斯基部，那猶如螳臂擋車。魯斯基正把轄下兵力分為兩股，一股打這一仗，另一股打奧芬貝格，共有十六個戰力甚強的步兵師，總兵力將近三十萬，火炮有一千三百零四門。

八月二十七日，不服輸的布魯德曼下令再啟攻勢。他仍一副拿破崙再世的模樣，向麾下將領保證「第四集團軍正攻入俄國且取得勝利」，尚待完成的就是由他在倫貝格的部隊「施予決定整場戰爭成敗的一擊」。他下令三個軍從格尼瓦利帕河沿線的羅加京（Rohatyn）等幾個村子再度進攻，以騎兵掩護側翼。第二集團軍要在右側往前推進，以吃掉俄軍（該集團軍司令官愛德華．馮．伯姆－埃莫利這時終於來到此戰地）。事實上，八月最後一個星期，第三、第二集團軍心存懷疑的諸將領，每天晚上都會接到佛里德里希大公和康拉德要他們天一亮即「重啟攻擊」的命令。[10]但奧軍每次進攻的下場都一樣，被俄軍防守火力打得動彈不得，然後被俄軍反攻部隊從側翼包圍。[11]奧匈帝國每支部隊後方都陷入恐慌，輜重隊一如以往跑掉，但就連訓練有素的部隊都相互開火。第六師苦惱地報告道，「我軍第四十四野戰炮兵團某連，誤把我們的波士尼亞人當成哥薩克人，朝他們炮轟了五分鐘，三十二人死，許多人傷。」炮兵開火時，該師師長和其參謀正在一農屋裡研究地圖，波士尼亞人在外面休息，司令部差點也被炸掉。[12]

奧軍遭擊退，棄守且與附近友軍失去聯繫。「自今天大清早就與奧地利地方防衛軍第二十師失去聯繫」，科萊魯斯將軍於二十八日晚回報。[13]在普熱梅希爾，康拉德打電話給布魯德曼的參謀長魯道夫．普費佛（Rudolf Pfeffer）將軍，不相信普費佛對前線戰況的解釋。「但第十一軍正在哪裡**打**？」康拉德氣得結結巴巴。「第三軍在**幹什麼**？」普費佛告訴他，他們的進攻已遭撕碎，得退到格尼瓦利帕河後面。康拉德反駁，「如果你們當初完全遵照**我的**指示，現在就不必談什麼**撤退**的事。」他猛然掛上電話，轉向他的副官魯道夫．昆德曼（Rudolf Kundmann）吼道，「他們敗了。」他開始捏造事實為自己卸責：「他在撤退！因為不聽上級指示，才出問題。」[14]

在該地數個奧地利師正尋找掩護以避開從天而降的俄軍炮火和烈日時，康拉德這位卓越的「城堡將軍」（譯按：château general，過著舒服日子，不關心底下士兵死活的將軍），下令八月

二十九、三十日再度進攻格尼瓦利帕河。這時有人提醒頗欣賞康拉德的阿佛烈德・克勞斯將軍，這位參謀總長「實際上始終是個戰術家，不關心戰略、實際作戰問題，比如作戰時如何部署大軍，如何移動、餵飽、補給大軍，提供大軍切實的作戰計畫。」[15]康拉德這時的情況正證實這一對他的評判，從戰略角度來看奧軍已如此明顯完全居於下風，他仍昧於形勢地大吼進攻再進攻。科洛斯瓦里回報，第十一軍大部分人已無法再征戰；八月二十五至二十七日的征戰已把他們累垮。他指出，「我們的戰力直線下降，已有一段時間稱不上具有完整戰力」，還說「把只受過些許訓練的行軍旅當成『作戰部隊』來用，視同受過訓練的野戰部隊，顯然不管用。我們會盡力。」[16]

布魯德曼第三集團軍的大部分兵力，擠在幾乎不到八公里長的空間裡，成為絕佳的攻擊目標，易遭到側翼包抄。第二集團軍的第七軍白天攻擊他們當面的俄軍，但發現他們後面有從南邊渡過第聶斯特河過來的俄軍時，他們不再攻擊，選擇撤退。[17]康拉德氣得大吼。第二、第三集團軍為何不**進攻**？普費佛將軍請康拉德親赴前線看實際戰況，但康拉德回以在普熱梅希爾太忙。後來普費佛寫道，「真令人遺憾」，「只要瞧一眼俄軍的火力包圍圈，就能治好他的錯覺。」[18]為打消康拉德一意進攻的念頭，普費佛提出根本試不得的進攻構想。[19]俄軍每個師配有兩個重型榴彈炮連（奧軍一個都沒有），遠遠就把奧軍消滅。

在第一次倫貝格之役中，兩萬奧匈帝國士兵和七十門炮落入俄國人之手。繞過布魯德曼部右側翼猛撲過來的布魯西洛夫，驚訝於奧軍撤退時丟下的加農炮、機槍、四輪馬拉貨車、戰俘之多。雙方數千名傷兵都驚訝於本國軍隊對他們死活的不聞不問。布魯西洛夫的醫務長原向他保證，在別列札內（Berezany）有三千張病床可安置傷兵；但三千五百名受傷官兵送到那裡，才發現只有四百張病床，其餘傷者得露天躺在地上。[20]

八月三十日布魯德曼終於掌握實際戰況時，他的表現比較不像拿破崙：「與兵力遠大於我方的敵人交手數日之後，我軍必須撤退，在新戰線重整。」他指出應撤至倫貝格**西邊**的韋雷西察河（Wereszyca River）。[21]戰爭打了幾乎一星期，康拉德就快要丟掉奧匈帝國第四大城暨加利西亞首府。他的幾個集團軍，在相隔遙遠的地方各打各的——在克拉希尼克和科馬魯夫周邊的丹克部與奧芬貝格部、在倫貝格的布魯德曼部與伯姆－埃莫利部——正漸漸被各個擊破。俄軍的組織若更完善，或許早已消滅奧地利整個北方面軍，但他們仍在緩慢移動，而已把司令部移回基輔的伊凡諾夫，仍不相信丹克部和奧芬貝格部是康拉德的攻擊主力。一如魯斯基，他認為他們只是側翼防衛部隊，因而目光一直瞧著倫貝格，尋找他認為正前來增援布魯德曼，欲將戰事帶進俄國的軍隊。

如果說俄國人無法理解康拉德成事不足敗事有餘的能耐，康拉德底下的軍人對此知之甚詳。這時，奧匈帝國士兵已認清上頭指揮官的愚蠢。指揮官一再以下面之類愚蠢的說詞，把他們送進俄軍壕溝和炮陣地的虎口：「俄國人很少發炮，因為他們的炮彈不會爆炸。」[22]在這些犧牲流血的士兵聽來，那簡直滑天下之大稽。事實上，真的傷不了人的，乃是奧地利的火炮。奧匈帝國總司令部從俘虜的俄國人口中得知，奧地利炮手把榴霰彈的炸開高度設得太高，使俄國人得以在彈丸紛紛落下時安全跑開。[23]在這同時，奧地利人衝向俄軍時，根本無法全身而退。有位奧地利上校解釋了為何出現這種情況：在平時的研習和演習時，軍官被教導「時時要尋找側翼，繞過敵人」，但在戰鬥正激烈時，男子漢該有的打法是gradaus，即明著對幹不搞暗招——沒有佯攻，不搞側翼包抄，只有「乾脆的，較符合奧地利『一直進攻』之傳統的放手一搏。」這一本能使哈布斯堡王朝軍官的死亡人數驚人，「他們覺得得白白犧牲自己性命以激勵下屬」。

才幾天時間，就連這種英勇行徑都失去激勵效果：排長衝向俄軍而喪命時，排兵會畏縮不前。這使奧軍戰術有了微妙轉變。此後，中尉把英雄角色派給士官來當，自己在二線跟著，「手裡拿著鏟子和步槍，只要士兵畏縮不肯進攻，都要其斃命。」[24]許多奧地利人向最近的俄軍投降以躲掉必死的下場，但這麼做有時也沒好下場。有位奧地利戰俘描述他被俘的經歷：「我們被繳械，身上的值錢東西，手錶、錢、小刀之類的，被搶光，然後把我們關在豬圈裡三夜，除了生馬鈴薯，沒其他吃的。第四天，他們放了我們，卻逼我們加入俄軍小規模戰鬥編隊往前走，向他們指出我們的陣地。」[25]

魯斯基小心翼翼越過格尼瓦利帕河時，已在二十七日拿下塔爾諾波爾；而在二十九日拿下第聶斯特河邊加利西亞舊首府哈利茨（Halicz）的布魯西洛夫，轉北進向倫貝格，攻入布魯德曼未設防的側翼。康拉德的參謀部在戰前研究俄軍將領時，就特別留意布魯西洛夫，指出「他火暴、精明、充滿活力。」這時布魯西洛夫以行動證明他的確是這樣的人，巧施妙計使布魯德曼陷入兩面夾攻之境，而夾攻者一是他，一是康拉德。八月三十一日，康拉德從他位於普熱梅希爾平靜無事的辦公室下令，「基於政治、經濟理由」，得不計代價守住倫貝格。布魯德曼無奈地照辦，要他的部隊和伯姆－埃莫利的部隊在倫貝格周邊部署成弧形，以每道小溪和山丘當掩護，但「如果情況吃緊就退到西邊」。數個奧匈帝國騎兵師奉命跟位於側翼的步兵團靠攏，下馬，掘壕固守。情況類似十九世紀美國卡斯特（Custer）中校打的小大角河戰役（Battle of the Little Bighorn）。[26]俄軍緊逼，迫使側翼部隊往中央靠，奧軍不久後撤退。布魯西洛夫的飛機監視大批奧匈帝國士兵在倫貝格火車站上了往西開的火車，其他大批士兵循著公路撤往桑河。[27]

布魯德曼部潰退，九月二日讓出倫貝格，退到格魯代克（Grodek）陣地，即韋雷西察河後面的一線高地。他把第三軍居中擺在格魯代克，第十一軍擺在左邊，第十二軍和第三十四師擺在右邊。布魯德曼想振奮低落的士氣：「第三、第二集團軍已使人數占上風的西進敵軍放慢速度……第四集團軍就要轉過來支援我們，一起攻打敵軍，向這一自大的敵人報仇的時刻已經到來！」但由於俄軍炮火聲，以及由於奧地利最高指揮官的謊言和誇大不實，他這番話沒人聽進去。[28]

奧地利的東都，原被視為俄境作戰之跳板的倫貝格，如今落入俄軍之手，奧匈帝國軍中各階層都不得不對領導階層的能力，乃至究竟為何而戰，生起疑問。後來，布魯德曼的參謀長把這場大敗歸咎於康拉德的散漫：「這一戰敗的原因，純粹是總司令部易出錯的動員和對俄國人的全然誤判……直到現在，倫貝格爭奪戰期間，總司令部才發現俄軍主力在**這裡**。」[29]跟著後撤奧軍跑的倫敦《泰晤士報》美籍戰地記者史坦利·華許本（Stanley Washburn），赴倫貝格醫院探望了奧地利傷兵，驚訝發現「奧軍中一般的入伍士兵完全不清楚這場戰爭是為何而戰。」這些奧匈帝國傷兵對俄國一無所知，對塞爾維亞了解更少，甚至沒人知道英、法投入這場戰爭。[30]

時時留意自己形象的康拉德，知道得替倫貝格的失陷找替罪羔羊。他將布魯德曼的參謀長魯道夫·普費佛將軍和數名軍長、師長、旅長撤職。後來在回憶錄中，康拉德把這一挫敗歸咎於布魯德曼的「被動」，說他若照參謀總長的作戰計畫打會得勝，卻未這麼做。[31]但根本沒有克敵制勝的計畫，即使真有這樣的計畫，布魯德曼也難以順利執行，因為奧地利人被俄國的火力和自身差勁的後勤體系弄得幾乎動彈不得。一如在塞爾維亞所見，由於過度龐然的軍級部隊（每個軍有四十五個營）和累贅的輜重隊，整個哈布斯堡軍隊的移動如同牛步。

奧匈帝國諸集團軍以每三名戰士一輛四輪馬拉貨車的比例配備貨車。戰前本欲打造較輕盈靈巧的軍級部隊，卻受阻於僵固的哈布斯堡王朝官僚，於是部隊行軍時拖著龐然的累贅。有位滿腹牢騷的將領指出，日本軍官不帶行李打俄國人打了一年半（在滿洲打的那場戰役，從頭到尾，兩名日本軍官都共用一個小提箱），而一九一四年時的奧匈帝

FIGURE 9.3 ——**趕赴前線的奧匈帝國第二集團軍士兵**

一九一四年八月趕赴倫貝格附近前線的奧匈帝國第二集團軍的匈牙利人。

照片來源：Heeresgeschichtliches Museum, Wien

國將領，每人配發兩輛「個人用四輪馬拉貨車」供裝運衣物和其他可搬運之財物，以及三輛這類貨車供他們的師部或旅部使用。每個師部或旅部又獲配發足夠裝載五千三百磅額外行李的數輛貨車，供僅僅三人（師旅長和其兩名助手）使用，而一個營整整五百人所帶的行李，只有這些額外行李數量的一半。整個來講，奧匈帝國一個師拖著一百零五輛供上述用途的四輪馬拉貨車，以及四十五輛供士兵使用的貨車，四十五輛載運彈藥的貨車，七輛載運糧食的貨車，還有野戰炊事車、麵包烘烤車、救護車各數輛。難怪將領竟把火炮和衣物箱、書、葡萄酒箱、罐頭擺在一塊運送。[32]

拖著這樣的累贅，佛里德里希大公這時打電報給德皇，要求德國盡快發動攻勢解危和「忠實履行」柏林的盟國義務（不管在這場波及地域遼闊且戰局起伏不定的戰爭裡盟國義務究竟何所指），也就不足為奇。八月最後一星期，康拉德四度打電報給毛奇，要求德國從西戰線抽調十二個師（四個軍）投入東線戰事。[33]正在馬恩河邊全力對付百萬法軍且已在坦嫩貝格和馬祖里湖區（Masurian Lakes，位於康拉德之俄羅斯戰線西北方）擊潰俄國兩個集團軍的德國，大吃一驚。

在科布倫茨（Koblenz）的德軍總司令部，奧匈帝國軍事聯絡官約瑟夫・馮・史蒂爾克（Joseph von Stürgkh）將軍，注意到與其盟邦關係的急劇惡化。康拉德所提議的作戰行動不可能執行；由於有俄國西北方面軍的幾個未受到壓制的集團軍，虎視眈眈於興登堡的第八集團軍側翼，毛奇不放心要該集團軍赴東南馳援奧軍。就連德軍總司令部裡的奧地利人也這麼認為。這些人這時提到相牴觸的「黨派路線」：康拉德的路線和其他每個人的路線。史蒂爾克和亞歷山大・馮・于克斯屈爾將軍（法蘭茨・約瑟夫皇帝頭髮日益花白的騎兵衛隊司令）看著地圖研究，判定康拉德的計畫說「行不通」。德皇把史蒂爾克帶到一邊，熱切說道：「我們在東普魯士的小規模軍隊已牽制住敵人十二個軍，消滅或擊敗他們；**那**未讓你們奧軍進攻時更輕鬆嗎？」[34]

顯然沒有。倫貝格周邊堆起一堆堆糧食，奧匈帝國工兵（在餓著肚子的士兵拖著腳走過糧食堆時）把汽油澆在糧食上面，在這同時，康拉德正在普熱梅希爾的餐桌旁盡情享用早餐，一派輕鬆地向同事說道，如果法蘭茨．斐迪南大公還在世，會為了失去奧地利東都和該地龐大的鐵路設施「把我斃了」。多達一千部火車頭和一萬五千個火車車廂留給了俄國人。那位《泰晤士報》戰地記者來到這座大城，看過城裡的公園、林蔭大道、豪華飯店，認為它是「這場戰爭打到目前為止交戰國所取得的最大戰利品」。[35]

戰前法蘭茨．斐迪南大公就要康拉德留意往邊陲戰線塞進太多兵力、往主戰線放進太少兵力的危險，但決意打垮塞爾維亞人的康拉德不理會這示警。[36]加利西亞的烏克蘭人，這時正為康拉德的雄心與現實間的差距受苦受難。烏克蘭人是加利西亞的最大民族，但奧地利領導階層開始認為他們不可靠，下令烏克蘭官員、老師、教士離開該省，與他們的希臘天主教主教一起移居摩拉維亞。在加利西亞西部，有千名烏克蘭頭面人物因可能支持俄國而遭關押。奧軍參謀手裡有上級發予的一張加利西亞少數民族分布圖，上頭標出這個大省境內幾個遼闊的「親俄」區：從新桑德茨（Neu Sandez）到倫貝格的整個南部邊緣、從拉瓦魯斯卡周邊到塔爾諾波爾的東邊境地區、內地的數大塊孤立地區。[37]

為恢復親奧勢力，佛里德里希大公下令祭出暴行：「凡是個人，乃至整個族群，犯下叛國罪者，都該以最殘酷手段將其打倒。」[38]有個殺人如麻的大公在一側，揮舞皮鞭的俄國人在另一側，且奧軍所到之處都爆發霍亂，加利西亞（奧匈君主國裡猶太人最密集的地區）的猶太人，於是收拾起能帶走的財產，逃到維也納，定居於該城的萊奧波德斯塔特（Leopoldstadt）區，開始改良麵包、麵粉、肉、動物油、奶、煤之類官方配給食物的黑市交易機制。維也納人一邊向加利西亞猶太人買民生物資，一邊痛斥他們的黑市，開始在暗地裡談「猶太人問題」。[39]

為打擊敵人，而非把矛頭指向自己人民，康拉德再度改絃更張。奧地利飛行員的報告透露，魯斯基的第三集團軍正轉往西北，離開布魯德曼部，很可能是為了從側翼包抄奧芬貝格部。康拉德深信布魯德曼能在倫貝格西邊的一道沿河防線頂住布魯西洛夫部，於是同意第三、第二集團軍應撤離倫貝格，退到韋雷西察河，把俄軍引過去。康拉德為何認為一支比原部署在格尼瓦利帕河邊的兵力還要小的軍隊，在這條河後面，會比在那條河後面（且面對更大兵力的俄軍的情況下）有更好的作為，這是這場大戰役的諸多謎團之一。

康拉德命布魯德曼和伯姆－埃莫利在韋雷西察河邊頂住俄軍，奧芬貝格則在同時率第四集團軍往東南走，穿過拉瓦魯斯卡，打擊俄軍側翼。第三、第二集團軍要頂住俄軍夠久，以使這一鉗形攻勢得以發動。若非有這麼多人因康拉德的連番出錯而精疲力竭、斷手斷腳或喪命，他遠在戰場之外，像在參謀部地圖插圖釘般調動已被他操得戰力大失的部隊之作為，會讓人覺得好笑。一如波提奧雷克，康拉德的表現顯示他完全不懂怎麼打真槍實彈的戰爭。[40]經過過去這個星期的征戰，奧芬貝格部已幾乎動不了，更別提與敵廝殺，他有太多馬已傷重而死、餓死、累死。博羅耶維奇建議他麾下將領，「把補給部門的馬撥給彈藥車隊用；把彈藥車隊的馬撥給野戰炮兵連用。」沒打仗時，士兵奉命盡量多抓脫隊的軍馬回來給部隊用。配發的槍已丟失或受損者，則被告知到外面地上找槍替補。[41]

奧芬貝格的第四集團軍自八月三十日俄軍撤離科馬魯夫起一直往北走，這時卻奉命調頭往南。「軍隊不是棋子」，奧芬貝格抱怨道。這一次的計畫修正毫無道理，主要是因康拉德知道魯斯基正往北走，奧芬貝格部往南正迎向魯斯基部火炮和機槍林立的正面，而非側翼。[42]第四集團軍第二度走過科馬魯夫戰場，第二度被死屍的臭味熏得透不過氣。第四集團軍諸部隊在滂沱大雨中調轉向南，大雨「使道路變得泥濘不堪」，在科馬魯夫周邊，他們驚駭望著地上的景象：「無數屍體，包括我們的和他們的屍體混在一塊，馬屍，還有各種戰爭廢棄物。」對於原先催著他們去盧布林，現在卻同樣急迫地催他們往反方向走的最高指揮部，士兵自然而然開始信心動搖。[43]

在迴旋餘地如此小的空間裡調頭，奧匈帝國諸部隊彼此相撞亂成一團，也跌跌撞撞和正將他們團團圍住的俄軍相遇。混亂的小衝突劃破夜空的寧靜，人人都緊張地朝別人開火。[44]在韋雷西察河邊，將領收到康拉德的電報，口氣一如以往火冒三丈。康拉德批評他們接連以窄窄的小河為屏障在後「被動防禦」且「不斷撤退」。康拉德命令諸將進攻，「以改善整個局勢」。但身在前線的軍官發現，再進攻，就如某高階參謀所說的，「人力不允許。連要再來一次刺刀衝鋒，士兵都吃不消；他們已被無休止的行軍、戰鬥、缺乏睡眠打垮。」第八步兵團奉命進攻霍雷涅茨（Horyniec），前進了幾步，「第一榴霰彈在

FIGURE 9.4 ——奧地利軍隊於加利西亞處決的烏克蘭人

奧地利軍隊於加利西亞處決的烏克蘭平民。
一九一四年八月佛里德里希大公下令，「凡是個人，乃至整個族群，犯下叛國罪者，都該以最殘酷手段將其打倒。」
圖中是因被懷疑站在俄國那一邊遭處決的烏克蘭人。
照片來源：Heeresgeschichtliches Museum, Wien

上方爆開，就隊形大亂，開始往後跑。」[45]

奧芬貝格將軍八月三十日檢視了一群俄國戰俘，對他們的黃褐色軍服印象非常深刻，說即使在兩百步外，他們都和周遭環境融為一體，使他看不出來。他與俄國軍官聊，其中大部分人會說德語。其中一人指出屍體狼藉的戰場，然後說，「這一切是為了**什麼？**」[46]奧芬貝格或許心裡有著同樣的疑問；他看出他在科馬魯夫取得的勝利就要被打碎。他開始編藉口卸責，以免後世招來罵名：「科馬魯夫的隆隆炮聲一平息，我們就奉命往南援助受到威脅的友軍（第三集團軍）。」俄軍會「在拉瓦魯斯卡為血所浸透的戰場上投入更多兵力，對付我們心生懼意的第四集團軍。」他還在日記裡寫道，「我已盡力了」。[47]

俄國正在從克拉希尼克往南到倫貝格一線部署更多兵力，奧軍擋不住他們。奧軍人數較少，而且由於丹克部從克拉希尼克退走，他們就要被從兩側包圍。奧地利第十四軍參謀長約瑟夫·帕伊奇上校憶起在他的戰線上發現俄國六個師，還有三個師和一整個俄國騎兵師在他的側翼。[48]奧軍士兵疲累不堪且所有物資都用光，奉命撿拾死去同袍的槍，並拿走他們彈藥盒裡的子彈。炮手接到命令，要他們如果火炮可能落入敵人之手，勿毀掉火炮，只要「取下瞄準具埋起來，以便日後如果奪回火炮時可用。」[49]

奧芬貝格震驚於他所接到的新命令；他深信惟一明智之道乃是撤退到普熱梅希爾的要塞和桑河邊。這條寬闊的河流和那些現代堡壘或許能擋住追擊的俄軍，使奧軍得

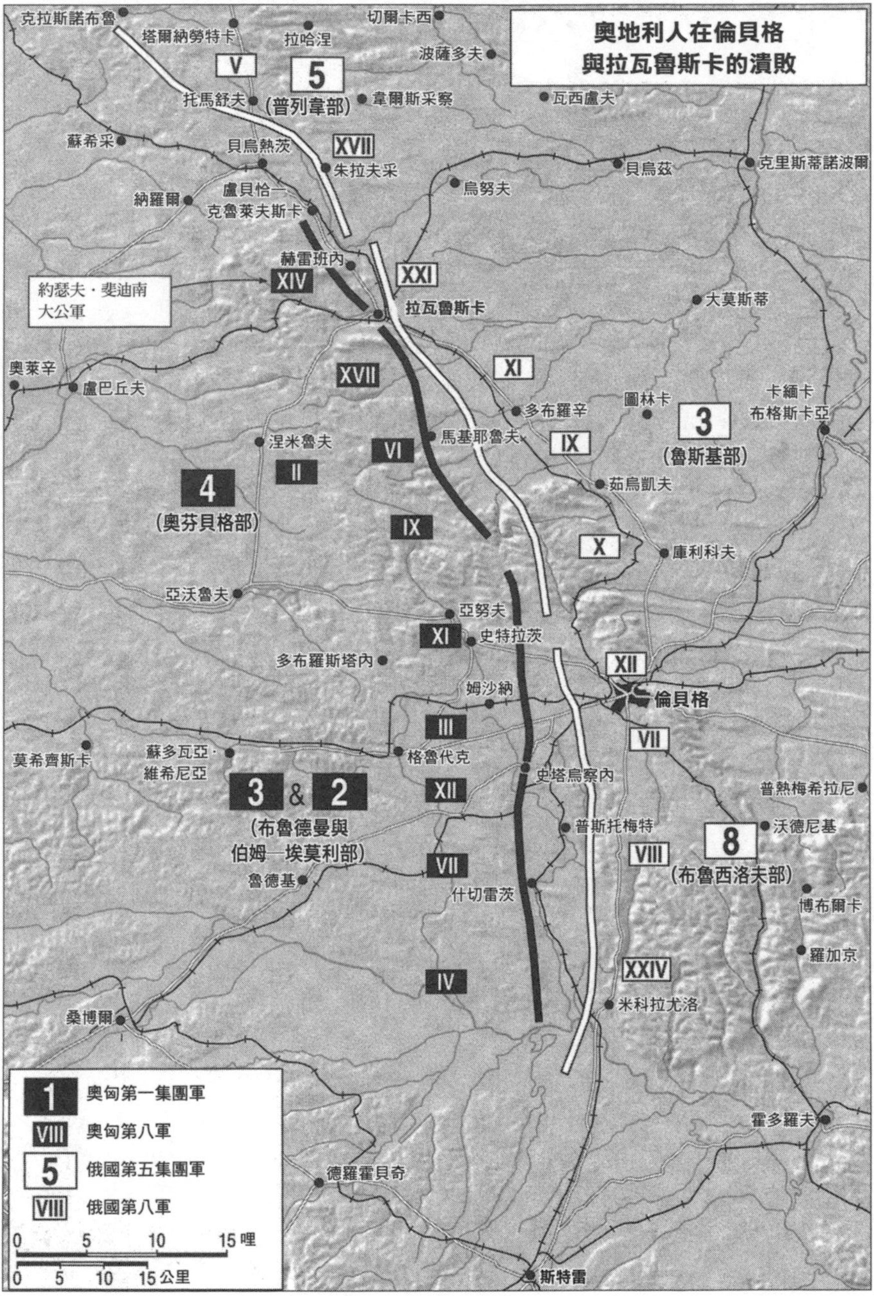
奧地利人在倫貝格
與拉瓦魯斯卡的潰敗
克拉斯諾布魯
塔爾納勞特卡
拉哈涅
切爾卡西
波薩多夫
V
5
(普列韋部)
托馬舒夫
韋爾斯采察
瓦西盧夫
蘇希采
貝烏熱茨
XVII
朱拉夫采
貝烏茲
克里斯蒂諾波爾
納羅爾
盧貝恰－
克魯萊夫斯卡
烏努夫
赫雷班內
XIV
XXI
約瑟夫·斐迪南
大公軍
拉瓦魯斯卡
大莫斯蒂
奧萊辛
盧巴丘夫
XVII
XI
多布羅辛
圖林卡
卡緬卡
布格斯卡亞
3
(魯斯基部)
涅米魯夫
VI
馬基耶魯夫
IX
II
4
(奧芬貝格部)
茹烏凱夫
IX
X
庫利科夫
亞沃魯夫
亞努夫
XI
史特拉茨
多布羅斯塔內
XII
姆沙納
倫貝格
III
VII
莫希齊斯卡
蘇多瓦亞·
維希尼亞
格魯代克
3 & 2
(布魯德曼與
伯姆－埃莫利部)
XII
史塔烏察內
普熱梅希拉尼
普斯托梅特
沃德尼基
8
(布魯西洛夫部)
VIII
VII
魯德基
什切雷茨
博布爾卡
羅加京
IV
XXIV
米科拉尤洛
桑博爾
霍多羅夫
德羅霍貝奇
斯特雷
1 奧匈第一集團軍
VIII 奧匈第八軍
5 俄國第五集團軍
VIII 俄國第八軍
0 5 10 15 哩
0 5 10 15 公里

以重新部署，與已開始從西邊趕來的德軍左右相連成一片（德國派兵赴東線，不是因為已打敗法國，而是因為奧地利一直吃敗仗）。[50]但康拉德還不準備撤退。他以含糊籠統的電報把霍夫堡宮蒙在鼓裡，而為讓近視的皇帝看得清楚，電報以大號鉛字排印製成複本，並附上粗比例尺地圖。皇帝的副官博爾佛拉斯將軍，還在電報邊緣加上安撫性的批注，幫康拉德欺瞞皇上，例如八月三十日電報上的這條按語：「皇上，情勢沒有感覺的那麼糟。」[51]

但就是那麼糟。第三集團軍已經垮掉，擋不住一個軍，更別提擋住布魯西洛夫的整個第八集團軍。所有人都被叫到前線，發一把步槍，包括工兵、汽車司機，而穿著各種顏色之農民工作衫來到的當地波蘭、烏克蘭民兵，使局面更加混亂。九月四日，布魯德曼試圖激勵其疲累的部隊，向士兵保證奧芬貝格已拿下一場「完勝」，擄獲兩萬戰俘和兩百門炮。」[52]他命令諸將領準備東進，以和從北邊下來的第四集團軍一起奪回倫貝格。在這批命令中，他提到「我們第三、第四集團軍之間的一個缺口」，煩惱俄軍可能趁隙而入。俄軍果然這麼幹。布魯德曼派三個騎兵師前去封住缺口，但遭推開。康拉德未把這次大敗怪罪於己，反倒怪在布魯德曼頭上，宣布他「身體不適」，要他退休。對一個二十年前被譽為奧地利「神童」和「未來希望所寄」的將領來說，這樣的下場實是悲慘。[53]

康拉德與佛里德里希大公為自己失敗找代罪羔羊的行徑，有其卑鄙至極之處。怎麼看都是個平庸司令官的佛里茨爾，一直以來同意康拉德的所有奇思怪想，這時則寫了封長信給欣賞布魯德曼的皇上，說明為何這位將軍該走人：「在倫貝格東邊那場多日戰役中，以及往格魯代克邊打邊退時，布魯德曼將軍太放任他轄下將領，使那些將領最終在沒有統一的指揮下自行其是。」這是瞞天大謊，實際上布魯德曼完全照康拉德命令行事，純粹因為寡不敵眾而落敗，而俄國的兵力優勢始終受到康拉德低估。布魯德曼認命走人，而皇帝惟一的安慰和以往沒有兩樣：六千克朗的現金賞賜和以「編制外軍官」身分繼續服現役（和領完整薪水），不退休。[54]

九月五日，在維也納，一名口無遮攔（且狀況外）的親王夫人，從其馬車車窗往外大喊奧芬貝格已奪回倫貝格。這則不實消息傳遍維也納大街小巷，被晚報拿去刊登。不到一天，這則報導就遭撤回，首都的民心士氣更為低落。[55]康拉德要斯維托札爾・博羅耶維奇接替布魯德曼之位，新司令官立即指出其接掌的集團軍欠缺「紀律和服從。全軍上下缺乏幹勁與信心。」[56]博羅耶維奇驚訝於俄軍每次發射猛烈的掩護炮火後，奧軍總是兵敗如山倒般垮掉：「目前為止的每一場仗，敵軍一開炮，我們就有大批士兵，甚至整個部隊，未經上級命令自行撤退。」把後備部隊送去援助這些敵前逃亡者也不管用，「因為**他們**也不會進攻」。[57]康拉德不為所動，下令九月七至九日再啟進攻。第二集團軍終於有完整戰力，他決意用其一搏。

但由於康拉德抽走左翼兵力增援右翼，北邊的局勢開始變得不可收拾。奧芬貝格部往南走，在他與丹克部之間露出一個一百一十公里寬的缺口，俄國第五集團軍趁機大舉湧入。俄國一新集團軍，普拉東・利奇茨基的第九集團軍，開始摸索位於克拉希尼克周遭的丹克部另一側翼。這時伊凡諾夫看出有機會在丹克部三個軍以桑河為屏障確保安全之前予以團團包圍。俄國老百姓欣然參戰，敲響教堂鐘和升火起煙，把奧匈帝國部隊的位置通知俄軍。靠著燃燒的茅草屋頂，俄國炮兵取得精確的炮轟位置。[58]

已於八月底幾乎被趕到盧布林的丹克，這時幾乎被團團包圍，見情勢不妙，他撤退逃命。信心大增的俄軍離開壕溝，竭力截斷丹克的退路，丹克部整路受到俄軍騷擾。他一個團於撤退途中損失整整一個千人營：九月五日該團掘壕以撐過當夜，隔天早上遭俄軍一個縱隊打垮，無人傷亡下被俘。[59]丹克於九月六日退到桑河之後，維也納樂師收起《丹克將軍之歌》曲譜。「俄羅斯狗」未遭擊敗。

接掌第三集團軍的博羅耶維奇九月九日向其不再相信上級鬼話的士兵保證，「我軍諸集團軍接下來要從敵人手裡拿下重大勝利」。[60]奧芬貝格若聽到此言，大概會說是聞所未聞的奇談。他正在倫貝格西北五十公里處的拉瓦魯斯卡作戰，兩側翼都無友軍掩護，前方和左側受魯斯基第三集團軍追逼，後方和右側受普列韋部兩個軍追逼。前線諸將領辛苦抵禦俄國大軍時，人在普熱梅希爾的康拉德正苦惱於吉娜問題。九月九日他向其政治顧問雷德利希哭訴，「我如果輸了（這場戰爭），也會失去這個女人，想來就令人害怕，因為以後我得一人度過餘生。」[61]奧匈軍總司令部的新聞主任馬克西米連・馮・赫恩（Maximilian von Hoen）談到康拉德日益嚴重的「年老糊塗」。這位司令官幾乎沒睡，在他的軍隊垮掉時，還花掉半個夜晚寫長信給吉娜和他的九十歲老母。康拉德逃避現實的心態令雷德利希震驚：「他不相信自己身負成為奧地利抗俄統帥的歷史使命」。[62]

拉瓦魯斯卡之役（又名第二次倫貝格戰役）是奧匈帝國在這場戰爭裡的最大戰役，投入四個集團軍五十二個師五十萬的兵力。康拉德的三子（公子）赫伯特・康拉德（Herbert Conrad）中尉死於此役。赫伯特的第十五龍騎兵團屬於約瑟夫・斐迪南大公四處奔波的第十四軍，九月八日（他們的任務和方向已被康拉德中尉的父親第四度更改之後），在拉瓦魯斯卡附近遇上大群俄軍炮兵和步兵。遭落下的炮彈打亂隊形之後，他們進攻俄軍。俄軍於龍騎兵團縱馬奔來時發射榴霰彈，然後從兩側翼向他們開火。龍騎兵團試圖騎馬進攻機槍、火炮和躲在壕溝裡的步兵，卻只前進了約三百公尺就遭擊退，造成二十人死、六十人傷，康拉德的兒子就在死者之列。[63]

康拉德為痛失愛子而難過萬分，後來也試圖針對此役的失利為自己卸責，說他原打算在俄軍往西追擊博羅耶維奇部時，要奧芬貝格部像把匕首般迅速插進魯斯基部的胸口；但當時康拉德的命令顯示，他知道魯斯基已停止追擊博羅耶維奇，揮軍向北以使普列韋部脫離戰鬥。此舉導致奧芬貝格所無望取勝的兩軍對撞。奧芬貝格部有著一百七十五個疲累且戰力大失的營，猝然與俄國兩個完整的集團軍交手，對手包括魯斯基第三集團軍的一百八十個營和普列韋第五集團軍的一百八十個營。

戰前擔任法蘭茨・斐迪南之軍事文書署署長的亞歷山大・布羅施・馮・阿雷瑙上校，

在九月六日這場相撞裡首當其衝。他的第二皇家步兵團整個星期被康拉德耍得團團轉，先是撥給奧芬貝格，然後在科馬魯夫之役後派去追擊俄軍，接著又被叫回倫貝格協防。這時他們從科馬魯夫踉踉蹌蹌往南，穿過濕地、森林，頂著烈日，冒著寒雨，白天有人類拇指般大的馬蠅騷擾，夜裡有蚊子和讓人搞不清方向的漆黑。布羅施奉命向第十七軍靠攏，一再向他們打信號，告訴他的行蹤，但沒人回應。

布羅施開始理解他正漸漸陷入包圍。一如第十四軍其餘部隊，他被俄國第五集團軍、第三集團軍從北南夾擊。約瑟夫．斐迪南大公剛打電報給奧芬貝格：「有東西從北方朝我們衝來；仍不清楚那是什麼。」俄軍這一侵逼，才終於使康拉德收拾心思務起正事。他剛從普熱梅希爾打電報給奧芬貝格，命他把第十四軍叫回西北，這一次是為支援已經調頭而正從克拉希尼克往塔爾努夫撤退的丹克第一集團軍。該集團軍右邊有維斯圖拉河，而俄國第四集團軍則在尋找它的左翼。這時，據康拉德的最新命令，第十四軍得走回北邊保護那易受攻擊的側翼。

這真叫人哭笑不得，但這一次，第十四軍只有一個團可派去執行這徒勞無功的差事：其他兵力被湧入丹克部與奧芬貝格部之間愈來愈大缺口的俄國第五集團軍困住。布羅施的士兵在加利西亞卡魯夫（Karow）這個骯髒的村子準備炊煮過夜，卻不得不在晚間離開該村，穿過一濃密的樹林，退到位於另一邊的另一個骯髒的加利西亞村子胡伊采（Hujcze），以躲避步步進逼的俄軍，即約瑟夫．斐迪南大公所提及的那個不詳的「從北方衝來的東西」。九月六日晚，這個團無精打采地走到胡伊采旁邊樹林的南緣，距西南邊的拉瓦魯斯卡只數公里。約瑟夫．帕伊奇將軍在總結此役的報告中寫道，「該地所發生的事，讓我們了解到同時碰到黑夜、樹林、林間濕地、無法形容的疲累會叫人吃上什麼苦頭。」即使是精銳部隊和其統兵官（此例中的皇家步兵團），也可能被這些東西打垮。[64]

走出樹林時，布羅施的士兵發現的不是寧靜的村子，而是俄軍的營地。這支奧軍行軍縱隊，以一個連為先頭部隊，然後是一個營，再來是團指揮所，後面是兩個營。位於行軍縱隊中央的布羅施，見到和奧軍一樣嚇了一跳的俄軍朝樹林發出參差不齊的火力，急忙調兵防守。位於附近的奧匈帝國第五旅旅長施奈德將軍，騎馬過來和布羅施商議，有位軍官無意中聽到他們的交談：那位將軍大喊道，「太好了！你做得很好！終於看到隧道盡頭的光！」布羅施則回以：「沒別的辦法，我們得不斷移動。」康拉德的獵人非常清楚，他們已成了獵物。

布羅施和施奈德欲將兩人的部隊併在一塊以逃出俄軍包圍圈，但布羅施部走出樹林後，卻進入一處林立著俄軍帳篷、四輪馬拉貨車、馬匹、軍用汽車的林間空地。俄軍猛烈反擊以保住他們的營地和通往拉瓦魯斯卡的道路（拉瓦魯斯卡已塞滿俄軍輜重隊和火炮），於是布羅施猛然右轉，帶領其累垮的步兵團穿過原野，往西邊打邊退，俄軍則從奧軍剛離開的樹林和樹林周邊的村子出來追了上去。布羅施和他數十名屬下喪命。[65]

布羅施的遭遇正是拉瓦魯斯卡戰役的縮影。位於布羅施部正南方的卡爾・克里泰克將軍的第十七軍，自九月五日起和俄軍交手不斷。他們遇到下雨，穿過濕地，一路踩著泥水行進，在野外露天或在污穢的農舍裡抓緊時間睡個一兩小時，一再於道路和小徑旁掘壕，以擊退突然從北邊、南邊、東邊或有時從這三面同時來犯的俄軍。九月六日一整天，第六皇家步兵營就待在這種倉促挖就的陣地裡，承受俄軍火炮和機槍攻擊，沒東西吃，因為糧食送不到這批被圍部隊的手上。夜色降臨時，俄軍動用步兵進攻。奧軍擊退這最後進攻，然後睡了一兩小時；不久，九月七日拂曉，俄軍又進攻數次。那天結束時，未在科馬魯夫喪命的軍官，大部分非死即傷，還有一百五十名士兵死傷。另有數十人「失蹤」。這是官方對未能找到屍體者的說法，那些人通常已投降。

奧匈帝國軍隊在第四集團軍戰線全線發起反攻，全遭俄軍步槍的連續齊射和火炮擊退。[66]約瑟夫大公的第十四軍，七天來因為康拉德一再更改命令而在波蘭南北來回跑，這時則被告知往南攻擊魯斯基的第三集團軍。帕伊奇在九月七日的日記裡寫道，大公非常氣憤於「我們原一直想做的事一再受阻而無法如願，如今卻在已經太遲時命令我們去做。」[67]事實上，康拉德計畫對魯斯基部發動側翼攻擊，結果執行這一攻擊的部隊本身反而遭到側翼痛擊，痛擊者就是魯斯基部。在這同時，普列韋部從北邊往南急撲，消滅布羅施部之類部隊，從側翼和後方包圍奧芬貝格部。

在杜布未能大膽放手一搏的彼得・斐迪南大公，這時在奧芬貝格部的右翼，使勁抓著後退的第三集團軍側翼，使已將奧芬貝格部和丹克部分開的俄軍，未能將奧芬貝格部與博羅耶維奇部分開。這裡戰鬥之凶殘，一如在更北部布羅施防區裡所見，且從奧地利的角度來看，同樣地無意義。一支僅僅六人的俄軍巡邏隊，不小心碰上躲在樹林裡的兩個完整的奧軍步兵營，立刻舉手投降。一名奧軍軍官用捷克語說，「不，讓我們向**你們**投降」，不敢相信眼前情景的六名巡邏隊員帶著兩千名奧軍戰俘回俄軍營地。[68] 值得注意的，這種事康拉德竟覺意外；戰前思索現代火力之事時，他就已認同，自普法戰爭以來，士兵只要碰上難以攻破的防禦火力，士氣就有可能瓦解。戰前訪問奧地利的日本軍官透露，打日俄戰爭時他們不得不在許多次強攻時以菜鳥取代老鳥，因為老鳥往機槍進攻一次後就不肯再幹這種事。康拉德本人研究過普法戰爭後推斷，即使是最有戰力的普魯士部隊，碰上持續不斷的壓迫還是垮掉。[69]

博羅耶維奇對軍事史的省思，來自更為切身的體驗；置身韋雷西察河後面的格魯代克陣地裡，他得以短暫喘口氣。這一道連綿的高地從第聶斯特河和韋雷西察河交會處升起，若非俄軍有足夠兵力從各方予以側翼包抄，本會是很強固的陣地。黯然下台的布魯德曼發給其部隊的最後指示，包括了九月六日這一則：「俄國報紙正興高采烈地報導他們已大敗我們第三集團軍」。布魯德曼嚴正表示，部隊此刻的任務，乃是「要俄國人把這話吞回去」。他接著叱責麾下軍官的戰術作為未能明辨一重要差異：「我得提醒你們打仗時**取得的**死傷和**蒙受的**死傷兩者有基本的差異。激烈戰鬥中取得的死傷，不傷害士氣，甚至使部隊得勝；因拙劣領導而蒙受的死傷，則令部隊灰心，導致敗亡。」[70]俄軍完全不在意這差異，一湧而上猛攻。布魯西洛夫憶道，「那些士兵是我們已被擊敗的士兵……他們已沒有鬥志。」[71]

康拉德下令九月八日再啟進攻。他似乎終於漸漸理解他挫敗的戰術原因。他發文給這時已不受指揮的麾下諸將領，「俄羅斯人似乎是這樣打仗的：守在壕溝裡，背後和兩側翼有火力強大且通常隱藏得很好的炮兵，以在我們發動步兵進攻時取得奇襲效果。他們通常維持這些陣地一天，讓我們受到最大死傷，然後退到新陣地重施故技。」[72]這一「故技」並非俄軍的新發明；一八六六年普軍打敗奧軍，用的就是這種打法：與戰術守勢相搭配的作戰攻勢。也就是說，敵軍會入侵奧匈帝國領土，然後構築堅強的防守陣地以擊垮奧軍必然的反擊——之所以「必然」，乃是因為形成於滑膛槍時代的奧軍傳統思惟，仍愚蠢地標榜戰術進攻，即使已有機槍和急速火炮問世亦然。康拉德終於發現他和他的藍灰色縱隊就要再度受騙上當，但這一發現儘管於九月七日發送給各地部隊，卻要到九月十日才送到散落各地且已遭擊敗的大部分奧匈帝國將領手上。他們疲累地瞧了該文一眼，在公文邊緣草草寫下該寫的「已閱」字眼，然後將其歸檔。

這時，奧地利陣營裡人人都已厭煩於這場戰爭。康拉德命第四集團軍會同第三集團軍一起進攻，但各部隊待在原地不動。[73]輓馬已累得拉不動車子，士兵也累得走不動。奧軍在韋雷西察河後面掘壕固守，但軍官擔心即使有此河當屏障且挖了戰壕，部隊仍會守不住。哥薩克人在後方的傳言令奧匈帝國第二軍士兵驚恐，該軍隨之開始全軍後撤。第三、第八師也開始後撤，四輪馬拉貨車隊擠在一塊，造成恐慌。九月九日，康拉德從普熱梅希爾大發牢騷，說這些「自行撤退」「毀掉我軍原會得手的進攻」。一如以往，他把保護自己漸漸不保的名聲，看得比打贏這場戰爭更為重要。[74]

九月十日，康拉德和佛里德里希大公首度走訪前線（戰時他們只去了前線三次）。康拉德、佛里茨爾、卡爾大公從普熱梅希爾驅車前往韋雷西察河後面的格魯代克陣地，由博羅耶維奇陪同視察，下令拚死一戰，然後迅速返回安全的桑河邊。[75]康拉德表現他一貫的被動性攻擊作風，叱責奧芬貝格「昨天，其他集團軍前進得勝之時，他卻在他的陣地裡休息」，此刻他得「進攻並制服（拉瓦魯斯卡的）俄軍」，一起展開「對倫貝格的同心圓式進攻」，「藉此挽回自己名聲」。事實上，「對倫貝格的同心圓式進攻」，也是康拉德所虛構；它比較像是四個亂糟糟的集團軍為保命而拚死一戰，而且這四個集團軍全都往西走、欲前往安全的普熱梅希爾，而非往東走、解救倫貝格。丹克的第一集團軍受到俄國第九、第四集團軍追擊，已被趕回到桑河。奧芬貝格部正受到俄國第五、第三集團軍猛烈攻擊，博羅耶維奇部和伯姆－埃莫利部則正受到布魯西洛夫第八集團軍的猛攻。

普列韋部已將丹克部、奧芬貝格部分開，準備攻入他們之間的缺口以進抵桑河。如果普列韋部先抵達該河渡河口，他將能包圍整個奧地利北方面軍，包括位於格魯代克的第三集團軍和位於其右側、本身快要被布魯西洛夫的第八集團軍包圍的第二集團軍。九月十一日，拉瓦魯斯卡戰役進入第六天時，飛機偵察報告俄軍形成龐大包圍圈，康拉德不再說大話，下令奧軍退往桑河和普熱梅希爾周邊呈環形布局的諸堡壘，而他們其實已在這麼做。

後來康拉德寫道，「從戰術上看，情勢不壞，但作戰方面守不住。」在俄軍就要把奧軍四個集團軍掐死之際，只有位在普熱梅希爾要塞平靜辦公室裡的一人，還能區別作戰行動與戰術的異同。此外，誠如奧芬貝格所說的，「**誰**把軍隊放進這一不利作戰的困境裡，使所有戰術作為和成就都**必然**落空？」[76]長達十四天的奧軍撤退行動加快，且是在最惡劣的環境下——從格魯代克到拉瓦魯斯卡長達五十公里的一道凸弧線，各集團軍和令他們惱火的輜重隊全擠在一條已經硬化的道路上和路兩旁多沙的小徑上。俄軍未錯過發動典型平行追擊的機會，在這一潰亂的奧軍撤退隊伍兩側跟著移動，不時衝進去製造更多混亂，擄走奧軍士兵、火炮和補給品。

後來奧芬貝格描述了奧地利諸集團軍穿過這地區撤離的困難，前進路線到處被火炮、野戰醫院、彈藥與補給車隊、電報裝置與航空設備、架橋設備擋住，其中許多東西不得不丟掉留給俄國人，以讓出地方給逃命的部隊。[77]第四集團軍奉命燒掉已棄置於拉瓦魯斯卡的所有糧食和彈藥，然後把該鎮也毀掉。在加利西亞鐵路附近撤退的奧匈帝國部隊，則奉命邊走邊拆鐵軌。[78]已在進攻普列韋部的行動中耗盡力氣的約瑟夫．斐迪南大公第十四軍，乃是奧芬貝格保護其後方安全的惟一憑藉。這支部隊已行軍、打仗兩個

FIGURE 9.5 ——難得走訪前線的佛里德里希大公和康拉德

九月十日，康拉德（左）和佛里德里希大公（右）首度走訪前線（這場戰爭期間他們只去了前線三次）。照片中，他們站在格魯代克陣地裡，聽著戰鬥聲，未拿定主意。他們的德國武官站在他們後面，禮貌性隔著一段距離。

照片來源：Heeresgeschichtliches Museum, Wien

星期，中間沒有休息。康拉德命令這位大公打開往西撤到雅羅斯勞的路線（該地已在俄軍手裡），他置之不理，要部隊往南走，也只有哈布斯堡王朝的親王能這樣抗命而沒事。

九月十一日，鑑於有被完全包圍之虞，奧芬貝格退到西南邊。經過三個星期沒有休息的作戰，奧芬貝格部已慘到只剩一萬枝步槍。[79]拉瓦魯斯卡的死傷令美籍記者史坦利・華許本目瞪口呆，對一個剛從美國明尼亞波利過來的人來說，那似乎是無法想像之事：「雙方戰死者將近十五萬，幾乎和蓋茲堡之役中李部、米德部兵力總和一樣多。」[80]

奧芬貝格的第四集團軍已有一半軍官和大部分士兵死於戰場。加利西亞人（烏克蘭人、波蘭人、猶太人）也死了許多；這時還保住性命者，窩在自家地窖裡，聽槍炮聲在上方響。華許本巡視奧軍撤退過後的原野，震驚於竟有約一百萬士兵在只比「十英畝地」大一些的地區交戰。戰事已變成孤注一擲的力拚；他看到「奧地利人甚至想用雙手挖淺壕」。他走過這塊小小的突出部，「踩過一個又一個炮彈坑，每個坑旁布滿藍軍服殘布條、被高爆炮彈炸碎的人骨碎肉。」華許本所提到十五萬戰死者，有十二萬人是奧匈帝國人，他們被趕進這個十英畝大的地區，被俄軍炮火屠殺。華許本冷冷論道，「戰爭是不適者生存。沒跑而喪命者，始終是最優秀的軍官和士兵。」[81]這時康拉德著手拔除那些不適任的倖存者。他已拔掉布魯德曼、普費佛和胡因；這時把舍穆瓦也撤職。博羅耶維奇撤出格魯代克，留下一堆藉口：「（第四）集團軍受到無法抵禦的攻擊，使我們無法利用已在倫貝格贏得的勝利取得戰果；總司令部下令全軍撤退到桑河。」[82]

到了九月中，奧匈帝國北方面軍已安然撤到桑河之後，該地的普熱梅希爾要塞提供了某種程度的保護。康拉德的四個集團軍（第一、第四、第三、第二）已混在一塊，為了把數千名落伍士兵挑出來，循不同道路送回各自所屬部隊，還花了數天時間。奧芬貝格憶起試圖脫離戰區和凶殘俄軍之魔掌的數長條猶太難民隊伍。[83]在科馬魯夫嚐到勝利（或者說看似勝似）的滋味後，康拉德這時滿臉愁苦。俄軍已拿下約兩百三十平方公里的奧匈帝國領土，威脅切斷康拉德與奧匈君主國和德國的聯繫。俄國在這場戰役中損失二十三萬人，遠比損失四十四萬人的奧地利更禁得起打擊。[84]

先前靠奧芬貝格在科馬魯夫的作為受到嘉許的康拉德，這時卻反過頭來把這次挫敗歸咎於那些作為：「奧芬貝格在科馬魯夫所採的進攻方向，使他無法在倫貝格之役迅速援助友軍。」[85]愈來愈愛把責任往別人身上推的康拉德，也怪罪於德國人：「德國人拿我們當犧牲品，贏得他們最大的勝利，卻置我們於困境之中；他們派兵不是要和我們一起打盧布林周邊的大戰，而是為了保衛（東普魯士）種馬場和獵屋。」[86]奧匈帝國駐柏林大使跟著起哄：「德國人被他們的勝利錯覺矇蔽，始終低估我們的成就……我們擋住整個俄國大軍，使德國人得以在有良好鐵公路的法國取得了不起且相對較易的勝利。」這些抱怨當然都完全忽視了一個事實，即德國人兩面作戰，且儘管西線陷入僵持，他們仍繼續從法國的「良好鐵公路」，抽調兵力到東邊烏克蘭、波蘭有著車轍的小路上。[87]

同盟國內鬨時，布魯西洛夫集團軍的左翼正橫掃布科維納的灌木荒野、獵屋和該地區的迷你首府切爾諾維茨（Czernowitz）——此城將於此戰爭期間易手十五次。布魯西洛夫的先頭部隊一路馳抵喀爾巴阡山脈通向匈牙利的最東邊山口。康拉德的左翼瓦解、右翼遭側翼包抄，於是在普熱梅希爾的要塞周邊，在滂沱大雨中，重新集結他的部隊。奧地利諸將領有氣無力地勸勉官兵團結抗敵。奧芬貝格的口吻像是個企管顧問：他在九月十五日發文給麾下軍官，「成功與鬥志高昂的先決條件，乃是每個人願意全心全意投入當下的任務（行軍、戰鬥），使每個人都知道我們的所作所為有其**目標**……沒有比淡漠、絕望更危險的事。」[88]但淡漠和絕望就是僅存的東西。哈布斯堡軍隊已經崩潰；如果說在總司令部笨拙的安排裡曾有過「目標」，此時無疑已不再有。有人觀察到，被俄軍俘虜的奧匈帝國軍人，「有病、細瘦、虛弱、較矮小」，似乎「對這場戰爭（一無）所悉」。[89]仍在奧匈帝國軍中者，開小差的人數之多前所未見。「為何每次與敵人起衝突後，都有**數千**落伍士兵在我軍後方遊蕩，而非與敵廝殺？」總司令部忿忿質問。「得找出這現象的原因，予以糾正。」[90]

誰都知道原因為何：無休無止的敗仗。許多士官（自始就是很少有的一類人），因為抗命遭降級。士氣跌到谷底，而從奧匈帝國的科技和領導統御現狀來看，誰都知道這已經沒救。奧軍已在撤退中損失數十門炮，而他們所救回的火炮，有許多門沒有瞄準器，因為炮組人員照先前的指示拆下瞄準器埋在某處。雖然已經太遲，康拉德仍要炮手帶著瞄準器撤退，而非把它們留在加利西亞的黑土裡。在已不會有什麼戰事時，他還命令諸將領「不要再浪費炮彈；務必按照戰鬥時每一刻的重要程度酌量使用炮彈」，著實令人一頭霧水的指示。[91]

除了在撤退和遂行撤退所需的最起碼休息上，博羅耶維奇有費心去「酌量」調度，在其他任何事物上，他完全未費心這麼做。他命令諸將領連與追擊的俄軍打後衛戰鬥都要避免（「以加快西行速度」），要他們派人去周遭土地上搜尋任何款式或口徑的步槍。

走在他們前面的奧軍，撤退時丟下許多步槍。恐慌已攫住博羅耶維奇的第三集團軍；九月十六日晚，他提醒在他兩側後撤的集團軍留意他的部隊，告訴他們「正有數個完整的團湧入普熱梅希爾；他們餓著肚子，洗劫店鋪，犯下暴行。」[92]他還發下一份通條，表達其對目前為止所用之戰術的震驚，那些戰術包括上刺刀正面強攻、掘壕不到位、沒用機槍和火炮施以火力壓制。好似哈布斯堡王朝軍隊想自己送死。[93]

由於有布魯西洛夫的第八集團軍騷擾一側翼，利奇茨基的第九集團軍騷擾另一側翼，奧匈帝國北方面軍九月十七日再度開拔，繼續疲累的撤退之行。俄軍已在桑河下游架了七座橋，使桑河不再是有用的防禦屏障，且使普熱梅希爾和其外圍諸堡壘可能遭包圍、圍攻，使整個北方面軍困在其中。康拉德和佛里茨爾在普熱梅希爾留下大兵力防守，帶著北方面軍其餘兵力往克拉科夫和可作為屏障的維斯沃克河（Wisloka River）撤退。[94]九月第三個星期時，康拉德估算有六十四個或更多個戰力甚強的俄國師緊逼他兵力甚弱的四十一個師。[95]奧地利人震驚於俄軍之兵多將廣；不管在何處，奧軍在兵力上都處於劣勢，單單布魯西洛夫的集團軍兵力就是奧地利第二、第三集團軍兵力的總和。才在一年前，法蘭茨．斐迪南的軍事內閣還在一篇名為〈破產〉的專欄文章中嘲笑俄軍。對一九〇五年俄軍倉皇撤離瀋陽的尖酸描述，此刻用在敗逃的哈布斯堡王朝軍隊上同樣貼切：「某種目視不到、手摸不著的東西，此刻折磨這支軍隊；暗示的力量已失靈；一個卑鄙的小秘密曝光。」[96]

九月二十一日，康拉德下令再退，退到維斯圖拉河的支流杜納耶茨河（Dunajec River）。第二、第三、第四集團軍要在那裡掘壕固守。在新桑德茨與興登堡、德軍東線總指揮魯登道夫會晤之後，康拉德同意調第一集團軍前去與維斯圖拉河北邊的德國第九集團軍並肩作戰。每個人心裡都在擔心日益短缺的炮彈；已有太多炮彈被打掉或拱手讓給敵人，後面又沒有庫存。[97] 即使有德國相助，奧地利戰敗似乎已成定局。奧芬貝格部在撤退途中丟掉太多火炮和補給車，此後數個月從空中一直能看到那些遭丟棄的車輛。這時他以艱深的比喻為自己開脫：「布呂歇爾（Blücher）在萊比錫戰役之前不也丟掉他整個車隊，以改變其作戰路線？但布呂歇爾仍是布呂歇爾。」[98]

奧芬貝格不會這麼走運。九月二十九日，康拉德和佛里德里希、卡爾兩位大公抵達設於札克利琴（Zaklycin）的奧芬貝格部營地，授予奧芬貝格萊奧波德大十字勛章，轉達老皇帝對他的感謝。隔天早上，奧芬貝格在胸前別上紅色搪瓷大十字勛章，準備繼續撤退時，總司令部派來的一名參謀部信使，帶著佛里德里希大公的信來到，信中寫道：「閣下，昨日前去時我推斷你的勇氣已被近來的事態磨掉不少，推斷你不再相信你轄下集團軍的力量和潛力。」奧芬貝格奉命自行稱「病」，把兵權交給約瑟夫·斐迪南大公，返回維也納。奧芬貝格驚駭莫名：「此刻，我身為科馬魯夫之役的勝者，卻被倫貝格之役的敗者拿掉兵權。」康拉德寫信勸慰奧芬貝格，但一如其一貫作風，最終卻大談自己的苦處：「這場不幸戰爭的罪責，會整個落在我的頭上，而我除了找個安靜的角落躲避同僚

FIGURE 9.6

史維托札爾・博羅耶維奇將軍

布魯德曼兵敗倫貝格後，由史維托札爾・博羅耶維奇將軍接掌奧匈帝國第三集團軍。他上任後立即指出該集團軍士氣的渙散：「我的部隊正大批後撤，餓著肚子；他們洗劫店鋪，犯下暴行。」這場戰爭這時才打了一個月。

照片來源：National Archives

的鄙夷，別無選擇。」[99]

十月二日，奧芬貝格照談定的作法稱病（關節炎）辭職，離開他的集團軍，把指揮權交給約瑟夫・斐迪南大公。[100]整個軍隊所受的苦，遠更甚於奧芬貝格所受的苦。北方面軍已死傷一半兵力，共十萬人死、二十二萬人傷；許多師已損失三分之二有戰鬥力的兵員。即使是法國人（身著紅長褲、深藍色上衣、排成密集的強攻縱隊），在開戰後一個月裡，也只損失三分之一兵力。[101]帶有二心的奧匈帝國部隊集體投降，加劇兵力的損失，使約十二萬未受傷的奧軍士兵，連同三百門炮，落入俄軍之手。

東線的戰事才打了三個星期，康拉德就損失超過三分之一的奧匈帝國兵力，還有最優秀的軍官、士官。「我們的正規戰術部隊已在目前為止的戰鬥中被打得七零八落，很難指揮得動」，博羅耶維奇於十月報告道。「我轄下的陌生人遠多於熟悉的老戰友」。[102]老戰友已死或被俄軍俘虜；維也納的第四條頓騎士團首領步兵團，只有七名軍官活著逃出加利西亞。[103]阿爾圖爾．博爾佛拉斯將軍從霍夫堡宮論道，「如果說戰爭曾是騎士般的決鬥，如今戰爭則是卑怯的殺戮。」他寫道，亟需更多炮灰，「戰神已變得貪得無饜」。[104]哈布斯堡陸軍部在國內各地緊張貼出樂捐布告，呼籲國民捐款成立新基金，救助已戰死者留下的大批未得到官方撥款照顧的孤兒寡婦。[105]

博羅耶維奇促請康拉德完全放棄普熱梅希爾，以免該地十五萬守軍也不保，但戰前還試圖刪掉該地要塞經費的康拉德，這時卻投入大筆資金強化該地戰備，以頂住俄軍的圍攻。他緊急調派兩萬七千工人到桑河，加強普熱梅希爾的防禦工事。他們架起一千零四十公里長的帶刺鐵絲網，挖了五十公里長的壕溝，構築了七條帶狀的據點，還有兩百個炮陣地、二十座堡壘。二十一個村子和約一千公頃的森林遭夷平以闢出火力區。這一工程曠日廢時，拜俄軍前進緩慢之賜才得以完工。九月下旬俄國六個師終於就圍城位置。[106]

把總司令部搬到杜納耶茨－比亞瓦（Biała）陣地裡的新桑德茨之後，康拉德赫然發現自己被困在維斯圖拉河與喀爾巴阡山脈之間沒有迴旋餘地的空間裡，而俄軍正從四面八方包圍。康拉德發覺難以移動剩下的北方面軍兵力，甚至連替他們補給都難，因為死掉太多軍馬。他要諸將領不要再要求補給彈藥，因為送不過去。[107]美籍記者華許本在這支潰散軍隊周邊四處探看，震驚於屍體之多和棄置屍體的隨便。「在某村外圍，已挖了數道大溝，溝旁有一堆堆屍體；農民用四輪馬拉貨車把一車車僵硬的屍體運過來，死屍裂開的臉龐斜眼呆視，令人毛骨聳然。他們就像一堆生鐵，從馬車上傾瀉而下。戰爭的浪漫在哪裡？」[108]浪漫不復見，霍亂和痢疾正肆虐奧匈帝國士兵。[109]這時只有德國人能救他們。

第十章　死於德里那河邊 Death on the Drina

如果說奧匈帝國北方面軍全軍需要援救，它在巴爾幹半島上的部隊亦然，而且最需要救的就是該地的全軍最高指揮官。自八月大敗之後，奧斯卡·波提奧雷克將軍就成了笑柄。有人說他「無能」、「飯桶」，還有更難聽的說法。[1]波提奧雷克決意讓那些批評他的人閉嘴，打算於九月再度入侵塞爾維亞。這有其風險；康拉德正在加利西亞全面撤退，波提奧雷克若要動手，就得將就著使用比他八月時還少的兵力：只有戰力大減的奧匈帝國第五、第六集團軍，舊第二梯隊已開赴東戰線，幫不上忙。

為了彌合第五、第六集團軍之間日益擴大的缺口，波提奧雷克把第六集團軍北移到德里那河中游。這使情況更糟：此刻奧軍未從兩路威脅塞爾維亞人，反倒以單一路線進攻，使普特尼克將軍省事許多。這一次奧軍的兵力（一百七十四個營）和塞爾維亞的兵力相當，因而敗戰的機率比八月時更高，[2]但霍夫堡宮和康拉德的總司令部似乎沒察覺這點。博爾佛拉斯堅持要波提奧雷克「不計代價挽回我軍名譽」。滿腦子只想著加利西

波提奧雷克第二次入侵塞爾維亞，
1914年9月
德拉瓦河
庫拉
貝切伊
奧西耶克
奧匈帝國
泰梅林
貝切伊
多瑙河
蒂薩河
斯拉沃尼亞
布羅德
溫科夫齊
武科瓦爾
帕蘭卡
諾維薩德
彼得羅瓦拉丁
K
克勞斯軍
（2師）
薩瓦河
波士納河
斯雷姆斯卡
米特羅維察
拉察
布爾奇科
VIII
馬奇瓦
潘切沃
5
（4師）
比耶利納
塞姆林
貝爾格勒
多博伊
沙巴茨
多瑙河
XIII
1
（4師）
德里那河
列斯尼察
采爾山
奧布雷諾瓦茨
圖茲拉
洛茲尼察
2
（4師）
科維利亞察
亞哥德納山
茲沃爾尼克
3
（4師）
波士尼亞
亞達爾河
XV
克魯帕尼
拉札雷瓦茨
帕蘭卡
瓦列沃
6
（4師）
科盧巴拉河
阿蘭傑洛瓦茨
XVI
斯雷布雷尼察
摩拉瓦河
波士納河
上米拉諾瓦茨
克拉古耶瓦茨
塞爾維亞
塞拉耶佛
烏日采
帕萊
查查克
西摩拉瓦河
克拉列沃
戈拉日代
往尼什
普里博伊
德里那河
福查
烏瓦茨河
赫塞哥維納
普列夫利亞
蒙特內格羅
5 奧匈第五集團軍
VIII 奧匈第八軍
2 塞爾維亞第二集團軍
0 50 哩
0 50 公里

亞潰敗之事的康拉德則比較掃興，告訴波提奧雷克可以進攻，但別指望增援，且必須「避免再敗於塞爾維亞人之手」。那聽來無疑像是這場仗必敗無疑，但亟欲展現自己能耐且和康拉德一樣深信「只有進攻才會成功」的波提奧雷克，誓言在冬季到來之前讓塞爾維亞人臣服。[3]

康拉德和佛里德里希大公對於波提奧雷克欲洗雪前恥的舉動始終冷漠以對，直到塞爾維亞第一集團軍的四個師，應俄軍要求塞爾維亞攻進奧匈帝國的要求，九月六日在貝爾格勒附近渡過薩瓦河，開始進入匈牙利南部，兩人才批准此行動。這是場底氣不足的實力展示，政治性高於軍事性，但貝希托爾德和蒂薩要求拿出成果，而且波提奧雷克在朝中仍頗受寵信，博爾佛拉斯和老皇帝都寫了愷切的信給波提奧雷克，稱許他的報告寫得翔實，拿他與「搞神秘、說話儉省」的康拉德相比，對他和康拉德一褒一貶。

皇帝法蘭茨·約瑟夫位在維也納的大本營愈來愈像是個養老院，七十五歲的博爾佛拉斯和八十四歲的老皇帝咬牙切齒談康拉德的一意孤行（「k.u.k陸軍總司令和其參謀竟自以為完全不受朝廷節制，實在無法忍受」）和執拗難搞（「他前往北方無論如何都該每天晚上九點打電報給我們」），稱讚波提奧雷克容易打交道（「我們很欣賞你翔實的每日報告，比總是在深夜才送來的總司令部報告好太多了」）。貝希托爾德也站在波提奧雷克這一邊，認為毅然決然攻打塞爾維亞乃是說服保加利亞之類中立國靠向奧地利這一邊，在奧匈帝國國力弱化之際，防止投機性反奧匈的新巴爾幹聯盟出現的惟一辦法。正努力重擬九月計畫的康拉德發現，他八月兵敗加利西亞之事，已使他未來可能有大麻煩：「誰主導奧匈帝國戰爭的整體行動？」他氣急敗壞向博爾佛拉斯說。「陛下？軍事內閣？還是外交部？」[4]

一直很懂為官之道的波提奧雷克，小心緩慢地進入隨著康拉德搞砸事情而打開的權力真空。「波提奧雷克自視過高」，康拉德仍在普熱梅希爾時就憤憤說道。「看著塞爾維亞戰役被擱在一邊，他不可能嚥下這口氣。」[5]但波提奧雷克已看出，向霍夫堡宮宣傳虛妄不實的希望，乃是使塞爾維亞戰役重列當務之急的最有效辦法。這位巴爾幹司令官的每日報告，針對情勢如何大有可為寫了許多胡說八道的東西，但霍夫堡宮願意同意重啟這勝算不大的入侵行動，這是原因之一。波提奧雷克於八月下旬報告道，「塞爾維亞人已退到尼什……他們的兵力已消滅殆盡，士氣低落。」他們的彈藥、火炮、鞋就快用完，他們的傷兵有一半躺在戶外沒人照料，因為缺乏病床、醫生和藥物。塞爾維亞的七十五公釐加農炮每分鐘能發二十枚炮彈，但塞爾維亞的工業一天只能生產兩百六十枚炮彈。塞爾維亞軍隊肯定無力**再打**一場戰役。兩天後波提奧雷克報告，彼得國王已帶著他的財寶和檔案逃到史高比耶，塞爾維亞於巴爾幹戰期時併吞的馬其頓地區、阿爾巴尼亞地區「處於叛亂狀態」。照波提奧雷克的說法，塞爾維亞人已在懸崖邊，只要推一下，就能讓他們葬身谷底。[6]

但真正的叛亂發生於奧匈帝國軍中。驚訝於八月時將領的無能，各戰線的士兵都不再向長官行禮，不再聽命。九月頭幾天，軍官談到軍中禮節蕩然無存，完全管不住兵。在塞爾維亞戰線，阿道夫・馮・雷門將軍下令採取「嚴厲措施」恢復紀律，提醒軍官要「與士兵同甘共苦」，要強迫每個人，甚至包括病號和傷兵，起身向「較高階者」行禮。[7]其他軍官思索過八月的戰術，建議改變。值得注意的是，奧匈帝國人在這裡，一如在加利西亞，正給自己上一堂速成課，課程則是自一八六六年起一直被奉為圭臬的那些戰術。雷門將軍提醒第三十六師軍官，絕勿以步兵、後備軍人組成密集人牆進攻，而應「等炮兵削弱敵人戰力」之後，派人巡邏、偵察敵軍陣地，然後「利用地形，以數個小群體的方式，急速進攻。」[8]

吉斯爾將軍勸誡他的軍要掩蔽營地，炊煮後要熄火，要挖壕溝和炮陣地，清除周邊的玉米和樹木以闢出火力區。[9]克勞斯將軍提醒他的部隊，有刺鐵絲網要架成既能延遲進攻者的移動，又便於防守者衝出去反擊。上級聽任步兵團自便，於是他們刻意用鐵絲網圍住自己，以躲掉進攻塞爾維亞人的差事。克勞斯也痛斥哈布斯堡軍官愛在沒有火炮火力支援或與側翼協同下，把士兵趕去做無異於送死的正面攻擊：「為何我們的進攻全是從正面發動，而不想辦法從側翼包抄敵人？」[10]火炮與炮彈仍極為不足，因而雄心勃勃的上級命令由哈布斯堡步兵團代行火炮的重要職能：「此後所有反炮兵的火力都應全由機槍和步兵團發出」。[11]在後方，奧地利人把槍炮指向波士尼亞的塞爾維亞人。數百名有頭有臉的塞爾維亞人（教士、老師、律師、當地政治人物）遭搜捕。一千三百人遭強制遷居國內他處，八百四十四人遭擄為人質，以嚇阻塞爾維亞人在波提奧雷克入侵部隊後方搞破壞。[12]

博爾佛拉斯終究開始不放心波提奧雷克，雖然已經太遲。這位將軍八月下旬時還語帶不屑地談到戰力大減的塞爾維亞軍隊，這時則提醒那是支無法擊敗的軍隊：十六萬兵力在瓦列沃、五萬兵力在烏日采、一萬五千多兵力在貝爾格勒。塞爾維亞第三集團軍已把三個師往上推進到位於洛茲尼察（Loznica）、列斯尼察的渡河口，一如他們八月時所為。而由於薩瓦河邊或多瑙河邊都沒有奧軍，奧地利並未使塞爾維亞陷入左右為難之境。普特尼克非常清楚奧軍會如何入侵，會入侵哪裡，波提奧雷克則已開始著手降低維也納對此一行動的期望，說他轄下的部隊，第五集團軍「極度消沉」，只有第六集團軍真有戰力。一向抓不住重點的博爾佛拉斯，這時把時間浪費在苦思最近一次戰敗的原因，而非思索如何避免再戰敗。八月三十一日博爾佛拉斯發文康拉德，「波提奧雷克為何想在如此艱困的地形上與敵人做個了斷，我百思不得其解。那得渡過數條河，得在沒有配備山地裝備的部隊可用下在丘陵上作戰。」在這同時，波提奧雷克已準備好在更為不利的情勢下重蹈八月的蠢行。[13]

由於仍有兩個塞爾維亞師在薩瓦河以北，波提奧雷克臨時想出一套防禦計畫。他撥給阿佛烈德·克勞斯將軍由四個新組建旅草草湊成的一個軍，命他擊退入侵者，同時命法蘭克的第五集團軍立即渡過德里那河，切斷那些入境襲掠之塞爾維亞人的退路。克勞斯於九月七、八日擊退塞爾維亞人，推進到薩巴茨周邊的薩瓦河邊，先前由第二集團軍占領的地區。席爾米亞（Syrmia，多瑙河與薩瓦河之間的肥沃地區）的塞爾維亞裔居民，先前歡欣鼓舞於塞爾維亞人的入侵，洗劫了當地的德意志人、捷克人，這時則自己遭到洗劫，然後被奧地利憲兵放火燒掉房子。費利克斯·史瓦岑貝格親王走過蘇爾欽（Surcin）冒煙的街頭，在費內克（Fenek）的東正教修道院旁佇足，有感而發說道，「戰爭絕對不美」。那修道院已遭奧軍洗劫、焚燒：「讓人無比沮喪又可恥的景象」。[14]

一如八月時，法蘭克的第五集團軍於九月八日為渡過德里那河吃盡苦頭。第五集團軍涵蓋了從薩巴茨往南到洛茲尼察這一段的前線，其右翼在洛茲尼察與第六集團軍的左翼相接。第五集團軍第九師每次欲在河上架橋，都受挫於塞爾維亞人的阻攔，後者以火炮和機槍火力掃射橋梁和工兵。九月八日該師只將兩千兵力送到對岸，隔天又送了同樣兵力到對岸。三個完整的團最終縮在一狹窄的灘頭堡上，摧枯拉朽的塞爾維亞炮彈和榴霰彈從頭頂上落下。士兵被猛烈炮火嚇到且他們的軍官似乎束手無策，於是他們開始走進河裡，好似要游回對岸。他們的軍官氣呼呼大喊，「挺住！挖壕！不准撤退！」但塞爾維亞炮彈繼續落下，奧軍每次欲離開泥濘的河岸向前進都遭擊退，只好撤退，退到左岸。[15]回到對岸，他們發現未渡河的友軍正拿當地的波士尼亞女人作樂。那些女人抱怨遭到性侵，抱怨士兵強行闖入她們家。[16]

面對這種種挑戰，奧地利人的回應，一如以往，乃是執迷不悟。法蘭克命令部分軍官教士兵認識「伊斯蘭的宗教信條」時，其他軍官帶領他的第三十六師投入這時已司空見慣的殺戮戰場，要裝備不良且未有心理準備的奧匈帝國士兵衝入塞爾維亞的步槍、火炮陣地，而這些陣地巧妙融入河邊村落，在樹籬和圍牆下伸展，乃至穿過建築，農舍的茅草屋頂提供遮蔭和掩蔽，使奧軍的飛機偵察不到。

法蘭克轄下許多部隊未能渡過德里那河；他們的小船擱淺在沙洲上，使士兵曝露於塞爾維亞人的槍炮攻擊裡。官兵溺死或遭左岸友軍火力擊倒。利用橋梁過河者，得穿過撤退的奧軍奮力前進，有位軍官指出，九月八日一架好一座浮橋，以克羅埃西亞人為主的第七十九團，先前在夜裡搭小船辛苦渡到右岸，這時猛然往浮橋衝，想逃回左岸。人在左岸的約翰・薩利斯（Johann Salis）將軍帶著第三十七團數個連衝上浮橋，才得以擋住第七十九團士兵從右岸撤退。他發現該團士兵處於常見的恐慌狀態，每個人都信誓旦旦說自己是**奉命**撤退；他們的軍官了解到，原來是有大膽的塞爾維亞人悄悄潛到近處，用德語喊「撤退」。光是九月八日一天，第五集團軍就損失一百四十三名軍官、四千四百名士兵，卻在河對岸塞爾維亞境內連一個據點都未拿下。[17]

在薩瓦河邊，奧地利地方防衛軍第二十一師，這時試圖卸除德里那河邊諸師所受壓力。該師部分兵力於九月八日於波洛伊（Poloj）渡過薩瓦河，立即衝進先前讓第二集團軍草木皆兵的高大玉米田。他們在玉米田裡跌跌撞撞行進，遭到藏身於玉米田裡和樹林中的塞爾維亞游擊隊開槍攻擊。他們在原地兜圈子，隊形被一根根踩到的玉米株打斷，開槍還擊，卻只是互朝著自己人背後開火。這支由捷克人、德意志人組成的步兵團子彈打光且因恐懼而幾乎解體，開始朝河的方向往回跑。軍官擋住他們退路——「別想撤退！這個陣地得守住！」——他們於是掘壕固守，但不久後受到自家人火炮攻擊，他們再度慌亂撤退，一路退到薩瓦河邊。自家人火炮把他們誤當成塞爾維亞人，朝他們猛發炮，當他們退到河邊時赫然發現沒有工兵可划船送他們渡河。奧地利地方防衛軍第七團，塞爾維亞人影一個都沒見到，就損失五名軍官和一百七十四名士兵。兩眼發火的倖存者不再講什麼道理，把能找到的小船都強徵來用，要船夫把他們送到北岸。後來因此事遭革職的第八軍軍長阿爾圖爾・吉斯爾將軍，隔天早上對麾下軍官發飆：「我軍每個指揮官都得更賣力壓制懦弱行為，堅定士兵鬥志，鼓起全力進攻。」[18]

吉斯爾，一如在這場悲慘戰爭中的其他每個奧匈帝國將領，不切實際，希望戰事出現曙光。由於塞爾維亞人意志堅定而奧匈帝國這一方老是把事情搞砸（這時已司空見慣），沒有哪次的攻勢作戰收效。塞爾維亞人已在執行在這場戰爭期間每個軍隊都會推行的變革——在前沿壕溝裡只部署小規模戰鬥編隊，把步兵團主力留在更後面的預備壕溝裡——奧軍仍在狹窄的戰線上驅策呈密集隊形的士兵前進，使他們成為己方炮火和塞爾維亞炮火、子彈的活靶。己方炮火常打中自己人而非敵人。[19]

波提奧雷克開始為躲不過的戰敗編藉口。他呈報了「洛茲尼察的離譜行徑」，即該地兩個兵力完整的奧地利軍，面對塞爾維亞人的輕度抵抗，卻未能渡過德里那河。他表示這場漸漸呈現的挫敗該怪在他們頭上，而非他頭上，他要軍官**無論如何**不得撤退：「不准撤退；凡是下令撤退的軍官都會受軍法審判，撤退的士兵則會遭槍斃。」[20]其他將領則只是指出奧地利戰術的無效。在照本宣科的戰前演習中，奧匈帝國炮兵只懂得對以插旗表示的敵軍發動攻勢，從未學過怎麼對付這種流動的打法。他們浪費炮彈，只要懷疑某處有塞爾維亞部隊，就朝那裡亂轟一通，未瞄準經商定的目標，未節省炮彈供反炮兵戰之用，或供在塞爾維亞預備隊增援前線時打擊該預備隊之用。[21]

第六集團軍照理該助第五集團軍過河，卻也拚命要渡過德里那河。一如八月時，丘陵地使行進慢如牛步。有壕溝嚴密防護，且在俯瞰德里那河上游、中游的山上有自家的火炮，塞爾維亞人朝下方裝備簡陋的奧軍開火。[22]一如一次大戰裡的他國軍隊，這些奧地利人吃到炮彈嚴重不足的苦頭。儉省的各國陸軍部未儲備炮彈，因為炮彈放久不用，炮彈的化學成份會變質，而且各國軍方沒料到一九一四年會爆發大戰（法國在戰爭頭一個月就打掉其庫存炮彈的一半）。康拉德和波提奧雷克這時為自己還可用的炮彈問題激烈爭吵，都認為對方在屯積炮彈或浪費炮彈。「炮彈省著點用」，有位軍長寫道。「不久後我國的工廠就無法再送來炮彈」。[23]

作戰用金屬供應吃緊，法蘭茨・約瑟夫皇帝不得不籲請人民盡可能獻出金屬：火爐用具、垃圾桶、球形門把、燭架、皮帶扣、教堂鐘、刀具。「我們的軍隊**需要**金屬」，他如此懇請。的確如此；這時奧軍下令只有「出現明顯目標」且每個炮兵連長都同意那目標「真實且適當」時才能開炮。嚴禁所有炮集體開火。[24]在這樣的火力支援下，奧地利步兵團到處遭打散。來自亞哥德納（Jagodna）南邊第四山地旅的報告，證實奧軍炮兵開炮是如何地儉省：「九月十四日整日遭敵火力攻擊，我們一再請求位於覆林高地上的炮兵開火，卻被告知沒有『適合的目標』。然後我們請第五山地旅用其火炮猛轟該高地，該部也回以『未出現合適目標』。」[25]上級既命令士兵節省彈藥，卻又警告他們，「凡是在這裡未立即用掉的東西，都會被送去給俄羅斯戰場的友軍」，典型的「好兵帥克」弔詭。[26]

第六集團軍第一師轄下某個奧地利地方防衛軍部隊，九月八日夜遭敵人打垮。當時，塞爾維亞人在漆黑中靠近，用德語喊道「奧地利地方防衛軍，不要開槍，我們是第八十四團」，然後衝過來，開火。隔天，塞爾維亞人重創該師，殲滅該師的小規模戰鬥編隊，然後擊倒衝上來的每個預備編隊。有位團長是克羅埃西亞人，用克羅埃西亞語短暫重整潰散的隊伍，督促道Dalmatinei dojte se！，但出現在他後面的德意志人旅長，用德語聲嘶力竭大叫，「奧地利地方防衛軍的兄弟，守住防線！援軍就要來！」之後，隊伍又潰散。已照著他們的克羅埃西亞人上校行事的士兵，跑離他們的德意志人將軍，開始一波波往後面跑；每有軍官擋在前面要他們調頭，他們就繞過去繼續跑。[27]

波提奧雷克試圖重現八月的局勢，以薩瓦河邊的克勞斯「綜合軍」扮演那時第二集團軍的角色，第五、第六集團軍則強渡德里那河和克勞斯部會合。但扮演打擊角色者只有塞爾維亞人，奧軍只有挨打的份。塞爾維亞人讓第五集團軍部分兵力於九月十三日在列斯尼察過河，然後以旋風般襲去的炮彈、子彈予以消滅。第五集團軍餘部從左岸眼睜睜看著自家弟兄遭殺戮。[28]由於在德里那河邊無處可去，費利克斯．史瓦岑貝格上校帶著他的龍騎兵團到米特羅維察（Mitrovica），下馬，渡過薩瓦河。龍騎兵在對岸等自己的馬過來，就是苦等不到。船不夠將人和馬都運到對岸，這位親王和龍騎兵只得打消作戰念頭。「我們所有人平時都未受過下馬作戰的訓練，也沒有充足的裝備來執行此任務；我們的卡賓槍只有約五十發子彈可用，沒有鏟子可用來挖壕溝，而且我們穿戴像野花一樣耀眼的紅長褲、紅帽，還有使我們寸步難行的高統馬靴和馬刺。」[29]事實表明，為閱兵而打造的騎兵打不了仗。

重啟攻勢的頭幾天，奧地利士兵就表現得非常冷漠。有位上尉參謀巡視第五十三、第九十六團的壕溝，發現壕溝污穢、未有改善，以及棄置的裝備（背包、外套、彈帶、步槍、乃至未爆彈）散落一地。士兵悶悶不樂坐在土裡，不理會說話不清不楚的軍官。那些軍官講得流利的德語或匈牙利語，但奧匈君主國的其他十種語言就不在行。這位上尉注意到壕溝和壕溝的土護牆全因炮擊而塌掉，但沒人費心將其修復。他叫軍事警察前來驅使士兵幹活，「憲兵露出對我的命令既不懂也沒興趣的神情」。[30]

九月時的補給，一如八月時缺稀，塞爾維亞人派兩或三人一組摸黑混進奧地利補給線，丟手榴彈使補給人員竄逃，從而使奧軍的補給更為不足。沒有定期的糧食補給，士兵掠奪民糧，招來將領更多斥責：「從今以後，凡掠奪者一律由行刑隊當場槍斃」。奧地利將領苦苦思索這場戰役的弔詭之處；他們的兵會劫掠塞爾維亞民家，然後立即將這些一無所有的人家聚攏於一地，基於「人道」理由將他們護送到遙遠後方。「不得再護送老人離開戰區！」克勞斯將軍於九月十九日告誡道。「太多兵這麼做，削弱前線戰力。」

克勞斯也注意到自殘情況大增，奧匈帝國士兵朝自己左手開槍，以便成為傷兵，送離戰場。在他防區的某個野戰醫院裡，一天內就有十八個人報病號，個個左手都有槍傷。「每個人都說：『我夜裡在壕溝幹活時，不小心被同袍射傷』。」克勞斯認為這些說法「不可信」，命令凡是手傷都要立即接受醫生檢查。凡是自殘者一律吊死，以儆效尤。[31]

數千名奧地利人出於程度不一的自願心態向塞爾維亞人投降，為塞爾維亞參謀部提供了很有用的情報，但自願被俘的塞爾維亞人很少。「塞爾維亞人不像大塊頭孩子氣的俄國人那樣舉手投降。他們只要撐得住就繼續打下去」，有位戰地記者如此寫道。[32]那些真的投降的塞爾維亞人，一身邋遢樣，武器、裝備很差，有些人只受過四天的軍事訓練。[33]但他們不輕易投降，渴求情報的奧地利將領開始祭出重賞，鼓勵生俘塞爾維亞人：抓到一名入伍兵賞兩百克朗，一名軍官一千克朗。[34]如此重賞有其必要，因為有一因素使塞爾維亞人不願投降：奧地利人處決了許多他們所抓到的塞爾維亞人，因為他們沒穿軍服。塞爾維亞人不穿軍服並非意在欺敵，誠如九月中旬普特尼克發給尼什陸軍部那份絕望的電報所表明的：「我們的士兵有很大比例光著腳打仗，只穿襯衣和襯衫，沒有軍階識別符號；敵人把他們當叛亂分子射殺。我們亟需軍服和二十萬雙鞋。」[35]

外國報紙得悉奧地利在此地、在加利西亞依舊失利的消息，預言這個君主國不久就會垮掉。在這個二元帝國內，許多人把這一不祥的預言歸咎於沙皇的宣傳機器，而非戰場上的實際情勢，而其實戰場上的情勢就是最可怕的宣傳。人在布達佩斯的蒂薩，九月十五日打電話給人在維也納的貝希托爾德，要求他澄清此事：「你得糾正外國報紙上俄國人的不實之言，指出我們一直獨力對抗俄國主力，甚至讓他們吃了幾場大敗仗，指出在德里那河邊，我們的部隊正攻入塞爾維亞心臟地帶且取得戰果。」[36]

仍困在德里那河邊的士兵，若聽到這說法，應會說是聞所未聞。在前線，奧匈帝國將領費了好一番工夫，才得以將命令下達，乃至取得必要的裝備。將領要人將飄著黑黃三角旗的參謀車駛過德里那河和薩瓦河，以加速前線部隊間命令的傳達。沒人考慮到奧匈帝國哨兵可能會有什麼反應，畢竟只有少數哨兵見過、乃至聽過汽車。汽車駛近時，嚇壞了的鄉巴佬開火。即使是看到汽車時知道那是什麼東西的奧地利兵，也對其開火，因為相信一則傳言：法國銀行家派汽車滿載現金前來支援塞爾維亞人打仗。「不准再對軍車開火」，克勞斯的軍需長發火道。「由於汽車引擎聲轟轟響，你要駕駛停車時，駕駛聽不到你說的。」他還下令不得再傳「有汽車載錢從法國來的傳言」。哨兵辱罵汽車駕駛，在他們的機密公文袋裡翻找傳說中的現金。[37]

補給問題使通信更為不易。前來替補傷亡士兵的奧匈帝國行軍營，什麼東西都得自行覓得，包括背包和步槍。病號和傷兵的裝備遭取走，以讓新來者有衣穿，有武器

FIGURE 10.1 ——遭奧地利人俘虜的塞爾維亞人

塞爾維亞人很少投降；真的投降者，例如照片中這些人，一身邋遢樣，武器、裝備很差，有些人只受過四天的軍事訓練。

照片來源：Heeresgeschichtliches Museum, Wien

用。就連受輕傷者都立即被卸除武器和軍服。維也納的陸軍部長下令各前線的指揮官「卸除所有死傷者的武器和衣物，連襯衣都不放過。」[38]奧軍奉命「開闢『強擊巷』穿過塞爾維亞鐵絲網，在兩側翼用沙包穩固靠火力打出的缺口」，藉此改善步兵強攻效果，但全軍缺鏟子、沙包、鎬、剪鐵絲器，誠如奧特瑪爾·帕內什（Othmar Panesch）將軍所說，這「不是因為它們已給用壞，而是因為士兵不想帶著走而把它們丟掉！」[39]

九月底時，第二次入

侵塞爾維亞的行動，在亞哥德納周邊數座約三百六十公尺高的小山上陷入停滯。第一、第六山地旅於九月二十、二十一、二十二日一再進攻亞哥德納諸高地。大雨和濃霧遮蔽視線，整個人陷入爛泥巴裡，他們在陡峭、覆有林木的山坡上跌跌撞撞往上攻，以密集編隊的縱隊攻入塞爾維亞人的火力網，被打得潰不成軍，光是第一山地旅就死三百七十二人、傷一千四百四十五人、失蹤七百一十二人。第六團的數個克羅埃西亞營日夜奮戰，該團軍官憶起敵軍軍官用同樣的語言向身懷致命武器但相對抗的兩群人下達類似的命令，使他們難以指揮部隊作戰。第一營戰死三分之二兵力，約八百人，埋了一千三百具塞爾維亞人屍體。一如在加利西亞的俄羅斯人，塞爾維亞人實行縱深防禦，構築前後數道平行的壕溝，使奧軍幾乎不可能突破。[40]

九月二十四日，波提奧雷克終於把司令部從舒適的塞拉耶佛遷走，但也只遷到圖茲拉（Tuzla），該地仍在波士尼亞境內，距最近的戰場有約一百六十公里遠。或許波提奧雷克需要稍事休息，因為他與康拉德的搏鬥，激烈程度不下於他與塞爾維亞人的戰鬥。他仍能透過博爾佛拉斯向皇上直抒己見，但康拉德正竭力欲堵住那一溝通管道，欲把巴爾幹的彈藥（和影響力）轉撥到東線。九月二十日博爾佛拉斯發放一批炮彈、子彈給波提奧雷克時，康拉德開始長達一星期的抗爭，最後博爾佛拉斯不爭氣地甩掉波提奧雷克（「這裡沒有（在幕後影響皇上的）宮廷小集團」），同意不再讓波提奧雷克與維也納直接聯繫，而是要透過康拉德轉呈其報告和要求。[41]康拉德終於切斷巴爾幹方面軍司令官與皇上直接聯繫的管道，終於使對俄戰事，而非對塞爾維亞戰事，在奧匈帝國的軍事規畫作業裡列為優先考慮事項。

西線的戰局正好轉。德軍在西線傳來好消息：他們正在瓦茲（Oise）河邊包抄英法軍側翼，在凡爾登止住法軍前進腳步，已開始打掉法國設於東部邊界上的堡壘。[42]在馬恩河邊受阻之後，德軍正試圖重啟他們失敗的八月攻勢，欲貫徹作戰計畫以取得塞納河畔的艱鉅勝利，盤算著一旦取得那勝利，東線的勝利也將唾手可得。波提奧雷克的第六集團軍則沒有這麼令人振奮的消息可報：他們終於拿下亞哥德納諸高地，但付出又有兩萬五千人死傷的代價。第六集團軍兵疲馬困，士氣渙散，且因為彈藥短缺而幾乎失去武裝，戰力不可能強過第五集團軍。博爾佛拉斯和皇帝評估過亞哥德納這場慘敗之後，表達了他們一貫慢半拍的驚愕：「誰下令幹這一荒唐事？」「波提奧雷克下的令。」[43]他這場軟弱無力的九月戰役，留下一個惡果。第二次戰敗之後，皇帝若要從南戰線撤軍，勢必得跟著放棄他的巴爾幹夢想。若如此，奧匈帝國的威信將受到無法承受的傷害。畢竟這帝國想稱霸巴爾幹半島，仍對薩洛尼卡不死心。但若要挺住搖搖欲墜的東戰線，得投入奧匈帝國所有火炮。哈布斯堡王朝軍隊因此陷入險境：弱得無力再入侵塞爾維亞，且弱得不可能成功反攻俄軍。

奧匈帝國駐各中立國首都的公使，吵著要本國政府提供訊息。駐布加勒斯特的奧地利公使說：「此地的塞爾維亞公報談到全殲我們數個團，奧軍『倉皇』逃到德里那河對岸，塞爾維亞收復洛茲尼察和列斯尼察。要我否認此說法嗎？」駐雅典的奧地利公使說：「我需要德里那河邊那幾場仗的詳情；塞爾維亞人把它們說成是塞爾維亞大勝。」

駐索非亞的奧地利公使則示警道，如果再度兵敗塞爾維亞之事證實無誤，那裡的親奧政府大概會垮台：「保加利亞震驚於奧地利於北戰場撤退的消息，但塞爾維亞境內形勢對此地情勢影響更大。」[44]

九月的塞爾維亞戰事使奧匈帝國又損失四萬人，卻一無所獲。[45]十月一日，佛里德里希大公從其位於克拉科夫附近的總司令部發出信心滿滿的聲明，說「整體情勢有利」。俄軍戰力正「逐漸垮掉」，德軍「深入法境」，「塞爾維亞反抗勢力搖搖欲墜」。佛里茨爾推斷，這「是實情，要用士兵的母語向他們說清楚。」[46]

波提奧雷克有許多事需要向上面解釋，十月四日他正式終止攻勢，把進攻失利歸咎於炮彈短缺，而非他把事情搞砸：「沒有先摧毀敵人壕溝，我們進攻不了，但要摧毀敵人壕溝，我們需要長時間的猛烈炮轟。」克勞斯將軍同意此說，向波提奧雷克表示他並不乏「進攻精神」，但認為「繼續埋頭撞牆，如此徒勞無功的犧牲數千名我們英勇士兵的性命，令人遺憾。」[47]

這或許是目前為止奧匈帝國這一邊所發出最有見地的言語，但諸集團軍司令官還不這麼認為，仍把進攻奉為無上圭臬。私底下，波提奧雷克開始鼓動霍夫堡宮第三次發兵入侵塞爾維亞，令人不可置信地表示，一再讓波提奧雷克吃敗仗的塞爾維亞終於快垮了：「塞爾維亞僅存的兵力集中於瓦列沃，幾乎不到十八萬的有生力量。」塞爾維亞的傷亡（據估計開戰迄今六百軍官、六萬士兵），找不到人員填補。貝爾格勒的宮廷和政府不久後會移到更南邊，從尼什移到史高比耶。波提奧雷克報告說，軍隊士氣「低落」，塞爾維亞老百姓的民心更低落，他們受霍亂、傷寒肆虐苦不堪言，且已開始反抗徵兵和軍事當局。「再一次進攻」，波提奧雷克於十月一日懇請。「再一次進攻就會搞定」。[48]

第十一章　華沙

Warsaw

奧匈帝國軍隊在加利西亞境內屢吃敗仗，還倉皇撤退幾乎退到喀爾巴阡山脈，令德國人驚得目瞪口呆。在西戰線的德軍總司令部，奧地利軍事聯絡官指出，康拉德迅速而無能的戰敗，終於引起德國注意：「他們始終認為對俄之戰是『我們的事』，但我們兵敗倫貝格和撤離加利西亞，突然使東邊的戰爭變得對他們和對我們一樣重要。」這時德國人和奧地利人一樣深切感受到俄羅斯蒸汽壓路機令人戰慄的逼近聲。馬恩河邊遭擊退之後，毛奇已被撤職，代以埃里希·馮·法爾肯海因將軍。法爾肯海因指出了誰都看得出的一個道理：俄軍若穿過喀爾巴阡山脈，將「使整個戰局完蛋」，使西利西亞（德國重要的工業區）被俄軍包圍，使俄軍直搗匈牙利心臟。[1]

戰爭才打了一個月，維也納似乎就快垮掉。波提奧雷克兩次兵敗塞爾維亞，康拉德三次攻勢（分別在克拉希尼克、科馬魯夫、倫貝格）全遭擊潰，他的部隊被一路逼退到克拉科夫。康拉德的四個集團軍，戰死者多到掩埋隊應付不了，不得不把屍體堆成像柴堆一般，任其腫脹、腐爛、爆開。[2]光是在加利西亞，哈布斯堡軍隊就死十萬人，傷二十二萬人，十二萬人被俘，還失去兩百一十六門炮和數千個火車車廂、火車頭。[3]加上波提奧雷克部的八萬一千人傷亡，全軍少掉一半兵力，離垮掉已是一線之隔。奧匈帝國已開始徵召四十多歲男子，送去填補驚人傷亡所造成的兵力減損。[4]八月戰事的倖存者，擠在東部火車站，想免費搭上載運傷病者的列車返鄉，而新來的兵走下火車，許多人穿著來自維多利亞時代的俗艷剩餘軍服，沒有步槍、鏟子、毯子或醫療用品，許多人連槍都沒射擊過，更別提打過仗。在戰前奧地利軍隊最強盛的時代，法國人就說該軍隊「落後西方兩或三代」，這時看來落後更多。[5]

根據施里芬計畫，德國承諾於開戰六個星期後調派大軍增援東戰線，但目前看來無此跡象。德國總司令部因九月兵敗馬恩河邊感到難堪，打定主意對康拉德盡量不提這場敗仗，甚至未告之參謀總長毛奇已遭撤職，代之以法爾肯海因之事。法爾肯海因獲任命一個星期後，康拉德仍在寫信、發電報給毛奇。[6]

毛奇、法爾肯海因……誰當德國參謀總長，對康拉德來說沒差。他把奧地利大敗怪在他們兩人頭上。他把德軍未能和他協力攻進波蘭，歸咎於德皇威廉二世想保護他在東普魯士的「種馬場和獵屋」，而非歸咎於德軍在法國、比利時投入龐大兵力作戰。康拉德於八月上旬就知道，德國人在法國投入七個集團軍，在東線不會也採攻勢，但仍裝出遭出賣的樣子。要替自己的出師不利脫罪，這似乎是最好的辦法。他愈來愈把自己視為無辜的代罪羔羊。明明與有夫之婦愛得如膠似漆，他仍哭訴自己的寂寞：「我沒有家，沒有女人，往後的日子誰來陪我？」駐新桑德茨奧匈帝國總司令部的德國武官報告，康拉德已「對他的軍隊完全失去信心」。[7]他甚至提議甩開盟國單獨媾和。康拉德致函外長貝希托爾德：「奧匈帝國為何要流沒必要的血？」[8]

九月十四日接替毛奇之位的五十三歲埃里希·馮·法爾肯海因將軍，聽到康拉德的抱怨大為驚奇。開戰後六個月，德國死傷將近兩百萬。自負的普魯士－德意志軍隊愈來愈像支駁雜的人民軍隊，因為已把後備部隊和第三級部隊（譯按：Landsturm，由四十至六十一歲男子組成的部隊）叫到前線，替補劇增的人員傷亡。職業軍官和士官已全數陣亡。德軍步兵連由下士指揮。退休將軍，包括保羅·馮·興登堡和雷穆斯·馮·沃伊爾施（Remus von Woyrsch），被叫回軍中，應付新挑戰。[9]法國在馬恩河邊頂住德軍攻勢，意味著西線的戰事到了十月還不會結束。德國人將無法如毛奇於一九一四年五月在卡爾斯巴德向康拉德所承諾的，抽調「壓倒性兵力」到東戰線；塞納河畔的勝利將無法開啟布格河邊的勝利。反倒正如奧地利某外交官所寫的，「俄國在兵力上的龐大優勢，已成為決定這場戰爭走向的最大因素。」[10]

鑑於哈布斯堡軍隊垮掉，德國將不得不派兵前往東戰線。德、奧同盟關係，禁不住柏林、維也納在首要目標上的衝突拉扯，已開始崩解。奧匈帝國新任駐柏林大使戈特佛里德·馮·霍亨洛赫親王，對此一矛盾衝突有簡單扼要的說明：「貝特曼·霍爾維格如今說德國的首要目標是『確保德國的未來』;對我們來說,『安穩的未來』這原則同樣適用,但只有透過擊敗俄國才能達成,而德國的未來主要取決於擊敗法國和英國。」[11]奧地利人擔心德國人為「歇斯底里的仇英心理」所蒙蔽,可能在東邊的要命「權力失衡」得到矯正之前,就急著欲與俄國個別媾和。

維也納認為柏林可能拿**奧地利**領土換取德國人在比利時、法國想取得的領土。因此,霍亨洛赫把他的外交任務稱作在柏林「營造某種思想傾向」,讓德國人認為可「藉由在東邊的徹底勝利,藉由**徹底消滅**俄國,保障德國的未來」。[12]那不是柏林的思想傾向,但德國人的確認知到,除了攻入波蘭,恢復奧地利信心,擊退俄國大軍,幾無別的路可走。如果堅守克拉科夫與喀爾巴阡山脈之間狹長地帶的奧軍被趕到山脈另一邊,俄軍乘勝追擊進入匈牙利,德國的西利西亞將受到側翼包抄,很可能會不保。德國也將失去其惟一的歐洲盟邦,使柏林沒有奧軍,乃至沒有「同盟」這個遮羞布來掩飾其龐然野心。九月中旬,德皇和其將領同意,「直接援助奧地利,乃是現今政治上所必需。」[13]

德國人打算藉由入侵俄國來救奧時,俄國人正打算入侵德國來救法。法國大使莫里斯.帕萊奧洛格(Maurice Paléologue)在沙皇、蘇霍姆利諾夫和尼古拉大公之間奔走,哀嘆俄國把重心放在奧匈帝國,提醒俄國人「擊敗奧地利的最穩妥辦法乃是擊敗德國」。蘇霍姆利諾夫表示,他的軍隊在坦嫩貝格**試圖**擊敗德國時損失十一萬人,帕萊奧洛格反駁道,得再接再厲且得儘快。法國已在與德國的頭幾場仗中損失五十萬人,快撐不下去。[14]

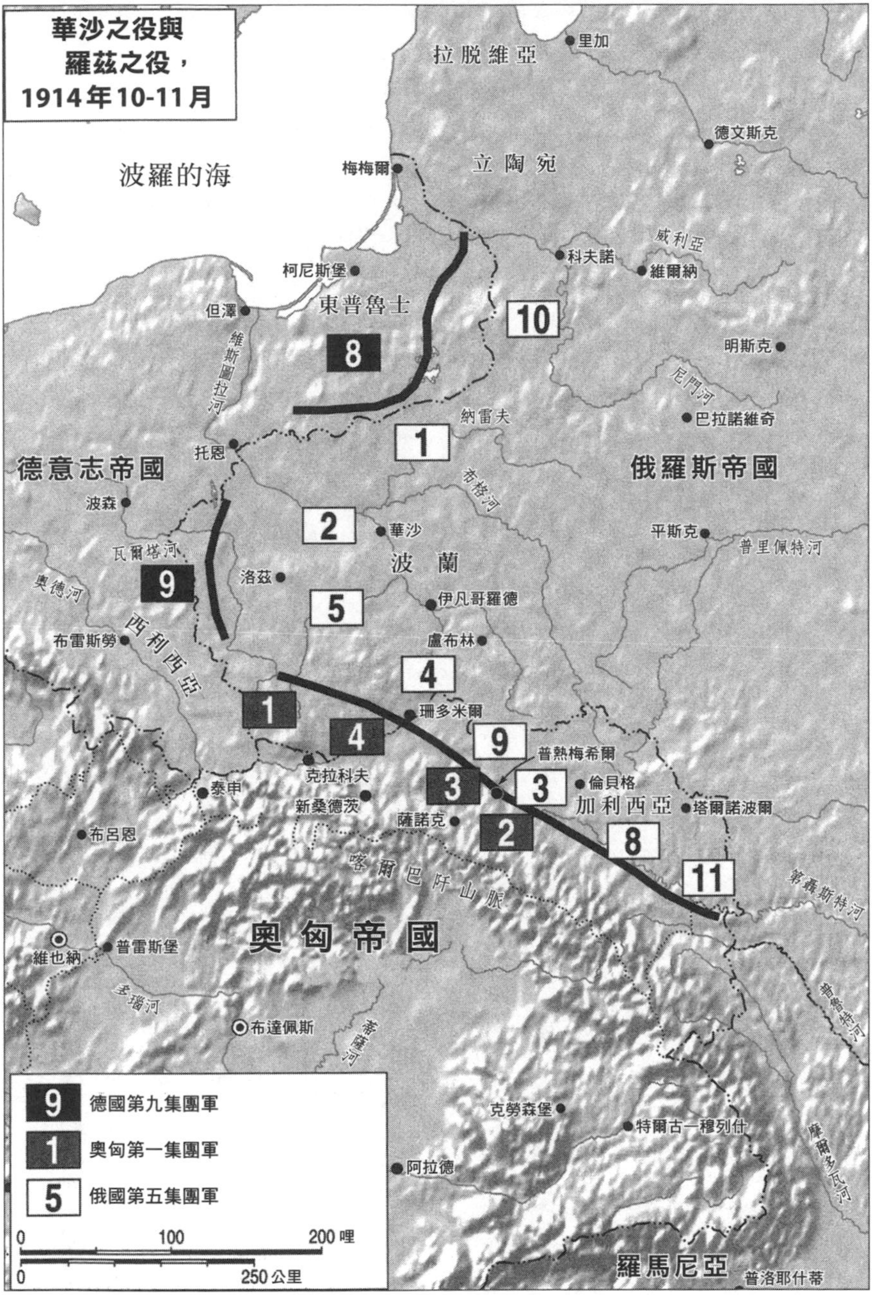
華沙之役與
羅茲之役，
1914年10-11月
波羅的海
拉脫維亞
里加
德文斯克
立陶宛
梅梅爾
威利亞
科夫諾
維爾納
柯尼斯堡
但澤
東普魯士
8
10
明斯克
維斯圖拉河
尼門河
納雷夫
巴拉諾維奇
1
托恩
德意志帝國
俄羅斯帝國
布格河
波森
2
華沙
平斯克
普里佩特河
瓦爾塔河
波蘭
9
奧德河
洛茲
5
伊凡哥羅德
西利西亞
布雷斯勞
盧布林
4
1
珊多米爾
4
9
普熱梅希爾
克拉科夫
3
3
倫貝格
泰申
新桑德茨
加利西亞
塔爾諾波爾
薩諾克
2
布呂恩
8
喀爾巴阡山脈
11
第聶斯特河
維也納
普雷斯堡
奧匈帝國
多瑙河
布達佩斯
蒂薩河
普魯特河
克勞森堡
特爾古－穆列什
摩爾多瓦河
阿拉德
羅馬尼亞
普洛耶什蒂
9 德國第九集團軍
1 奧匈第一集團軍
5 俄國第五集團軍
0 100 200 哩
0 250 公里

經過九月底幾場氣氛火爆的商談，尼古拉大公終於同意只要解決掉奧地利人，就立即發兵攻打柏林，但沙皇尼古拉二世推翻他堂叔的意見，堅持立即攻德。對奧地利來說這是個好消息，對德國人來說則是惡耗。尼古拉大公從加利西亞調走十二個軍，增援八個滿編的集團軍（三個在中間，兩側各有兩個，還有一個在東普魯士）。他要擊退德軍的任何進攻，執行英法自八月就一直要求的救援行動：俄國兩百萬大軍取道西利西亞攻向柏林。大公的參謀長尼古拉・雅努什凱維奇（Nikolai Yanushkevich）下令「準備進攻，最大兵力的進攻，以深入德國為目標，從維斯圖拉河中游進到奧德河上游。」這當然是說來容易做來難；戰前俄國一直奉行不在華沙以西建造堅實公路和鐵路的政策，以放慢德國入侵俄國的腳步。從未想到俄若要侵德，這政策會有何影響。15

雖然鑑於德國只有七個軍來對付日益龐然的俄國大軍，但德國人未呆呆等待尼古拉大公攻打柏林。德國的道路品質好，最起碼遠至波蘭都很好。興登堡和其參謀長魯登道夫打算發動一場晚秋戰役，橫越納雷夫（Narew）河，攻向華沙，打亂、擊退俄軍。先前靠著坦嫩貝格之役，德國保住東普魯士，此刻，興登堡則想在波蘭炮製類似的決定性戰果。這一戰果將為德國戰略的調整——採取東邊部署，而非法爾肯海因仍在執行且看來無效的西邊部署——提供有力理由。法爾肯海因延續毛奇（與施里芬）的法國優先策略，興登堡則想走俄國優先路線，想利用沙俄帝國無可救藥的無能來解決這心腹大患。但由於俄國已完成動員且康拉德敗退而非進逼，興登堡的華沙作戰行動並非萬無一失。沒有奧軍在南邊配合夾攻，德軍將得獨力打破俄國已完整動員的軍力。

德軍東線指揮官興登堡和魯登道夫執行自認為對的構想，展現將軍在外君命有所不從的作風（此後直至戰爭結束他們一直維持這作風）。法爾肯海因正準備在法蘭德斯攻打英軍，希望一舉將其擊倒；對於東線戰事，他希望興登堡只要將德軍移往克拉科夫以增強康拉德戰力，並採守勢穩住東戰線即可，但興登堡選擇進攻。他和魯登道夫主張，攻勢作戰將威脅俄軍側翼和後方，比起在西利西亞或加利西亞四平八穩的部署，能為康拉德卸除更多的壓力。

換句話說，在東邊，興登堡欲攻下華沙，就和法爾肯海因在西邊欲攻下加萊一樣堅決。華沙這個八十萬人的城市，有兵營、醫院、軍火庫、一字排開的數座現代堡壘，是俄國第三大城，波蘭的鐵路運輸中樞，俄軍司令部理所當然的設置地點。失去波蘭將使俄國人不得不將其戰線整個往後退，把總司令部遷到維爾納（Vilna）或比亞韋斯托克（Bialystok）之類邊陲地方。加萊會是征服英國的跳板，華沙則會是攻進俄國的跳板。[16]

康拉德被夾在維斯圖拉河與喀爾巴阡山脈之間，把自己困在死角。他運氣好，倉皇撤退時退得夠遠夠快，超出俄軍的補給範圍，因而未遭俄軍消滅。誠如邱吉爾後來所說的，「在西邊，軍隊太大，超乎地方所能容納；在東邊，地方則太大，讓軍隊疲於奔命。」[17]有位俄國軍官指出，奧軍和俄軍行軍速度極快——奧軍退，俄軍在後面追——因而俄國的補給隊花了很長時間才得以趕上；有幾天，他所屬的部隊從破曉走到晚上十點，中間完全沒東西吃。即使食物送達——一些軍用麵包、一頭殺掉的牛——他也難以入口：「我已經吃素；他們殺了這些牛給我們吃；腸子、牛鞭、胃、眼珠子散落一地，幾灘變黑的牛血，有時聲嘶力竭大叫的牛會跑過你身旁，喉嚨已被劃開，然後倒在你旁邊，血汩汩流出，四肢朝空亂踢。」[18]

魯登道夫的盤算是趁著俄軍面臨這些難題時抓住機會打敗俄國。正忙於抽調德國第八集團軍部分兵力以在布雷斯勞（Breslau，波蘭語佛羅茨瓦夫／Wroclaw）創建第九集團軍的魯登道夫，請康拉德撥出丹克的第一集團軍投入這一重啟的攻勢。康拉德猶豫不決（把來自德國人的要求全視為對他個人之冒犯）時，興登堡提醒他，只有進攻才能扭轉每個戰線日益不利的戰局：他在九月二十二日開導康拉德，「要取得更大的戰果，得透過包圍」，而非透過被動防禦。德國總司令部私底下鄙視奧地利的被動作風，馬克斯・霍夫曼（Max Hoffmann）上校在日記裡寫道：「這裡什麼都好，就只有奧地利人例外。真希望這些畜生動起來！」[19]

這一次，這些畜生倒是願意動起來。康拉德研判這是他將俄國人包圍在波蘭突出部的最後機會。有了德軍助一臂之力，柏林和維也納將在東邊集結將近八十個師對付俄國的五十八個師。俄軍苦於組織問題且需分兵波羅的海和黑海沿岸，需分兵高加索打土耳其人，在一九一六年中期之前，在東戰線都無法取得兵力上的壓倒性優勢。施里芬計畫的提倡者之所以認為此計畫大有可為，就是因為俄國有這一反應遲緩的現象。俄國人在

八、九月的戰鬥中也失去數千名中下級軍官和士官；這時得找新血遞補他們的空缺，而這些新血缺乏經驗和訓練。[20]換句話說，奧匈帝國仍有機會打贏東線戰爭，如果它與德軍協同作戰，且行動快速果斷的話。[21]

康拉德匆匆湊集他僅存還完好無缺的戰力（「最後的士兵、最後的火炮、最後的機槍」）。他很難得的不誇大其實；一年步槍產量只有十五萬枝，這個君主國就快無槍可用，而且許多士兵把槍拱手讓給俄國人或塞爾維亞人。野戰炮兵團發現兵比炮多，因為已有太多加農炮給丟給俄國人。

康拉德自然而然認為東線德奧聯軍該由他，而非由興登堡，總綰兵符。康拉德向博爾佛拉斯發火，「為什麼德國第九集團軍向其設於梅濟耶爾（Mézières）的總部報告，而非向我報告？」曾贊成與德國人合作的康拉德，這時極為反感被拉到北邊：「為何要我們放棄桑河邊的作戰行動，去幫華沙的德國人？」但這時博爾佛拉斯非常樂於讓康拉德聽命於興登堡，甚至樂於以全新的總司令部取代康拉德：或許以佛里德里希大公為總司令，以魯登道夫為其大權獨攬的參謀長。[22]

魯登道夫，一如興登堡，是個厲害角色。魯登道夫把第八集團軍的兵力縮減為只剩兩個軍，藉此得以組建第九集團軍，這個新集團軍有四個軍、一個預備師、一個駐於西利西亞卡托維茨（Kattowitz，波蘭語卡托維采／Kattowice）周邊的騎兵師。戰前，魯登道夫就以德軍參謀總部內作風無情的部門主管形象為人所知，承接下毛奇許多工作，且對陸軍部長法爾肯海因沒怎麼放在眼裡。法爾肯海因與魯登道夫為兩個不同派系的代表，前者所代表的派系較後者溫和、講理。[23]這時，魯登道夫的行動目標，與德皇、法爾肯海因設於法國的陸軍總司令部（Oberste Heeresleitung，簡稱OHL）背道而馳。陸軍總司令部希望東線只要守住即可，西線則全力出擊；法爾肯海因認為，過早將兵力抽調到東線，必會使他在西線吃敗仗。為此，興登堡不得不打電報給德皇，以辭職為要脅，藉此索得較不受法爾肯海因節制的自主權（和更多兵力）。

興登堡這時身為一級上將，地位形同陸軍元帥，不可能任人指揮來指揮去。東戰線「神奇三角」（康拉德、魯登道夫、法爾肯海因）所做的每個決定，都有政治角力牽扯其中，令康拉德非常惱火。馬克斯·霍夫曼上校指出這一緊張關係：「仔細審視大人物（他們彼此關係的惡劣、目標的矛盾）時，得時時記住，在另一邊的法國人、英國人、俄國人之間情況還更糟，否則很有可能惶惶不安。」[24]

在俄國這一邊，情況的確更糟。以有所遲疑而緩慢的步伐拿下倫貝格後，魯斯基已被賞以西北方面軍司令官之職，原司令官季林斯基則因坦嫩貝格之役和馬祖里湖區之役戰敗遭撤職。但魯斯基未把矛頭指向興登堡，反倒指向他在西南方面軍時的舊長官伊凡諾夫。伊凡諾夫想趁奧軍崩解之機繼續挺進克拉科夫和布達佩斯。魯斯基猛踩煞車，堅持此時不該有任何進攻，堅持該糾集後備兵力，擊敗集結愈來愈多兵力、欲取道華沙攻入俄國內地的德軍。評估過自身不良的通信後，魯斯基甚至提議「戰略性撤退」到尼門河（Niemen River）。他還想過放棄華沙這個重要的公路中樞和戰略要地，退回科夫諾（Kovno）。[25]

如果魯斯基以安全堪慮撤退，伊凡諾夫也要跟著後撤，甚至要讓出倫貝格以保護其側翼。俄軍總司令部的後備兵力都已被蘇霍姆利諾夫分派出去，這時赫然發現自己幾乎無法向下貫徹命令，甚至無法像個「總司令部」那樣調動部隊。東普魯士牽制了俄國二十五個師，加利西亞牽制了三十個師，只剩下三十個師可供執行沙皇和西方盟邦要求的中間攻勢。尼古拉大公「驚駭」於麾下諸將的悲觀和愛發牢騷，但要調動他們的話，他手上沒什麼工具。每個戰線的司令官都控制龐大的腹地和鐵路、火車，而且他們已懂得用無法辯駁的後勤難題，回絕總司令部要其配合行動的要求。

最後是靠德國人才讓俄國人動起來。九月二十八日，德國奧古斯特・馮・馬肯森（August von Mackensen）將軍的第九集團軍開始往維斯圖拉河進發，行走的道路非常泥濘，獸拉車和士兵不得不走路兩旁的耕地慢慢前進。軍官驚奇於波蘭城鎮「缺乏中產階級文化」，建築、陳列、街頭活動破落寒傖，誠如某德國人所說的，「和美國西部一樣嚇人」。[26]極力要求發動這一秋季攻勢的魯登道夫，沒料到這麼快情況就這麼糟。他說波蘭境內爛泥「及膝深」，即使在克拉科夫至華沙的大驛道上亦然。火炮和獸拉車下陷到車軸處，靠又濕又累的士兵拉才得以前進。軍官憶起一個世紀前拿破崙走這條路時的感想：「除了水、空氣、土、火，上帝還創造了第五元素：爛泥。」[27]

一如拿破崙，德國人有宏大的計畫。在法國優先、俄國優先兩策略達成不穩定的折衷下，興登堡和魯登道夫準備在「將法國從大國之列除名」（霍夫曼語）之後，立即與俄國人打一場猛烈的「第二次戰爭」。在這場戰役中，興登堡帶了薩克森國王（德意志帝國的一名親王）同行，以便在將俄國人趕出波蘭後，立即在華沙策立他為「波蘭國王」。[28]德國第九集團軍行軍隊伍裡的哈里・凱斯勒（Harry Kessler）中尉，思索勝利的到來：俄國會落敗，波蘭會脫離俄國，「按照加拿大或澳洲的模式」，成為德國的自治領。[29]

有位與俄軍一起出征的英國軍官指出，他們吃的苦頭更甚於迎面而來的德國人：「道路太爛」，他的部隊走了九天才走了約一百九十公里。在盧布林與俄國人共事的另一位外國武官，描述那裡的道路「被重炮和架浮橋用的浮舟壓爛，路面覆蓋數吋厚的爛泥。」[30]蘇霍姆利諾夫的陸軍部為惡劣天候預做的準備，不如魯登道夫或康拉德那麼周全，因此這些俄國士兵穿著濕透的夏季軍服發抖，赤腳或穿著濕重的麻鞋走過爛泥。十月五日，腳下鞋子只比俄軍稍好一點的奧軍第四、第三、第二集團軍渡過維斯圖拉河，第一集團軍的十三個師（共十萬人），在奧帕圖夫（Opatów）與德國第九集團軍合攏，左右相連。其中有個德國人對奧軍印象不佳：「奧地利人給人愚蠢、亂無章法的印象。許多人不懂德語……整體來看，就連俄軍戰俘給人的軍事印象，都比這些四處流浪、不管到哪裡都姍姍來遲的奧地利軍人來得好。」[31]

奧軍於十月九日解了普熱梅希爾城和要塞之圍。一如人在菲律賓時的麥克阿瑟，康拉德誓言重返該地，而今他果然做到。博羅耶維奇部的某些士兵，清走要塞周邊一萬五千具俄軍、奧軍屍體，其他士兵則與第二集團軍一起追擊退往倫貝格的俄軍。但追擊腳步不久就變慢，然後完全停住。猶如九月戰役但角色互換，俄軍從一道沿河防線退往下一道沿河防線，開槍擊退每一次追兵的逼近。與九月時的俄軍不同的，奧軍兵力不足以繞過俄軍包抄，因而都從正面攻擊，然後落得一貫的下場。奧托·邁克斯納（Otto Meixner）將軍於十月十二日寫道，「今日這場仗未能一舉了結敵人；我的部隊無一能完成任務。」十三日：「我們似乎不再是與敵人的後衛部隊交手，而是與強大的敵軍部隊交手。」十七日：「今早我們依令開始進攻。來自側翼的猛烈火力攻擊，使攻勢很快就瓦解。我們入睡的陣地，還是醒來的那個陣地。」

俄軍已停止撤退，且已在奧軍九月讓出的格魯代克陣地站穩腳跟。奧軍被躲在陣地裡的俄軍開槍射中，而且俄軍所據的陣地就是奧軍不久前藉以藏身、用來射擊俄軍的那個陣地，這想必令奧軍大為洩氣，而由於進攻時無炮兵支援，奧軍又更為洩氣。十月二十一日，邁克斯納表達了他的驚愕：「科萊魯斯將軍下令，由於炮彈短缺，只有在無炮兵支援下還據認有勝算的地方，才能進攻。」[32]而在這段戰線，沒有這樣的地方。

丹克的第一集團軍沿著維斯圖拉河往東北走，渡到河的左岸，到珊多米爾（Sandomir），心態同樣是意興闌珊。這支奧軍一直走到遇見抵抗才停步。奧軍雖已破解俄國密碼，德軍已在十月九日某軍官屍體上發現俄軍完整的戰鬥序列（order of battle），從中知悉作為俄軍中軍的三個集團軍集中於維斯圖拉河後，但康拉德手上的兵力不足，雖有這情報，也只能大嘆心有餘而力不足。俄軍則想方設法欲攻擊德軍並善用奧軍鬥志不堅這弱點。他們需要**有所作為**，以免更多波蘭土地落入德國人手裡，曝露加利西亞境內伊凡諾夫西南方面軍的側翼、後方。如果真走到那地步，整個俄軍都得撤退，從而使奧地利人得以收復倫貝格，使德國人得以在西線解決英法軍時拿下華沙。

這時俄軍總司令部的主要想法，乃是奧匈帝國力弱，靠小股兵力就可將其壓制住，俄軍主力則用於進攻德軍。布魯西洛夫受命統率那小股兵力，含第三、第八集團軍和新組建的第十一集團軍。伊凡諾夫從魯斯基的戰線調走第二集團軍，要它同第四、第九、第五集團軍一起歸他指揮。伊凡諾夫渡過維斯圖拉河回到對岸，然後往北走；十月中旬時，第一、第二、第五集團軍已在華沙周邊集結，第四集團軍在伊凡哥羅德（波蘭語為登布林）周邊集結，第九集團軍在珊多米爾周邊集結。俄國六十個師面對德國十八個師。後來興登堡將此舉譽為尼古拉「大公最了不起的計畫」：倚賴奧地利的被動，將德軍誘向華沙，然後從兩側包抄馬肯森躁進的第九集團軍。[33]

尼古拉大公的計畫擬得很漂亮，但現實上，俄國諸集團軍全苦惱於嚴重的物資短缺。俄國濱波羅的海、黑海的港口遭德國、土耳其封鎖，不得不倚賴從阿爾漢格爾斯克（〔Archangel〕距前線三千公里，半年冰封）、符拉迪沃斯托克（即海參崴，距前線約一萬三千公里）進口。俄國諸港一整年的船舶入港數量（一千兩百五十艘），只及英國港口四天處理的數量，沙俄補給難題由此可見一斑。尼古拉大公和伊凡諾夫請求待炮彈存量補足之後再行作戰，但沙皇和蘇霍姆利諾夫受法國人催逼，要諸將前進，無計可施的俄國炮手於是用配給的罐頭罐子、瓦斯管、廢鐵製作炮彈充數。[34]

十月十日，俄軍開始渡過維斯圖拉河進攻。德國第九集團軍於華沙受到攻擊時，奧軍在桑河邊和普熱梅希爾南邊受到俄國第三、第八集團軍猛烈攻擊。這場桑河戰役在波蘭、烏克蘭邊界地帶激烈開打，從十月十三日打到十一月上旬。已取代奧芬貝格接掌第四集團軍的約瑟夫．斐迪南大公，一下子拿藉口推拖（「我們迎擊兵力大於我們一倍的俄軍已三個多月」），一下子發出激勵（「找出能讓我們與敵站在平等立足點上廝殺的地方」）和空泛的胡言（「惟強者能浪費時間；弱者得節省時間」），[35]結果完全不管用。奧軍第二、第三、第四集團軍三十萬人再遭徹底擊潰。

博羅耶維奇動用機槍才擋住他第三集團軍在桑河邊的潰退；其轄下以匈牙利人為主體的第三十四團，因集體自殺而兵力大減，疲累不堪的士兵寧可自殺也不願再打。[36]博羅耶維奇接掌第三集團軍已兩個月，仍在哀嘆他於九月時就觀察到的現象：「太多兵自行脫離戰鬥編隊，沒人阻止。」他的奧地利地方防衛軍第四十四師撤退，留下堆放整齊的數百枝寶貴步槍給追來的俄軍。博羅耶維奇發火道，「那些步槍是按照規定從我們的傷兵那兒取得，沒人想過把它們運到安全之處？」[37]

德軍誤判俄軍意圖，不得不在十月十八日宣布從華沙撤退。康拉德先前同意出借丹克部掩護馬肯森部右翼，這時則不得不用丹克的第一集團軍掩護撤退，命該集團軍於俄國第四、第九集團軍渡維斯圖拉河時攻擊其側翼。十月最後一星期，奧匈帝國第一集團軍在伊凡哥羅德（華沙南邊八十公里處有護城河環繞的大堡壘）對面遭擊潰。補給短缺到極點，奧軍已數日未見到他們的野戰炊事車，骨瘦如柴的轅馬在路上倒下，奄奄一息。有位奧地利參謀如此回報匈牙利地方防衛軍第三十七師在這場仗期間的狀況：「數天不眠不休的行軍、作戰，士兵累垮，軍官得動粗才能逼他們前進；就連軍官也撐不下去。」[38]原是為掩護德軍撤退而開打的一場仗，被興登堡更改為帶有機會主義心態的攻勢作戰，以誘使俄軍尾隨馬肯森部，然後奧軍得與德軍主力渡過維斯圖拉河，包抄俄軍側翼。但丹克自從垂頭喪氣撤離克拉希尼克之後一直想扳回顏面，於是敞開自己的防線，企圖誘使俄軍渡過維斯圖拉河，再將其包圍。他讓俄軍渡河，卻未能圍住他們，從而包圍者反遭包圍，魯斯基部從北邊，埃維特部從南邊，往兩側翼逼來。興登堡重啟撤退，邊退邊咒罵奧地利人。他們似乎成事不足，敗事有餘。

丹克部遭俄軍第四、第九集團軍於後面追擊，一路退回到克拉科夫，再退到尼達河（Nida River），在該河河彎處、興登堡的右側翼後面休息。丹克的第一集團軍，一如約瑟夫·斐迪南的第四集團軍，已經瓦解。有個德國軍官走上前跟一批群龍無首的奧匈帝國士兵講話，震驚於他們天不怕地不怕不當一回事的心態。「你們為何脫隊？」他質問道。「腳痛，累垮了？」他們氣鼓鼓地說不是，朝前線的方向瞥了一眼，然後說「我們幹嘛傻傻地在哪裡被人射成蜂窩？」[39]記述匈牙利地方防衛軍第三十七師之敗象的那位奧地利軍官，描述了該師撤退期間的所作所為：「士氣低落到極點，在奧帕圖夫，我看到這支部隊喝醉酒的士兵搖搖晃晃走過街頭；他們灌了蘭姆酒；整個地方擠滿撤退的四輪馬拉貨車；沒有比眼前更令人洩氣的景象。」

鄰近的奧匈帝國諸師彼此懷著濃濃的族群仇恨，使已然戰力大失的哈布斯堡軍隊更加打不了仗。丹克部某軍長於十一月十五日向丹克解釋道，「相鄰的第五師與第三十三師士兵彼此產生猜疑，肇因於第三十三師某團集體投降，未掩護友軍從易遭攻擊的陣地撤退，致使第五師某團蒙受極慘重傷亡。」他話中真正的意思——在哈布斯堡軍隊裡仍是忌談的話題——乃是捷克人和德意志人之所以遭屠，全因為匈牙利人為保命而投降，未挺身戰鬥以救友軍脫困。這件事發生於十月二十六日。十二月十三日，個性太拘泥於瑣碎小事的丹克仍糾纏於此事，儘管那是在這條戰線的每個地方每天都在發生而尋常至極的那種爭執：「我仍然搞不清楚是何種情況導致第二十六（匈牙利）團擅自撤退」，他發文給正為第九十三團的捷克人、德意志人說話的第五師師長。「你所附的文件未釐清此事。回去查清楚，完整寫下來，我才能判定（第二十六團）的行動是否違反了當時『不准撤退』的命令。」[40]

興登堡也在埋怨，矛頭指向康拉德的躁進；這時德奧兩軍的總司令部關係已非常惡劣，這位德國人提到這位奧地利人時，以「那個人」稱之，例如「那個人在俄軍只部分渡過維斯圖拉河，主力部隊還未過河時，就攻打俄軍，操之過急。」[41]他們彼此厭惡對方說話的聲音——康拉德如鳥囀鳴般的維也納腔，與興登堡的「柏林近衛軍腔」大相逕庭，後一腔調吐詞快，發音清脆乾淨，帶著自以為是又好為人師的口吻，使每個奧地利人，尤其是康拉德，覺得狗眼看人低。

這時奧軍已弱到連擋住俄軍部分兵力都辦不到。康拉德求法爾肯海因增援更多德軍。有天，法爾肯海因把他的奧匈帝國軍事聯絡官請到一旁，說「康拉德將軍寫了封信給我，信中說東戰線需要增派三十個師……我覺得他說得沒錯，我也同意，但請告訴我去**哪裡**找那些師？」[42]但俄國本身的猶豫不決，再度讓起了口角的奧地利人、德國人逃過一劫。華沙之役後，俄軍總司令部拿捏不定該把重心放在南線、中線或北線上，因而三線並重。伊凡諾夫抱怨道，「坦白說，總司令部的指示裡既不可能看到確切的任務，也不可能看到明確的目標。」[43]

在奧地利戰線，俄軍於十月十八日夜渡過桑河。這意味著十月九日才解普熱梅希爾之圍的奧軍，將不得不放棄該要塞，不然就是讓該要塞再度被圍。康拉德已經名聲掃地，不敢放棄該要塞，於是，長達一星期，每隔十四分鐘就有火車駛進普熱梅希爾，卸下挺住俄軍六個月圍攻所需的軍需品，運出已在該城攻防戰中受傷的一萬五千人。在普熱梅希爾飽受戰火摧殘的周邊，有位第一次打圍城戰的俄國人，驚駭於這場戰役的殘酷：「景象令人沮喪；左邊、右邊都有屍體，我們的和他們的屍體，有些剛死，有些已死了幾天……最令人難忘的，乃是死者的顱骨、頭髮、指甲、手。到處都有腳從土裡伸出，來自埋得不夠深的屍體。我們火炮的重輪輾過那些腳，發出嘎吱嘎吱聲。我們看到一個遭活埋的奧地利人；他醒來，掙脫，然後死去。他躺在那裡一動不動，頭、手在地面之上，其他部位在地下。我的天啊，這種事你能看多久仍不會發瘋？」[44]

康拉德看不到這些駭人景象，但似乎還是方寸大亂。他的防禦安排馬虎得離譜。奧軍就要整個垮掉，要守住普熱梅希爾根本不可能，但它又是奧匈帝國抵抗俄國蒸汽壓路軍不可或缺的象徵。如果要保住這個象徵，康拉德得撤出三萬平民，把守軍減到守住該城和城外堡壘所需的最少兵力（約五萬人），使俄軍無法以斷絕糧食逼守軍投降。這些預防措施，他一樣也沒做。平民仍待在城裡，加上十三萬五千部隊，徒勞留下一批人數過多、大體上派不上用場、爭食糧食的居民，使俄軍只要圍住該城，讓城裡人餓到受不了，就能讓敵人不攻自破。沒人相信哈布斯堡援軍會及時來援或真的來援。英國武官從華沙寫道，「據認奧地利在那個戰場留了十六個正規軍和五個預備軍，但它們是空殼子。俄國人已繳獲一千門炮，擄獲二十萬人。奧地利人敗了？」[45]

自夏末敗於倫貝格、拉瓦魯斯卡之後，康拉德的戰爭一直在桑河與喀爾巴阡山脈之間的盆地上緩慢打轉。九月被逼退到桑河之後以後，康拉德把十月的大半時間（令德國驚愕地）花在試圖回頭渡過桑河以取得戰果。但未能在康拉德退到安全的桑河之前將其包圍的俄軍，這時扭轉情勢，反過頭來利用這道河障阻止奧軍與在華沙周邊作戰的德軍合作。在桑河邊一連串令人洩氣的小衝突裡（桑河戰役〔Sankämpfe〕），奧軍奮力欲攻回波蘭，俄軍則奮力不讓他們如願。[46]

在十一月上旬為期三天的奧帕圖夫卡（Opatowka）河之役中，丹克的第一集團軍又損失四萬兵力，然後拉回到尼達河後頭。康拉德隨之把（短暫）奪回的土地又全部吐了回去。大部分奧軍在下一道河障（克拉科夫諸堡壘正東邊的杜納耶茨河－尼達河陣地）後面重新整編時，康拉德的北方面軍愈來愈像烏合之眾。七月時為轄下第十九師的捷克人傷透腦筋的卡爾．盧卡斯（Karl Lukas）將軍，十月時完全推不動自己的軍隊。他以好兵帥克似的譏諷口吻懇求道：「同心協力！我們竭盡所能，一起為我們所摯愛的皇帝獻出我們的一切，我們的生命和鮮血。」[47]

康拉德吃驚於他部隊的傷亡之巨和戰爭成本的急劇上升，指出只打了幾個月，就耗掉帝國四十億克朗，相當於戰前七年的軍事支出。但儘管花掉這麼多錢，奧匈帝國的炮彈產量仍低得讓人難堪，即使就一九一四年的標準來看亦然。這一君主國一九一四年十二月只生產了十一萬六千枚炮彈，但炮兵每週要打掉二十四萬枚。靠著德國定期送來炮彈，才使奧軍炮兵能發揮戰力。[48]康拉德指示其集團軍司令官編纂可製成文宣，用於「激勵我君主國渴求打仗之青年」的「戰績」，但根本沒有戰績可言。應要求而編成的作戰故事，只是打擊奧地利青年的鬥志。[49]

奧地利人從德軍的撤退中得到有苦有樂的慰藉。奧地利駐柏林大使發牢騷道，儘管

第十一章　華沙

FIGURE 11.1 ——興登堡、威廉二世皇帝、魯登道夫

一九一四年十一月，德皇威廉二世（中）任命興登堡（左）、魯登道夫（右）坐鎮設於波森的新司令部，掌管東線所有德軍部隊。這兩位將軍與法爾肯海因爭奪資源和影響力，想在東線，而非西線，決定這場大戰的成敗。

照片來源：National Archives

德軍從華沙退回到德國境內，儘管德國的緊急應變計畫打算若俄軍窮追不捨，他們要炸掉西利西亞的煤礦，但興登堡的「光榮花環」出奇地毫髮無傷。[50]俄軍不會窮追不捨，德國人知道這點。與奧地利人不同的，德國人對自己的能耐和敵人的虛實有切實的了解。魯登道夫研判，德軍撤退一百二十或一百六十公里（沿途將俄國所有鐵公路橋梁拆毀），就足以保住他的軍隊，擋住俄國追兵。而過了維斯圖拉河後沒有鐵路，俄軍的確只追了三天就停住，有位觀察家指出，「德國人撤退那麼從容不迫，意味著他們的撤退完全稱不上是潰退。」[51]在日俄戰爭時實地觀察過戰況，且仍愛談森索諾夫與倫嫩坎夫兩位將軍在瀋陽火車站月台上爭吵、互毆那段趣事的霍夫曼，在日記裡就預言俄軍會有類似的分裂失和：「完全不必擔心；我們如果得撤退，俄軍只會追三天。」[52]

到了十一月一日，俄軍已停止追擊。德國人利用綿亙整條德、俄邊界的軍事鐵路，能快速增援每個受威脅的地點。與奧地利人不同的，德國人已將這種快速部署改良到盡善盡美。英國旅遊作家亨利·諾曼（Henry Norman）在戰前就注意到，「接近邊境的每個火車站，鐵路線都擴展為十二條，每條鐵路線旁都有月台，顯然地，火車可在每個月台迅速裝卸，以將德國軍力投送到北邊。」將部隊和炮彈運上那些火車以延長這場戰爭需要資金，而資金從比利時之類的占領地輸入德國。德國在那些地方徵收每月四千萬馬克的「戰爭捐」，以支應每月高達十二億五千萬馬克的戰爭開銷。[53]

但誰都看得出，即使有德軍投入更大兵力於東線，俄國人還是在華沙（「東邊的加萊」）擋開重擊，挺過另一個回合的交手。同盟國發現他們退回到一個月前他們開始作戰的地方。這時，德奧兩國政府幾乎不溝通，奧地利駐德勒斯登公使指出，德國軍事當局什麼都沒告訴他，他落得只能「在火車站閒逛，觀察從東往西駛過的運兵列車」，而從奧匈帝國的角度看，那完全是不該有的運兵方向。[54]

十一月一日，德皇正式任命興登堡為東線德軍司令官。魯登道夫為這一設於波森

（Posen，波蘭語波茲南／Poznan）的新東線德軍司令部的參謀長，霍夫曼為作戰長。「東部德軍」由兩個集團軍組成：馬肯森的第九集團軍和巴伐利亞萊奧波德親王的第八集團軍。兩集團軍捲入與法爾肯海因、德皇的戰略辯論中，直到一九一六年八月法爾肯海因被革職，由興登堡接替其位，爭辯才結束。法爾肯海因無心於對俄戰事，把心力全放在伊珀爾（Ypres）之役上。打贏此役，德國將取得一重大的戰略收穫，即英吉利海峽沿岸諸港。德國人如果掌控這些港口，將能用潛艇和海面船隻直接壓迫英國，從而或許逼英國同意不再將資金、工業、海軍投入這場戰爭，使德國得以有更多餘裕打擊法、俄。

法爾肯海因認為把重心放在俄國太冒險。靠俄國出名酷寒的冬天之助，加上要部隊後撤遠離德軍，沙皇才得以為另一場消耗戰爭取到時間，而英國則正忙著擴展其陸海軍，義大利則一如所料投入協約國陣營。因此，法爾肯海因不肯派兵增援興登堡，要興登堡在他為打贏比利時戰事而奮戰時，守住東邊的冬季戰線。法爾肯海因甚至考慮要不要與俄國單獨媾和，以便全力對付英法。[55]

就在法爾肯海因為他於十一月四日發動的伊珀爾攻勢投入更多心力時，魯登道夫仍信誓旦旦表示他能打贏東線戰事。[56]興登堡一直以為會收到的六個軍，最終給投入法爾肯海因「奔向大海」（race to the sea）的行動，使東線德軍和奧軍只有七十五個師對付俄國的一百三十五個師。魯登道夫未因此喪氣，還是在托恩（Thorn，波蘭語托倫／Torun）重新集結第九集團軍。他和興登堡給了法爾肯海因神聖不可侵犯的法國優先策略一個曲解性的新解讀。他們（不情不願地）同意，英法仍將是德軍進攻的矛頭，但補充說，英國遠征軍的受挫和夏、秋季死傷大量兵員後，英國陸軍總司令基徹納（Kitchener）呼籲組建「新戰力」一事，為德國提供了一個一旦錯過即不再有的機會：一九一四年冬結束東線戰爭，然後趁著英國還未有新戰力可用時，在一九一五年春將德國（和奧國）所有兵力移到西線。才幾個星期，動用相對較少的兵力，魯登道夫和興登堡就擋住俄國蒸汽壓路機。此刻他們打算將它解決掉。

The Thin Gray Line
第十二章　細長的灰線

魯登道夫不想輸。俄國第二、第五集團軍重新踏上疲累的征途，往德國逼來，德軍東線司令部打算重施故技，讓俄軍於坦嫩貝格再吃一次大敗仗：迅速包抄俄國第二集團軍（先前坦嫩貝格之役時魯登道夫的手下敗將）側翼，再度將其擊潰，然後要馬肯森的第九集團軍奔往東南邊的洛茲城。在這個地區，除了洛茲有良好鐵公路和住所，其他地方全沒有士兵住宿處和通信設施。它對雙方來說都是戰略要地，興登堡打算用德奧四十二個師對付俄國四十九個師，奪取該城，然後用它作為發動新東線攻勢的最後跳板。

魯登道夫認為，在洛茲取勝，將一舉打開通往華沙的大門。以洛茲為基地，德奧兩軍或許能解決俄軍，然後如某奧地利外交官所說的，「重畫東北歐的地圖」。人人都很有信心能打敗俄國，開始思量要怎麼處置戰敗後的俄國。貝特曼談到一個「獲解放的烏克蘭」——大概解放到該地能順服於德國或奧地利為止。維也納和柏林想拿下波蘭，德國人認為他們還將得到俄國的波羅的海諸省和芬蘭。波蘭是最棘手的地方；德國人或奧地利人都不是真的很想要它，因為它境內有太多波蘭人，若歸入德國或奧國，他們的民族主義要求會削弱德國或奧國政府。但不能把波蘭留給俄國人，因為得盡可能削弱俄國，把俄國推離德、奧國界愈遠愈好；也不能讓波蘭獨立，以免它本身成為大國或成為法國的附庸國。由於戰局還混沌未明，這一「波蘭問題」眼前還不需解決，但終究日益迫近。[1]而德國人接下來要取道的波蘭公路，十二月才會被雪封住，十一月中旬就會冰封，有利於德軍快速挺進且使俄軍無法掘壕固守。如果德國人能迅速攻入波蘭心臟地帶，或許能在野外截住俄軍，在這一年結束前讓俄軍吃場大敗仗。

馬肯森用八百列火車將第九集團軍北運到托恩，然後，十一月十一日奔往東南，以維斯圖拉河屏障其左翼，攻向洛茲與華沙之間的俄軍側翼。僅僅五天，他就神不知鬼不覺調動二十五萬兵力攻擊俄軍側翼。如俄軍方面的英國武官所說的這是「組織調度上的一大傑作」，發動於德軍從華沙撤退僅僅十五天後。[2]在德勒斯登火車站，即奧地利公使先前抱怨德國從東往西運兵的那個車站，他證實「運兵車現在正由西往東行。」[3]

在這同時，德國往東運兵之事，正改變西戰場的局勢。未能搶先「奔向大海」以在法蘭德斯包抄英軍側翼之後，法爾肯海因毅然決定在西線打消耗戰。他為他在比利時、法國的壕溝線構築防禦工事，釋出三個步兵軍給興登堡。俄軍方面的某英國觀察家認為，德國運兵之神速「令人驚嘆——（俄國人）俘虜了其中一些人，得知他們整個軍、整個師從比利時迅速調來，再調回去，派入奧地利，然後調回東普魯士。」[4]

這一在兩戰線之間的內部路線上靈活移動的能力，使德國人有機會執行興登堡所偏愛的策略：西守東贏。為打出那制勝的一擊，柏林大動作徵集新人力（首度強徵四十五至五十歲男子入伍）和新資金。德國國會於十一月投票通過發行第二波戰爭債券。由此吃下定心丸的興登堡，將其東方面軍打造為十二軍、七騎兵師的大軍。這時氣運和地位都大不如前的康拉德，在一旁嫉羨地看著，只撂下一句話「等著瞧」。[5]

從西線過來的德軍，最引人注目之處在於他們的心態；他們比東線部隊受過更多戰火摧殘，精神病症狀更為鮮明。有位人在喀爾巴阡山脈的德國軍官指出，從法國撥入他部隊的十人，有三人精神崩潰。其中一人會呆坐數小時，眼睛一直盯著地上，用希臘語唸出《奧德賽》裡數個長長的段落。[6]但這時還是戰爭初期，這些走不出戰爭創傷的士兵，仍只占東線兵力的一小部分。

地面因結霜而變硬，那些有著更健全心智的德國人快速挺進，四天走了八十公里，在維斯圖拉河南岸擊潰俄國第一集團軍落單的一個軍。然後德軍插入第一、第二集團軍間的缺口，十一月十八日把謝爾蓋·沙伊德曼（Sergei Scheidemann）的第二集團軍四個軍，逼回到有五十萬人口的城市洛茲。俄國第一集團軍踉踉蹌蹌退向華沙時，魯登道夫聚集十三萬六千戰俘，準備包圍第二集團軍。他的分析家估算，自戰爭開打以來，德奧兩軍已殺死、打傷或俘虜一百二十五萬俄國人，研判即使是俄羅斯蒸汽壓路機也無法永遠承受得了這樣的損耗。

FIGURE 12.1 ——— **俄羅斯戰俘**

德國人估算，到一九一四年，戰爭才打三個月，他們和奧地利人已殺死、打傷或俘虜俄國人一百二十五萬。俄國戰俘，如照片中這些戰俘，什麼都沒有：沒槍、沒子彈、沒食物，完全不清楚為何而戰。

照片來源：Heeresgeschichtliches Museum, Wien

來自前線的證據似乎為德國人的樂觀提供了有力理由。被俘的俄國人證實，他們彈盡糧絕；他們所接到的命令是在無武裝下進攻，從死傷者身上撿拾步槍。受傷的俄國人受指示不只要等待急救，還要四處尋找沒武器的戰友，把步槍遞給他們。這一困境局部說明了德國人一九一四年為何想開戰：俄國一九一三年的大陸軍計畫，擬於一九一八年才補足俄國陸軍的步槍數量缺口，而這一缺口和其他不足之處在此計畫的第一年顯然連縮短都沒辦到。[7]在這整場戰爭期間，一般的俄國步兵師，會有三成五的士兵根本無步槍可用；德國軍官竊笑道，俄國人缺火炮缺到求日本人把他們在滿洲戰爭時失去的火炮歸還。俄國人也試圖在日本購買步槍和子彈，表示凡是拿步槍（德製、奧製或俄製步槍）給俄國部隊的農民，都賞以五盧布。[8]

戰爭開打頭一天，俄國火炮平均一天打掉四萬五千枚炮彈，彈藥短缺到俄國軍官此刻被告知「把士兵推上前，把彈藥往後拉」，而對士兵來說，這當然不是件好事。據估算，俄國的炮彈只有百萬枚或更少，而且只有一座彈藥廠（英國有一百五十座），又無法順利輸入新廠，因為法國、英國已訂走美國所有出口品；即使把機器運送到距戰場遙遠的俄國港口，也無法將其安裝在前線附近。[9]在西線戰局陷入僵持之後，德皇威廉二世嗅到勝利逼近的氣味，大為欣喜，啟程展開對俄戰線的十天之行。德國將領這時興奮談到勝利在望的「向東推進」行動。[10]

西北方面軍司令官魯斯基，十一月十五日終於弄清楚情況。馬肯森部的移動不是佯攻，而是主要作為，目標指向洛茲，即俄羅斯帝國紡織業的中心和通往華沙道路上重要的冬季士兵住宿地區之一。魯斯基原只留下倫嫩坎夫的第一集團軍一個軍守洛茲周邊，要該集團軍其餘兵力挺進東普魯士。這時他要倫嫩坎夫率部返回，加入洛茲之役。魯斯基命埃維特率第四集團軍繼續西進，以和迎面而來的奧軍交手，使增援的德軍轉向，然後要轄下的第二、第五集團猛然調頭向北。他大膽要其第一集團軍迅速往

FIGURE 12.2 ——**奧古斯特・馮・馬肯森將軍**

奧古斯特・馮・馬肯森將軍打過普法戰爭，當過威廉二世的軍事史私人教師。馬肯森被譽為德國陸軍裡騎術最精湛者（因此著輕騎兵軍裝），一九〇六年時與小毛奇爭奪參謀總長之位，一九一四年時是執掌東線德軍第九集團軍的不二人選。

照片來源：National Archives

南包圍馬肯森部。

俄國第五集團軍司令官普列韋，先前在科馬魯夫從奧芬貝格的陷阱脫身，這時則奮力擺脫馬肯森的陷阱。六十五歲（和馬肯森同齡）的普列韋是天生的將材，有位待過他司令部的人憶道，他「掌握情況格外迅速，做決定快且明確。」[11]普列韋的第五集團軍，前軍變後軍調頭行進，三天時間在冰封道路上走了一百一十公里路，把馬肯森部打退到洛茲，然後攻擊試圖包圍俄軍的德軍右翼。[12]信心大增的倫嫩坎夫第一集團軍在洛維奇（Lowitsch，波蘭語 Lowicz）逼近德軍左翼。馬肯森部來到洛茲城外，發現該地已有俄國七個軍。該部突然陷入被兵力大自己一倍的俄軍包圍的險境。尼古拉大公察覺到這是場決定戰局成敗的戰役，把總司令部從巴拉諾維奇移到洛茲東邊的斯凱爾涅維采（Skierniewice）村。

一如在華沙時，魯登道夫放手一搏且輸了。俄軍計畫凌亂無章，先是前進，然後後退，使他以為俄軍最近一次退回洛茲的舉動，預示其要倉皇撤退到維斯圖拉河對岸，而非欲堅守陣地。一如馬肯森，魯登道夫上鉤，一頭衝進魯斯基設下的陷阱。在洛茲以北、以西，戰事最激烈，而在此二處，俄軍人數多於德軍；由於洛茲城的補給近在咫尺，總是大嘆彈藥不足的俄軍，在此難得的有充足的彈藥，而德軍處於長長補給線末端，就要彈盡糧絕。俄軍傷兵的性命被看得比彈藥還不值，任其死亡、腐爛。俄國議會議長米哈伊爾・羅贊科（Mikhail Rodzyanko）在前線附近下車，看到俄軍傷兵一萬七千人躺在冰冷的泥土上，其中大部分人已躺了五天，沒人處理過他們化膿的傷口，更別提運到後方救治。[13]

德軍與普列韋部激戰時，也在竊聽俄國的無線電，自坦嫩貝格之役起，德軍就每天這麼做。他們在地圖上標出倫嫩坎夫部往洛茲緩緩行進的路線，知道不管自己還有什麼優勢，那優勢正快速流失。馬肯森部賭他仍有時間派萊因哈德・馮・舍佛（Reinhard von Scheffer）的預備軍（六個師五萬五千德國兵力）到洛茲城東邊，完成對該地俄國兩個集團軍的包圍。此一行動原應由奧軍執行；康拉德命令已從杜納耶茨河悄悄潛到維斯沃克河邊的第四集團軍從該河後面出擊，即從南邊進攻，以「徹底消滅波蘭境內的俄軍」，但該部未做到。約瑟夫・斐迪南大公的第四集團軍頂著敵人的猛烈攻擊欲強行渡過維斯圖拉河，卻遭位於其右側的俄國第三集團軍和左側的俄國第九集團軍硬生生擋住（對斐迪南大公部來說，這已是其司空見慣的困境）。奧軍士兵衝過浮橋，陷入俄軍榴彈炮和機槍彈的火海，死傷特別慘重，致使第四集團軍某些師不得不更名為旅。鼓手和樂師奉命放下樂器改拿槍。上級對此的解釋是：「因為不再需要音樂」。[14]

有位名叫費多爾·斯特朋（Fedor Stepun）的俄軍中尉，十一月二十日追擊撤退的奧軍，注意到奧軍走後留下的髒亂和破滅的希望。斯特朋想起在博羅季諾（Borodino）與拿破崙打成平手，以「只要砍倒樹，鋸屑就會到處飛」一語說明戰爭中之劫掠和暴行的俄國元帥庫圖佐夫（Marshal Kutuzov）。而今，斯特朋周邊就飛揚著戰爭的所有鋸屑。「我們進到落敗敵軍剛剛離開的一個城鎮。多可憐的景象……街道和火車站擠滿想帶著家產逃離卻未能如願的老百姓。五列火車困在火車站，個人家當成堆擺放在月台上，塞進每個火車車廂裡：床、長沙發、床墊、玩具、畫、相簿、女人衣物、帽子、猶太教禱告書、提燈、咖啡、一台絞肉機。」

騎馬的哥薩克人（每個人後面另外拉著一兩匹從當地人搶來的馬），在一堆堆私人家當裡翻找；有些哥薩克人下馬，取下他們老舊的馬鞍和毯子，換上軟墊和桌巾。「軍人與哥薩克人的差別就在這裡」，這位俄國軍官論道。「軍人只拿自己需要的東西；還有良心。哥薩克人沒良心；什麼都拿，不管需不需要。」在街對面，羅馬天主教堂已遭洗劫：牆上有尿痕、嘔吐物、糞便，拉丁文聖經躺在地板上，兩具奧地利士兵屍體橫陳在入口，一具年輕英俊，另一具老而醜。「他們的口袋，一如每具軍人屍體的遭遇，已被

FIGURE 12.3 ——在營地裡跳舞的哥薩克人

在營地裡跳舞的哥薩克人。「軍人與哥薩克人的差別就在這裡」，有位俄國軍官論道。「軍人只拿自己需要的東西；還有良心。哥薩克人沒良心；什麼都拿，不管需不需要。」照片來源：Heeresgeschichtliches Museum, Wien

人翻到外面；在這裡，每個人都想要黃金。」[15]

哈布斯堡君主國不識民間疾苦的領導階層，幾乎看不到這悲慘景象。在遙遠的西邊，在某個陰冷的十一月天，史蒂爾克將軍正與蒂薩一同遊覽格拉維洛特（Gravelotte）、聖普里瓦（St. Privat）的一八七〇年戰場。他們在這兩個法國小村四處走看，暢談他們對普法戰爭的認識時，蒂薩說：「直到今日我仍不解到底是誰下令八月進攻塞爾維亞。與俄國開戰一旦變得勢不可免，進攻塞爾維亞的行動就該全部擱置。我還是不懂我們怎會繼續幹，入侵塞爾維亞。我深信如果當初康拉德立刻把第二集團軍派去東邊，我們不會輸掉倫貝格之役。」[16]

對正踉踉蹌蹌退往克拉科夫的東線奧匈帝國士兵來說，倫貝格當然已是陳年舊事。他們「往西退，再度走在我們已非常熟悉的道路上」，有位奧地利皇家步兵團軍官以嘲弄口吻說道。逃兵陡增，第四集團軍下令調查十一月二十五日兩個完整的團共八千人，連同上校團長和軍官，被俄軍俘虜之事。在克拉科夫城內，第四集團軍士兵大肆偷搶，要塞司令不得不組織民間防衛隊「保護私人財產」，以免遭奧地利自己的士兵「攻擊、搗毀、盜竊」。在奧地利鄉間，農民很快就開始害怕本國軍隊的到來。部隊報告裡充斥著搶劫、勒索、毆打之事。十二月一日，丹克將軍誓言懲罰「我軍士兵對本國人民日益增加的劫掠情事」，但在當時老吃敗仗、老在撤退的氣氛中，這個誓言並不易履行。[17]

奧地利八月的「北攻」，以九月大撤退收場，繼之以十月的桑河戰役，再到現在落入更為愁雲慘霧的克拉科夫之役。俄國數個集團軍團團圍住康拉德已然兵力大減的奧匈帝國軍隊。康拉德的軍隊照理該勇敢往前衝，在洛茲與馬肯森的第九集團軍會合，卻窩在其位於洛茲南邊兩百四十公里處的壕溝裡。由於奧軍怠惰，魯斯基部慢慢移過來，德軍有覆滅之虞。魯登道夫曾誇口要在洛茲打出「第二次色當之役」，打算德奧軍聯手將俄國數個集團軍包圍在那裡，但如今馬肯森理解到他將得獨立完成這壯舉。長遠來看，馬肯森部的兵力居於劣勢，但他仍然認為只要他能在倫嫩坎夫部大舉抵達之前擊倒俄軍，短期來看他仍能贏。

俄國第二集團軍的確**覺得**大勢已去。萊因哈德・馮・舍佛的軍（五萬五千兵力）進攻該集團軍側翼時，集團軍新司令官打電報給魯斯基，告以他被包圍，正在研究地圖的魯斯基收到後神奇回道：「不，你已包圍**他們**，現在該要他們投降。」事實確是如此。舍佛部困在洛維奇（洛茲與華沙的中途），發現與馬肯森斷了聯繫，開始拚命往後退。地面太硬無法挖掘壕溝，因此雙方部隊在開闊地廝殺，或滑下溪床，或把大樹枝、沙包堆起來當屏障。但這些屏障擋不住炮火和機槍彈，很容易就被打掉。舊壕溝符合新戰鬥隊形的要求時，即占領那些壕溝，但封凍的地面使液體無法被地面吸收掉，於是血、糞、尿積在從未結凍的爛泥裡，使這場冬季戰爭比夏季、秋季戰役更為污穢難受。[18]有位觀察家沿著其中一條惡臭的壕溝邊緣走，看到一駭人景象，停腳記下：「我撞見一隻渡鴉停在已不成人形的某人臉上。牠已啄走他的雙眼，扯掉他的嘴唇和他臉上的部分肉。牠拍拍翅膀慢慢飛走，留下一沉悶的嘎嘎聲。」[19]

魯登道夫痛罵康拉德按兵不動。魯登道夫相信，奧匈帝國的北方面軍如果在德軍右側強力挺進，同盟國將已包圍俄軍。結果如今反倒是俄軍已準備好要包圍德軍。[20]有位附屬於法國境內德國某軍的奧匈帝國軍官報告道，「這裡大家都在談的是奧地利，談興登堡頻頻抱怨我們吃不了苦……他們說德軍必要時能行軍六十公里；我們的部隊頂多只能走三十公里；他們說德軍能不帶輜重打仗，我們的部隊不行。」[21]在德軍總司令部，史蒂爾克苦思德國人、奧地利人的根本差異：「奧地利人始終把私事與本分混為一談；德國人只著眼於本分，把私事擺在一旁。對奧地利人來說，指派任務的方式和作風比任務本身重要，而德國人只著眼於任務。在德國人眼中，奧地利人缺乏幹勁，務虛不務實。」[22]

奧軍毫無作為而德軍處於大敗邊緣，魯斯基卻只能徒呼負負看著德軍逃脫。坦嫩貝格之役後即被蔑稱為「沒打就跑」的倫嫩坎夫，這次再度跑掉。他從北邊包圍的速度太慢，使舍佛部得以全軍（連同一萬戰俘和六十門火炮）從洛維奇口袋逃脫。有位俄國上尉為這一離譜的遲鈍提出解釋：他被從蒂爾西特（Tilsit）緊急叫去圍困德軍後，要他的部隊三天強行一百零四公里到最近的火車站，結果車站沒火車候著。士兵在月台上待二十四小時，沒吃沒喝，沒地方躲避寒風。陸軍部終於發現他們人在米陶（Mitrau，拉脫維亞語葉爾加瓦／Jelgava），派了列火車過來，然後花了整整兩天（士兵仍然沒東西吃）才慢慢駛到華沙。在華沙他們再搭火車前往洛茲，仍然沒東西吃，抵達洛茲外圍時下火車，奉命進入壕溝，沒睡覺，沒吃東西。士兵餓得大罵，開槍時開到睡覺。軍官跌跌撞撞上下壕溝，「精神不濟像夢遊者咕噥說著什麼，用劍面打士兵。」[23]

舍佛也沒睡。十一月底開始率部大逃亡時，他已連續七十二小時沒闔眼。德軍在大雪中撤退，而大雪使俄軍的指揮調度更為紊亂。洛茲之役雙方不分勝負，德軍損失三萬五千人，但俄軍兵力與炮彈儲量的耗盡，使俄軍總司令部不敢指望再採攻勢。子彈也快用完，有些俄軍步兵師才打三天仗就打掉兩百萬發子彈。[24]

因為戰死、受傷、生病、被俘，俄軍第一、第二集團軍也損失高達七成的戰鬥力。

倫嫩坎夫於坦嫩貝格、馬祖里湖區兩役失利之後勉強保住司令官之職，經過這場丟臉的失敗，去職就成了定局。因為德裔身分而被許多人懷疑不忠的他，失去兵權，趕出陸軍。尼古拉大公為這次大敗槍斃了十五名作戰不利的俄國軍官。在華沙巡視貪污出名的陸軍補給部門時，這位大公向集合的軍官只丟下四個字：「你偷我絞（刑伺候）」。[25]

有位英國記者經過洛茲附近一處野戰醫院時，注意到數千傷兵被擱在雪地裡，因為（一如以往）沒有交通工具將他們運送到後方：「某帳篷外，有許多截掉的手、腳棄置在地上。」許多人被榴彈炮的彈丸打瞎一眼或兩眼，人數之多令他印象非常深刻。[26]冬季這幾場仗總共讓俄軍又損失五十萬兵力，以及七成的前線軍官。這時，俄國送到前線的強徵入伍兵，全都沒配步槍，這是德軍為何損失較輕（十萬人）的原因。[27]東戰線遼闊的地域利於打運動戰（在東戰場，德國一個半的師所占領的最前線，若是在西戰線，要用五個德國師去占），但俄軍缺乏機動力、靴子（魯斯基談到不足五十萬雙）、火炮，無法解決掉兵力稀疏的德軍。事實上，此後直至戰爭結束俄軍都不會再威脅德國領土。

奧匈帝國領土則不是如此。事實表明德軍太難對付，於是在十一月二十九日有魯斯基、尼古拉大公出席的作戰會議上，伊凡諾夫提議「通往柏林之路要取道奧匈帝國」。魯斯基部有四分之三的兵力損耗於與德軍的交手，已幾無戰力可言。[28]俄國人得從頭再來，這一次得把矛頭對準較弱的對手奧地利。尼古拉大公同意此論點，批准將重心從西北方面軍轉移到西南方面軍。伊凡諾夫將指揮此一行動，率部攻向克拉科夫，然後翻過喀爾巴阡山脈。

康拉德也需要重新開始。由於俄軍回頭推進到華沙正西邊一線且有德國四個新的軍從陷入僵持的西戰線調來增援東線德軍，他要打出一番成績，以免淪為配角。他把挫敗之後的怒氣發洩在興登堡身上，宣稱那些記述德軍英勇逃離洛茲的文字「天真」，還說興登堡準備以增強後的九個軍、三個騎兵師的兵力反攻之舉是「幼稚」的。康拉德悄聲說，切記，「這位『人民英雄』已遭**擊敗**」，但這位奧地利將領的公信力已快蕩然無存。[29]十二月六日，兵力大增後的德軍果然拿下洛茲，挺進到距華沙不到五十公里處。法蘭茨·約瑟夫皇帝同意讓無能的康拉德，在新成立的奧德聯合東線作戰司令部裡聽命於興登堡和魯登道夫，似乎只是時間問題。這位皇帝問奧匈軍總司令部，「我們的戰績如此**糟糕**，在這情況下，我們連尚可容忍的外交政策都難以施行，不是嗎？」[30]康拉德的答覆，乃是他最近一再祭出的回應：以辭職作威脅。舉棋不定的法蘭茨·約瑟夫再度退讓。

洛茲之役大敗後，康拉德急欲展現他的本事，於是命博羅耶維奇進攻波蘭東南部的薩諾克（Sanok），要約瑟夫·斐迪南大公的第四集團軍進攻正再度往上西利西亞移動的埃維特第四集團軍。俄軍炮彈、火炮、步槍、子彈、軍服、靴子、糧食樣樣都缺，且無法集結大軍包圍康拉德，讓奧地利方面生起希望。約瑟夫·斐迪南大公的第四集團軍在克拉科夫附近與埃維特部相遇，博羅耶維奇的第三集團軍則進攻俯臨桑河且是鐵公路運輸中心之一的薩諾克。[31]埃維特部與奧軍廝殺，一時分不出勝負，直到俄國拉德科－季米特里耶夫（Radko-Dimitriev）的第三集團軍前來支援才改觀。第三集團軍原被耽擱在普熱梅希爾外圍，直到十一月中旬俄國另一個集團軍，塞利瓦諾夫（Selivanov）的第十一集團軍，前來普熱梅希爾接防，第三集團軍才得以前去支援埃維特部。

奧軍於是再度被迫退向克拉科夫。數千名絕望的哈布斯堡王朝士兵假裝得了霍亂以逃避作戰。奧地利集團軍司令部每天刊出告示抓逃兵：「帕爾提卡，一八八八年生於馬塔維奇，黑髮褐眼，說波蘭語，高一米六二：如果發現，請逮捕送交第一軍法庭。」佛里德里希大公剛從將軍晉升為陸軍元帥，但沒什麼值得慶祝；從位在遙遠後方的舒服司令部，他和康拉德只能對前線的實際情況有一丁點了解，但光是這一丁點了解，就讓他們知道他們的軍隊根本不想打仗。十二月二日，康拉德指示諸集團軍司令官，凡是敵前撤退的部隊，一律槍斃十分之一的士兵。[33]

康拉德吹噓贏了幾場局部性的勝利，但那些勝利都如曇花一現。俄國第九集團軍將約瑟夫·斐迪南大公的第四集團軍逼退到克拉科夫南邊。俄國第三、第八集團軍擊敗博羅耶維奇的八個師，使其退離薩諾克，並在布科維納重創卡爾·馮·普富蘭策－巴爾廷（Karl von Pflanzer-Baltin）將軍的暫編兵團的七個師。奧匈帝國軍隊的壕溝上方，升起有著白色半月和星星圖案的綠旗，以表明這是得到鄂圖曼人支持的反沙皇聖戰，以嚇阻俄國穆斯林部隊的進攻，但未收效。博羅耶維奇部和位於喀爾巴阡山脈山麓丘陵的第四集團軍十一個師之間，敞開一個寬達一百一十公里的大缺口。俄軍蓄勢待發，要大舉穿過這缺口，經由烏索克（Uzsok）、杜克拉（Dukla）、盧普科夫（Lupkov）、蒂利奇（Tylicz）諸山口，進入匈牙利和摩拉維亞（哈布斯堡君主國的心臟地帶）。

在奧軍右側，博羅耶維奇部有氣無力對抗俄國第八、第十一集團軍。由於俄國特務（一身農民裝扮或奧匈帝國軍服的士兵與軍官）輕易就潛入、潛出奧軍營地和壕溝刺探軍情，向「斯拉夫裔士兵」發送只要投奔俄軍，就能據以得到賞金和特別待遇的憑證，奧軍更加守不住其陣地。有位在東邊五千公里處的土庫曼，與其他奧匈帝國戰俘一起修路的被俘奧地利軍官，可證實俄國人此言不假。「俄國人按民族別把我們分開」，他在一九一四年晚期說道。「斯拉夫人住到最好的營房，德意志人、匈牙利人、猶太人住的營房最差。我們的工作時數也比斯拉夫人長，所有髒工作都交給我們幹。」他們領到的配給都少得可憐（甜菜湯和蕎麥粥），因為俄國的營地指揮官苛扣掉這些人每日糧食配給的一半，衛兵和伙夫又拿走剩下的大部分，但斯拉夫人始終獲准先吃，且被鼓勵去嘲笑、腳踢排在他們後面的德意志人、匈牙利人。[34]

從俘來的奧地利軍官那兒，俄軍也得到許多關於奧地利實力和意圖的情報。那些人被俘期間，用佛里德里希大公的話說，表現出「愚蠢和饒舌」。[35]奧匈帝國農民也為俄軍提供了大量情報，許多農民支持俄國人更甚於支持本國軍隊。約瑟夫・斐迪南大公，身為這一搖搖欲墜之奧地利皇族的子弟，下令其部隊冷血對付協助俄國人的奧地利村落：「在這種事情上沒必要徵詢地方行政官的意見；直接扣為人質並殺害，把村子燒個精光，凡是嫌疑分子都當場吊死。」[36]而且這是在**奧地利**境內。這個君主國顯然已是忍無可忍。多虧魯登道夫出借幾個德國預備師，加上俄軍本身行動遲緩，奧軍才得以擋住俄軍的攻擊。魯斯基一如以往主張休息、重新補給，俄軍炮彈存量降到每天每門炮只有約十枚炮彈可用。

奧軍已處於絕境，敵人有可能衝過喀爾巴阡山脈進入匈牙利平原。這時奧軍部署成一道細長的灰線，兵力虛弱的第二集團軍位在左側，沿著克拉科夫北邊的德國國界部署，第一集團軍位在該城西北邊（其後方區域是名叫奧許維茨的地方），第四集團軍位在克拉科夫城裡，第三集團軍在該城東南邊鋪展，從新桑德茨往南到切爾諾維茨。

克拉科夫是奧地利在喀爾巴阡山脈以東最後一個據點，為挽救此城，康拉德下令越過維斯圖拉河進攻。十二月頭兩星期，奧地利第四集團軍和某德國師在克拉科夫附近的利馬諾瓦（Limanowa）與俄國第三集團軍打成相持不下的局面。在克拉科夫東南，俄軍面向西邊，使自己難以抵禦來自約瑟夫·斐迪南大公的側翼攻進。第四集團軍利用克拉科夫周邊的鐵路和強行軍，切入俄軍側翼。這兩個濕漉漉、冷得發抖的集團軍，像史前穴居人般狠狠厮殺，打了兩個星期。奧地利騎兵，仍按照古傳統配備有簷平頂筒狀軍帽和馬刀，特別無抵禦之力：有位奧軍上校參謀氣急敗壞記載，「我軍騎兵在利馬諾瓦打肉搏戰，沒用刺刀！我們發現許多騎兵喪命，頭部被打癟。我們為騎兵配備武器的方式，實在大大失策。」[37]

雖然攻擊了俄軍側翼，奧軍在許多地方仍繼續在沒有充足炮火支援下正面強攻。炮兵未能為進攻做好準備，未能幫助進攻部隊攻破敵人防線，也未能掩護不可避免的撤退，招來佛里德里希大公的叱責（這時已是預料中躲不過的叱責）：「榮譽和奧地利炮兵的悠久傳統，要你們不管死傷多慘重都不能離開你們的炮，要你們務必協助步兵有條不紊地撤退。」[38]結果，奧地利火炮回應以炮轟自己人。[39]

俄軍戰力似乎也在衰退，奧地利第六皇家步兵營打了一天就俘虜一千名俄國人，包括一名看來如釋重負的將軍。[40]有個德國軍官檢視過兩百名這些俄軍戰俘後，談到他們的悲慘狀況：「他們緊靠著牢籠，像餓壞的牲畜，只要有人從街上過來，遞出一塊麵包，他們就爭相爬到別人身上，爬上鐵欄杆，睜著大眼睛，用貪婪粗嗄的嗓音尖叫，使勁伸長手，每個都想讓人注意到他的饑餓。」這些俄國人讓他想起一幅哥雅的畫，駭人如《瘋人院》或《吞掉親生子的農神薩杜恩》。[41]

利馬諾瓦之役將俄軍擊退五十公里，經過此役，康拉德吹噓光靠他的軍隊就能擋住「半個亞洲」，打垮俄國的氣勢，「逼他們全線後退」。[42]這大大悖離事實。利馬諾夫之役俘獲兩萬三千名俄國人，拯救了克拉科夫，使俄軍無法插入奧地利第三、第四集團軍之間，打到喀爾巴阡山脈另一頭，但此役未能決定戰局走向，因為俄國增援部隊大批抵達，從新桑德茨過來，威脅第四集團軍的一個側翼和後方，迫使該集團軍讓出其剛以一萬兩千人死傷的代價辛苦拿下的地盤。[43]俄軍從容前進，重新占領杜納耶茨河東岸他們放棄不久的壕溝，使利馬諾瓦之役再怎麼看都是奧地利又一個慘勝。

利馬諾夫之役好似從未發生過一般。康拉德從柏林呈報博爾佛拉斯，坦承在利馬諾夫或任何地方都未取得「決定性」的成果：「俄軍能以生力軍打掉我們每次的攻擊」。一如俄軍先前用桑河將德軍與奧軍隔開，這時俄軍用杜納耶茨河發揮同樣的作用。康拉德抱怨道，「他們被釘死在一岸，我們被釘死在另一岸。」[44]但他轄下的師級部隊，這時大部分只剩數千兵力或更少。第六皇家步兵營發現，七月起注入的一千九百名官兵新血，十二月時已死、傷、被俘共一千一百人。[45]十二月十七日冒雨巡視戰場時，某奧軍參謀寫下該地的破敗荒涼：「壕溝往四面八方延伸，每道壕溝裡都積滿水。戰場上散落各種東西：炮彈彈殼和子彈殼、故障的步槍、背包、刺刀、帽子、頭盔、襯衫、馬鈴薯、拆下來當掩護物的木門、燒掉的房子、啜泣的農民、漂浮在壕溝裡和整條馬路上狼藉的屍體、插了木頭十字架的墓、馬屍、被數千雙靴子踩過的田、倒地的電話線桿、被炮彈炸開而乾草外露的穀倉，悲慘又混亂的景象。」[46]

到了年底，奧軍仍被困在杜納耶茨河（距克拉科夫僅五十六公里）往南到喀爾巴阡山脈一線。戰事已停滯，參謀在每日戰情報告裡寫上「一如昨日」。士兵也困在崗位上受凍，除了用來包凍傷之腳的紙（丹克在備忘錄裡細心記下，「能拿到的話供應衛生紙」），沒其他補給。[47]第二集團軍的第三十二師已經累垮，康拉德不得不放他們兩個星期假，但該師師長回前線時卻無感激之意。他指出，「我們休假全待在帳篷裡，不是下雨就是下雪，還染上霍亂。休假根本是騙人的，沒使我們變強，反倒變弱。」[48]

俄軍無精打采盯著對面苦不堪言的敵人。有位俄國軍官寫道，「靈魂像刺蝟，在我們裡面縮成球狀；表面上看我們處變不驚，內心裡我們在冬眠。」[49]奧地利最精銳部隊，例如維也納的第四條頓騎士團首領步兵團，士氣未失，甚至進攻，但都以慘敗收場。第四條頓騎士團首領步兵團駐守沃多維采（Wodowice）的某營，強攻對面的俄軍壕溝。士官兵服從命令上刺刀衝鋒，穿過約兩百公尺縱深的敵軍火力掃射場（營長難過報告，「阿爾特里希特中尉傷重不治，佛里德里希中尉胸口中槍」），闖進俄軍壕溝，與壕溝裡三百俄軍短暫混戰，然後理解到就在視力可及之處，在他們以如此慘重代價奪下的壕溝之後，有另一道俄軍壕溝。他們的報告坦承，「我們既無力進攻新壕溝，又不能留在舊壕溝裡，所以撤退，深信我們已盡到職責，取得該日應有的戰果。」[50]

但什麼戰果？為什麼辛苦打這場仗？大部分部隊行事比這支部隊理性。有位接掌奧匈帝國第十九師的將軍，向麾下軍官發布了一份嚴厲的師部命令（「一些觀察心得」），文中描述了一支正分崩離析、軍服骯髒、步槍生銹、不向長官敬禮、一有機會就裝病逃避差事、軍紀蕩然、消極被動的軍隊。[51]這個奧匈帝國師最後會撥給德國人，以充實德國的南集團軍，即法爾肯海因所批准成立，以堅定失去鬥志之奧軍信心的一支新軍隊。一九一四年聖誕節，佛里德里希大公收到他的聖誕禮物，即又一次撤退。這次撤退使哈布斯堡王朝軍隊退到了喀爾巴阡山脈邊。第一、第四集團軍仍待在克拉科夫與新桑德茨前面的杜納耶茨河－比亞瓦河陣地，但其他奧軍全退到喀爾巴阡山脈：第三集團軍部署於杜克拉山口兩側，司令部設在卡紹（Kaschau，斯洛伐克語科希采／Kosice），第二集團軍部署於恩格瓦爾（Ungvár，烏克蘭語烏日霍羅德／Uzhhorod）周邊，南集團軍司令部設在蒙卡奇（Munkacs，烏克蘭語穆卡切沃／Mukachevo），普富蘭策－巴爾廷的暫編兵團位於馬拉馬羅斯－錫蓋特（Maramaros-Sziget，羅馬尼亞語錫蓋圖－馬爾馬切伊／Sighetu Marmatiei）。

換句話說，哈布斯堡王朝軍隊正緩緩退入匈牙利，這與他們所應走的路——挺進俄羅斯——完全背道而馳。佛里茨爾和康拉德為一連串沒完沒了的敗仗大為難堪，重施他們在倫貝格的故技，指責麾下部隊「未能執行計畫周詳而**本該會**成功的作戰行動」。康拉德甚至不願聽前線部隊的一連串辯解：「總司令部無法理解，數日來我們的部隊怎會讓自己在大霧中遭俄軍奇襲、打敗，而非反過來利用大霧奇襲、打敗敵人。」[52]但部隊清楚原因；他們撐不下去了。這時每個奧地利軍人都受到懷疑，不管是被懷疑怕死、裝病、還是替敵人刺探情報。來自奧匈軍總司令部的定期公告，提醒所有官兵留意在奧軍前線後方到處走動的俄國特務：「有些特務在左腋窩下面紋了一條魚，有些特務在脖子上印了一個俄國十字，還有些特務的軍服上，有一只紐扣後面刻了『Vasil Sergei』字樣。」士兵獲告知留意其實根本不存在的人物：「有位俄國上尉參謀名叫盧布諾夫，他開車四處跑，黑髮，長得帥，體格健美，通常是平民打扮」，或「有個俄國人，講得流利的波蘭語，臉白，帶聰明相，藍眼，金髮，戴圍巾，穿黑外套；據信在我們第十一軍周邊活動。」[53]

佛里德里希大公責備麾下將領，在步兵於前線遭屠戮時，自己在後方毫無作為。他怒叱道，「師長**必須**親臨戰場……不該待在遙遠後方用電話與下屬軍官聯繫。」佛里茨爾以懇求口吻說，絕不可讓奧匈帝國的士兵「覺得師長待在安全的後方……不管他們死活。」他要將領在前線領軍，組織側翼攻擊，阻止自殺式的正面強攻。[54]

他的命令不管用：戰爭頭五個月戰死了三千兩百名奧匈帝國軍官，其中只有三十九人是上校或將軍。[55]奧匈帝國士兵受到遙遠上級長官的漠視，卻有時受到俄國人的搭救。有位挖壕溝時中了兩槍的奧地利軍人，憶述他獲救的過程：「我受傷躺了兩個小時，被一名俄國步兵發現。那人迅速包紮（我的傷口），把我扶離射擊範圍，讓我躺在一舊壕溝裡的馬毯上。」[56]其他俄國人就沒這麼好心。有個哥薩克人在喀爾巴阡山脈附近經過一名光著腳的俄國軍人和一名猶太村民身旁時，要那村民脫下他的「猶太靴」給那個軍人。村民不肯，哥薩克人即要那個軍人褪下長褲，然後回頭向那村民說：「現在給我親他的屁股，想想你自己命好，還能活到現在。」村民乖乖做。片刻之後，三人分道揚鑣，哥薩克人大笑，俄國軍人欣賞他那雙上好的新靴子，猶太村民光著腳。有位目睹這段迫害猶太人之事的俄國軍官寫道，「集體迫害猶太人所留下的陰影，落在我們迫害過的每個地方」，「或許有人會說這些只是『軼聞』，但它們遠非軼聞，而是說明我們近代史進程的重大史事。」[57]

極力躲避前線匱乏生活的康拉德，這時把他的總司令部從新桑德茨往更西邊移，移到奧屬西利西亞的泰申（Teschen），進駐佛里德里希大公位於該地的府邸和鄰近的阿爾布雷希特高中。此後直到一九一七年三月他遭撤職，這個建築群一直是他的豪華總司令部，有馬廄、網球場、咖啡館，還有豐盛餐食可享。康拉德以地理教室當他的辦公室，在此研究地圖，每天向佛里茨爾簡報兩次；除此之外，這位大公什麼事都不必做。[58]皇儲卡爾大公更閒。前線軍官指出總司令部大人物的生活作息基本上和老百姓沒兩樣：「我們的司令官知道怎麼管，但不知道怎麼**領導**」，第四集團軍某少校寫道。「司令官應該要表現出意志和人品，以作為他參謀的表率。」在泰申，這兩樣都付諸闕如。[59]

在泰申，佳餚美酒不虞匱乏。那裡的所有開銷，包括康拉德使用他府邸，佛里茨爾都向陸軍部報帳請款，愛國心蕩然無存。但在佛里茨爾與康拉德所棄之不顧的土地上，糧食非常短缺，致使要到加利西亞、喀爾巴阡山脈的部隊報到的奧匈帝國軍官，自己帶食物過去。康拉德在泰申創設了「戰時新聞總部」，其職責是以吹捧性的文章，例如〈我們的康拉德〉（Unser Conrad）、〈我們在戰場上的王朝〉（Unsere Dynastie im Felde），為他的名聲增光。編制員工名單裡放進攝影師、電影製片、雕塑家、作家（包括里爾克與褚威格）的名字，以予人重振雄風的印象，且發布《俄羅斯獵殺》（*Russenjagd*）之類畫作或《從杜納耶茨河到桑河》（*Vom Dunajec zum San*）之類樂觀的宣傳小冊。[60]沒人受騙。康拉德的德國聯絡官胡戈·馮·佛賴塔格-洛林霍芬（Hugo von Freytag-Loringhoven）將軍向法爾肯海因報

FIGURE 12.4 ———逃離戰區的猶太人

一九一四年晚期，趁俄軍還未到，逃離家園的加利西亞猶太人。
猶太人在俄羅斯帝國內受迫害且常受到俄國士兵虐待，得知俄軍要來，
即收拾能帶走的家當逃難。有位俄國軍官寫道，
「集體迫害猶太人所留下的陰影，落在我們迫害過的每個地方。」
照片來源：Heeresgeschichtliches Museum, Wien

告，康拉德的軍隊是「一碰就破的工具」。奧地利的師級部隊，兵員少到只有五千人或更少，連級部隊少到只有五十人。有作戰經驗的奧地利軍官大量戰死，乃是一大「災難」。俄國人吹噓他們俘虜了數萬奧匈帝國官兵（相對地只俘虜了兩千德國官兵）。評估過這支破敗的軍隊後，興登堡向德皇抱怨，他不得不倚賴「一支優柔憂斷、戰鬥力差的奧地利軍隊。」61

在維也納，博爾佛拉斯從康拉德處得知，東線

FIGURE 12.5

佛里德里希大公與康拉德在泰申

奧匈帝國士兵在前線受苦時，佛里德里希大公（左）與康拉德（右）卻在佛里德里希位於泰申的西利西亞府邸裡，設了豪華的總司令部。哈布斯堡王朝軍隊於東邊一百二十公里處垮掉時，據軍官記載，這兩位司令官仍維持老百姓般的生活作息（小睡、漫長的午餐、散步、讀報數小時）。

照片來源：Heeresgeschichtliches Museum, Wien

戰事已無指望。在附近的某個紅十字會醫院裡，有個記者難過地看著一名剛從波蘭回來的奧地利軍人死亡。綠膿從大腿處傷口流出，這個軍人無助地躺著，讓醫生劃開感染部位，排乾惡膿：「這個病人先是喘著氣，然後呻吟，接著嘶啞地一聲大叫，然後他完全控制不住自己，開始可怕的尖聲急叫，像狗一樣。」[62]精疲力竭的軍醫開始把士兵稱作「膿槽」。而俄國人在人力這項必不可少的資源上擁有三比一的優勢，一百二十個俄國師（每師十六營）對抗六十個奧匈帝國、德國師（每師只十二營）。

康拉德窩在他位於泰申的別墅裡，開始奇怪的執著於形式上的尊卑。凡是可能讓人覺得他隸屬於德國人的場合，他都拒絕出現。法爾肯海因邀他到柏林討論戰略事宜，他說在泰申有要事要辦，婉言拒絕，然後派了一個少校代他出席。此舉的羞辱意味鮮明，而德國人也這麼認為。在梅濟耶爾的德國總司令部，奧地利聯絡官史蒂爾克大為驚駭：「在康拉德的這一舉動裡，我開始看到欲保住德國這個盟邦和我君主國的利益所不可或缺的良好關係是不保的。」史蒂爾克將此事呈報博爾佛拉斯，後者承諾著手損害控管。德皇走訪東戰線十天期間，康拉德前去布雷斯勞會晤德皇，在那裡他也不肯和法爾肯海因談正事，還向一臉不敢置信的德國人解釋道，他純粹是以佛里德里希大公隨員的身分，不是以奧匈帝國參謀總長的身分前來。[63]

此刻，康拉德本該與德國人從長計議確立大計，不該藏身在佛里茨爾的行館裡，但即使德奧兩國的總司令部關係改善，恐怕也改善不了奧匈帝國軍隊的戰鬥力。貝希托爾德擔心德、奧兩國已沒有共同的奮鬥目標。維也納打俄國人，柏林打英國人，對伊珀爾突出部投入超乎比例的大量資源，甚至考慮從海空入侵英國。一九一四年十一月時，德國人已殺死、殺傷或俘虜英國遠征軍三十萬兵力的三分之一，推測倫敦不久後就會撐不下去而垮掉。[64]奧地利外交官則沒這麼篤定。他們談到德國總司令部裡非理性的仇英心態，談到海軍元帥阿佛烈德・提爾皮茨（Alfred Tirpitz）所組織的陸海戰將把寶貴資源從東戰線移到西戰線。[65]德奧七月時張開雙臂歡迎的這場大戰，此刻正漸漸失控，已幾乎失和的德奧兩國面臨可能輸掉戰爭的險峻情勢。

Serbian Jubilee
第十三章　以塞爾維亞為獻禮

奧匈帝國連連敗北的戰略性衝擊和政治上所受的羞辱，何者較嚴重，很難說得準。從戰略上看，哈布斯堡君主國已是一團亂，凡是它與敵交過手的地方，都被捅出大洞，汩汩流血。由於塞爾維亞軍隊一直未收手，奧匈帝國的東南邊界仍然不得安寧，其與盟邦鄂圖曼帝國的陸上連結，在多瑙河對岸嘎然而止。維也納一再顯露的軟弱無能，使其更難以將中立國拉攏進德國陣營。如果塞爾維亞繼續搗亂，義大利會生起開闢反奧第三戰線的念頭。立場偏向協約國陣營的羅馬尼亞和希臘，會更進一步倒過去。如果大奧地利連小塞爾維亞都打敗不了，因在第二次巴爾幹戰爭中被塞爾維亞奪走土地而理所當然與奧地利結盟的保加利亞，還會冒險加入同盟國陣營？[1]

波提奧雷克九月入侵塞爾維亞期間，奧軍在塞姆林（塞爾維亞語澤蒙）某廢棄書店發現的一張地圖，暗示了奧匈帝國如果沒辦法打倒俄國和塞爾維亞會面臨什麼樣的下場。這張地圖名為〈歐洲的新瓜分〉，複製自俄國某報紙，在塞爾維亞廣為銷售；地圖上，德國解體為北邦聯和南邦聯，奧匈帝國消失，其東部諸省給了俄國、羅馬尼亞、捷克人、匈牙利人，南部諸省給了塞爾維亞人和義大利人，塞爾維亞人拿到最大一塊：從希臘邊界往北到南匈牙利，往西到亞得里亞海，全歸塞爾維亞。[2]

為免落得這下場，法蘭茨．約瑟夫皇帝已批准第三次入侵塞爾維亞。十月中旬，奧地利在這時已很熟悉的薩瓦河、德里那河的河彎處集結二十萬大軍，再度攻入塞爾維亞。波提奧雷克自信滿滿宣告：「第五、第六集團軍的將士，此戰的目標是徹底擊敗敵人，就快達成。」他避談八月、九月兩次失敗的入侵，只談這次更有可為的入侵，預言「三個月的戰役就快結束；我們必得在冬季來臨前擊潰敵人的最後抵抗。」[3]

這是這些年來塞爾維亞人打的第三場戰爭，他們已終於耗盡庫存的炮彈，且沒什麼希望從盟邦那裡得到重新補給，因為盟邦很難將軍火或其他任何物資運到四面不環海的塞爾維亞。光是出於這一點，這場入侵，對塞爾維亞來說，就情勢險峻。塞爾維亞的諸戰鬥部隊，經過不間斷的作戰，兵力已都少掉一半。十月二十七日，塞爾維亞第二集團軍司令官無助地望著進逼的奧軍，打電報給普特尼克：「我們還需要炮彈，敵人炮轟我們的壕溝，我們沒東西可還擊；我的兵在如此攻擊下會性命不保，而我沒有預備隊來替補，沒有炮彈來阻止傷亡上升；我覺得無能為力，束手無策，要求卸去此司令官之職。」普特尼克否決他的要求，要他的所有部隊盡可能力撐再撤退，但此季節撤退，比夏季撤退難上許多，因為秋雨已使泥土路變得泥濘不堪，會使火炮和四輪馬拉貨車深陷其中動

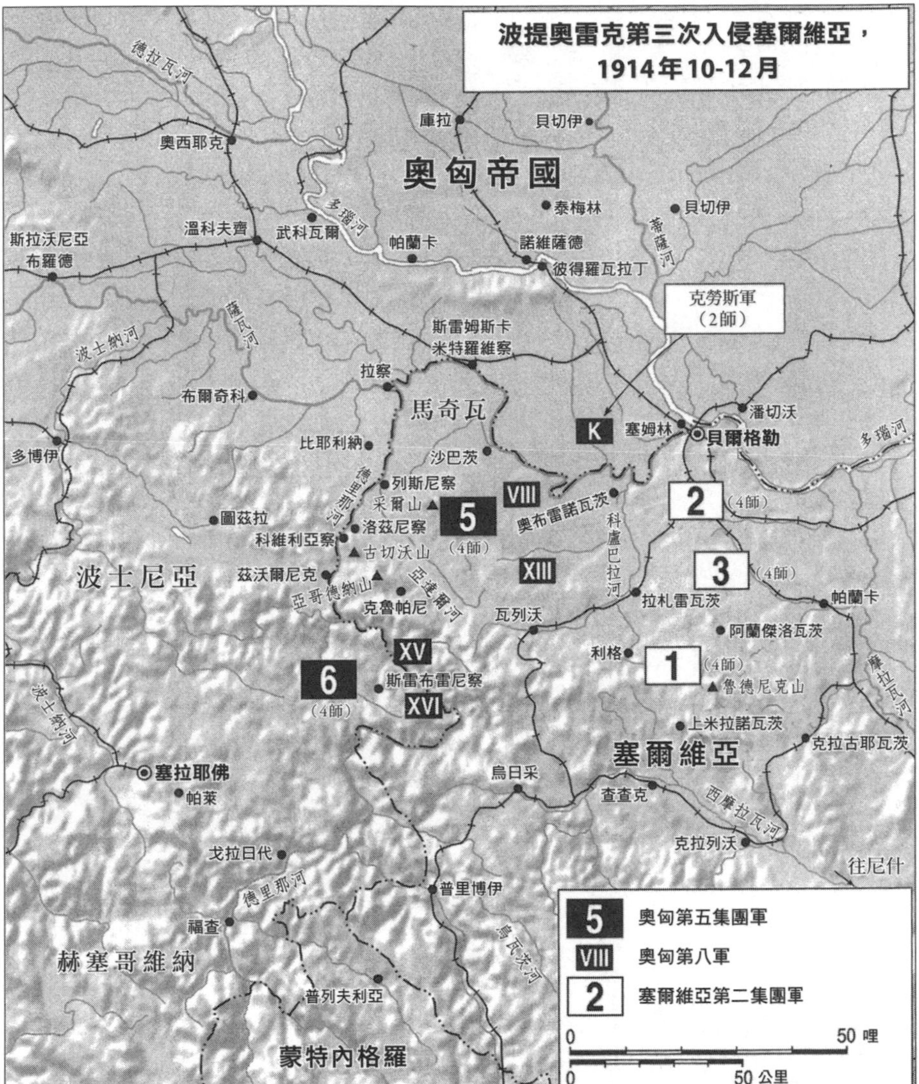
波提奧雷克第三次入侵塞爾維亞，
1914年10-12月
德拉瓦河
庫拉
貝切伊
奧西耶克
奧匈帝國
泰梅林
貝切伊
多瑙河
武科瓦爾
溫科夫齊
帕蘭卡
諾維薩德
蒂薩河
斯拉沃尼亞
布羅德
彼得羅瓦拉丁
克勞斯軍
（2師）
薩瓦河
波士納河
斯雷姆斯卡
米特羅維察
拉察
布爾奇科
馬奇瓦
潘切沃
塞姆林
貝爾格勒
多瑙河
比耶利納
沙巴茨
多博伊
德里那河
列斯尼察
采爾山
奧布雷諾瓦茨
圖茲拉
洛茲尼察
科盧巴拉河
科維利亞察
古切沃山
波士尼亞
茲沃爾尼克
亞哥德納山
亞達爾河
克魯帕尼
拉札雷瓦茨
帕蘭卡
瓦列沃
阿蘭傑洛瓦茨
利格
魯德尼克山
斯雷布雷尼察
摩拉瓦河
波士納河
上米拉諾瓦茨
克拉古耶瓦茨
塞爾維亞
塞拉耶佛
帕萊
烏日采
查查克
西摩拉瓦河
克拉列沃
戈拉日代
往尼什
普里博伊
德里那河
福查
烏瓦茨河
赫塞哥維納
普列夫利亞
蒙特內格羅
奧匈第五集團軍
奧匈第八軍
塞爾維亞第二集團軍
50 哩
50 公里

彈不得。4

在維也納和塞拉耶佛，奧匈帝國高官把得勝視為勢所必然，開始規畫戰後的大變革。要占領貝爾格勒，要把塞爾維亞當成劫來的寶物，用於擴大奧地利版圖和收買巴爾幹半島的中立國。羅馬尼亞人將會得到此王國的東南角，奧地利人將併吞史庫塔里（阿爾巴尼亞語稱斯庫台）、杜拉措（阿爾巴尼亞語稱都拉斯），以及摩拉瓦河以西的所有土地，並著手拆散「所有塞爾維亞成分的密實團塊」。這些「密實團塊」——塞爾維亞居民——將被移走或被奧地利的「拓殖者」稀釋，拓殖者將「改變（此地區的）心態」，「使塞爾維亞（在觀念上）更為哈布斯堡」，較不塞爾維亞。財政部某部門主管、波士尼亞－赫塞哥維納實際上的行政首長，路德維希·塔洛齊（Ludwig Thallóczy），十月下旬致函波提奧雷克，建議於戰場上擊敗塞爾維亞王國後，立即「以強勢手段將塞爾維亞人西歐化」。5

波提奧雷克為擊敗此王國所擬的作戰計畫，沒有出奇之處：從北、西兩邊合攻，目標指向自七月起即是塞爾維亞首都且是軍隊重要運輸中心的尼什。波提奧雷克的左軍，第五集團軍，將攻向瓦列沃和科盧巴拉河一線，右軍，第六集團軍，將要再度挺進亞哥德納高地，從南邊包抄科盧巴拉線。尼什座落於摩拉瓦河谷，是駛往君士坦丁堡之東方快車的大停靠站，南北移動之塞爾維亞部隊的重要交會點。尼什也是附近克拉古耶瓦茨（Kragujevac）兵工廠所生產之塞爾維亞軍火的發配中心。若攻下尼什，奧地利將把此王國一分為二，使分散各地的塞爾維亞軍隊形同失去武裝。奧地利將領克勞迪烏斯·齊布爾卡（Claudius Czibulka）十一月九日告訴其麾下軍官。「把此次戰役的目標告知士兵，且是在上場與敵廝殺**之前**告知他們」。[6]儘管屢戰屢敗且天候日益惡化，奧地利人不想讓士氣低落。訊問過九月攻勢時所俘虜的塞爾維亞人，奧地利人得知塞爾維亞士氣也在下滑。塞爾維亞士兵抱怨沒吃飽或薪餉太低，抱怨收稅員「把他們家牛舍裡的最後一隻母牛帶走」。他們嘲笑帕西茨把國家帶進戰爭，談到常遭他們的「殘暴軍官」虐待。[7]這讓波提奧雷克聽了很開心，似乎證明他的樂觀並非胡扯。

雨水使山谷裡到處是水，十月上旬起高山上白雪皚皚。費利克斯・史瓦岑貝格親王率預備隊等在薩瓦河北岸，同情南岸士兵的處境。「至少我們睡在屋簷下；塞爾維亞境內那些可憐士兵露宿野外，寒冬中坐在爛泥裡，一身濕。那肯定很苦。」[8]最苦的可能是傷兵，無法後送到爛泥公路邊的醫院，被丟在農舍裡，躺在麥稈堆上，痛得扭動身體。數千傷兵遍布於塞爾維亞的鄉間小路上，只要曾爆發戰事的地方就有他們。傷寒透過奧匈帝國騎兵的糞便傳入塞爾維亞，最終將奪走塞爾維亞三分之一人口的性命。眼下，它在軍隊裡大肆蔓延，染上者也都被棄之不顧。即使四輪馬拉貨車上有空位，也不讓傷寒患者上車，怕傳給健康的人和污染補給品。[9]

由於兵員、火炮、彈藥、糧食樣樣都快耗盡，普特尼克將軍這時宣布，「我們惟一的戰略，就是用塞爾維亞的爛泥把敵人的戰鬥部隊與其補給隔開。」[10]奧軍往泥淖高歌猛進，最初取得了八、九月時他們只能夢想而無緣實現的那種推進成果。攻陷薩巴茨，也攻陷列斯尼察和洛茲尼察。但這三地都取之不易，主要是因為奧地利統兵官奉命「炮彈盡可能省著點用，以便這一有用東西全運給北方面軍用。」[11]第二十九師靠著一路激戰才打進薩巴茨，肅清該城敵軍。他們上刺刀衝向臥倒在該城鐵路路堤後面向他們開火的塞軍，為此死傷了數百人。哈布斯堡步兵軍官不得命令炮兵開火：「炮彈短缺，只有炮兵軍官有權決定要不要開炮。」[12]但第五集團軍至少渡過了薩瓦河和德里那河，開始往南邊、東邊進攻。

霍夫堡宮大為高興，博爾佛拉斯發文波提奧雷克，說他認為塞爾維亞人一旦再與奧軍「正面對決」就會垮掉。[13]以克羅埃西亞人為主體的第十六步兵團，十一月一日真的與塞爾維亞某部隊正面對決時，該部隊軍官下令進攻，塞爾維亞士兵卻抗命。「**你們自己**怎麼不進攻？」有人無意間聽到抗命的塞爾維亞士兵向他們的軍官如此喊道。[14]奧匈帝國蒐集到的情報充斥以下的好消息：塞爾維亞兵力只剩最後的二十萬；塞爾維亞士兵已在尼什譁變；部隊已由最後的預備隊組成；軍隊已無步槍彈可用；已開始徵召六十多歲的人入伍；較年輕的塞爾維亞人都已戰死或受傷。[15]

法蘭克的第八軍從薩瓦河與德里那河的肘狀彎處攻入塞爾維亞。他的第十三軍在洛茲尼察渡過德里那河，從塞爾維亞一後衛部隊手裡拿下采爾山和俯扼周遭地方的該山高原，第六集團軍的第十五、十六軍則在更南處渡過德里那河，攻上亞哥德納高地。在此，戰鬥一如九月時拚命、慘烈。塞軍決意盡可能消耗敵軍兵力，於是用火炮和機槍守衛狀況好的壕溝，然後，十一月八日，戰事最激烈時，他們還從山上滾下原木和大石，丟擲石塊和手榴彈，甚至舉起信號槍朝奧地利人射擊。[16]進攻的奧軍士兵被岩石碎片砸傷之處，和被炮彈碎片打傷之處一樣多。

先前讓奧軍付出慘重傷亡的克魯帕尼、羅茲罕（Rozhan），在十一月第一個星期陷落。奧地利第七十八團於十一月六日拿下重兵防守的古切沃（Gucevo）高地。那是普特尼克部防線上最重要的一點，塞爾維亞人在那裡抵禦奧軍已四十九天。由兩百人組成的一支奧地利「衝鋒連」，在拂曉前的黑夜中，利用戰術奇襲滲入塞爾維亞人的壕溝，用手榴彈制服敵軍，然後召喚線列步兵上前。線列步兵搶在塞爾維亞預備隊前頭抵達壕溝，然後將後者趕下高地，也難得的俘獲大量敵軍和武器：六名軍官、六百名士兵、一門加農炮、三挺機槍。龍心大悅的法蘭茨．約瑟夫皇帝，欣慰於終於有值得慶祝的戰果，授予該部隊三百三十四面獎章表彰其英勇，賞給衝鋒連每名倖存者五十克朗。[17]

對塞爾維亞的戰爭似乎終於轉為奧地利占上風。與攝政亞歷山大和總理帕西茨會晤時，普特尼克將軍說塞爾維亞軍隊的情況很糟，甚至提到可能得與奧地利單獨媾和。塞爾維亞人於十一月十五日讓出瓦列沃，西塞爾維亞主要的交通中樞。原打算在該地困住塞軍予以殲滅的波提奧雷克，雖然未能如願，還是在向全帝國廣播的公報裡得意表示：「經過九天行軍，走過高山、濕地，冒著雨、雪和寒冷，再經過九天激戰，勇敢的第五、第六集團軍士兵已拿下科盧巴拉河一線，使敵人潰逃。」[19]

塞軍退往克拉古耶瓦茨，波提奧雷克隨之在瓦列沃跨過科盧巴拉河，把南方面軍出人意料的戰果歸功於他本身「鍥而不捨的追擊」。他自認是穆拉特（譯按：Murat，一三八九年在科索沃之役殲滅塞爾維亞軍隊的鄂圖曼土耳其蘇丹）再世，把塞爾維亞人打倒在地，他的馬刀刺進他們背裡。這時波提奧雷克邀記者團入塞爾維亞，「見證這決定性的一役」。原本他為怕打敗仗難看，要記者團只能待在奧地利境內。記者團穿過馬奇瓦地區抵達瓦列沃和貝爾格勒兩地周邊的前線，震驚於所見景象。紐約《晚間太陽報》（*Evening Sun*）的威廉·謝潑德（William Shepheard），報導了歸冷酷無情的哈布斯堡軍官監管的十八座焦黑、人去屋空的城鎮：「他們不承認殺了婦女，但承認殺了數百個老百姓。有位匈牙利軍官得意地把一根六呎長的草耙拿給我看，說他就用它來處決人。」[20]奧匈帝國軍官對下屬行徑的批評，似乎正證實那些令人髮指的暴行為真：法蘭茨·丹尼爾（Franz Daniel）將軍於十月下旬提醒他的士兵，「我們的目標是消滅敵人武裝部隊，而不是消滅敵人的所有平民。」他要求不得再有姦淫、劫掠、污辱敵人屍體、虐待敵人傷兵的情事。[21]

在這同時，普特尼克正努力湊攏他最後的後備兵力，且仍在撤退，希望藉由廣大失土使奧軍兵力捉襟見肘。奧軍難得一見地聚攏數百敵人戰俘，其中許多人一身平民衣著，誠如波提奧雷克在寫給博爾佛拉斯的信中所嘲笑的，這樣的打扮「較方便偷溜回家」。[22]普特尼克指示塞爾維亞軍官盡可能把他們的士兵留在壕溝裡；一旦行動，他們會逃兵。[23]接下來十幾天，波提奧雷克把部隊帶過科盧巴拉河，在利格（Ljig）周邊作戰。

奧地利新炮彈派上用場卻動輒不爆（有時多達一半不爆），但這個麻煩還應付得過去，因為這時塞爾維亞人可傷敵的火炮少之又少。[24] 波提奧雷克的浮橋還落在後面甚遠，得靠人力拉過爛泥和雪泥才能抵達前線。塞爾維亞人趁著這空檔撤向克拉古耶瓦茨和阿蘭傑洛瓦茨，在科盧巴拉河谷、摩拉瓦河谷之間的丘陵挖掘了新的防禦陣地。

把壕溝推進到更接近敵軍處時，奧軍察覺到塞爾維亞農民在奧軍陣地上做記號，為他們的炮兵標出炮擊目標。塞爾維亞牧羊人則會把綿羊、山羊趕到奧軍壕溝前的開闊地，以標示出奧軍步兵所在；把牛趕進奧軍炮兵所在，以標出炮兵位置。還有些塞爾維亞人會用旗子指出奧軍兵力的強弱，向左右揮表示步兵（揮一次表示一個營），上下揮表示炮兵（揮一次表示一個炮兵連）。奧匈帝國士兵從壕溝裡看到此事後，把子彈頂部挖空以製造出達姆彈。口頭警告，若塞爾維亞農民不聽，達姆彈造成的可怕傷口，或許就管用。[25]

哈布斯堡軍隊還在為平民問題傷腦筋。部隊奉命「把所有塞爾維亞人趕到戰線前面；前線之後不准有塞爾維亞人待著。」如有村子向塞軍打信號通知奧軍逼近，奧軍士兵奉命「燒掉全村」。看到塞爾維亞游擊隊員，當場擊斃。但這時，幾乎每個塞爾維亞正規軍士兵都可能被當成游擊隊員，因為他們全沒穿上軍服。有位剛從普熱梅希爾來到奧地利占領之塞爾維亞地區的美國記者，描述了這場塞爾維亞戰爭的「獸行」。與俄羅斯戰線上的暴行相比，這裡的暴行到處可見，且比他在比利時也親眼看到的德國人暴行遠更惡劣。這位美國人把這歸因於「奧地利人獨有的仇恨塞爾維亞心態」。奧地利人對待塞爾維亞老百姓和戰死敵軍的作風，令他印象特別深刻：前者常遭騷擾、殺害，後者則被拖到敞露的壕溝裡任其腐爛，不予埋葬或行葬禮。[26]

奧地利第四山地旅在右側猛進，未遭抵抗拿下烏日采，繳獲三百箱步槍彈、數堆炮彈、數百枝步槍。[27]有位塞爾維亞傳令兵大霧中誤闖進奧軍壕溝時，表示鬆了口氣：「謝天謝地，反正我是遲了，他們會因為遲了把我們槍斃。」[28]其他塞爾維亞戰俘則對這王國的前途很悲觀：兵員、火炮、糧食都快耗盡。炮兵連慘到一門炮只有六枚炮彈可用。上級已命令塞爾維亞部隊搶本國村子的糧食餵飽自己，勿把村子糧食留給即將到來的奧軍。在那些村子裡，每兩戶就有一戶在服喪，三分之二的婦女穿著寡婦喪服。經過奧地利三次入侵，這個國家的人民猶如幾乎整個被殺光。[29]

柏林的《北德總匯報》(*Norddeutsche Allgemeine Zeitung*)於十一月二十一日歡欣鼓舞報導道，「奧匈帝國部隊正施以重擊；他們已把塞爾維亞人趕離德里那河邊，已深入該國內地。」《本地報》(*Lokalanzeiger*)高呼，「我們的奧地利兄弟無役不勝」;「塞爾維亞軍隊已被消滅三分之一」。[30]十一月下旬很少出現在這區上空的奧地利飛行員，大概見到一道帶土色的藍灰色長龍，從北邊的奧布雷諾瓦茨一路往南綿延到烏日采，那是奧軍挺進的身影。阿蘭傑洛瓦茨是奧地利諸集團軍的樞紐，同樣也是塞爾維亞諸部隊的樞紐：奧地利第五集團軍和塞爾維亞第二集團軍位於該城北邊，奧地利第六集團軍和塞爾維亞第三、第一集團軍位於該城之南。俄國人、法國人、英國人先前已把公使館從貝爾格勒遷到尼什，這時則完全撤出塞爾維亞，撤到索非亞。在那裡，俄國外交官懇請保加利亞人站在反奧一方參戰，保加利亞人漂亮回道：「但我們於一九一二年為你們打土耳其人，結果我們所得到的，乃是看著馬其頓地區送給塞爾維亞和希臘。」[31]

塞爾維亞遭完全孤立；法蘭茨・約瑟夫皇帝認為這場戰役已大勢底定，十一月二十四日任命斯特凡・薩爾科提克（Stefan Sarkotic）將軍為塞爾維亞行政長官。[32]這位將軍曾任克羅埃西亞薩格勒布軍區司令，上任後可望以鐵腕鎮壓塞爾維亞的民族主義：逮捕民族主義分子，禁用塞爾維亞國旗，廢除東正教會的宗教自主地位，關閉修道院，要東正教學校的教育脫離宗教影響（但天主教學校當然不在此列）。[33]貝希托爾德歡欣鼓舞，認為拿下瓦列沃代表「我們與塞爾維亞的戰爭已走到一重大轉捩點」。[34]波提奧雷克得意於自己的成就，要求召開大型奧匈帝國首腦會議，以決定如何將他所「征服的塞爾維亞」分而治之。[35]不消說，這位南方面軍司令官，在情勢最不利的時刻，未留意於該正視的發展。他已打算將塞軍圍在科盧巴拉河邊，卻又愚蠢地要已過度伸展的第五集團軍左翼大幅度迂迴，以把塞爾維亞首都也拿下。波提奧雷克很想在十二月二日，老皇帝登基六十六週年紀念日那天，「把貝爾格勒城和要塞獻給陛下」。「我打算以第五集團軍拿下貝爾格勒，第六集團軍則綁住敵人主力」，波提奧雷克於十一月十九日發文給麾下諸將。[36]

波提奧雷克該採信克勞塞維茲的原則，集中全力對付塞爾維亞「主力」，不要管貝爾格勒，但他沒有。疾病和戰鬥已漸漸壓垮他的部隊，營部回報他們在山區挺進的情況時說道：「我們出擊時有四百二十四人；三天後我們拿下這座山丘，但為此損失一半兵力。」[37]但波提奧雷克始終是個敏感易怒、缺乏自信的人，這時渴望得到只有貝爾格勒能給他的喝采。波提奧雷克描述了塞爾維亞流亡政府裡的「恐慌」和日益不服帕西茨與激進派的心態。道路上擠滿難民，失去鬥志的塞爾維亞士兵大量逃亡，波提奧雷克這麼說。有位人在尼什的奧地利特務報告，塞爾維亞士兵穿不暖，處境悲慘，惟一的冬季軍服乃是俄國人「在東戰線撿來」，轉交給塞爾維亞人，「血漬斑斑的德、奧破爛衣服。」[38]

首支進入貝爾格勒的奧地利部隊，是由克羅埃西亞人組成的第六團，遭到自家火炮轟擊，因為奧地利炮兵沒料到自家軍隊會這麼快就到。第六團派一個班進入卡萊梅格丹（Kalemegdan）護城城堡摘下塞爾維亞國旗，結果手邊沒奧地利旗可用，於是豎起一面白旗。奧軍就如此順利攻下貝爾格勒，第六團軍官一臉狐疑地向長官表示，「街頭到處響起『法蘭茨．約瑟夫萬歲！』的叫喊聲。」[39]為慶祝拿下貝爾格勒，維也納四處懸掛旗幟、燈飾，辦音樂會、遊行，在市中心張貼一面大海報，上面寫著「敵人塞爾維亞的首都已落入我們手裡！」

德國數個城市也慶祝此勝利，奧地利駐慕尼黑公使報告，哈布斯堡公使館前有歡欣鼓舞的民眾，他的窗戶底下出現數群巴伐利亞學童，可愛唱著「哈布斯堡王朝的勝利旗幟，史上第四度飄揚在貝爾格勒上空」，這位奧地利外交官高興說道。「這裡的軍界和報界認為最值得大書特書的，乃是此事的戰略意義：貝爾格勒是奧地利的安特衛普，既是防衛堡壘，也是整個軍隊日後作戰的基地。」通向薩洛尼卡與君士坦丁堡的門戶，原來因為塞爾維亞人的反抗而封住，如今終於打開。[40]事實上，維也納想著戰後永遠控制貝爾格勒：一個現代要塞，扼控多瑙河的要地，由奧地利經營通往中東的東方快車，一座重建的城市。「重建」至關緊要，因為貝爾格勒已淪為廢墟，其多瑙河岸的碼頭已付之一炬，其主要建築已被奧地利炮火轟成瓦礫堆。[41]

波提奧雷克大出風頭，樂不可支。他吹噓道已殺死至少三萬塞爾維亞人，「頂多只剩八萬人」。[42]他的部隊不只殺軍人，也屠殺非戰鬥人員，生於德國的塞爾維亞將領保羅・尤里西奇－史圖姆，記錄了他在行經之地看到的奧匈軍隊暴行：男人、女人、小孩用繩子綁成一串，形體遭毀損，然後遭「可怕屠殺」，女人被活活剝皮或切下雙乳。驚駭不已的尤里西奇－史圖姆呈報司令部，「農民說這種景象到處可見」。列斯尼察的塞爾維亞軍官報告，小男孩遭吊死或射殺，女人遭強暴，淪為奴隸。[43]已在戰前揭露馬札兒化惡行的塞頓－華森，這時開始在英國為塞爾維亞人募款，他的代理人在英國城鎮街頭和電車上四處走動，為塞爾維亞救難基金募捐。[44]

波提奧雷克大出風頭的同時，康拉德失寵，而康拉德的失寵令這位巴爾幹方面軍司令官時時刻刻都喜不自勝。皇帝發了一封私人感謝函和一面獎章給波提奧雷克；塞拉耶佛的耆老以他的名字作為街道之名，甚至派系傾軋不斷的布達佩斯議會封他為匈牙利的救星。博爾佛拉斯的副手斐迪南．馬爾特勒（Ferdinand Marterer）將軍，從霍夫堡宮被派去記下波提奧雷克的宏大計畫。波提奧雷克向馬爾特勒耳提面命，「此刻我們得決定當強制締和時，我君主國要併吞塞爾維亞哪些地方。」波提奧雷克想要「貝爾格勒、薩巴茨、整個馬奇瓦地區，以及德里那河、薩瓦河下游、從貝爾格勒到奧爾索瓦（Orsova）這一段多瑙河，塞爾維亞一側河岸上的制高點。」馬爾特勒記下波提奧雷克的想法，帶回霍夫堡宮。[45]

但波提奧雷克不知道普特尼克在耍他。攻下貝爾格勒後，波提奧雷克繼續以已經捉襟見肘的兵力深入塞爾維亞。他的官兵穿著磨光露底的軍服踉蹌前進，穿過愈來愈濃的霧、雪和愈來愈深的爛泥。波提奧雷克「鍥而不捨的追擊」，意味著他的官兵沒時間休息，沒時間晾乾他們的靴子，乃至沒時間吃頓熱食。[46]第九師報告，「我們的病號愈來愈多」，「亟需外套和Baschlik」，Baschlik指的是一百年前哥薩克人在俄羅斯雪地上追逐入侵的拿破崙軍隊時引進的氈製風帽。但不會有這種風帽，也不會有外套。哈布斯堡君主國什麼東西，包括紡織品，都快用光，只能提供部隊紙襯衣和紙襪，「耐用兩天至一星期」。奧地利軍官還接到無君子風度的命令，要他們脫掉塞爾維亞戰俘的外套，給冷得發抖的哈布斯堡士兵穿。軍人獲告知拿禾稈或粗麻布襪包鞋子禦寒。許多奧地利部隊抱怨赤腳行軍（鞋子已解體），睡在高低不平的地方，連升火煮飯或取暖都沒辦法。[47]

第六十九團的匈牙利人，十一月二十四日從他們位於巴伊納巴什塔（Bajna Basta）東邊的壕溝回報，「情況沒變」，「我們整夜開火，他們還擊；雨下很大且沒停，非常冷。」[48]有些部隊不得不走下山，進入山谷避寒。奧地利後衛部隊穿著用禾稈包住的鞋子踉蹌前進，發現前線士兵丟下機槍、炮彈、子彈，以免還得拖著它們穿過泥地、雪地。第八軍某奧地利二等兵描述了官兵的絕望：「地形很惡劣，我們沒有儲備，軍人有自殺念頭。」[49]山谷中的爛泥和高地上的雪，使重要補給無法送達。草秣吃光，馬匹死去，從而更難運糧食、彈藥、火炮到前線。一個又一個軍官從他們荒涼的山頂哀嘆道，「沒有補給，沒東西可買。」有位將領十一月二十五日寫道，第九師的「情況糟透」，「接連遇上讓人很不愉快的事：渾身是血的傷兵、發臭的屍骸、壞掉的四輪馬拉貨車、渾身是乾硬泥塊的士兵。這還要多久？」一半的奧匈帝國騎兵徒步打仗，因為座騎已死。[50]

奧地利死傷清單上多了一個新分類：「無法行軍的、不堪用的」。不久，這一類人開始多過喪命者、受傷者、失蹤者。在尼什受某位美國外交官訪談的奧地利戰俘透露，被俘前幾天裡，他們只吃了梨子，喝了水，沒吃其他東西。有位奧地利軍官寫道，「軍方領導階層要我們送命」，「我們不斷打仗已經打了一個月，赤腳，沒麵包吃，靠吃馬肉活命。」[51]四輪馬拉貨車和雙輪彈藥車都被困在爛泥裡，士兵除了得背平素要背的東西，還得背炮彈和其他軍需品。

波提奧雷克不為所動。他已進駐更接近前線之處，即洛茲尼察附近科維利亞察（Koviljaca）溫泉療養地裡的五星級飯店，且為最後階段的作戰取了振奮人心的代號「最大奧林匹斯」(Max-Olymp)。他無法忍受部隊指揮官要求休息或索要毯子。他在他的舒服辦公室裡，溫暖的火爐邊，擬了結束戰爭的最後一擊。他要派第十五、第十三軍渡過利格河上游，奪取拉札雷瓦茨(Lazarevac)，將僅存的塞爾維亞軍隊困住。克勞斯說他的官兵生病、累垮、挨餓，打不下去時，波提奧雷克冷冷回道：「他們不是一直如此？」[52]

「最大奧林匹斯」行動終於在十一月三十日讓第六集團軍休息四天，但那完全是因為他想暫停戰事，以趕在皇帝登基六十六週年紀念日前完全占領貝爾格勒。原以為輕而易舉的一件事，卻變成長達兩週累人且慘烈的戰鬥。貝希托爾德從維也納祝賀波提奧雷克取得「傑出成就和亮眼成果」，但康拉德和佛里德里希大公從遙遠的泰中批評波提奧雷克的作戰速度：「較高階指揮官未表現出足夠的幹勁與勇氣，削弱我們的整體情勢。」[53]

康拉德和波提奧雷克一樣窩在漫暖的冬季住所裡，與這位南方面軍司令官一樣昧於奧匈帝國軍隊的真實情況：奧匈軍隊在塞爾維亞所展現的「幹勁」，就和在其最後一小塊加利西亞土地上所展現的一樣少。事實上，波提奧雷克的勝利就要化為泡影。第六集團軍懷著感激心情在科盧巴拉河邊將槍支堆成三角架，四處尋找食物、柴枝、彈藥時，彼得．卡拉喬傑維奇國王登上魯德尼克(Rudnik)高地激勵士氣，十二月二日普特尼克開始以二十萬兵力大規模反攻。塞爾維亞第一集團軍的三個師與第三集團軍的三個師在瓦列沃會合，將奧地利的第六集團軍和第五集團軍第十三軍打出羅札納(Rozana)和瓦列沃。塞爾維亞第二集團軍的四個師從拉札雷瓦茨和奧布雷諾瓦茨左右包圍第五集團軍的第十三軍。普特尼克終於為部隊重新補給上炮彈和子彈，且已把塞爾維亞王國剩下的所有後備兵力（警察、憲兵、原抽調到保加利亞、希臘邊界處的部隊）都調上來。從口風不緊的奧地利戰俘那兒，他還了解奧地利苦撐、士氣低落的程度。[54]奧匈帝國戰俘與塞爾維亞訊問人員閒聊時，主動透露了有關波提奧雷克之作戰序列的情報，且是遠超乎必要的大量情報。他們描述了哈布斯堡軍隊幾近垮掉的情況：奧地利連級部隊只剩一半或更少的兵力，只剩寥寥可數的軍官可帶兵。他們描述了波提奧雷克的急躁，談到他如何在不留預備隊的情況下，把兵力撒在一寬闊的戰線上，以擴大追擊面，把貝爾格勒加入戰利品清單。簡而言之，不管是何處的奧軍，都難以擋住反擊；如果塞爾維亞人在一處打潰奧軍，或許就會使疲累、受凍的奧軍全軍潰敗。[55]

在這同時，儘管經過漫長撤退，儘管被奧匈帝國參謀看衰，塞爾維亞人的士氣仍出奇高昂。他們剛得到俄國、法國彈藥的重新補給（彈藥越過希臘、蒙特內格羅邊界辛苦運來），且補給線比奧軍短，因為接近他們的主要鐵路和補給站。仇恨奧匈帝國的心態，像膠水一樣把他們團結在一塊。塞爾維亞嬰兒出生時，母親以「科索沃之敗的小復仇者萬歲」問候新生兒——科索沃之敗發生於一三八九年，一九一二年才得到徹底報仇雪恥——男嬰長大逃學，則受到如此責罵：「你**那樣的**行為解放不了馬其頓！」[56]長大成人，他們延續這一愛國教育。奧地利參謀仔細翻看十月下旬繳獲的文件，發現一份塞爾維亞的《軍人初級讀本》。這本小冊子無異於「一本仇奧匈心理問答集」，含有十二個訓諭，包括：「對誰的仇恨都不該比對奧地利人的仇恨大」，「波士尼亞－赫塞哥維納受奴役，必須把他們從奧地利統治中解放出來」，「為讓塞爾維亞國旗在塞拉耶佛、莫斯塔爾升起奉獻你的一生」，「我們得像父親恨土耳其人那樣恨奧地利人」。[57]

在奧匈帝國醫院受治療的塞爾維亞傷兵所表現出的堅忍，令每個人吃驚。「他們入院時渾身是土，用樹枝固定骨折處，就和他們在戰場上所受的包紮一樣。有時髖部骨折會用樹的大枝捆縛住，大枝從人的腳到腰。」[58]在戰場上，塞爾維亞人的冷血同樣令人注目；他們在每個地方都挖掘漂亮的壕溝線，並構築側翼陣地，然後躺在裡面一動不動，不發出聲響、亮光，不移動身子，直到奧地利人直直走進來，被他們近距離撂倒為止。」[59]

波提奧雷克震驚於普特尼克的反攻，打算至少守住科盧巴拉河一線，就和康拉德的軍隊在東部守住杜納耶茨河一樣，但事實表明，即使壓低了目標，仍是奢望。塞爾維亞的第一、第三集團軍攻向瓦列沃，第二集團軍攻向貝爾格勒，兩軍合併的力量一舉將奧地利諸陣地一起攻破。這一戰會打上十天，但勝敗其實在頭一兩天就已決定。「前進，英雄們！」塞爾維亞軍官爬過頂部時大喊。「相信上帝！」三日早上七點，塞軍對全線發動進攻，塞爾維亞人像鬼魅般從大霧中突然現身，先是把奧地利人嚇呆，然後令他們恐慌。[60]第一集團軍出奇輕鬆就將奧軍趕出強固陣地，繳獲四百一十個戰俘、四門榴彈炮、一挺機槍、千枚炮彈。[61]三日就將奧軍打到利姆河對岸之後，塞軍接到命令要其於四日將奧軍趕到科盧巴拉河對岸，結果他們不負使命。

普特尼克的進攻部隊攻破奧地利前線時，他要塞爾維亞預備隊和炮兵推進到更接近前線處。阿道夫．馮．雷門將軍的第十三軍慘到只剩一萬七千人，散布在阿蘭傑洛瓦茨附近十六公里長的戰線上，然後被兩個塞爾維亞師殲滅。塞爾維亞靠另外兩個師的兵力，也大敗奧匈帝國第八軍；這支奧地利部隊遭遇猛攻，不久就耗盡彈藥，呼求補上彈藥，卻發現他們的彈藥車隊只是個空殼。士兵急如熱鍋上的螞蟻，打開一個又一個雙輪彈藥車找炮彈和子彈，車裡卻空空如也。有人告訴他們彈藥在瓦列沃，彈藥已用火車送到那裡，但未及時送到他們手上。[62]

波提奧雷克躲在科維利亞察溫泉療養地，噤聲整整一星期。他怒罵天氣作弄他；雨、雪、大霧、爛泥拖慢他的追擊，然後卻突然放晴。十二月四日太陽露臉，驅散大霧，使地面變乾，有利於塞爾維亞人炮轟、進攻、追擊。[63]彼得國王跟著第二集團軍翻越錫布尼察（Sibnica）、羅加察（Rogaca）的丘陵，督促士兵上前殺敵。波提奧雷克的記者團，千辛萬苦穿越薩瓦河與科盧巴拉河之間的荒涼土地以見證「決定性一戰」，卻突然被沒來由趕回奧地利境內，無緣目睹、報導最慘不忍睹的潰敗。[64]

在瓦列沃周邊丘陵，塞爾維亞人使出全力攻打奧軍，插入疲累的奧地利諸部隊間的缺口，將他們打散或使他們自行潰散。塞爾維亞人進攻、奪地的速度非常快，快到他們沒有夠長的電話線連接往前疾馳的步兵和後面的炮兵。丘陵上的大霧使炮兵看不清前線

FIGURE 13.1 ——**在塞爾維亞遭敵攻擊的奧匈帝國步兵**

一九一四年十二月塞爾維亞人的反攻，擊潰波提奧雷克的南方面軍。
照片中兩名奧匈帝國軍人受到塞爾維亞火力攻擊，縮在壕溝裡。
照片來源：Heeresgeschichtliches Museum, Wien

狀況，發出的炮常打中進攻的友軍，而非撤退的奧軍。[65]每個塞爾維亞集團軍每天都回報俘虜了數百名未受傷的奧軍。第一集團軍十二月五日回報，「我們繳獲許多戰利品和許多戰俘；敵人驚慌失措。」[66]嚇壞的奧地利人跌跌撞撞躲入十、十一月戰鬥後廢棄的壕溝，躲在那裡，最後也遭制服、俘虜。[67]瞠目結舌的波提奧雷克，從其溫泉飯店下令要部隊挺住。他命第十三軍堅守拉札雷瓦茨的陣地，兩翼與第六、第五集團軍接合，準備向阿蘭傑洛瓦茨反攻。[68]

領兵作戰從不在行的波提奧雷克，顯然已掌握不住真實情況。科維利亞察的溫泉以能打消悲觀著稱，或許受了這溫泉的影響，他這時抱怨第六集團軍「出乎意料的撤退」，使第五集團軍的側翼曝露，「就在第五集團軍正準備予塞爾維亞人結束戰爭的最後一擊時」。[69]但到了這時候，出手攻擊的只有塞爾維亞人。補給品和彈藥都快耗盡的塞爾維亞前線部隊，輕易就將奧地利人趕出已做好防備的陣地，把他們完全趕出塞爾維亞，奧軍之不堪一擊，由此可見一斑。

這場旋風般的戰鬥，後來據斷定從十二月三日打到十三日，並被稱之為阿蘭傑洛瓦茨之役（奧地利兩個集團軍在該鎮會合）。塞爾維亞第一、第三集團軍諸師，將波提奧雷克的第六集團軍打出壕溝，從奧軍手裡拿下位於科盧巴拉河與西摩拉瓦河之間至關重要的高地。[70]奧軍營級部隊的兵力，有許多已降到連級程度，自知擋不住敵軍，還未與塞爾維亞人交手就逃走。有位軍官率領其營退出塞爾維亞時寫道，「沒有友軍的跡象，沒有接到命令，我的士兵潰散。」[71]

十二月九日，波提奧雷克終於向無法置信的霍夫堡宮透露「全完了」。他再度慘敗。普特尼克宣布奧地利「左軍和中軍實質上遭殲滅」。他驚嘆於被俘的奧匈帝國官兵之眾和遭棄置於各地的火炮、機槍、步槍之多。奧地利傷兵也散落各地，被撤退的同袍丟下，自生自滅。塞爾維亞每份談奧軍的報告中，都出現「恐慌」這字眼。[72]

然後，普特尼克的第二集團軍攻打拉札雷瓦茨附近科盧巴拉河邊的雷門第十三軍。

這時拉札雷瓦茨是連結奧匈帝國兩個集團軍的樞紐。這支部隊接著往北呈扇形散開，以將有八萬兵力的奧地利第五集團軍餘部趕出貝爾格勒。第一集團軍大舉翻越俯臨瓦列沃的山丘，俘虜奧軍五千人，一個師攻進該城，截斷第六集團軍的主要補給線和撤退路線。

匈牙利地方防衛軍第四十二師的克羅埃西亞人，遭從格拉博維察（Grabovica）北邊的高地擊退。他們於十二月七日撤退，試圖與其左邊的第三十六師保住聯繫，於是開始透過單單一座橋渡過利格河，不料橋禁不住士兵、輜重車隊、火炮重壓而垮掉。塞爾維亞人出現，開始朝落水的奧軍開火，引發從一個部隊往另一部隊蔓延的恐慌。在克羅埃西亞人後面排好隊準備過河，由波蘭人和烏克蘭人組成的奧地利地方防衛軍第三十師的士兵，朝四面八方潰逃，把火炮、機槍、輜重車隊、彈藥留給塞爾維亞人。[73]

沒有一處奧軍發動有效的反攻；他們的每日戰情報告，意圖將他們（藍色）和敵軍（紅色）並置呈現以比較雙方兵力差異，報告中相當清楚計算出他們日漸萎縮的兵力，卻只以紅色問號呈現敵軍兵力。他們已完全掌握不了局勢。奧匈帝國第五十二團在拉札雷瓦茨掘壕固守，稱「受到猛烈且驚人精準的炮火攻擊」。這支由斯洛伐克人、匈牙利人組成的部隊徹底瓦解，慌亂逃向後方時，把其旅指揮部衝垮。遭亂軍衝垮的指揮部無法阻止部隊潰退，下令鄰近的第七十八團前來填補缺口，但沒人找得到這支部隊。有位軍官寫道，「他們也已棄離陣地」。[74]

波提奧雷克的整個南方面軍倉皇退往德里那河、薩瓦河的渡河口，或退到位於貝爾格勒而仍在奧軍手裡的橋頭堡。由克羅埃西亞人組成的匈牙利地方防衛軍第四十二師，在拉札雷瓦茨附近渡過科盧巴拉河，停下來欲與鄰近的匈牙利地方防衛軍第四十師倉促組成後衛部隊，但清一色匈牙利人的第四十師迅速通過未停下，他們的軍官奇怪地堅稱上級「嚴令撤退」，而非戰鬥。第四十二師跟著冒著寒雨走上通往貝爾格勒的爛泥道路。他們的馬太虛弱，拉不動火炮或輜重車，於是火炮和輜重就棄置給在此師下方渡過利格河、攻打他們側翼和後方的塞軍。匈牙利地方防衛軍第四團部署在附近，也遭潰敗。他們看著塞爾維亞人把壕溝挖到他們前線，挖到圍住他們兩側翼，同時看到位於左右兩側的捷克人、德意志人部隊撤離，於是決定自己也撤退，丟下背包、毯子、彈藥袋以加快逃跑腳步。抵達薩瓦河邊時，此團只剩九百人。該團七成人被列為「失蹤」。

薩巴茨塞滿欲逃離塞爾維亞追兵的奧地利士兵。匈牙利地方防衛軍第六團（在匈牙利南部徵集的塞爾維亞人），奉命掩護捷克人第一〇二團逃到薩瓦河對岸，小心翼翼走在被棄置的火炮、輜重車堵住的馬路上。最初他們遇到一隊塞爾維亞軍官從漆黑夜色中現身，勸他們投降；有位奧地利軍官憶道，「我們開槍打死其中兩人」。然後他們繼續上路，前去解救快垮掉的第一〇二團。第六團軍官告誡他們手下的士兵行軍期間勿用塞爾維亞語交談，但他們沒聽進去，使得一〇二團膽戰心驚的捷克人聽到他們接近，不停地開火。第六團不得不掘壕以免死於友軍之手。一〇二團的射擊整夜沒停。[75]

《晚間太陽報》的威廉．謝佛德急忙在貝爾格勒渡河，報導「有眾多傷者和驚慌失措者，一場徹底的潰敗。」有名奧地利下級軍官證實，哈布斯堡三個嚇壞的軍，在該地混成一團，造成「全面且無法形容的混亂：命令未傳下去，後衛部隊被棄之不顧，一如其他每樣東西，火炮、彈藥、四輪馬拉貨車、糧食、流動野戰醫院、傷兵，簡而言之，所有東西，遭棄之不顧。」[76]降下的雪堵住道路，謝佛德目睹「許多軍官簡直發瘋」。由於軍事預算不足且平時維持的軍力不多，奧匈帝國軍隊自一八八〇年代起一直倚賴「預備軍官」——服役只一年的中產階級學生或專業人士——而這些新手承受不了這場戰役的壓力而垮掉。謝佛德看到有個奧地利少校騎馬經過一名攤開四肢躺在路邊的受傷中尉身旁；中尉朝少校喊著什麼，少校憤而拔出手槍，向中尉開了幾槍（結果只打中中尉的腳）。[77]

塞爾維亞人從兩側翼收攏，把火力發揮得更好，繳獲大量火炮、炮彈，也俘虜護送火炮的許多未受傷官兵。塞軍簡單把手往東或往南一指，要奧匈帝國戰俘朝著那個方向走，告訴他們「順著電話線走，直到拉札雷瓦茨為止」；又濕又冷又餓的奧軍戰俘乖乖照辦。奧匈帝國的戰後報告，對於本國士兵投降得那麼乾脆感到驚訝：申（Schön）將軍從其位於匈牙利的辦公室寫道，「整個部隊被敵人俘虜，沒有一點反抗，怎會這樣？」「塞爾維亞俘虜證實真有此事，證實我們的部隊認為向敵人投降，乃是解決其困境顯而易見、理所當然的辦法。」無疑「沒有比毫髮無傷、沒有戰鬥就被敵人俘虜更糟糕或可恥的事。」申將軍誓言戰後調查所有返國的奧地利戰俘，「以查明他們是如何乖乖被俘」。

但其中許多人無意戰後返國。一萬捷克人在塞爾維亞投降，且在不久後加入「捷克斯洛伐克兵團」，與協約國一同對抗同盟國。[79]

波提奧雷克原似乎勝券在握，沒想到反而損失掉**另一支**大軍的大半兵力：兩萬八千人死，十二萬兩千人傷，四萬人失蹤。編制千人的奧地利營級部隊，慘到只剩百人或百人不到。第三十六師損失一半軍官和六成士兵。第一師轄下每個旅只剩幾乎不到三百人。這場慘敗的奧地利倖存者，全被判定得了戰鬥疲勞，已打不了仗。[80]行軍途中，許多奧地利士兵見到圍牆、樹幹、小屋上，釘著以奧匈君主國的斯拉夫語草草寫下的標語：「已遭擊敗的奧匈君主國的軍人！投降吧！不要再為你們的德意志人主子打你們自己的兄弟！」[81]

十二月九日，塞爾維亞人在群集於貝爾格勒周邊的第五集團軍和正湧到德里那河、薩瓦河渡口處的第六集團軍之間，打開一個缺口。奧地利將領海因利希・龐格拉茨（Heinrich Pongracz）思索此次挫敗時推斷，這一次挫敗，一如其他所有挫敗，源於奧匈帝國士兵仍把自己視為「團體的沉默一員，而非自認是負責任的個人。」他們不願積極巡邏，輕易撤退，從未協調步炮進攻，允許後方區域塞滿逃避工作者、逃兵或小偷，例如中尉阿爾圖爾・費歇（Arthur Fischer）因從絕望的農民那兒偷走數十隻鵝和豬，以及強行闖入撤退沿線的教堂偷竊聖像、聖餐杯、燭架、家具，坐了五年牢。[82]

塞爾維亞部隊緊追不捨，波提奧雷克終於同意部隊司令官拋棄補給車隊，只要撤出人員即可。波提奧雷克把這次潰退稱作只是「向後機動」，把兩個集團軍拉回多瑙河、薩瓦河、德里那河對岸，犧牲掉它們的大部分裝備和數十門火炮。這類似敦刻爾克大撤退，只是心態上更絕望：士氣渙散、勾心鬥角的奧匈帝國人將費上一番工夫，才從這次戰敗中復原。一如康拉德，波提奧雷克急忙替自己辯解（「我們已連續打了一個月的仗」）、卸責（「缺乏後備部隊和彈藥，使我們的戰力大打折扣。」）[83]

十二月十四日，薩爾科提克將軍的新軍事政府在貝爾格勒成立，隔天，塞爾維亞部隊就奪回該城。此前，人仍在科維利亞察的波提奧雷克，嚴令部隊「守住貝爾格勒，不然戰死」，但士兵還是撤退。上面下令逮捕傳送撤退命令的電報接線員，仍然止不住潰逃。[84]（「有位軍官嘲笑道，如果波提奧雷克出現在他自己的部隊裡，會被槍殺。」）[85]波提奧雷克奮力最後一搏，以拿破崙時代的古諺「戰爭中，左右大局的是統帥，而非士兵」提醒眾人。波提奧雷克吼道，他的士兵已成為罪犯：「逃兵、懦夫、強暴犯、殺人犯、縱火犯、小偷、惡霸、打家劫舍者、騙子。」心情較平靜時，他表示絕不可將貝爾格勒的失去解讀為「塞爾維亞的軍事勝利，而應解讀為只是奧地利疲乏的表徵。」[86]

享受波提奧雷克所獻上的登基週年賀禮貝爾格勒還不到兩個星期的法蘭茨・約瑟夫皇帝，未領會這差異。博爾佛拉斯發文波提奧雷克，「陛下不高興」，而在霍夫堡宮講究穩重得體的語言裡，那其實意味著「陛下震怒」。[87]德國人也非常火大。奧地利駐德勒斯登公使呈文貝希托爾德，「這裡的人在問，在所謂的征服貝爾格勒之後，怎會這麼快就出現所謂的向後機動撤出塞爾維亞之事？」德皇威廉二世走訪東戰線期間得了感冒和支氣管炎，整個人病懨懨，聽到這消息，「既驚且惱」，下不了床。[88]這一次在塞爾維亞作戰的損失非常大，致使第五、第六集團軍這時只能縮併為只有九萬五千枝步槍的一個集團軍。若非塞軍本身遭重創（兩萬兩千人死、九萬一千人傷、一萬九千人被俘或失蹤），可能早已發兵追到河對岸，進入奧匈帝國境內。[89]

康拉德·馮·赫岑朵夫這時認為，他的名字將不會如卡爾·克勞斯戰前所戲謔道的，「與每個奧地利學童腦海中德里那河邊的著名戰役連在一塊」。[90]康拉德痛斥來自巴爾幹半島的這最近一個「晴天霹靂」，毀掉了哈布斯堡軍隊僅存的公信力。由於波提奧雷克——與前線保持至少一百一十公里距離的城堡將軍——繼續為自己的調度失當辯解，把那歸咎於「我們斯拉夫族的逃兵」，這種藉口更令人震驚。[91]波提奧雷克甚至於十二月十二日呈文博爾佛拉斯，懇請再給他一支軍隊，再給他一次機會：「我深信我能扳回一切；只要給我人、步槍、彈藥！」只要四個星期，他就能做好再入侵的準備。屆時塞爾維亞人將已「財力耗盡」，將撐不過**第四次**入侵。[92]

但博爾佛拉斯和皇帝早聽過這種漂亮話，而康拉德終於有了把對手擊斃所需的武器。康拉德裝出寬容大器的口吻呈報博爾佛拉斯，「如今不是找出該地事態之肇因的時刻」。此刻「我們該處理現實狀況——一場無法否認的挫敗——和後果：從俄羅斯戰場抽不出一個人」來增援巴爾幹半島。如果波提奧雷克無法重振他萎縮的兵力，奧地利人或許得一路退回到布達佩斯處的多瑙河邊，把這中間的土地全割讓給塞爾維亞人。[93]康拉德說，波提奧雷克的領軍作風「令人費解」。怎會這麼快就損失這麼多兵力？[94]康拉德先前曾勸波提奧雷克「攻入敵人心臟地帶」，但此刻他睜眼說瞎話，說沒這回事。康拉德謊稱，「眼下出人意料的情勢轉變，總司令部一頭霧水。」[95]在梅濟耶爾的德軍總司令部，法爾肯海因哀嘆波提奧雷克之敗對其他戰線不可避免的衝擊，冷冷問史蒂爾克：「**這位**將軍是怎麼在你們軍中得到如此顯赫的名聲？」[96]

這一次就連霍夫堡宮都對波提奧雷克失去信心。他三次領兵入侵，三次搞砸，為此損失了三十萬人。受最近奧地利這場挫敗的鼓舞，義大利人更急欲參戰反奧匈。他們基於政治、經濟理由按兵不動——民意不大支持參戰，義大利王國從鋼、鐵到彈藥、化學品、木材、橡膠，什麼都缺——但此刻支持參戰的民意在上升，而這得部分歸因於煽動家貝尼托・墨索里尼的鼓動。墨索里尼已在米蘭組成「革命干涉主義法西斯」，在每個義大利城市鼓吹以示威表達參戰立場。總理安東尼奧・薩蘭德拉（Antonio Salandra）在國會演說，要求參戰以削弱奧地利，「實現義大利的陸上、海上雄心」。[97]

「我們付出如此多鮮血，從塞爾維亞人那兒辛苦掙得的所有優勢，都已遭浪擲」，博爾佛拉斯如此叱責波提奧雷克。「你所犯下的所有過失，此刻民眾看得一清二楚，而民眾要最高領導階層負起此責。」為讓皇帝不致再受難堪，波提奧雷克於十二月二十二日連同法蘭克將軍一起被迫退休。波提奧雷克被召回維也納與皇帝做離職面談，結果皇帝副官在車站月台迎接，要他繼續搭車返回位於克拉根福特的老家。與皇帝的會晤「遭無限期延期」，事實上他就此未再見到皇上。波提奧雷克未能免於訓斥，並以一八六六年丟臉下台那位司令官自況。他寫道，「一如貝內戴克，我得靜靜度過餘生」，口氣已不如以往那麼自大。[98]

康拉德於聖誕節前夕與外長貝希托爾德會晤，以說明哈布斯堡軍隊的破敗：最優秀的軍士官兵，不是已戰死，就是已因為受傷、生病或被俘而「除役」。原來的奧匈帝國軍隊，在各戰場共損失九十五萬七千人，已元氣大傷：十八萬九千人死，四十九萬人傷，二十七萬八千人被俘。剩下的，如阿道夫·馮·雷門將軍所說的，「紀律糟得離譜」。軍官直接呈文指揮官要求獎賞其英勇；士兵掠奪自己同胞，穿著破爛軍服拖著腳四處晃蕩，對自己的軍官繃起臉露出威脅狀。[99]

已有許多團級部隊遭徹底殲滅，哈布斯堡軍隊愈來愈倚賴非常年輕和非常老的入伍兵。[100]奧地利於一九一四年晚期徵得八十萬新兵，戰前十年期間被判定不適服役的兩百三十萬男子被召回以再行審查。訓練很馬虎，只有射擊、挖壕、進攻、如下之類的陳腐說教：「勝利的男人成為勇敢的男人；快樂的軍人加倍可敬。[101]這時，只有殘障人士、軍火業工人、神職人員、公務員得以免服兵役。許多榴彈炮、野戰炮、炮彈、步槍被棄置在加利西亞、塞爾維亞的戰場上，因此造成的缺口幾乎是奧地利的工業所無法填補。但由於實際可作戰的士兵，在東戰線只剩三十萬三千人，塞爾維亞周邊只剩十萬人，奧匈帝國的物質需求遠比平常時更低上許多。有些奧地利騎兵團沒有座騎，改歸類為「徒步騎兵」，直到此戰爭結束，因為一九一四年損失的十五萬匹馬彌補不回來。泰中的德國軍官議論康拉德的多疑、「宿命論」心態、「失去自信」。這時他正把一切過錯都歸在德國人頭上，稱他們是奧地利的「隱密敵人」。[102]

波提奧雷克在巴爾幹戰線失利時，東戰線的情況只變得更糟。俄國兵力這時已壯大到令人咋舌的一百七十個師，分配在五十三個軍、十六個集團軍裡，每個集團軍有二十五萬人。[103]面對這東面大軍，同盟國只有二十八個軍六十個師。斯圖加特的《新日報》(Neue Tagblatt)有氣無力地聲稱，塞爾維亞戰役的失敗無礙於大局，因為哈布斯堡另一支軍隊的潰敗，只意味著最終要把剩下的兵力用於對付俄國：「塞爾維亞境內這個發展，符合最高的戰略原則：集中所有兵力用於你想取得決定性戰果的那個地方。」[104]這場愚蠢戰役的倖存者，會於不久後被送到東戰線，而他們何其不幸的，康拉德為了東線決戰所選定的「地方」，將比他們所要離開的地方更荒涼、更令人絕望。

第十四章　雪人
Snowmen

奧地利最近一次戰敗的醜事，餘波蕩漾，遍及全歐。塞爾維亞已擊退奧匈帝國三次入侵。德國欲「藉由塞納河邊之勝贏得布格河邊之勝」的計畫已失敗，同盟國的軍隊其實既未能打到塞納河邊，也未能打到布格河邊。哈布斯堡帝國因為連連戰敗，死傷失蹤上百萬，似已一蹶不振。奧地利在俄羅斯戰線上兵力居於劣勢，在塞爾維亞又遭擊潰，顯然已撐不下去。這個二元君主國如果垮掉，德國大概也會跟著垮。打到現在還未能在西線取勝，柏林怎有辦法在沒有奧匈帝國出兵下兩面作戰？德國人將得獨力保衛東、西邊界，得打破英國日益緊密的海上封鎖，得擊退另一個大國的軍隊。這一個大國評估過奧地利連連戰敗後的形勢，已準備投入戰局。

這時義大利人開始積極準備參戰，德國急派新任駐義大使，一九〇九年卸下德意志帝國總理之職的六十五歲伯恩哈德・馮・比洛（Bernhard von Bülow）親王赴羅馬施壓，以阻止義大利參戰。在維也納，貝希托爾德認為比洛定會試圖以割讓奧匈帝國領土給羅馬，換取義大利繼續保持中立。在泰申，康拉德說出明眼人都懂的道理：奧匈帝國禁不起在俄羅斯戰線、塞爾維亞戰線之外，再多應付一個義大利戰線。那或許是他在這整場戰爭裡惟一切合實際的言談。

伊斯特萬·布里昂伯爵前往梅濟耶爾的德軍總司令部，以消弭德皇和法爾肯海因要奧地利立即把的里雅斯特、南蒂羅爾或達爾馬提亞割讓給義大利，以阻止義大利參戰的主張。外交情勢危急，外長貝希托爾德愈來愈顯得無力應付，為此，蒂薩已提議由布里昂伯爵接替其職。對一個仍喜歡自封為東邊「德意志人之牆」的君主國來說，這處境何其可悲。[1]倫敦《泰晤士報》論道，「奧匈帝國常遭輕蔑，但從未像這次這麼輕蔑」，「兵敗塞爾維亞，失去整個加利西亞，奧地利的政治、軍事未來操在德國手中，奧地利的將領可能不久後就換成德國將領。」[2]事實上，因為一九一四年的數場戰敗，一九一五年開始時奧匈帝國已淪為德國的附庸。一月，奧匈皇帝派卡爾大公赴法爾肯海因設於法國的總司令部，要德國人放心哈布斯堡軍隊不會瓦解。[3]德國人不這麼認為。德國外長發文給其駐奧地利大使，說「連差勁的塞爾維亞人都能給維也納如此嚴重的打擊，維也納要何時才會看清它不可能這麼一直傲慢和裝模作樣下去？」[4]

俄國人也從奧地利最近的戰敗中得到鼓舞。俄國人認為哈布斯堡軍隊已不足懼，於是打算在一九一五年進攻德國——入侵西利西亞，占領布雷斯勞，目標再度指向柏林，卸除西戰線盟國所受壓力。為確保兩側翼安全以利此次進攻，尼古拉大公命其右軍進向東普魯士，命其左軍挺進喀爾巴阡山脈，奮力保住諸山口並將奧軍逼往南邊，使其進入匈牙利平原，到了該平原，奧軍將無力阻擾俄軍入侵德國。法爾肯海因原指望於一九一五年從東線調八至十個軍到西線，以打破西線相持不下的局面，但此刻他理解到，由於奧匈帝國兵敗塞爾維亞、加利西亞、波蘭，那已是不可能的事。德國人被困在日益絕望的消耗戰中。[5]

正在接收波提奧雷克南方面軍破敗之殘部的康拉德，懇求撥予真正的（即德國的）援軍，但遭峻拒。一九一五年元旦法爾肯海因在柏林與康拉德會晤，稱撥不出別的兵力給東線，因為他「在西線的兵力只有敵人的一半」。這場在德國陸軍部舉行的會面，曝露了使兩盟國無法同心協力的所有積怨。法爾肯海因說，「你的第三集團軍，開戰時打得很好，但現在一直在撤退，**又**退了五十公里。」法爾肯海因和其參謀要康拉德「守住既有陣地，面對東邊」，不要再退。法爾肯海因還說，「你面對的俄國人不可能有**那麼**多」，康拉德回以真有那麼多。

康拉德還說，更慘的是，俄國人已填補死傷造成的兵力空缺，已用後備生力軍恢復部隊的完整戰力。法爾肯海因說，「我們怎麼做，你就該怎麼做，該用病號和輕傷士兵使你的部隊恢復完整戰力。」康拉德反駁道，「我們也是這樣做，但我們已打了五個月，傷亡甚大：重傷、死亡、重病的士兵人數之多，已使我們的軍隊破了大洞。」

法爾肯海因不表同情；他複述道，不能再撤退，康拉德帶著怒氣回道，「**你的**軍隊在西邊開打時不也有大撤退，一路退到默茲河？」法爾肯海因反駁道，那是前任參謀總長犯下的錯。康拉德嘲弄道，「但撤退就是撤退」，「你們如果真守得住，就不會撤退！」兩人不歡而散。康拉德記載道，「這次會面毫無所獲」，「我們兩人都堅持自己原有的立場；我覺得他們已幫不上我們。他說他會找魯登道夫談談，再做出最後決定。」6

同個下午，康拉德和法爾肯海因再度見面，談了兩個半小時。這一次魯登道夫也在場。法爾肯海因重述，他沒有多餘的兵力可撥給奧地利人或其他人；他已派遣重要的補充兵力到東線，正用盡「各種方法，包括帶刺鐵絲網和其他使法國人無法近身的障礙物」，在西線擋住「兵力兩倍於我」的敵軍。德國頭一批新訓部隊，四個軍，二月時可派上用場。三位將領爭辯新訓部隊該如何使用效果最好，魯登道夫和法爾肯海因一致認為同盟國比海上協約國遠更禁不起打長期消耗戰。法爾肯海因主張，「由於諸中立國和英國國力強大，我們得突圍，不能消極待在帶刺鐵絲網後面。我們得在**某處**發出一擊。」

但康拉德、魯登道夫、法爾肯海因，在該於何處發出這一擊上，未能達成一致見解。在法國和法蘭德斯出擊，只是送死。東普魯士離加利西亞戰線太遠。波蘭缺乏公路和可穩當越過重兵防守之維斯圖拉河的路徑。喀爾巴阡山脈太陡、太冷、太多雪。魯登道夫抱怨道，「我們已灑掉這麼多德國人的血，仍無突破性進展。」康拉德怒火中燒；後來他埋怨道，「我很想說**我們的**血和**你們的**血等值」。經過幾番討價還價，魯登道夫表示願撥三個師助康拉德。然後魯登道夫利用對康拉德的這一小小讓步，名正言順要求法爾肯海因接受對德國四個新的軍的用途，提議在東線發動德奧聯合攻勢，以善用這股新兵力。法爾肯海因反駁道，冬季下雪天氣下，不可能獲致重大戰果；但由於未能打贏法國境內戰事，他在德皇面前已愈來愈無影響力。於是，以康拉德在喀爾巴阡山脈最後一搏的反攻，需要在北側翼給予支援為理由（鑑於奧軍戰力奇差，這理由無可反駁），魯登道夫的東戰線司令部從西戰線搶到四個軍。

興登堡和魯登道夫誓言在春季融雪、天氣解除白海封凍，使美國的補給品和彈藥得以送到俄國之前，解決掉俄國人。由於波羅的海和黑海遭封鎖，俄國只能倚賴透過阿爾漢格爾斯克港輸入的少量物資，而這個港口的不凍期從未超過六個月。尼古拉・哥洛文（Nikolai Golovine）將軍論道，「俄國成為如同門窗都被閂上的屋子，要進去只能透過煙囪。」[7]樣樣東西都嚴重不足。英國武官於一九一五年從彼得格勒（Petrograd）回報了一件令人難以置信的事：俄國整個陸軍，部署在從愛沙尼亞到烏克蘭的五百萬人，只擁有六十五萬枝步槍。另有人估計俄國的步槍數只百餘萬枝。不管究竟有多少步槍，有數百萬俄國士兵幾可說打不了仗，只能呆呆站著，等同袍被打倒或病倒，才能把他們的槍據為己有。

俄國第九集團軍的軍需主任哥洛文憶道，步槍極為不足，致使西南方面軍司令部指示他以長柄斧頭作為他步兵團的武器，稱他們為「戟兵」。[8]戟兵完全得不到炮兵掩護。喀爾巴阡山脈的某位俄國炮兵軍官報告，師司令部對他的炮兵連下達了以下命令：「立刻回報幾天前是誰下令打十二發榴霰彈」。[9]俄國樣樣東西奇缺，乃是奧匈帝國能存活到一九一五年的最大因素。俄國若有充足的武裝和補給，將輕易就把奧地利擊垮，使其退出這場戰爭。但他們沒有，而魯登道夫，在俄國的虛弱裡，而非奧地利的強大裡，瞥見一線希望。一如德國人發動戰爭以「拯救」奧匈帝國，此刻他們加劇戰事以重振這一君主國。魯登道夫於一九一五年一月提醒法爾肯海因，「奧地利的緊急狀況乃是我們無法預料的大變數」，[10]得將它搞定。

康拉德結合魯登道夫所出借的諸德國師與同樣數目的奧地利師，在喀爾巴阡山脈中段組成德意志南集團軍。奧匈帝國的無能已表露無遺，因此南集團軍由德國將領亞歷山大・馮・林辛根（Alexander von Linsingen）統率。它有奧地利大集團軍掩護其兩側翼，將衝出山區，解救普熱梅希爾。魯登道夫將交出奧托・馮・貝洛（Otto von Below）將軍統轄的第八集團軍和馬肯森的第九集團軍，以及從法國調來的幾個新的軍，即赫爾曼・馮・艾希霍恩（Hermann von Eichhorn）的第十集團軍，讓他們一起從東普魯士出擊，以支援上述行動。

俄國人在維斯圖拉河邊有十八個軍，但他們一如以往未有一致的計畫。伊凡諾夫和阿列克謝夫仍然主張，通往柏林的最短捷徑在西南戰線，要踏過奧匈帝國的屍骸。普熱梅希爾可拿下，諸中立國可拉攏加入協約國陣營，匈牙利可入侵，使其脫離奧地利，使奧地利得不到匈牙利的糧食補給，從側翼瓦解同盟國陣營。魯斯基的西北戰線，得到俄軍總司令部裡達尼洛夫的支持，力排此議，主張真正的決定性戰果，只能在東普魯士的

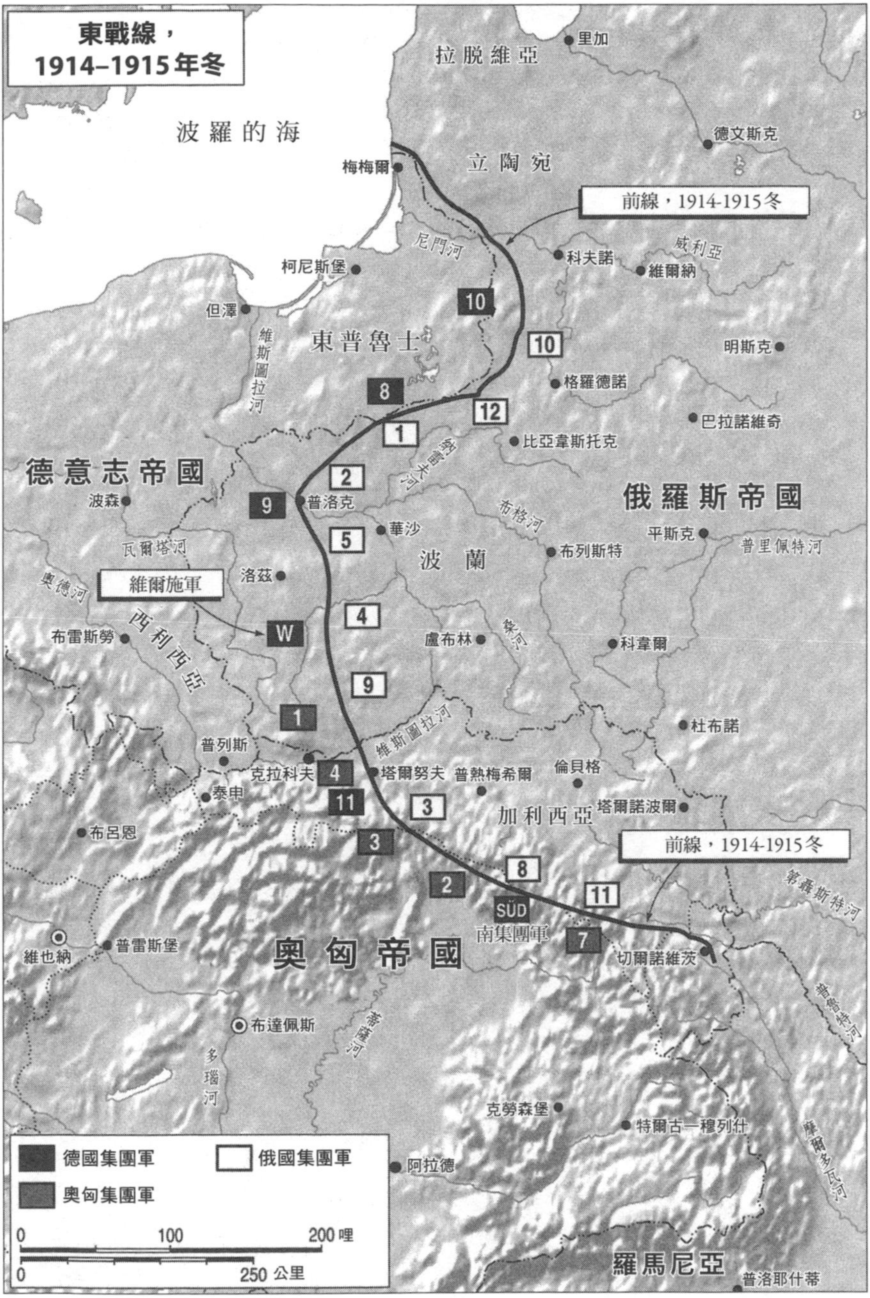
東戰線，
1914–1915年冬
波羅的海
拉脫維亞
里加
德文斯克
立陶宛
梅梅爾
前線，1914-1915冬
尼門河
威利亞
科夫諾
維爾納
柯尼斯堡
但澤
東普魯士
明斯克
格羅德諾
維斯圖拉河
巴拉諾維奇
比亞韋斯托克
德意志帝國
俄羅斯帝國
波森
普洛克
華沙
布格河
平斯克
布列斯特
普里佩特河
瓦爾塔河
波蘭
洛茲
維爾施軍
奧德河
西利西亞
布雷斯勞
盧布林
科韋爾
杜布諾
普列斯
維斯圖拉河
克拉科夫
塔爾努夫
普熱梅希爾
倫貝格
泰申
塔爾諾波爾
加利西亞
布呂恩
前線，1914-1915冬
聶斯特河
SÜD
南集團軍
切爾諾維茨
維也納
普雷斯堡
奧匈帝國
布達佩斯
蒂薩河
多瑙河
克勞森堡
特爾古一穆列什
阿拉德
摩爾多瓦河
羅馬尼亞
普洛耶什蒂
德國集團軍
俄國集團軍
奧匈集團軍
0 100 200 哩
0 250 公里

德國人身上取得。西北戰線派斷言，中波蘭被德國防禦工事擋住，冬天的喀爾巴阡山脈是天然屏障。據英國武官所述，魯斯基的新參謀長古列維奇（Gulevich）將軍，在這場辯論上發言不多。他「是個肥胖之人，自戰爭開打以來體重增加不少，因為每天下午兩點至五點躺在床上休息。」[11]

尼古拉大公再度讓其臃腫的兵力被雙頭馬車的指揮權浪費掉。伊凡諾夫得到喀爾巴阡山脈的三十一個師和位於維斯圖拉河沿線中部平原區的另外十八個師（第四、第九集團軍）。魯斯基得到位於東普魯士的十五個半師，洛茲周邊的二十三個半師（第一、第二、第五集團軍）。[12]

這些集團軍無一具有能將敵人一擊斃命的人力物力。俄國士兵仍然吃不飽，裝備低劣，彈藥供應仍時時讓人無法放心。陸軍部炮兵局局長庫茲敏．卡拉瓦耶夫（Kuzmin Karavaev）將軍，某次與蘇霍姆利諾夫會晤時情緒失控哭了起來，懇求這位具影響力的陸軍部長「媾和，因為炮兵彈藥不足。」名義上執掌兵權的尼古拉大公，對此一無所知；俄軍複雜死板的規定，意味著索求裝備、火炮等補給品之事，得由前線直接向人在彼得格勒的六十六歲蘇霍姆利諾夫提出，而蘇霍姆利諾夫完全未將收到的要求告知他人。他貪污出了名，當陸軍部長期間個人財富增加了九倍，每筆陸軍合同都拿回扣，或乾脆扣住公家經費供日後挪用。軍隊苦於彈藥不足時，蘇霍姆利諾夫正坐擁原指定用於購買炮彈、子彈但未花掉的兩億金盧布上（除了他的隨員，沒人知道此事）。[13]

如果裝備低劣的俄軍能一路打過喀爾巴阡山脈，打進匈牙利平原，他們將在德國與奧匈帝國被協約國封鎖而開始感受到糧食不足時，奪得同盟國的穀倉。但那終究是假設情況。由於抽調大批兵力到東普魯士和中波蘭，俄國在喀爾巴阡山脈沿線只部署了四十五個師，對抗五十二個重新整編的奧、德師。[14]

俄軍欲打通喀爾巴阡山脈，受阻於地形和天候而行進緩慢。有位俄國炮兵軍官憶道，一九一四年十二月某夜，他的炮兵連花了四小時才爬升四百公尺，而且是在十二匹馬在前頭拉一門炮，十二人在後面推的情況下達成這樣的推進。由於奧軍掘壕固守，俄軍在喀爾巴阡山脈的進攻，就和先前奧軍在加利西亞的進攻一樣不智。有位俄國炮兵軍官對這樣的一次進攻給予火力支援後，以不解口吻記錄下所見景象：「白髮團長一手拿著電話坐在壕溝裡的樹樁上下達命令：一連『正面』強攻。」他下達這命令時，心裡非常清楚，不到二十五分鐘，這連裡每個人不是喪命，就會斷手斷腳；他要其他連上前預備，那只意味著他們會較晚喪命，而非立刻喪命。

這位俄國軍官從其位在懸崖頂上的炮陣地看了此次進攻。第一連遭擊斃，然後第二連也未倖免：「我看到五百人不到一小時喪命於褐綠色的山坡上」。到了十二月下旬，俄軍已開始後撤，撤過他們不久前才拿下的艱困地形。費多爾．斯特朋中尉憶道，「這場撤退吃盡苦頭」，「四周都是奧軍，還有兩個可怕敵人：我們將軍的徹底無能和天候——結冰道路和泥濘地把我們的馬累垮；牠們就在路上停住，不肯再走。」斯特朋的縱隊在

FIGURE 14.1 ——**掘壕固守的奧地利步兵擊斃來犯俄軍**
俄軍在喀爾巴阡山脈的進攻，和先前奧軍在加利西亞的進攻一樣不智。
照片中一九一四年十二月掘壕固守的奧地利步兵擊斃來犯俄軍。
照片來源：Heeresgeschichtliches Museum, Wien

一山村暫時停腳時，遭奧軍一個炮兵連精準炮擊。他們往上看，看到一名奧地利軍人和一個老百姓從教堂尖塔上指示炮擊地點。那個老百姓被帶離時，斯特朋打量了他一番：「他是個老猶太人，很老，知道自己就要死；他經過時，我瞄了他臉上一眼，不得不立刻移往視線。長這麼大，我從未在人的眼睛裡看到這樣的恐怖、絕望神情。」斯特朋的炮兵連退出山區五天後來到桑河邊，正走在浮橋上以退回東岸時，一座冰山擊中浮橋，整個部隊，人、馬、炮、彈藥車，全翻落冰冷河水裡。斯特朋論道，「似乎就連天氣都和我們作對」。[15]

為把俄軍趕出喀爾巴阡山脈，在加利西亞重建一穩固據點，一月二十三日康拉德反攻，命令三個集團軍進攻。其中一集團軍，博羅耶維奇的第三集團軍，要拿下西喀爾巴阡山脈的諸山口；林辛根的南集團軍要拿下中段諸山口，而更東邊卡爾・馮・普富蘭策－巴爾廷將軍的暫編兵團，則要攻破布科維納以攻打俄軍側翼（此暫編團將於不久後改名第七集團軍）。一如法爾肯海因所預料，在這個冰封的荒野裡，別想取得重大戰果，就連一向愛替自己辯白的奧地利參謀，都判定這場指向普熱梅希爾的反攻（由康拉德坐在其位於泰申的舒服司令部指揮的行動），乃是「殘忍的愚行」。沒有法蘭茨・斐迪南把他差來遣去，康拉德終於開始展現他華倫斯坦（譯按：Wallenstein，三十年戰爭時神聖羅馬帝國大權獨攬的名將）的作風。一九一五年初期，博爾佛拉斯忿忿抱怨道，「我們正受總司令部擺布」。[16]

普熱梅希爾離第二次被圍已有一段時日，大概在三月中旬時城中補給品就會耗盡，博羅耶維奇於是猛攻俄軍壕溝。博羅耶維奇已在元旦那天讓俄軍奪走烏索克山口和該處一千六百公尺長的鐵路隧道，這時則在奪回該山口的戰鬥中損失一半兵力（一月二十三日奪回）。一月二十六日，南集團軍進攻，但那天只前進了一個足球場的距離，接下來每天都如此。誠如某德國軍官所說，「漢尼拔的確最終越過阿爾卑斯山，但那裡沒有羅馬人等著。而我們不只得越過高山，還得同時趕走俄國人。」[17]

整個行動有其缺陷，德奧兩國集結僅僅十七萬五千人和千門火炮，對掘壕固守的俄軍陣地展開一連串自殺式強攻。[18]奧匈帝國第十九師的軍官想藉由賦予士兵「保衛匈牙利」的重任來喚起士兵殺敵之心，但該師大部分士兵對匈牙利存亡的關心更低於對奧地利存亡的關心。他們往山上攻，在及膝深的積雪裡跌跌撞撞前進，每日攻打位於厄科爾梅佐（Ökörmezö）之高地上的俄國步兵、炮兵。他們接連奪下有著上戈耳戈（Hohe Gorgon）、札沃姆（Zalom）之類奇怪名字的戰術要地，但最終還是遭擊退。他們於五天後重啟攻勢，進攻他們曾強攻過、拿下、上個星期得而復失，由俄軍控制的那些九百公尺高的高地。幾天前雪已有及膝深，這時則及腰深。連級部隊打到只剩幾人。奧地利第六皇家步兵營，除夕時有一千零六十九人，到了一月底只剩百人。就連精銳的皇家步兵，都無法長久承受這殺戮、雪、冰、風、死亡的折磨。撐不住而垮掉的軍官多得驚人，遣送回家時，遣送單位只給出如下解釋：「累垮」。[19]

由新兵與後備軍人組成的行軍連，前來為遭受重創的奧匈帝國軍隊補充新血，一臉驚駭望著戰場和他們仍在硬攻防守嚴密之山頭的死板軍官。經過二月中三天的惡戰，南集團軍拿下卡利諾夫采（Kalinowce），但第四天即遭俄軍反攻奪回。想趁黑夜進攻，成效一樣差：走過雪、冰、結凍的冰斗湖時，部隊發出太大聲響。奧地利第五師某營回報，「往俄軍鐵絲網走去時，冰裂的聲響曝露我們的行蹤」，「我們走近時，敵人照亮我們，從三方攻擊」，造成五十一人死傷，七十四人「失蹤」。師部擔心有損本部名聲，向軍部

們都是被迫去做最違反人性的事：殺害同類。」[21]

保證那些失蹤者已光榮戰死，但他們很可能只是又冷又累，於是躲在俄軍的鐵絲網後，槍炮聲平息時即投降。[20]有位俄國軍官於一月二十一日寫給母親的家書中說，「這場戰爭最令人費解的地方，乃是我們漸漸不恨敵人……我想那是因為我們有同樣的遭遇；我們都是被迫去做最違反人性的事：殺害同類。」[21]

約瑟夫．馮．史蒂爾克將軍，奧地利派駐西戰線的軍事連絡官，二月來到泰中拜訪奧匈軍總司令部，震驚於他所受到的接待。康拉德以拉長的語調說，「那麼，我們的內敵，德國人，情況怎麼樣？那位喜劇演員，德皇，最近怎麼想？」然後康拉德對史蒂爾克長篇大論，談附屬於奧匈軍總司令部的德國軍官的罪過：他們「四處查看」，干涉他的事，偵察他的動態，在報上譴責他，散播惡意的謠言，拿一張官僚大網套住他，使他做起事綁手綁腳。史蒂爾克告退時，懷疑康拉德精神是否出了問題，寫道「他仇視德國人，緊張，太激動，疑神疑鬼。」他也是個十足的偽君子，呈報博爾佛拉斯道，他搞不懂法爾肯海因與魯登道夫為何鬥得這麼兇：「我個人認為，在像現在這麼嚴峻的時刻，所有個人野心都該擺到一旁。」[22]

康拉德的副官，魯道夫．昆德曼少校，愈來愈像是在做保姆的工作。博爾佛拉斯發文康拉德，要求這位參謀總長報告其訪問柏林之事時，康拉德置之不理。昆德曼告訴他該照辦，畢竟那是皇帝所要求，康拉德仍然不肯。昆德曼在日記裡寫道，「他總是先說不，然後才理解到別人說得沒錯。」康拉德的副官為部隊在山區的困境感到極為愧疚。

「更冷，雨更多，我們卻把部隊一連十四天部署在這髒污環境裡，他們肯定抵抗不下去了。」康拉德也撐不下去了；他得了流感，向昆德曼說他已在「鬼門關門口」。昆德曼為這人的作為感到作嘔：「他總是誇大其詞；這裡其他人也得了流感；不是只有他得，但只要是讓他受苦的事，就是緊急事件；其他事，他蠻不在乎。」他停了一下，然後用英語說：「自私鬼」。[23]

博羅耶維奇在喀爾巴阡山脈受到猛攻，有著遠比流感還更該擔心的事。他表達了對康拉德進攻之舉考慮有欠周詳的疑慮後，從前線部隊抽出一半兵力，撥給愛德華・馮・伯姆－埃莫利。伯姆－埃莫利在塞爾維亞與加利西亞之間遊走，錯過這場戰爭的許多戰事，可以指望會比受苦已久的博羅耶維奇更願意接受此戰線的真實情況。[24]不久，真實迎面撲來。二月十七日，伯姆－埃莫利部與第二集團軍重新推進，結果在冰與雪中毫無所獲。奧地利炮彈落進軟雪裡，未能引爆。步兵未取得戰果，反倒有一半兵力（四萬人）折損於寒冷和受傷。有位記者寫道，「你得想像雪深及膝，高地上壕溝密布，凝脂般的平靜被尖聲呼嘯的炮彈、榴霰彈和噠噠響的機槍劃破。」[25]

將領醒來時會發現，已有數百官兵睡覺時凍死。還有數百人逃亡。德國駐泰中的代表憂心忡忡指出，數千奧地利人「未發一彈被俄軍俘虜」。最糟糕者是捷克人和羅馬尼亞人。有個兩千人的捷克團，一個晚上就有一千八百五十人逃兵。羅馬尼亞行軍營向皇帝宣的誓，遭神職人員暗地廢除。神職人員會力勸他們一有機會就投奔俄國人陣營。[26]

FIGURE 14.2 ——在冰天雪地的喀爾巴阡山脈裡戒備的奧匈帝國士兵

「你得想像雪深及膝，高地上壕溝密布，凍脂般平靜的天地
被尖聲呼嘯的炮彈、榴霰彈和噠噠響的機槍聲劃破。」照片中，
奧匈帝國士兵在冰天雪地的喀爾巴阡山脈裡戒備，等待俄軍進攻。
照片來源：Heeresgeschichtliches Museum, Wien

這場戰役的目標——拿下喀爾巴阡山脈諸山口，解放普熱梅希爾的要塞，阻止義大利、羅馬尼亞參戰——似乎是個殘酷的笑話。每次作戰前，武器都得解凍才能用。[27]士兵根本停止戰鬥。軍官無法騎馬去找他們，因為馬在冰和積雪上走不了，而冷漠、受凍的士兵不肯行軍或打仗。有位奉派到奧地利第十九師司令部索取奧軍作戰計畫綱要的德國軍官，覺得奧地利人實在不行：「作戰綱要讓人覺得部隊分散、七零八落……進攻力弱而小，不會有戰果……整個師已瓦解為數股游擊隊。」[28]

哈布斯堡軍官的報告，悲觀只有過之而無不及，因為若不動粗硬逼，士兵一動也不動。士兵行經卡住的四輪馬拉貨車時，會不願把它推出雪地；騎馬信使向他們問路時，他們會呆呆望著，不發一語。奉命幫忙將受傷同袍搬上救護車時，他們會聳聳肩，繼續往前走。奉命卸下補給車或彈藥車的貨時，他們會消失得無影無蹤。上面要他們清除路徑沿線障礙時，他們會無精打采地走開。戰死或病倒的軍官、士官太多，士兵變得很難管。[29]

這場山區冬季戰役似乎比以往更徒勞無功，因為他們一掘完壕溝，立即受到來自左右山頭的側翼攻擊。有位德國聯絡官發現奧地利士兵「疲累、差勁」，斯拉夫人部隊「不可靠」。[30]有位奧地利將軍哀嘆「他的兵偷偷摸摸四處走動」，「不再敬禮，不再擦步槍，不再刮鬍子或剪頭髮……他們一身髒兮兮、破爛、不合身的軍服。」他指示他的軍官，「別費心教他們打仗，他們在戰鬥中自然會學到；該教他們**服從**。」[31]

憑著深厚的人力儲備，俄軍不斷進攻，兵力日蹙的哈布斯堡軍隊則吃力防禦。匈牙利地方防衛軍第四十二師，在一九一四年三次入侵塞爾維亞的戰役中遭遇最慘，這時卻跟著第十三軍來到這個前線。約翰．沙利斯（Johann Salis）將軍三月三日對該師的評價，意在降低外界對該師的期待：「只有師炮兵和騎兵堪稱能打。步兵的功用已降到一無可取的程度。」部隊因士兵喪命而填補兵員已太多次；由新兵組成的行軍連配置各地，毀了僅存的些許休戚與共精神。該師兩個團，第二十七（德意志人）團和第二十八（捷克人）團，因為未經戰鬥即讓出陣地，已被處死十分之一，而經過此事之後，他們的戰力卻和此事之前一樣差。他們的師長指出，「真的是一夥士氣渙散的兵」。[32]一九一五年三、四月在科比拉（Kobila），奧地利第八十一團的捷克人描述了「呈密集隊形、一路吼叫的俄國衝鋒縱隊」不間斷地進攻。第八十一團憶道，他們在高地上掘壕固守，「沒有哪個白天或夜晚，俄國人不想用他們的優勢兵力包圍我們。他們的人愈來愈多，每次進攻都比上次進攻更猛烈。」[33]

死傷人數上升，俄軍戰力不減。有份奧地利手冊提醒士兵，「俄國軍人愚蠢且軟弱，使其成為上級軍官手中極有用的材料。對那些軍官來說，人命不值一顧。」[34]有位俄國中尉在喀爾巴阡山脈停下來和其排裡的士兵聊天，而令他印象深刻的不是他們的愚蠢，而是他們的複雜。他以俄國軍官家父長式的口吻說，「孩子，你怎麼不挖壕溝防範敵人來攻？」士兵回道，「長官，幹嘛要挖？如果要壕溝，打敗奧地利人，搶占他們的壕溝就行了，因為他們很善於挖壕溝。而且從深壕溝不易進攻；從我們的淺壕溝，容易得多。」這位俄國軍官打量過他們半認真、半揶揄的口氣後推斷：「在此清楚看到這些人如何把諷刺、懶惰、虔敬結合在一塊」。[35]這種豁達看待打仗的心態，肯定有助於抵消戰爭的可怕。三月三十一日，在遭遇俄國典型的攻擊後，奧地利第八十一團軍官清點他們壕溝前方的俄軍屍體共有四百具。俄軍在單單這段戰場裡，每天損失這麼多人，卻渾然不以為意。像這樣的戰場有數百段，俄軍前撲後繼，源源不絕。

奧軍在喀爾巴阡山脈的悲慘遭遇，顯然只有俄軍的遭遇更有過之。俄軍像牛一樣被趕進奧軍炮擊範圍裡。布魯西洛夫喜歡以緩慢且嚴肅的口吻說，「別擔心側翼和後方，只要擔心前方，敵人只會出現在那裡」，而俄國軍官似乎真的貫徹這看法，奧地利某營長的作戰紀錄就證實此點：「三月十八日：擊退俄軍兩個連的正面強攻，胸牆上有五十具俄國人屍體。三月十九日：擊退敵人正面強攻，胸牆上約兩百具屍體。」[36]

地面開始解凍時，雙方都往前挖掘壕溝；經過這番狂挖，在戰線的某些段，兩軍前線相隔不到九公尺。衝突隨之爆發：「我們隔著（四．五公尺）距離互相開火，互擲手榴彈，前後兩個小時。」許多奧匈帝國士兵第一次丟手榴彈，不小心炸死自己，使奧地利不得不在三月時重新設計手榴彈。[37]士兵逃避這一瘋狂的殺戮；在以手榴彈為武器的這場小規模交手中，四百名未受傷俄軍士兵和五名他們的軍官投降，奧軍方面也有七十八人投降。[38]

偶爾俄軍會突破防線，打散鄰近的奧軍部隊，迫使他們離開壕溝，進入開闊地。四月二日就發生這樣的事，奧軍一個團被迫退到其後面某村，撤退時損失十四名軍官、八百零二名士兵，相當於他們本已日漸萎縮之兵力的三分之一。[39]在戰線後方，俄軍正搜括其所占領的奧匈帝國領土的資源。有位俄國軍官四月十五日寫道，「最近我一直在徵用物資，為此得用軍票換取加利西亞人的母牛，其實就是搶。加利西亞婦人哭泣、尖叫、親我的手，我的兵牽走她的母牛時，她咬他們的手。」[40]

在加利西亞的苦，康拉德似乎無動於衷。他在泰申的日程表，密密麻麻寫著「參謀總長在咖啡館」或「參謀總長早上在讀報」之類的活動記錄。[41]他的情婦吉娜於一月時前來待了四天，招來維也納和軍方充滿厭惡的強烈批評。奧地利媒體，在陸軍設於維也納恬靜郊區的新聞總社指導下，也表現得好像一切順利，沒出任何差池似的。報紙自信滿滿地報導奧軍、德軍如何英勇，如何善於解決問題化險為夷，穿插以俄國人、波蘭人、烏克蘭人落魄倒楣的故事。有漫畫描繪嚇得要死的俄國軍人包著尿布，想爬過咧嘴而笑的奧地利步兵身旁，圖說寫著「偽裝大師」。有漫畫描繪魚躍離波蘭、加利西亞的河湖，因為有太多逃跑的俄國人溺死在水裡：有條開心的魚落在乾地上時對其同伴說，「我們要走人，因為水污染太嚴重。」

漫畫家輕描淡寫前線的駭怖。「內敵，來自北戰場的報導」以三張畫呈現一可憐的奧地利軍人在抓蝨子，然後在第四張畫裡他脫到只剩短褲，丟掉軍服：「我們的猛攻終於迫使守軍讓出陣地」。但實情是這些哈布斯堡士兵不只一身蝨子，還惹人厭。奧地利新聞局以戲謔心態報導了以下故事：有支德奧巡邏隊「在南波蘭某處」找吃的。每個農民都以帶著苦惱的同樣說詞把他們打發走：「沒有！什麼都沒有！長官。俄國人把什麼東西都吃掉了。」南波蘭的情況這麼慘，就在這時，德國人突然染上痢疾，病得非常嚴重，這人向民家借用廁所。農民盯著他看，一臉不解神情，然後回道，「沒有，長官！俄國人把那個也吃了！」簡而言之，這些東部農民幾乎和那些吃屎的俄國人一樣蠢：笨、天真、不衛生，與他們周遭那些乾淨、有條不紊的德國人、奧地利人大相逕庭。42

俄國的宣傳一樣低劣。它敦促軍民繼續投入「為聖索非亞而打的戰爭」。聖索非亞是君士坦丁堡的清真寺，原是東正教大教堂，而在這些遭戰火摧殘之地的軍民眼中，它想必和月亮一樣遙遠。一九一五年初期，有位俄國軍官看過送到他位於加利西亞的戰壕的俄國報紙後，對標題印象深刻：「這場戰爭已把俄羅斯人、波蘭人、猶太人牢牢團結為一，並肩作戰。」他躺在報紙旁，心裡想著：「讓我來告訴你真相：我們人在加利西亞，春天的第一天，天氣很美，一輛破爛不堪的舊雪橇沉重走在土路上；斜躺在雪橇上者是個年輕哥薩克人，毛皮帽下露出他梳理整齊的馬尾瓣。拖著這輛雪橇走過土石地者是隻母馬，母馬沒東西吃，餓得皮包骨，肋骨根根突出，像床墊上壞掉的彈簧；騎在母馬身上者是個老『猶太男孩』，因害怕而一臉嚇呆的神情。哥薩克人偶爾懶懶地舉起皮鞭抽猶太人的背，示意猶太人鞭馬加快腳步。」43

奧地利於開打後頭四個月在加利西亞、塞爾維亞損失了百萬兵力，在喀爾巴阡山脈又損失八十萬，其中四分之三死於若待在冬季住房就可避免的疾病。維也納與泰中以需要解普熱梅希爾守軍之圍為理由打這場冬季戰爭，結果卻失去六萬守軍。[44]光是第二集團軍，在三月頭幾天，就因凍傷損失四萬人。事實上，根據每日死傷報告，凍傷所造成的兵力損失，遠高於戰場傷亡所造成。[45]南集團軍已損失三分之二兵力。第三集團軍殘破不堪，雪上加霜的，這時義大利就快參戰攻打奧匈帝國。[46]俄軍三、四月時派兵探查諸山口，遭激烈抵抗，迫使康拉德再度請求德國派兵增援。

康拉德的位置變得岌岌不保。史蒂爾克有次去了奧匈軍總司令部、觀察康拉德後論道，「他清楚沒有德國大力援助，治不好我們的弱點，而這一認知像蟲一樣嚙咬他的心」，「他知道德國若提供這援助，會要求奧地利領導階層受其擺布作回報，而此事令他鬥志全消，使他成了冷漠無情的盟友。」他每天把心力花在維護其與總司令部裡的德國人「平起平坐」上，冷落他們，退回他們例行的盟國文書作業要他們修改，堅持愈來愈虛妄的奧地利獨立地位。[47]魯登道夫這時已打從心底瞧不起康拉德和奧地利人，但還是又出手相救，派貝斯基德軍（〔Beskidenkorps〕來自魯登道夫之前線部隊的士兵和來自南集團軍的兩個半師）前去遏阻俄軍攻勢。

一九一五年三月二十二日，普熱梅希爾又落入俄軍之手，[48]為愚蠢的喀爾巴阡山冬季戰役畫下句點。為拯救要塞裡挨餓被圍的十五萬居民，這場戰役犧牲了八十萬人，結果最後豎起白旗，落入俄軍之手。一名目睹奧地利守軍投降的英國人寫道，守軍看來「快餓死……我沒看到比這更絕望、更沮喪的一群人。」他們的軍官顯然未和入伍兵同甘共苦；他們「看來富足，吃得好，據居民所說，生活豪奢。」[49]美籍記者史坦利・華許本從倫貝格橫越一百四十多公里到普熱梅希爾，「道路上積著厚厚爛泥，撤走的戰俘堵住道路」，而他也對要塞裡截然不同的情景大感驚訝。軍官看來很健康，對戰敗渾然沒放在心上。「看著他們在街上開心聊天……很難理解他們的馬已被吃了或他們的騎兵已被俄國俘虜。」

那些騎兵餓到發昏。圍城期間，奧匈帝國守軍已吃光存糧，然後開始吃運輸用的馬，再吃騎兵的馬，最後吃城裡的貓狗。奧地利軍官留下自己的馬且繼續餵食，直到投降前十小時才交出來，牠們也全遭宰殺，但不是為了給挨餓的入伍兵填肚子，而是為了不讓馬落入俄國人之手。有位在普熱梅希爾投降後最早進城的俄國軍官，描述了「我在戰爭裡所見過最駭人的景象……匈牙利軍人餓到發狂，生吃血淋淋的肉塊，用小刀和指甲從剛殺的馬屍上挖肉，手、臉滿是血。」[50]

更令人憤慨的醜事在維也納上演。在布拉格地區徵兵組建的第二十八團，哈布斯堡君主國最悠久的團之一，一九一五年四月在維也納遭皇帝下令解散。這個捷克人居多的團，在喀爾巴阡山脈全團離開戰鬥崗位，向俄軍投降，不料他們以為滿是俄國人的那道壕溝裡，竟全是德國步兵。五十名官兵遭以叛國罪送上法庭；八名遭絞刑處死，其他人判服苦役。團中士兵先被槍斃掉十分之一，然後其餘士兵打散撥到其他部隊。[51]

這就是哈布斯堡君主國的危機所在。奧匈帝國軍隊已傷亡兩百萬人，卻一無所獲。哈布堡斯君主國運了四個集團軍四十二個師進入喀爾巴阡山脈，然後被消滅，而消滅他們的最大敵人就是奧地利自己的無能。[52]哈布斯堡君主國只剩二十五萬毫髮無損的兵力。俄國開戰以來死傷一百九十萬人，但仍有六百三十萬兵力在戰場上。俗話說得話，「俄羅斯母親的兒子夠多」。沙皇的後備兵力似乎取之不竭，一九一五年三月俄軍參謀總長的話正無情證實這一表象：「即使以目前的『損耗』率再打兩年，仍不愁找不到壯丁。」

實際上還是有令俄國發愁之處。俄國開打頭一年損耗極大（一個月三十到四十萬人），陸軍其實已耗盡可合法徵召入伍的壯丁。沙皇因此開始非法召兵：還未達服役年齡的年輕人、警察、有緩役資格的男子、俄羅斯帝國內兩千萬非俄羅斯裔人民。這些非俄裔居民戰前一直不用服兵役，此刻突然失去這權利。俄國國會或許原被認為會反對讓人民送死，會阻止把人民送去當炮灰，結果反倒提供炮灰，凡是軍方想要的人，不管有沒有免役資格，全雙手奉上。[53]於是，藉由光明正大和見不得人的辦法，俄國有源源不絕的生力軍投入戰場，當奧地利火炮的炮灰。

一九一五年五月，史蒂爾克將軍經過一列俄軍戰俘身旁時，驚訝於他們氣色竟那麼好；奧地利已在刮取最後的人力殘渣，這些俄國人卻看來「強壯、健康、吃得好、青春正盛、穿著很好的衣服鞋子。他們看來一點不像戰敗……根本開心於能離開壕溝。」[54]

正是俄國人本身無法完全發揮其潛力（名義上有著一千七百萬兵力的軍隊），未能善用他們的成就（誠如當時某人所說的，「他們未被有效擊退，但也無法往前推進」），給了奧地利喘息空間。互鬥的俄國將領（北邊的魯斯基與南邊的伊凡諾夫鬥）無法在該偏重哪個戰線上達成一致見解，魯斯基最後根本無視尼古拉大公要其以南戰線為重的命令。因此，伊凡諾夫四月攻進喀爾巴阡山脈，拿下杜克拉山口時，俄國三分之二兵力仍待在普里佩特河以北。俄國的工業基礎和基礎設施仍嚴重不足，生產的炮彈太少，一九一五年入伍服役一百四十萬新兵，只有七萬枝步槍可用。[55]

但不幸的奧地利人能如何利用這些優勢？打過仗的哈布斯堡軍隊已被打掉，換上的是未經戰火洗禮的民兵軍隊。就連老兵都不是特別能打。康拉德於一九一五年三月發了一份問卷給其部隊指揮官，詢問他們對開戰以來的觀感，而回報的意見，拿措詞最客氣的來說，都令人氣餒。部隊士氣渙散；厭惡軍服（顏色太亮）和背包（太重且「塞滿無用的東西」）。雖然士兵集體大批傷亡，軍官仍然偏愛「縱深隊形和寬正面」，而此舉把大批穿著亮藍灰色軍服的人集結成簇推進，招來敵人槍炮攻擊。但那些以緊密隊形組成的連縱隊，似乎是驅使這些難駕馭的士兵上前，「保住對軍隊的控制力和機動性」（某軍官語）的惟一辦法。它們也是使士兵開槍的惟一辦法，因為沒有軍官或士官在旁監視，士兵不會開槍。他們會只是把臉埋在土裡，祈禱獲救。有個皇家步兵營軍官認為，「士兵愛用鏟子的惡習得打破」，「士兵奉命進攻，往前走幾步就立即開始挖壕，但離敵人還太遠，開槍根本打不到對方。」他們的壕溝反映了這一（有其充分理由的）悲觀。「士兵把時間全花在改善他們的壕溝、胸牆、防榴霰彈設施，未把時間花在想辦法在壕溝外開火。」因此，看來堅不可破的奧匈帝國壕溝線，完全不是那麼回事，只是個「看不見外面、得到掩護、把自己圍起來的孤立群體。」

開小差已成為奧地利的通則，而非例外。就連歷史悠久、清一色德意志人的團，都回報「開小差、紀律渙散的情形變多。」每個團裡的士兵都想逃兵，被俘時，他們會說他們已在最近的戰鬥裡被列為「失蹤者」。進攻時若有人遭擊中，他身邊的人個個都停止進攻，替他包紮，把他抬到救護站。有人勸康拉德成立「騎馬軍事警察」，要他們在每個部署了奧匈帝國部隊的地方不斷巡邏，以遏止掉隊、逃兵。

軍官團有自己的士氣問題。奧芬貝格打贏科馬魯夫之役後，因為批評彼得．斐迪南大公被撤職，一九一五年四月在維也納自宅遭逮捕，關了三十六天，然後被以一九一二年迫使他離開陸軍部的那件醜聞受審。當年皇帝似乎覺得無傷大雅的一件醜聞（奧芬貝格在宣布一筆火炮大宗購買案前夕拿Skoda公司股票內線交易），此刻似乎變得無比重要。奧芬貝格的名字遭從教科書介紹科馬魯夫之役的部分移除，他被控把股票內線消息賣給外國投資人，進而危及國家安全。整件事（從未完全獲證實的一件事）根本就是為了報復、拿小事大作文章。[56]

地位沒奧芬貝格這麼高的軍官，分為水火不容的兩派，一派只想著升遷（擅於保命

FIGURE 14.3 ———被俘的奧地利軍官和俘獲他們的俄國人

一九一五年初期時，哈布斯堡軍官團已分為水火不容的兩派，一派是職業軍官，往往有人脈來取得遠離前線、「免挨子彈」的差事，另一派是倉促動員來，在壕溝裡吃苦的志願軍官。照片中這群被俘的奧匈帝國軍官，看來為不用再打仗鬆了口氣。

照片來源：Heeresgeschichtliches Museum, Wien

者），另一派是戰爭開打時徵召入伍而官運沒這麼好的新幹部。大部分一年期的志願軍官（為免被徵去當大頭兵而取得後備軍官身分的學生、專業人士），這時置身前線。他們在維也納沒有人罩，沒有機會取得所謂的「免挨子彈差事」。最不用挨子彈者是匈牙利人，因為凡是與匈牙利議會有關係的軍官，不管是議會裡的議員、青年聽差、助理或分析員，都能在開議期間請假。法蘭茨·約瑟夫向馬札兒人做出數個造成國內分裂的讓步，這是最近一個讓步，但這一讓步發生在一九一四年十一月，正值哈布斯堡軍隊人力需求正殷之時，在維也納引發比以往更大的怨懟。57

新近抵達奧地利前線的士兵，發

現他們（短暫）受訓所要應付的情況是一回事，戰地實際情況卻完全不是那麼回事。本來火炮就不多的奧匈帝國炮兵，開打頭六個月已損失千門加農炮，卻只新造出兩百七十八門來填補。炮彈產量一直停在每月需求八分之一左右的程度。[58]難怪士兵對自家炮兵完全沒有信心。有位軍官寫道，「他們把我們的傷亡慘重歸咎於缺乏炮兵準備和支援……缺乏重型火炮。」[59]他們說得沒錯。康拉德的問卷裡，有一道問題要師長說說他們對與重型炮兵部隊合作的看法，結果大部分師長都答得很乾脆，「本師從未用過重型火炮」。[60]在老軍隊裡，軍官若發現自己部隊有這短處，會試著用士兵的母語向他們說明，但老軍隊已葬身在塞爾維亞、加利西亞的泥地裡和喀爾巴阡山脈的雪地裡。開打頭幾個月，有太多奧地利校級軍官喪命或失能，因而不得不以德意志人或匈牙利人居多的後備軍官緊急遞補，而這些軍官既無時間也無意願學他們士兵的「團內用語」。

倖存者無緣得到任何語言的安慰。戰前嘲笑佛洛伊德的奧地利軍官，這時擬出一套精神病詞彙，以描述他們士兵的遭遇。他們神經毀壞（nervenzerüttenden）或神經分解（nervenzersetzenden），已失去他們的自制力（Selbst-Kontrolle），得了感覺紊亂症（Sinnesverwirrung）、神經擾亂症（Nervenstörungen）、或徹底神經崩潰（Nervenzusammenbrechen）。似乎每個人都患有某種程度的驚彈症。士兵被投以鎮靜劑溴化鈉，但那從未驅散驚駭的主要根源：敵人炮火把許多同袍炸成血肉模糊一團的景象。有位戰地記者看過某陸軍醫院裡這些受驚嚇的士兵後寫道，「他們進來已約一星期，其中許多人茫然發呆。他們就躺在那裡，幾乎未從驚彈症中甦醒過來。」[61]

奧匈帝國的徵兵制原以十九到四十二歲男子為徵兵對象，後來遭悄悄修改，將徵兵年齡擴大為十八至五十歲。原被歸類為無用之人的吉普賽人，變成得服兵役，為哈布斯堡王朝歷史上所首見。前幾年被視為心智上或身體上「不適服役」而免服兵役的兩百多萬男子，這時當權者大筆一揮，變成適於服役。[62]義大利整軍經武，據傳要建立三十個軍、一百三十萬兵力，部署於特倫托（Trento）和伊戎措河（Isonzo River）沿線，奧匈帝國因此已在思考徹底承認失敗之事。[63]一九一五年三月，康拉德告訴博爾佛拉斯，成功已無望；哈布斯堡軍隊已垮掉，得再次脅迫德國人出手相救。他在議事錄裡陰險寫道，「我們可以一再威脅要和俄國單獨媾和，作為反制的籌碼。」四月，康拉德向法爾肯海因發出同樣的威脅：奧匈帝國放棄加利西亞（給俄國），會比放棄的里雅斯特（給義大利）更早，所以你們自己看著辦。

法爾肯海因深信奧地利已在垮掉邊緣，於是派史蒂爾克先去泰申，再去維也納，以說服康拉德和皇帝做出會讓義大利放棄參戰的那些讓步。史蒂爾克在兩處都無所獲。康拉德與蒂薩剛如願將貝希托爾德解職（一九一五年一月），理由是貝希托爾德竟提議以哈布斯堡王朝的特倫蒂諾和奧地利所占有的阿爾巴尼亞領土收買義大利，使其不與奧匈帝國為敵。他們讓伊斯特萬·布里昂伯爵當上外交部長，指示他寸土不讓。史蒂爾克來到泰申時，康拉德輕蔑說道，「不知法爾肯海因現在想要什麼？」然後他把這位將軍送到維也納，說外交政策他無權置喙。此前他一直有權置喙；只是此後不再是。

在維也納，史蒂爾克最後一次看到老皇帝，皇帝昏昏欲睡地告訴他，「不會把領土讓給」義大利人或其他人。為滿足這老人的榮耀觀、帝國觀，還會有數十萬人在義大利戰線上死亡、受傷。與史蒂爾克會晤時，布里昂以明確口吻表示，如果他知道義大利人不是隨便說說，他或許會力主讓步：「如果有人拿著未裝子彈的手槍指著我，我不會交出我的錢包，除非我知道手槍有裝子彈，那時我才會做決定。」但在搶匪扣扳機之前，受害者要如何知道手槍裡有沒有裝子彈？而裝子彈的過程會增添施暴的風險，一如一九一四年的動員所表明的。史蒂爾克黯然離開，覺得布里昂或維也納官場裡的其他人都是平庸之輩。他寫道，德國人比更直接受到威脅的奧地利人，更敏銳察覺到義大利出兵干預的威脅。比洛親王轉達了來自羅馬的另一個非正式提議：把南蒂爾羅給義大利，義大利就會繼續保持中立。這提議不算過分，在兵敗塞爾維亞和喀爾巴阡山、普熱梅希爾陷落、軍隊垮掉之後，為奧地利人所樂見，但法蘭茨·約瑟夫皇帝再度立即拒絕。在兩個戰線都敗下陣後，對於在第三個戰線可能也戰敗，他似乎沒放在心上。[64]

維也納與這場可怕戰爭的現實面脫節，而且脫節現象就屬此時最鮮明。有位名叫亞瑟·魯爾（Arthur Ruhl）的戰地記者，參觀過布達佩斯的某家奧匈帝國醫院（院裡滿是蒸汽、消毒水、腐爛傷口的氣味），久久難忘於所見的真實情景。他寫道，「只有見識過現代火炮威力者，才知道它們有多可怕。」這些傷殘士兵與運兵火車之間的強烈反差，令他大不舒服。運兵火車覆蓋祈求好運的綠枝和鮮花，隆隆駛過這醫院的窗戶下方，只是為東戰線運去更多炮灰。從病床上往下看的那些傷兵，沒那麼幸運，身上被炮彈和子彈打出窟窿。有個傷兵脖子上有道手掌寬的傷口，傷口深到讓魯爾能看到頸動脈在薄薄一層纖維底下搏動。他仔細觀看了榴霰彈、子彈創傷的X光照片，看到「骨頭被子彈打碎，噴出周邊肌肉，好似被引爆過。」從喀爾巴阡山脈送回的截肢者，人數之多同樣令他震撼：其中許多人「是作戰時受的傷，但也有寒冬裡被丟在外頭二十四小時或更久而未獲救的哨兵，腳凍壞，腳踝以下切除。」他走過一間間病房，估算有（且聞到）「數千個凍壞的手、腳」，其中大部分手腳「發黑，漸漸爛掉。」[65]

對奧匈帝國來說，這整場搞砸的戰爭已經開始爛掉。此後所要做的，乃是把奧地利的作戰行動委託給德國操持，悲慘結束一場維也納決策者原以為可中止奧匈帝國頹勢、重振帝國構想的衝突。奧地利在加利西亞、塞爾維亞原有機會得勝，超乎其預期的好機會。但即使有德國相助，哈布斯堡君主國浪費了所有機會，最後它的軍隊殘破不堪擺在從波蘭經喀爾巴阡山脈諸山頭，一路往南到波士尼亞的一條線上。奧地利本身的存在意義也已殘破不堪。經過無以計數的戰敗，這個二元君主國從其子民和鄰邦那兒贏得的尊敬已蕩然無存，任何團結一致或主權的表象也蕩然無存。它的來日已無多。

Epilogue 結語

一九一五年三月，喀爾巴阡山上的雪變軟時，康拉德命奧匈帝國諸將向士兵重新說明戰爭的目標。「對這場衝突的看法」，士兵似乎「分歧得離譜」，這一事態必須予以「釐清並統一」。康拉德的新說法如下：奧匈帝國與德國屬於「平和的中歐」，但它們的敵人經過數年用心準備，「從最深沉的寧靜中」猛撲向這些無助的受害者。巴黎、倫敦、彼得格勒諸「匪」發動了荼毒人民的「冒險戰爭」，法國人是為了找到新的投資處所，英國人是為了統治世界，俄國人則要以十足虛偽的泛斯拉夫主義為幌子，用「火、劍、西伯利亞」「奴役」更多人，擺出「俄國好似自由國度的樣子」。

奧匈帝國軍官必須告訴其士兵，他們在打一場新三十年戰爭，必須保衛中歐，使不受協約國的蹂躪。不然，後果之可怕只會更甚於十七世紀。十七世紀時，叛變的捷克人受到肯定，結果「在那場衝突後，波希米亞人口只有四分之一存活。」總而言之，奧地利士兵獲告知，他們打仗是因為英、法、俄三國陰謀使德國、奧匈帝國淪為「奴隸民族」。

FIGURE EPILOGUE.1 ——一名奧匈帝國軍官和前來保護他的德國人

一九一五年，德國人已接管奧匈帝國的作戰事務。照片中第七軍軍長約瑟夫大公與德國將領漢斯．馮．塞克特（Hans von Seeckt），以及兩人的參謀，攝於喀爾巴阡山脈。照片來源：Heeresgeschichtliches Museum, Wien

三國中逼人最甚者是俄國。俄國是個「豐饒、落後的地方，由軍人和官僚統治，貪污橫行，廣大人民貧窮且無知。」

康拉德解釋道，俄國人引發這場戰爭，以使他們的革命知識分子（列寧、托洛斯基之類的危險分子），把目光從俄國內部問題移開，讓他們心中燃起狂熱的泛斯拉夫主義。俄羅斯——「亞細亞、半亞細亞的野蠻民族，人數是我們的四倍之多」——覬覦君士坦丁堡，但也覬覦巴爾幹半島，想以之作為俄國產品的外銷市場，並鼓動巴爾幹諸國反奧匈帝國「這個愛好和平的多民族帝國」。該走的路顯而易見：繼續打下去，否則會落得「和巴爾幹半島一樣的下場」，也就是遭擊敗、殖民、陷入「饑餓與不幸」。這份傳閱的文件叮囑奧地利士兵，這就是「你們疲累不堪時該擺在心裡思考的：勝利的必要。你們所有充滿活力的青春夢想，肯定還沒被這場戰爭的苦難撲滅。」[1]

但奧地利的帝國夢想已遭撲滅，徹底撲滅。沒人相信這些謊言，尤其不信那些編造謊言者。為了解（火炮不足這原因之外）軍隊戰績這麼差的原因，奧匈帝國陸軍部一九一五年初期向諸指揮官發了另一份問卷，並將其標為最高機密文件。「民族沙文主義或其他有害的傾向，在我們的軍官身上清楚可見？我們的軍官講起士兵的語言流利到足以領導、激勵他們？我們得盡量讓軍官和其所統領的士兵屬於同一民族？」至於士兵，「為何在各戰線上出現那麼多不夠堅忍或徹底崩潰的例子？」奧匈帝國團級部隊裡「煽動族群或煽動反對軍方」的因子，是戰爭開打前就存在的現役士兵所植下，還是動員時所召來的後備軍人所引入？

諸民族齊心組成一快樂帝國的虛幻不稽說法，在平時支撐住軍隊，開戰後，禁不住戰爭壓力，已徹底瓦解。波提奧雷克於一九一二年就示警道，奧匈帝國三分之一的軍人在大戰時會不願打仗，此刻的情勢正證明他有先見之明。士兵雖然乖乖報到，但更重要的是他們穿上軍服後無心作戰。[2]軍隊逐漸解體，主要原因是不再有人相信多民族的「奧地利使命」。至少對奧地利的斯拉夫人來說，「奧地利使命」只是把裝備不良的奧匈帝國

FIGURE EPILOGUE.2 ——一九一五年休息的德軍

組織、武器、領軍作戰方面都優於奧軍的德軍，在戈爾利采—塔爾努夫攻勢裡再度大敗俄軍。照片中為一九一五年五月行軍途中休息的德軍。

照片來源：National Archives

人民鏟進德意志人的戰爭機器裡。[3]

德國人迅速且鄙夷地接掌奧地利的作戰事務。駐西戰線的奧地利聯絡官於一九一五年中期指出，康拉德已被梅濟耶爾、普列斯（Pless）的「德國參謀和司令部」貶為無足輕重的角色（梅濟耶爾、普列斯分別是德軍西、東兩戰場的總司令部所在地）。[4]此後直至戰爭結束，每次奧地利人陷入險境，德國人就會前去搭救。他們干預了一九一四至一九一五年加利西亞的戰事、一九一五年塞爾維亞的戰事，一九一六年（重創奧匈軍隊的布魯西洛夫攻勢後）再度干預布科維納、加利西亞戰事，一九一七年，在第一次克倫斯基攻勢（Kerensky Offensive）之後再度干預加利西亞的戰事。一九一七年，德奧聯軍在卡波雷托（Caporetto）拿下大捷，而誠如魯登道夫所說，打這場仗（又稱第十二次伊戎措河戰役）既是為打倒義大利人，也為「防止奧匈帝國垮掉」，因為此前十一次伊戎措河戰役，已使奧匈帝國戰力大減。[5]

德軍這些救援行動，的確有幾次令德奧燃起希望，但終究是轉瞬即逝的希望。一九一五年五月的戈爾利采－塔爾努夫攻勢（Gorlice-Tarnow Offensive），德奧在一個星期裡奪回俄軍花了半年才奪下的城池。他們擊斃、打傷俄軍一百四十萬，另俘虜了一百萬。一支小小炮兵部隊所能發揮的威力，令人震撼。德國第十一集團軍部署了四百門火炮，其中將近半數是重型壕溝炮，備用炮彈三十萬枚。[6]俄軍按照對付低戰力的奧軍時所慣有的輕鬆方式列隊展開，赫然發現他們喀爾巴阡山陣地的側翼出現德軍。英國武官從俄軍總司令部寫道，這是場俄國的卡波雷托戰役（「這一嚴峻考驗，大部分軍隊碰上都會敗下陣來」），俄國未因此敗亡，完全是因為德軍受到其他威脅的大大牽制，因為奧軍實在弱得無可救藥。[7]

鑑於俄軍的中央部位遭撕裂，軍隊被一拆為二（一在加利西亞，一在波蘭），一九一五年春，俄軍拔腿急退，有些部隊一天後撤七十二公里。[8]但「奧古斯特的火炮」所揭露的俄國種種難題仍在。奧古斯特・馮・馬肯森將軍在著名的「突破戰役」裡，帶領德軍獲勝。突破戰役開打於俄國炮兵因該國的「炮彈危機」而幾乎失去武裝之際，因而德軍占有天時之利。此役的關鍵條件，是未徹底改革工業、軍事科技程度低的奧地利人怎樣也無法擁有的。

尼古拉・哥洛文將軍把德國人在戈爾利采－塔爾努夫攻勢裡所用的方法，比喻為「某隻巨獸」的打法。這隻巨獸會要其步兵悄悄潛近俄軍壕溝，接著「把牠的尾巴——重型火炮，拉向壕溝」，但會保持在低劣的俄國火炮剛好打不到的地方。然後這隻巨獸會用「鼓擊般的炮火」（又密集又快速，聽來像是擊鼓不斷的炮火），打垮俄國的壕溝。接著德國人（或他們的奧匈帝國援軍）會向前急衝占領打得稀巴爛的俄國壕溝。如果俄國預備隊反攻，德國炮兵會把他們也了結；倖存的俄軍全會被躲在奪來的壕溝或炮彈坑裡的德國步兵擊斃。「然後這隻巨獸會再拉起牠的尾巴，其重炮會開始有條不紊地重擊俄軍**下一道**防線。」[9]

德國人以昂貴科技替其士兵護身，藉此減輕戰爭的殘酷；奧匈帝國人（戰前和戰時）緊縮開支，把他們的步兵像垃圾一樣丟棄。一九一五年有位俄國將軍坦承，「德國人不惜消耗金屬，我們不惜消耗人命」，這句話用在奧地利人身上同樣貼切。一九一五年六月隨德國部隊快速穿越波蘭時，哈里・凱斯勒（Harry Kessler）中尉停下來檢視奧匈帝國某次進攻後的殘骸：「數百萬隻蒼蠅和一股又濃又濕的氣味……森林裡布滿橫七豎八的屍體，全是奧地利人的屍體。臉已全黑，像黑人，已半腐爛，表面覆蓋污物和土。幾乎每棵樹旁都有一具屍體……那是這場戰爭最血腥的事件之一，而且毫無意義或成果。」[10]誠如凱斯勒筆下軼事所間接表示的，戈爾利采－塔爾努夫攻勢，乃是德國人的突破性進展，而非奧地利人的突破性進展。這時俄國炮兵團全團一天只有十枚炮彈可用，但奧匈帝國的戰鬥報告顯露的是更為徒勞、代價更大的進攻和有限的戰果。[11]

一九一五年十月，終於打敗塞爾維亞。馬肯森打贏戈爾利采之役，即奉命接掌由馬克斯·馮·加爾維茨（Max von Gallwitz）的德國第十一集團軍和赫爾曼·馮·科費斯的奧地利第三集團軍組成的暫編兵團。他們南攻，渡過多瑙河，兩個保加利亞集團軍則西攻，人力、彈藥都已枯竭的塞爾維亞不支倒下。有位哈布斯堡外交官嚴正宣告，這場戰役將「對東線戰局有決定性影響」，將打開通往亞洲的補給線，使同盟國取得亟需的石油、金屬等物資。這位奧地利外交官十月下旬呈文外長布里昂，說「塞爾維亞這一障礙的垮掉，將使我們終於掌控這一至關緊要的戰略路線和多瑙河通道。」[12]保加利亞人十月八日拿下尼什，十一月二十四日拿下比托拉（希臘語名莫納斯提爾）。加爾維茨部順著摩拉瓦河往南猛進，一路只遇輕微抵抗，將塞爾維亞徹底一分為二。到了十二月中旬，加爾維茨部已一路挺進到馬其頓的庫馬諾瓦（Kumanova），距薩洛尼卡只有一百六十公里。埃倫塔爾和法蘭茨·斐迪南只能把擁有薩洛尼卡當作夢想；而今德國人就準備要實現這夢想。拿下薩洛尼卡是德國人更大策略的一部分。根據這策略，要先拿下「有英國的第二個直布羅陀」之稱的此地，然後拿下「通往三個世界的門戶」蘇伊士。這一進攻將由馬

FIGURE EPILOGUE.3 ——德國皇帝會晤新任奧地利皇帝

一九一七年三月的西克斯圖斯事件，乃是奧地利躲掉戰爭的最後機會。德皇（左）風聞此事後，把奧地利新皇帝卡爾一世（右）叫到德軍總司令部，逼他回頭。卡爾自稱「和新生兒一樣無知」，溫順的接受德國所有要求。

照片來源：National Archives

肯森領軍。[13]

但德國人只能延長這場戰爭，無法打贏這戰爭。他們在蒙斯（Mons）、伊珀爾消滅英國遠征軍，赫然發現有二十五個軍的基徹納「新軍隊」形成於狼籍的屍體之後，發現五百艘英國皇家海軍戰艦扼住德意志民族的咽喉。德國人一九一四年殺死、打傷或俘虜無數俄國人，卻在隔年面對兵力更大的一支俄軍。從一九一六年至戰爭結束一直統籌德軍作戰行動的埃里希・魯登道夫將軍，曾以一句話總結他的戰略缺陷。他寫道，「確立純戰略性的目標之前，得先思考戰術，若不可能在戰術上成功，追求戰略目標只是徒勞。」此言甚是（協約國與同盟國的戰略計畫整體來講失敗，因為強攻壕溝的打法無法實現那些計畫），但魯登道夫太自負，相信藉由改進其戰術，他能克服此戰爭無法克服的戰略難題：一億兩千萬人的奧德同盟要如何打敗有著兩億六千萬人口，擁有更多兵力、船艦、國民收入比同盟國高六成的協約國聯盟？[14]德國人戰術很高明，戰略卻奇糟，未坦然評估自己、奧地利人與敵人的實力差距。一九一四年七月時若這麼做，他們會務實尋求外交解決，而非開戰。

奧匈帝國未與行事愈來愈不顧後果的德國保持距離，反倒侷促不安地投入德國的懷中。這並非勢不可免。一九一六年十一月，八十六歲的皇帝法蘭茨・約瑟夫終於在申布倫宮去世，卡爾大公（這時已是卡爾一世皇帝）透過任職於比利時陸軍的大舅子西克斯圖斯親王，詢問與法國、俄國個別媾和的條件。隨之展開的西克斯圖斯事件（Sixtus Affair），一九一七年三月時達到決定性階段，且是奧地利躲掉德國主導的戰爭，救亡圖存的最後機會。透過西克斯圖斯轉達的協約國媾和條件，要求交出亞爾薩斯－洛林，恢復塞爾維亞、比利時的獨立地位，奧地利「無私看待」俄國聲索君士坦丁堡之事。

鑑於奧匈帝國已遭遇如此多慘敗，這些條件並不苛刻，卡爾皇帝收訊後既驚且喜，表示要大力促成。[15]遺憾的是，他在書面上表示願大力促成，實際行動卻拖泥帶水。一年後德國人風聞此事（此前克里蒙梭公布卡爾的信函以分化同盟國陣營），魯登道夫於一九一八年五月將卡爾叫到德軍總司令部，逼他回頭。卡爾皇帝先是說謊（那些信是「偽造」），然後歸咎於他的外長（外長揚言如果皇帝堅決不同意他會自殺），最後向德國人求饒，宣稱他「像新生兒一樣無知」。德國人向這位回頭浪子提出的條件很嚴苛：只要戰爭沒停，軍事和經濟上都要唯柏林是從。

這時時局進入關鍵時刻。美國總統威爾遜所概述的美國在歐目標——總結於美國參戰十個月後的一九一八年一月他所提出的十四點原則裡——只要求重組奧匈帝國，而未要求將其解體。英法仍極樂見出現改革後的奧匈帝國，作為戰後防止德國或俄國擴張的屏障。如果卡爾皇帝要抽身，此刻就得抽身；俄國人已被打退出戰場，義大利人在卡波雷托之役後也幾乎如此。一九一八年開始時他所短暫享有的優勢，此後將不再有。德國人正準備以從俄國調來的部隊，在西戰線發動一大規模攻勢。將軍生涯步入尾聲的康拉德，即將在愚蠢的皮亞韋戰役（Battle of Piave）中再失去三十萬官兵，從而（在一九一八年六月）把在卡波雷托戰役中所贏得的，大部分吐了回去。只讓境內百分之七公民享有選舉權，不讓其斯拉夫裔、羅馬尼亞裔人民享有美式「自主發展」待遇的匈牙利，不是那種會在威爾遜重新審視大局後存活的夥伴。[16]

換句話說，機不可失，若背叛同盟國陣營，卡爾皇帝將獲得厭戰的協約國某種程度的支持，但卡爾未這麼做，反倒軟弱屈服於德國壓力，讓德國接管奧匈帝國境內所有事物（部隊、鐵公路、軍火、工廠），甚至誓言此後奧匈帝國將為保住史特拉斯堡作戰到底，一如為保住的里雅斯堡作戰到底。[17]威爾遜總統最初願意與奧地利人合作，此刻則嫌惡轉身，不再理會那個「德國政府附庸」，並在一九一八年九月承認捷克、南斯拉夫「民族委員會」，從而為肢解奧匈帝國揭開序幕。[18]

這場戰爭始於倚賴德國武器的奧匈帝國，也結束於這樣的奧匈帝國。德國人計畫於一九一八年以從俄國抽調來的部隊，在西戰線發動大規模春夏攻勢。這場攻勢失利，德意志、奧地利兩帝國隨之垮掉。卡爾皇帝於一九一八年十月向其人民發表宣言，承諾變革和承諾成立一新的「民族部」，但為時已晚，這時這君主國的捷克人、波蘭人、匈牙利人都已宣告獨立，卡爾除了流亡國外，幾無其他路可走。這個君主國登場時威風八面，好不神氣（擊敗土耳其人、拯救基督教世界），下場時讓人不勝唏噓。

史學家常以哈布斯堡君主國直到一九一八年才滅亡一事，證明它的堅忍頑強或正當性，但這說法太牽強，不足採信。這個君主國是個殘忍的碎骨機。它在一九一四年以最漫不經心的作風耗掉它徵召的最精壯兵員，然後如佛里德里希大公一九一五年所憂心忡忡指出的，只能倚賴「營養不良的孩子和年老男子」打仗。[19]法國人利用俄國人、義大利人、塞爾維亞人所提出的死傷紀錄，一九一六年估計，由於哈布斯堡軍隊一九一四年幾遭全殲和此後每月平均損失十二萬兵力，奧匈帝國已「耗掉」它所能取得的大部分男子。[20]據估計還有六十五萬奧地利男子未被耗掉，而這些人大概每日提心吊膽，不知在**這支**軍隊裡還能活多久。「第三度修正男子」（即曾兩度被評斷為身體或心智上不適打仗而免服兵役的應徵入伍男）的加入，為六十五萬奧匈軍增添了兵力。但這是支什麼樣的軍隊？[21]一九一六年寄到霍夫堡宮門的一封匿名信，真相貫穿思鄉之情：「陛下，如果你想認識這場戰爭的真實面貌，不必派你的陸軍部長千里迢迢到前線，只要派他到後備兵站看看即可。在那裡，正有得了嚴重結核病的男人被強徵入伍，在那裡，正有得了心臟病的五十歲男子被令以整齊步伐集體走來走去，直到不支倒地為止，在那裡，自稱有病的男子遭下獄十四天。」[22]像這樣的男子，在戰場上沒有立足之地，將一批批成群死去。光是在東戰線，就有一百萬奧地利人喪命，其中半數死於感染和疾病。一九一四年秋戰爭從機動戰轉為壕溝戰時，哈布斯堡軍隊的情況未好轉，只是較易維持軍紀而已。但每當奧匈帝國士兵置身開闊地，奉命展開新攻擊時，通常打得很糟或逃兵。奧匈軍總司令部於是在一九一五年十月發了一份令人難堪的極機密通條給諸軍、師長，想知道俄軍「雖然後備士兵和軍官的素質劣於我方，彈藥比我們少」，為何打得比我們出色許多；

二十萬奧匈帝國官兵在加利西亞作戰期間怎麼會「消失得如此快且徹底」；為何「有那麼多次進攻，甚至就連敵寡我眾的進攻，都打得七零八落。」

凡是在前線附近待過的人都知道答案：奧地利士兵不在乎勝敗，已不願承受行軍、待壕溝的苦。他們是徹頭徹尾的老百姓。奉命離開壕溝行軍至別處時，大批士兵在路旁坐下，等著被俘。佛里德里希大公要求將士兵鑑別分類，「較佳者」送到前線，老弱送到後方部隊。這正證明逃避責任的風氣在哈布斯堡軍隊裡有多盛行，最有戰力的人利用關係把自己弄到後方安全的宿營地，這位大公不得不在提出此建議時放話稽查，「以確保此命令嚴格執行，提升我軍戰力。」[23]

一九一四年時，以團為傲的精神就已漸漸成為昨日黃花。團向來是有著自身歷史、講究儀式排場的部隊，但隨著團在戰火中消融，誰都看得出當兵只是去當炮灰。一九一四年十二月，布呂恩（捷克語布爾諾）上演了一件讓軍方顏面無光的事。當時，第八團某連上火車，開赴前線。火車加速時，一名全身戰鬥裝的步兵跳出貨車廂，落在月台，拔腿逃命；結果被圍困在火車站廣場一隅，遭憲兵以棍棒打倒在地，三百名路人驚愕看著這一幕。[24]哈布斯堡第三十團，一九一五年四月從格拉茨（Graz）得到補充兵員後，該團波蘭人痛毆他們，叫他們「德意志豬」，扯破他們的背包，搶走他們的食物。[25]格拉茨這些波蘭惡霸，大概會集體自豪於他們屬於一七二五年在倫貝格所創建之團一事，但不會有人自豪於他們的新際遇：編入獨立營，獨立營會被隨機安插進暫編團。暫編團則是為了集攏各殘破部隊裡可用的殘兵，將他們送回前線而成立，而到了前線，他們也可能難逃一死。[26]

每個地方的壕溝戰都非常殘酷。有位戰地記者報導了一九一五年在布達佩斯某醫院所見到，來自喀爾巴阡山脈的凍傷病患和截肢者，「醫生得意誇稱他們很善於找到良好的健康纖維皮瓣和製作合用的假腿，他們的農民傷患則一下子咧嘴而笑，一下子繃起臉。」[27]另一名記者驚駭看著混在一塊的奧地利人、俄國人屍體，像好多「塊生鐵」般被倒進敞露的壕溝裡。誠如他所說的，這不是「維也納的女孩向這些青春正盛的健壯年輕男子喝采時」心裡所想的下場，甚至不是奧匈帝國陸軍部所想的下場。陸軍部原保證會「把官兵六人一個棺木，埋在從遠處可容易見到的高地上，以表達祖國對這些英勇軍人的虔敬和感激」，結果卻是把這些不知名姓的官兵一股腦丟進萬人坑裡，撒上生石灰。[28]

一九一六年康拉德在其某份保守自大的公報裡確立了最高指揮部輕慢的作風：向士兵保證，只要「往地下挖三公尺，就會安全無虞。這樣的壕溝即使遭直接命中，士兵也幾乎不會受傷害，只有些許震動和搖晃，但士兵會沒事。」[29]他和佛里德里希大公得為自己尋找擋住一切攻擊的安全處所，挽救他們破敗的名聲時，就一點也沒這麼自滿。整個一九一六年，康拉德與佛里茨爾拚命欲打消深受霍夫堡宮寵信但黯然下台的布魯德曼將軍所要求，對他們兩人在兩次倫貝格戰役中領導有否失當的調查。一九一六年七月康拉德緊張地抗議道，「總司令部無法回應已遭卸除兵權的將領提出的每個申訴、備忘錄、作戰報告和諸如此類的東西。」

康拉德痛惡德國人，此時卻堅持要布魯德曼看看「德國陸軍的指導原則：將領遭卸除兵權即永遠不會再取得兵權，且永遠不會對其遭卸除兵權之事提出抗議。」這一如黑手黨成員被抓即封口，絕不洩露組織秘密的原則，肯定合康拉德的意，儘管他戰後寫了帶有偏見的回憶錄，整個戰後生涯都在做替自己辯解的抗議。他一九一六年對布魯德曼的背後中傷，將化為二十五頁以不空行方式打成的文稿，而那就像是他回憶錄的第一份草稿，把自己說成無辜受害者，受害於有勇無謀的下屬。他寫道，「為了維護紀律，我得促請陛下的軍事文書署將這一調查連同布魯德曼的平反要求一併駁回。」八月，經過一番思考後，博爾佛拉斯將軍和皇帝再度退縮，拒絕調查、平反。[30]

康拉德所謂在壕溝裡會平安沒事的保證，從未平息士兵的疑慮。他們並不安全，全軍所有官兵被炮轟得膽戰心驚，不想再這樣下去。戰爭步入尾聲時，哈布斯堡軍隊已分為兩派：居少數的「衝鋒集團」（年輕有衝勁者）和居多數的「防守集團」（軍中大部分人）。衝鋒集團是仿德國方式打造的衝鋒隊，吃得好，薪水高，裝備好，執行所有進攻，防守集團則在整個戰爭期間扮演全然被動的角色，挖壕溝，修壕溝，守壕溝。[31]

一九一六年布魯西洛夫攻勢所引發的情景，即使是厭戰的奧地利人都感到震驚，且說明了這個君主國的大部分官兵如何不願打這場戰爭。卡爾·馮·普富蘭策－巴爾廷將軍談到他「破敗的軍隊」，目擊者驚訝看著奧匈帝國一場大規模（且出乎預料）的反攻，竟演變為集體投降，數千名哈布斯堡士兵丟下步槍，舉起雙手跑向俄國防線。[32]多達三十五萬奧地利人以如此方式向俄國人投降，布魯西洛夫收復一九一五年失去的所有土地，一路攻回到喀爾巴阡山脈諸山口。布魯西洛夫攻勢打掉了奧地利人僅存的些許進攻能力，迫使他們把軍隊交給德國人指揮，直至戰爭結束。[33]

一九一六年，康拉德的總司令部遇到一突如其來的報復性活動，因為每個奧地利軍、師都奉命查明問題根源，予以解決。兩年前兵敗薩巴茨後經歷過一次又一次徹底失敗的特爾斯蒂揚斯基將軍，向他的集團軍如此講話：「第四集團軍被戰力並不具壓倒性的敵人趕出強固的陣地，逼退好遠，損失眾多士兵和物資，辛苦建造的橋頭堡和斯特爾河（Styr）陣地未守住，你們得給我一個解釋！」軍官奉命調查其部隊，查明是誰帶頭組織集體逃亡，誰同意放棄如此多加農炮和機槍，並奉命「無情」懲罰還留在部隊裡的所有壞蛋。[34]

但還有什麼懲罰，比留在這個軍隊和這個走入歧途的戰爭裡繼續打仗，更為無情？到了一九一七年，哈布斯堡軍隊已幾乎稱不上是軍隊。喪命、受傷或被俘者（共三百五十萬），和剩下的現役軍人一樣多。[35]由於協約國軍隊不斷增加其火炮、炮彈、機槍的數量，每個哈布斯堡士兵都確信自己很快就會從第二類（活人）變為第一類（死人），於是許多人開始用腳投票。一九一七年開始時，被俄國人俘虜的奧匈帝國士兵高達一百七十萬（相對地，被俘的德國人只有此數目的十分之一）。[36]一九一七年六月俄軍克倫斯基攻勢，在奧匈帝國第三集團軍的諸軍之間，輕易就扯開一道五十公里寬的缺口，又俘虜數千人。若非俄軍本身為失望情緒和布爾什維克宣傳所腐化，奧匈帝國八九不離十已在那年劃上句點。[37]

在義大利戰線的蘇嘎納谷（Val Sugana）——阿爾卑斯山中史上有名的狹長谷地，作為神聖羅馬帝國往來亞得里亞海的要道達數百年——某奧地利團的整個領導階層（斯洛凡尼亞裔上校、四名捷克裔軍官、三名捷克裔士兵），在卡爾察諾（Carzano）投奔義大利壕溝，然後帶敵軍回來，穿越奧軍鐵絲網，進入奧軍壕溝，把此團整個俘虜。奧匈帝國當局宣稱震驚，但這問題自一九一四年起一直未消失而且是日益惡化。[38]集體逃亡變得司空見慣；一九一八年十月某日，匈牙利第六十五團一千四百五十一人逃亡。這時，哈布斯堡君主國已開始把有專門技能的軍火工人、男孩、領養老金者送進其戰爭機器裡。在索爾費里諾戰役（Battle of Solferino，一八五九）和柯尼希格雷茨戰役（一八六六）之間那幾年出生的老人，一九一六年被徵召入伍，直服役到戰爭結束。[39]

對奧匈帝國來說，這場戰爭從頭至尾都沒有道理可言，而一九一七年俄國戲劇性戰敗和解體，最為鮮明突顯這點。列寧的布爾什維克於一九一七年十一月奪取政權後，突然退出戰爭，並在一九一八年三月的布列斯特－立陶夫斯克條約（Treaty of Brest-Litovsk）中，把波羅的海地區、白俄羅斯、波蘭、烏克蘭割讓給德國。俄國的垮台照理應使同盟國陣營團結，結果反倒加深該陣營成員間的分歧。德國評論家談到覺得上了奧匈帝國的

「當」。哈布斯堡王朝在戰場上打得一塌糊塗，從頭至尾倚賴德國支援，卻在俄國垮掉時，試圖在俄國於割讓的波蘭、烏克蘭大筆土地裡分一杯羹。哈布斯堡王朝想得到波蘭，然後派一大公治理該地，但此事若成真，哈布斯堡君主國裡斯拉夫人與德意志人比例失衡的程度會加劇到危及其生存的程度。有位分析家於一九一七年晚期寫道，「奧地利一千萬德意志人會淹死在七千萬或更多斯拉夫人的大海裡」。吃下波蘭這塊肥肉，奧匈帝國版圖會增加一倍，斯拉夫人和天主教徒會更能左右民意的走向，幾乎必然導致奧匈帝國日後與其盟邦德國決裂。這一預言絕非杞人憂天，一九一七年時德國人未把波蘭視為該直接吞併的土地，而是視為該先清空其上的波蘭居民、再安置以德意志人的一個空間。那一構想因俄國撤出大戰而有實現的可能，且將導致德國在下一次世界大戰期間展開有計畫的族群清洗和種族滅絕。[40]

俄國的戰敗讓奧匈帝國得以繼續打這場艱苦的大戰，但奧地利人從未解決俄國充沛人力所帶來的難題。美國作者（暨俄國通）約翰・里德（John Reed），對此有言簡而意賅地說明：「落敗但變強之軍隊的弔詭，撤退的一大群人，其撤離本身為征服者帶來其所非常不樂見的後果。」一九一五年在倫貝格看過看不到盡頭的俄國步兵縱隊走向野戰餐車後，里德寫道：「現在，唱著歌的軍人如長河般湧進每個街道……這是俄國用之不竭的國力，她血管的有力血液，從她深不見底的人力噴泉隨意灑出，浪費掉，毫無節制用掉。」[41]里德熱愛他的俄國人，以浪漫手法描繪他們。事實上俄國人殺自己人，就和奧地利人殺他們一樣麻木不仁，而俄國農民不是傻子，他們採取了預防措施，不是毫無抵抗地向奧地利人投降，就是逃亡。他們於一九一四年響應動員，但一年後大批逃亡。

整個大戰期間，俄國老百姓驚訝於「在城裡、村子裡、鐵路邊、俄國全境四處遊蕩」（沙皇的農業部長一九一五年語）的軍人之多。其中只有少數人有假條（徵召入伍兵鮮少有幸得到的特權）。載增援部隊赴前線的俄國運兵車，有時抵達目的地時才發現，車上的軍人已全部跳車逃走。俄國行軍營的逃兵率平均達四分之一。[42]一九一六年時，法國人已把每月死傷率降到一九一四年水平的一半，俄國人的死傷率卻未降低，反倒甚至升高。一九一四年時俄國人用光其第一級本土防衛預備隊，一九一六年時則耗盡所有第二級預備隊。一如奧地利人，他們開始把他們所能找到的男子都徵召入伍，一九一六年俄國國會某委員會痛批軍方「恣意揮霍」：沒有足夠的「鉛、鋼、爆裂物」，俄國將領覺得「用人血打開通往勝利之路」沒什麼好大驚小怪。到了一九一七年，俄國人已在思考所有人力物力用盡的問題，二月革命突然爆發時，俄國人正努力欲解決該問題。臨時政府決定繼續打仗以取得「最後勝利」一事，使該政府失去了深信打這場戰爭徒勞無益只是送死的人民的支持。死傷慘重到了吃不消的程度：一百三十萬人喪命，四百二十萬人受傷，兩百四十萬人被俘，總數將近八百萬。[43]十一月時，布爾什維克人以非常空泛的政綱——列寧要結束戰爭——拉下臨時政府。

但俄國熊的垮掉也救不了奧地利。哈布斯堡君主國已分裂為數個得到協約國幫助的

「民族委員會」，這些委員會受邀於巴黎和會上表達他們各自的民族獨立主張。德國於凡爾賽條約中受到人盡皆知的懲罰，奧匈帝國則在聖日爾曼（St. Germain）、特里亞農（Trianon）兩條約中壽終正寢。這兩個條約於一九一九年正式裂解哈布斯堡帝國，創造出波蘭、捷克斯洛伐克、匈牙利三個新國家，強化既有國家（例如羅馬尼亞）的版圖。塞爾維亞吸併維也納的故南斯拉夫土地，成為名叫南斯拉夫的新國。在其他所有民族都退出後，由哈布斯堡王朝僅存的小塊土地，即維也納至因斯布魯克之間的德意志人地區，鬱悶地組成奧地利共和國，且受條約所束，嚴禁與北邊大上許多的德意志人國家合併。

奧匈帝國垮台的影響甚大。凡爾賽條約要德國割土、賠償且嚴格限制德國海陸軍力，但德國國力受削弱只是表象。事實上，一九一九年巴黎和會所創造的新秩序，使德國變強。蘇俄已縮回去打內戰，陷入孤立，而後來的發展表明，從中歐奧匈帝國割出的「繼起諸國」，國力太弱，擋不住德國（或蘇俄）的侵犯。因此，在一次大戰結束到二次大戰爆發前，它們與英法結盟。巴黎和倫敦把這些新國家視為制衡東山再起之德國或俄國的潛在力量。這些防禦條約意在填補哈布斯堡王朝留下的權力真空，最終卻在德國人於一九三八年吸併奧地利和竊取捷克斯洛伐克後，一九三九年嘗試侵犯波蘭時，引爆第二次世界大戰。一如一九一四年時，西方列強不情不願地動員開戰，以解決來自中東歐的糾紛。

這場人間浩劫的罪魁禍首在西方歷史裡的形象，從未受到大幅修正。法蘭茨・約瑟

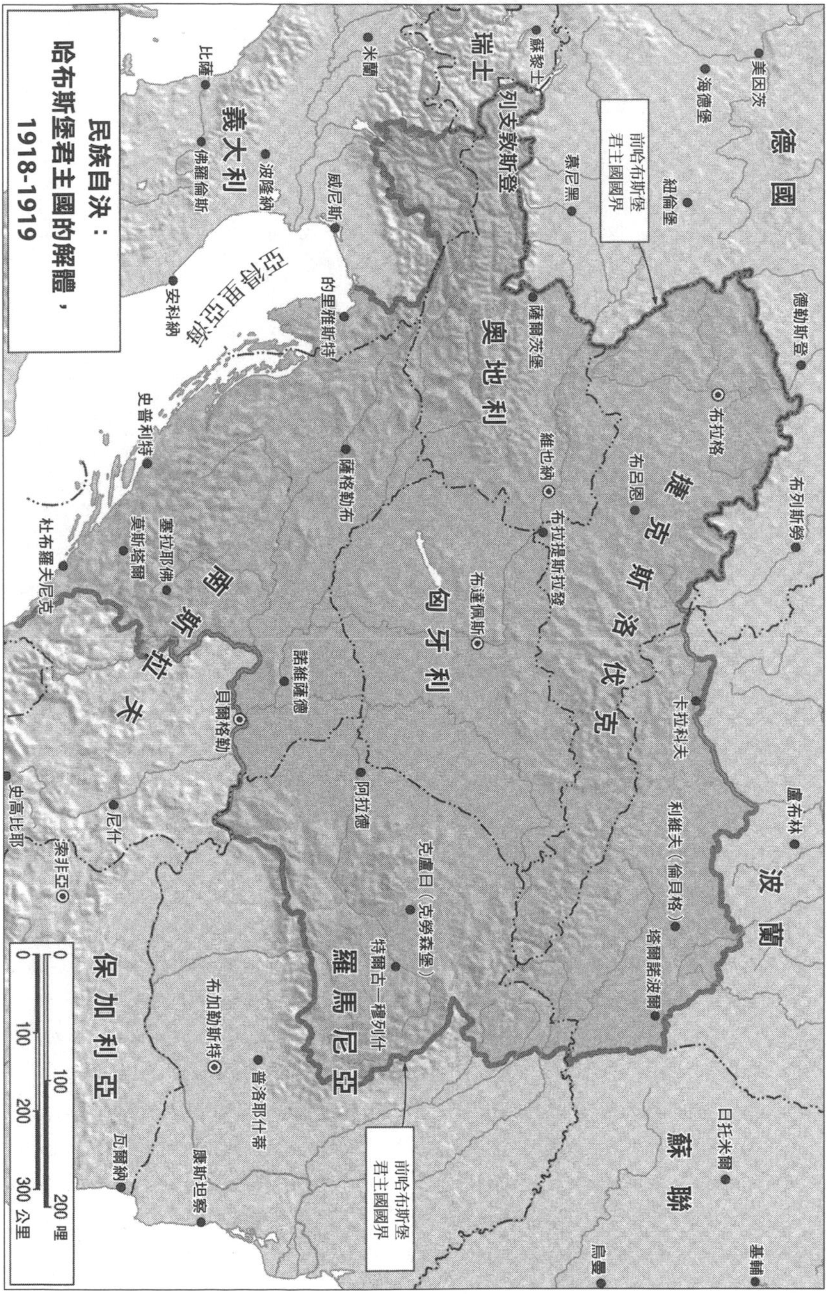

民族自決：哈布斯堡君主國的解體，1918-1919

夫皇帝仍是那個留著絡腮鬍、居心良善的帝國老爹。這豈是事實？就最高指揮官的角色來說，他是個屠夫。就戰略家的角色來說，他是個不自量力之人。就政治家的角色來說，他原本可以利用在位如此之久的契機修正或減輕令奧匈帝國衰弱的諸多難題，結果他毫無作為。傳說收到義大利已於一九一五年向奧地利宣戰的消息時，這位老皇帝深情微笑，低聲道「終於和義大利打起來，這下我可以開心了」，如果此說不假，我們不得不推斷此人老時已性情大變，變成凶殘之人，與年輕時謙遜的他判若兩人。[44]

總的說來，我們得重新思考一次大戰的根源，把奧地利人擺進新的歷史位置。奧匈帝國不是基本上正派但漫不經心得迷人、糊里糊塗投入這場戰爭、然後以打混心態混過戰爭的強權。它是個心態極矛盾的強權，為了保住其自古即擁有對波希米亞、匈牙利之類土地——已不想再和哈布斯堡王朝有瓜葛，正努力脫離自立的土地——的所有權，不惜讓整個歐洲陷入戰火。奧地利的大戰建立在不計後果的賭注上，即賭哈布斯堡君主國的內部問題可靠戰爭來解決。實則戰爭解決不了那些問題。[45]這不是戰後才為人所揭示。一九一四年的重大事件發生之前許久，總理卡希米爾．巴德尼（Casimir Badeni）就指出，奧匈帝國境內失意的諸民族與該帝國的軍事安全有著明眼人都看得出的關連：「多民族國度發動戰爭，必會危及自身。」[46]但奧匈帝國還是發動了戰爭。該帝國最後一位外長奧托卡爾．采爾寧（Ottokar Czernin）伯爵，以太不當一回事的口吻論道，「我們在劫難逃；我們可以自由選擇怎麼死，而我們選了最可怕的死法。」[47]前線士兵陷身於這場可怕戰爭的最可怕的環境裡，若聽到采爾寧（胎死腹中的西克斯圖斯事件的主導者）這番話，肯定會深表贊同，且遺憾於他無法阻止或結束這場戰爭。

一九一四年七月，老皇帝最後一次抽出他的劍，卻驚駭地看著揮出的劍刃被擋開，反轉，刺回他肚子裡。哈布斯堡王朝沒理由於一九一四年開戰，卻開了戰，要自己人民在準備不周的攻勢裡送死，然後打起一場使已然衰弱的君主國必然垮掉的消耗戰。在這場慘絕人寰的戰爭裡，有太多錯誤和失算，而奧匈帝國一九一四年的決定堪稱是其中最不智且最應受斥責者。這場大戰只在我們的歷史地圖上贏得一塊黑暗地，而維也納，和柏林一樣，同是黑暗的核心。

左岸歷史　215

哈布斯堡的滅亡

第一次世界大戰的爆發和奧匈帝國的解體

A MAD CATASTROPHE

THE OUTBREAK OF WORLD WAR I AND THE COLLAPSE OF THE HABSBURG EMPIRE

作　　者　喬福瑞・瓦夫羅（Geoffrey Wawro）
譯　　者　黃中憲
總 編 輯　黃秀如
責任編輯　林巧玲

社　　長　郭重興
發行人暨出版總監　曾大福
出　　版　左岸文化
發　　行　遠足文化事業股份有限公司
231台北縣新店市民權路108-2號9樓
電　　話　(02)2218-1417
傳　　真　(02)2218-8057
客服專線　0800-221-029
E-Mail　service@bookrep.com.tw
網　　站　facebook.com/RiveGauchePublishingHouse
法律顧問　華洋法律事務所　蘇文生律師
印　　刷　成陽印刷股份有限公司
初　　版　2014年12月
初版六刷　2019年7月
定　　價　550元

I S B N　978-986-5727-14-7

哈布斯堡的滅亡：
第一次世界大戰的爆發和奧匈帝國的解體／
喬福瑞・瓦夫羅（Geoffrey Wawro）著；
黃中憲譯.
－初版.－新北市：左岸文化出版：
遠足文化發行，2014.12
　面；　公分.－（左岸歷史；215）
譯自：A mad catastrophe :
the outbreak of World War I and
the collapse of the Habsburg Empire
ISBN 978-986-5727-14-7(平裝)
1.第一次世界大戰
740.272　　　　103022506

注釋

前言 Foreword

1. Winston S. Churchill, *The World Crisis: The Eastern Front* (London: Thornton Butterworth, 1931), 32.
2. Ibid., 32.

導論 Introduction

1. Service Historique de l'Armée de Terre, Vincennes (SHAT), EMA, 7N 1228, Autriche, June 2, 1902, 2ème Bureau, "Magyarisme et pangermanisme."
2. A. J. P. Taylor, *The Habsburg Monarchy 1809–1918* (London: Penguin, 1948), 140.
3. Ibid., 142.
4. SHAT, AAT, 7N 1129, Vienna, March 29, 1905, "La langue de commandement dans les troupes hongroises."
5. SHAT, AAT, 7N 1129, Vienna, Feb. 8, 1905, "La politique hongroise et l'Armée."
6. Norman Stone, *World War One: A Short History* (New York: Basic Books, 2009), 50.
7. James Stone, *The War Scare of 1875* (Stuttgart: Franz Steiner Verlag, 2010), 184–185.
8. Taylor, *Habsburg Monarchy,* 140–141.
9. SHAT, AAT, EMA, 7N 1128, Vienna, April 22, 1902, "Le Ministère des Affaires Etrangères Austro-Hongrois"; Taylor, *Habsburg Monarchy,* 137.
10. David G. Herrmann, *The Arming of Europe and the Making of the First World War* (Princeton: Princeton University Press, 1996), 178.
11. Österreichische Rundschau, June 15, 1914, Politicus, "Imperialismus."

CHAPTER 1 —— 歐洲病夫 The Sick Man of Europe

1. "Der Schlemihl," *Die Zeit,* Feb. 6, 1913; R. J. W. Evans, *The Making of the Habsburg Monarchy 1550–1700: An Interpretation* (Oxford: Oxford University Press, 1984).
2. Winston S. Churchill, *The World Crisis: The Eastern Front* (London: Thornton Butterworth, 1931), 24.
3. Arthur Ruhl, *Antwerp to Gallipoli: A Year off the War on Many Fronts—and Behind Them* (New York: Scribner's, 1916), 232.
4. Service Historique de l'Armée de Terre, Vincennes (SHAT), 7N 1227, Vienna, Oct. 1, 1889, "La question des nationalités dans l'armée Austro-Hongroise."
5. Geoffrey Wawro, *The Franco-Prussian War* (Cambridge: Cambridge University Press, 2003), 305–306.
6. Geoffrey Wawro, *The Austro-Prussian War* (Cambridge: Cambridge University Press, 1996), 281.
7. SHAT, 7N 1124, Vienna, Aug. 20, 1878, Cdt. Tour de Pin, "Aperçu politique."

8. SHAT, 7N 1124, Vienna, Mar. 1878, Capt. de Berghes, "Composition et recrutement du corps d'officiers dans l'Armée Austro-Hongroise."
9. Kriegsarchiv, Vienna (KA), Militärkanzlei Franz Ferdinand (MKFF) 206, Sarajevo, Feb. 7, 1914, FZM Potiorek to Archduke Franz Ferdinand.
10. SHAT, 7N 1123, Vienna, July 15, 1875, Capt. Brunet, "Voyage tactique de l'infanterie en Bohème."
11. SHATA, 7N 1123, Vienna, May 28, 1873, Col. de Valzy.
12. SHAT, AAT, EMA, 7N 851, Vienna, Jan. 1923, Gaston Bodart, "Etude sur organisation générale, politique et administrative."
13. Gunther E. Rothenberg, *The Army of Francis Joseph* (West Lafayette, IN: Purdue University Press, 1976), 109.
14. Ibid., 141–142.
15. SHAT, AAT, EMA, 7N 1129, Austria, Feb. 8, 1904, "Les scandales de la Cour de Vienne."
16. SHAT, EMA, 7N 1128, Vienna, Oct. 14, 1897, Cdt. Berckheim, "Notes sur le haut commandement en Autriche."
17. Otto Pflanze, *Bismarck and the Development of Germany,* vol. 2, *The Period of Consolidation, 1871–1880,* 2nd ed. (Princeton: Princeton University Press, 1990), 376.
18. Christopher Clark, *The Sleepwalkers: How Europe Went to War in 1914* (New York: Harper, 2013), 66–73; Lothar Höbelt, "Well-Tempered Discontent': Austrian Domestic Politics," in Mark Cornwall, ed., *The Last Years of Austria-Hungary* (Exeter: Exeter University Press, 2002), 48; A. J. P. Taylor, *The Habsburg Monarchy 1809–1918* (London: Penguin, 1948), 157.
19. SHAT, AAT, EMA, 7N 1128, Austria, April 30, 1902. "Les allemands d'Autriche."
20. SHAT, AAT, EMA, 7N 1128, Vienna, May 20, July 14 and 30, 1897, Cdt. Berckheim to Minister of War.
21. Rothenberg, *Army of Francis Joseph,* 121.
22. Carl E. Schorske, *Fin-de-Siècle Vienna: Politics and Culture* (New York: Vintage, 1981), 128–140.
23. National Archives and Records Administration, Washington, DC (NARA), M695, roll 22, Vienna, Sept. 10, 1924, Carol Foster, "The Culture of Austria."
24. *Die Judenfrage* (1908), 5–22.
25. Rothenberg, *Army of Francis Joseph,* 128.
26. Ibid., 78, 85.
27. *Der "Militarismus" in Österreich-Ungarn* (Vienna, Seidel, 1902), 9.
28. Norman Stone, "Army and Society in the Habsburg Monarchy, 1900–1914," *Past and Present* 33, no. 1 (1966): 96–97.
29. Rothenberg, *Army of Francis Joseph,* 132–136, 162; KA, B/677:0-10, 4 (Auffenberg), Sarajevo, Nov. 1910, "Stellung und Aufgaben eines nächsten Kriegsministers"; SHAT, EMA, 7N 1129, Austria-Hungary, Dec. 22, 1903, "L'armée austro-hongroise: indications relatives à sa force de cohésion et à sa fidélité."
30. SHAT, AAT, EMA, 7N 1129, Autriche, 2ème Bureau, July 18 and Aug. 14, 1903, "L'Autriche et le conflit hongrois."
31. KA, B/232, Karton 514, "Baron Pitreich und die Armee."

32. KA, B/677:0-10, 4 (Auffenberg), Sarajevo, Nov. 1910, "Stellung und Aufgabeneinesnächsten Kriegsministers"; Carl Freiherr von Bardolff, *Soldat im alten Österreich: Erinnerungen aus meinem Leben* (Jena: Eugen Diederichs, 1938), 93.
33. SHAT, EMA, 7N 1129, Autriche-Hongrie, 2ème Bureau, "Le victoire du parti politique hongrois—Sa répercussion en Autriche"; Samuel R. Williamson Jr., *Austria-Hungary and the Origins of the First World War* (New York: St. Martin's, 1991, 46–47, 52; Rothenberg, *Army of Francis Joseph,* 130, 150; Stone, "Army and Society in the Habsburg Monarchy," 103–104.
34. *Das Vaterland,* Nov. 18, 1910.
35. British National Archives, Kew (BNA), Foreign Office (FO) 371/1899, Vienna, Mar. 26, 1914, Bunsen to Grey.
36. NARA, M 862, roll, 568, Vienna, June 22, 1907, Charles Francis to Root.
37. SHAT, EMA, 7N 1128, Vienna, Dec. 20, 1898, Cdt. Berckheim, "Attitude de l'Armée en Bohème."
38. NARA, M 862, roll 568, Vienna, Nov. 17, 1908, Rives to Root; Dec. 3, 1908, Francis to Root. Also, roll 942, Vienna, Sept. 23, 1908, Rives to Root, "Racial Riots in Austria"; Reichenberg, Sept. 26, 1908, Harris to Asst. Sec. of State, "Demonstrations of Germans Against Bohemians in Reichenberg"; Prague, Oct. 21, 1908, Joseph Brittain to Asst. Sec. of State. Also, Rothenberg, *Army of Francis Joseph,* 130; Robert Musil, *The Man Without Qualities* (New York: Vintage, 1996 [1930–1933]), 2:730.
39. Manfried Rauchensteiner, *Der Tod des Doppeladlers: Österreich-Ungarn und der Erste Weltkreg* (Graz: Verlag Styria, 1993), 28–33.
40. Musil, *Man Without Qualities,* 2:730.
41. In 1913, 770 million crowns were spent in Cisleithania alone for internal administration. *Salzburger Volksblatt,* Jan. 23, 1914; Österreichische-Ungarische Heeres-Zeitung, Feb. 1, 1913, "Der Moloch Staatsbeamtentum"; KA, B/677:0-10 (Auffenberg), Sarajevo, July 1910, "Geist und innere Verfassung der Armee 1910"; SHAT, 7N 1131, Vienna, Jan. 2, 1912, "Les délégations austro-hongroises."
42. BNA, FO 120/907, Vienna, Aug. 9, 1913, Cuninghame to Cartwright, F C v H, Boer, 7; Moritz Freiherr von Auffenberg-Komarów, *Aus Osterreichs Hohe und Niedergang: Eine Lebensschilderung* (Munich: Drei Masken Verlag, 1921).
43. SHAT, 7N 1127, Vienna, Oct. 1, 1889, "La question des nationalités dans l'armée austro-hongroise"; Josef Pfeiffer, *Slovenische Militär-Sprache: Ein Handbuch* (Vienna: Seidel, 1896).
44. SHAT, EMA, 7N 1129, Vienna, Nov. 18, 1903, "La pénurie d'officiers hongrois pour l'encadrement de l'armée hongroise—les causes de cette pénurie."
45. *Fremden-Blatt,* Dec. 18 and 19, 1913, "Österreich ohne die Nationalitäten nicht Österreich wäre."
46. *Wien Zukunft,* Oct. 1, 1913; *Die Zeit,* Oct. 28, 1910.
47. SHAT, EMA, 7N 846, 2ème Bureau, Rome, April 13, 1916, Col. François, "Cohésion de l'armée austro-hongroise"; 7N 1124, Vienna, Mar. 1878, Capt. De Berghes, "Composition et recrutement du corps d'officiers dans l'armée austro-hongroise."
48. The queue of officer aspirants was so long and promotion so slow that Auffenberg in 1912 recommended creation of a new rank in the army, *Majorleutnant* or *Vizemajor,* i.e., a senior

caption. KA, B/677:0-10, 4 (Auffenberg), Vienna, Jan. 1, 1913, "Memorandum nach meiner Demission als Kriegsminister."

49. KA, B: 677:0–10 (Auffenberg), Sarajevo, July 1910, "Geist und innere Verfassung der Armee 1910."

50. Bardolff, *Soldat im alten Österreich,* 72.

51. Ibid., 88–89.

52. Franz Conrad von Hötzendorf, *Aus Meiner Dienstzeit 1906–1918* (Vienna: Rikola, 1921–1923), 1:37–38.

53. SHAT, EMA, 7N 1129, Vienna, June 28, 1903, Cdt. Laguiche; Rudolf Jerabek, *Potiorek* (Graz: Verlag Styria, 1991), 27–45.

54. KA, MKFF 199, "Generalstab und Beförderungsvorschrift von einem Truppenoffizier."

55. KA, B/677:0-10, 4 (Auffenberg), Sarajevo, Nov. 1910, "Stellung und Aufgaben eines nächsten Kriegsministers."

56. KA, B/677:0-10 (Auffenberg), Bozen, Dec. 9, 1913, Brosch to Auffenberg.

57. KA, B/677:0-10 (Auffenberg), Bozen, Oct. 28, and Dec. 9, 1913, Brosch to Auffenberg: "… die gut dotierte Stelle."

58. NARA, M 862, roll 568, Vienna, Sept. 8 and Nov. 16, 1908, Rives to Root.

59. SHAT, AAT, EMA, 7N 1129, July 18 and Aug. 14, 1903, "La politique austro-hongroise"; "L'Autriche et le conflit hongroises"; Williamson, *Austria-Hungary and the Origins of the First World War,* 14.

60. KA, MKFF 199, copies of *La rivincita di Lissa,* an illustrated Italian weekly; KA, B/677:0-10, 4 (Auffenberg), Vienna, Jan. 1, 1913, "Memorandum nach meiner Demission als Kriegsminister."

61. NARA, M 862, roll 940, Vienna, Oct. 7, 1908, Rives to Roots.

62. KA, B/1503:3 (Potiorek), 1913, "Regelung der Amts-und Unterrichtssprache Bosnien und der Herzegovina."

63. KA, B/1503:4, Sarajevo, Nov. 20, 1914, Ein hoher bosnischer Funktionär, "Promemoria über die actuelle Behandlung der serbischen Frage in Bosnien"; Vladimir Dedijer, *The Road to Sarajevo* (London: MacGibbon and Kee, 1967), 127–130.

64. Dedijer, *Road to Sarajevo,* 129.

65. SHAT, AAT, EMA, 7N 1124, Vienna, Oct. 22, 1878, Tour de Pin; Williamson, *Austria-Hungary and the Origins of the First World War,* 14.

66. SHAT, AAT, EMA, 7N 1128, Vienna, May 15, 1902, 2ème Bureau, "L'Hongrie et la dynastie."

67. Matthias Schulz, "Diary Rediscovered: Franz Ferdinand's Journey Around the World," *Spiegel Online,* Mar. 1, 2013; SHAT, AAT, 7N 1129, Autriche-Hongrie, May 1, 1905, "Nouvel aspect du problème de la Succession"; Dedijer, *Road to Sarajevo,* 98–99.

68. Clark, *Sleepwalkers,* 107–108; Auffenberg-Komarów, *Aus Osterreichs,* 228–229.

69. SHAT, AAT, EMA, 7N 852, "Organisation politique et administrative de l'Autriche-Hongrie"; Rothenberg, *Army of Francis Joseph,* 141; Auffenberg-Komarów, *Aus Osterreichs,* 226–227.

70. Dedijer, *Road to Sarajevo,* 121.

71. KA, B/232: 119–22, Karton 516, "Programmfür den Thronwechsel, 1911."

72. "Franz Ferdinand und die Talente," *Die Fackel* 7, no. 400 (July 10, 1914): 1–4; Dedijer, *Road to*

Sarajevo, 124; Stone, "Army and Society in the Habsburg Monarchy," 108.

73. *Deutsche-Tageszeitung* (Berlin), Sept. 22, 1913; *Vorwärts* (Berlin), Sept. 28, 1913; KA, MKFF 206/19, Jan. 12, 1909, "Bericht der k.u.k. Militärattaché in London über Unterredung Graf Mensdorff mit Mr. Noel Buxton."
74. SHAT, 7N 1131, Vienna, Feb. 2, 1913, "Le commandement des corps d'armée en Autriche-Hongrie."
75. SHAT, 7N 1128, 2ème Bureau, Autriche-Hongrie, Aug. 2, 1902, "L'empereur d'Autriche et l'héritier présomptif du trône."
76. Williamson, *Austria-Hungary and the Origins of the First World War,* 21; Rothenberg, *Army of Francis Joseph,* 142.
77. Williamson, *Austria-Hungary and the Origins of the First World War,* 37, 46.
78. KA, B/677: 0–10, 4 (Auffenberg), Sarajevo, Nov. 1910, "Stellung und Aufgaben eines nächsten Kriegsministers."
79. Hötzendorf, *Aus Meiner Dienstzeit,* 1:43; Rothenberg, *Army of Francis Joseph,* 142–143; Dedijer, *Road to Sarajevo,* 122–123.
80. Norman Stone, "Moltke-Conrad: Relations Between the Austro-Hungarian and German General Staffs 1909–1914," *Historical Journal* 9, no. 2 (1966): 211; Hötzendorf, *Aus Meiner Dienstzeit,* 1:13–15; Williamson, *Austria-Hungary and the Origins of the First World War,* 50–51.

CHAPTER 2 ——— 犯錯與愚蠢之間 Between Blunder and Stupidity

1. Sean McMeekin, *The Russian Origins of the First World War* (Cambridge, MA: Belknap Press, 2011), 6–23; William C. Fuller Jr., *Strategy and Power in Russia 1600–1914* (New York: Free Press, 1992), 432–451; Bruce W. Menning, *Bayonets Before Bullets: The Imperial Russian Army 1861–1914* (Bloomington: Indiana University Press, 1992), 222–227.
2. Charles Emmerson, *1913* (New York: Public Affairs, 2013), 93.
3. Geoffrey Wawro, *Warfare and Society in Europe 1792–1914* (London: Routledge, 2000), 212.
4. Service Historique de l'Armée de Terre, Vincennes (SHAT), EMA 7N 1128, Vienna, Feb. 25, 1897, Cdt. de Berckheim, "Péninsule Balkanique": Barbara Jelavich, *History of the Balkans* (Cambridge: Cambridge University Press, 1983), 2:109–110.
5. National Archives and Records Administration, Washington, DC (NARA), M 862, roll 940, Oct. 11, 1914, "Interview with Prince Lazarevich-Hraselianovic"; Andre Mitrovic, *Serbia's Great War 1914–1918* (West Lafayette, IN: Purdue University Press, 2007), 59–60.
6. Mitrovic, *Serbia's Great War,* 62–63.
7. Hugo Hantsch, *Leopold Graf Berchtold* (Graz: Verlag Styria, 1963), 2:17–18.
8. Karl Kraus, "Franz Ferdinand und die Talente," *Die Fackel* 7, no. 400 (1914): 2: "Politik ist das, was man macht, um nicht zu zeigen was man ist."
9. *Reichspost,* Jan. 9, 1913.
10. NARA, M 862, roll 940, Mar. 1909, Robert Lansing, "Nationality and the Present Balkan Situation"; M 862, roll 940, Oct. 11, 1914, "Interview with Prince Lazarevich-Hraselianovic."
11. Norman Stone, "Army and Society in the Habsburg Monarchy, 1900–1914," *Past and Present*

33, no. 1 (1966): 107.
12. Georg von Alten, *Handbuch für Heer und Flotte* (Berlin: Deutsche Verlagshaus, 1909–1914), 6:639.
13. Ibid., 6:639–640.
14. Michael Stephenson, *The Last Full Measure: How Soldiers Die in Battle* (New York: Crown, 2012), 234–235.
15. Georg Markus, *Der Fall Redl* (Vienna: Amalthea Verlag, 1984), 43.
16. Gunther E. Rothenberg, *The Army of Francis Joseph* (West Lafayette, IN: Purdue University Press, 125–127); Franz Conrad von Hötzendorf, *Infanteristische Fragen und die Erscheinungen des Boerenkrieges* (Vienna: Seidel, 1903), 4.
17. Kurt Peball, "Der Feldzug gegen Serbien und Montenegro im Jahre 1914," Österreichische Militärische Zeitschrift Sonderheft I (1965): 20; Samuel R. Williamson Jr., *Austria-Hungary and the Origins of the First World War* (New York: St. Martin's, 1991), 63.
18. NARA, M 862, roll 940, Vienna, Oct. 4, 1908, O'Shaughnessy to Root, and Mar. 1909, Robert Lansing, "Nationality and the Present Balkan Situation"; *Boston Herald,* Oct. 9, 1908.
19. Kriegsarchiv, Vienna (KA), B/1503:4, Sarajevo, Oct. 19, 1914, Theodor Zurunic, "Promemoria."
20. KA, B/232:11, Sarajevo, Feb. 23, 1909, FML Appel to Ob. Brosch; British National Archives, Kew (BNA), FO 120/907, Vienna, Oct. 28, 1913.
21. Norman Stone, *The Eastern Front 1914–1917* (London: Penguin, 1998 [1975]), 122; Williamson, *Austria-Hungary and the Origins,* 44; Gunther E. Rothenberg, "The Austro-Hungarian Campaign Against Serbia in 1914," *Journal of Military History,* Apr. 1989, 128–129; Conrad, *Infanteristische,* 4–5; SHAT, 7N 1125, Vienna, July 1, 1882, Capt. Blanche, Vienna, Jan. 1914, 7N 846, 2ème Bureau, Paris, Mar. 29, 1913, Cdt. Girard, "L'Armée Austro-Hongroise"; Franz Conrad von Hötzendorf, *Aus Meiner Dienstzeit 1906–1918* (Vienna: Rikola, 1921–1923), 1:39–40.
22. KA, B/677:0-10, 4 (Auffenberg), Vienna, Jan. 1, 1913, "Memorandum nach meiner Demission als Kriegsminister."
23. Stone, *Eastern Front,* 123; Rothenberg, *Army of Francis Joseph,* 111.
24. KA, B/677:0-10, 4 (Auffenberg), Sarajevo, July 1910, "Geist und innere Verfassung der Armee 1910"; BNA, FO 120/906, Vienna, Jan. 16 and Mar. 14, 1913, Maj. Thomas Cuninghame to Cartwright.
25. Wawro, *Warfare and Society,* 205–209; Lawrence Sondhaus, *Franz Conrad von Hötzendorf: Architect of the Apocalypse* (Boston: Humanities Press, 2000), 61–77.
26. Felix Prinz zu Schwarzenberg, *Briefe aus dem Felde 1914–18* (Vienna: Schwarzenbergisches Administration, 1953), 17.
27. Alfred Krauss, *Die Ursachen unserer Niederlage: Erinnerungen und Urteile aus den Weltkrieg,* 3rd ed. (Munich, 1923), 96–99.
28. Hötzendorf, *Infanteristische,* 1–3, 6, 14, 57–58, 89–90; BNA, FO 120/906, Vienna, Jan. 16 and Mar. 14, 1913, Maj. Thomas Cuninghame to Cartwright.
29. NARA, M 862, roll 940, Pera, Jan. 12, 1909, Rives to Root.
30. NARA, M 862, roll 940, Vienna, Oct. 4, 1908, O'Shaughnessy to Root.

31. NARA, M 862, roll 940, Bucharest, Mar. 12 and 17, 1909, Hutchinson to Bacon; Vienna, Apr. 3, 1909, Francis to Knox; Budapest, Oct. 5, 1908, translation of letter from Franz Joseph to Aerenthal.
32. NARA, M 862, roll 940, Bucharest, Mar. 17, 1909, Hutchinson to Bacon.
33. NARA, M 862, roll 940, Vienna, Oct. 4, 1908, O'Shaughnessy to Root; *Boston Herald,* Oct. 9, 1908.
34. NARA, M 862, roll 940, Paris, Mar. 26, 1909, White to Knox; Vienna, Apr. 3, 1909, Francis to Knox.
35. Christopher Clark, *The Sleepwalkers* (New York: Harper, 2013), 85–87; McMeekin, *Russian Origins,* 28–29, 36; Rothenberg, *Army of Francis Joseph,* 156; Winston S. Churchill, *The World Crisis: The Eastern Front* (London: Thornton Butterworth, 1931), 39–40.
36. Churchill, *World Crisis,* 28–29.
37. KA, B/232:11, Sarajevo, Feb. 18, 1909, GdI Appel to Col. Brosch.
38. NARA, M 862, roll 940, Vienna, Oct. 24, 1908, Rives to Root; Bucharest, Apr. 1, 1909, Hutchinson to Knox; M 862, roll 568, Vienna, Aug. 18, 1909, Rives to Knox; Williamson, *Austria-Hungary and the Origins,* 71.
39. Annika Mombauer, *Helmuth von Moltke and the Origins of the First World War* (Cambridge: Cambridge University Press, 2001), 118.
40. Norman Stone, "Moltke-Conrad: Relations Between the Austro-Hungarian and German General Staffs 1909–1914," *Historical Journal* 9, no. 2 (1966): 202–203; Mombauer, *Helmuth von Moltke,* 75–76; Rothenberg, *Army of Francis Joseph,* 157–158.
41. Wawro, *Warfare and Society,* 145–146; Rothenberg, *Army of Francis Joseph,* 143.
42. *Danzer's Armee Zeitung,* May 28, 1914, "Eine Lanze für das Bajonett."
43. Timothy C. Dowling, *The Brusilov Offensive* (Bloomington: Indiana University Press, 2008), 8–9.
44. Haus-, Hof- und Staatsarchiv, Vienna (HHSA), PA I 810, Int. LXX/I, Belgrade, July 6, 1914, Storck to Berchtold, "Aktuelles über die *Narodna Odbrana.*"
45. "Dies Österreich, es ist ein gutes Land," *Die Fackel* 5, 293 (Jan. 4, 1910) and 5, 368 (Feb. 5, 1913).
46. Vladimir Dedijer, *The Road to Sarajevo* (London: MacGibbon and Kee, 1967), 20; Jelavich, *History of the Balkans,* 2:111.
47. NARA, M 862, roll 940, Budapest, Oct. 5, 1908, trans. of letter from Franz Joseph to Burian; NARA, M 862, roll 940, Mar. 1909, Robert Lansing, "Nationality and the Present Balkan Situation."
48. Williamson, *Austria-Hungary and the Origins,* 73–74, 105.
49. Mitrovic, *Serbia's Great War,* 57–58.
50. NARA, M 862, roll 940, Vienna, Feb. 27, 1909, Francis to Bacon; BNA, FO 120/906, Vienna, Jan. 1, 1913, Maj. Thomas Cuninghame to Sir Fairfax Cartwright.
51. NARA, M 862, roll 940, Vienna, Oct. 16, 1908, Rives to Root.
52. Ibid.
53. *Die Industrie,* Apr. 30, 1910, "Quo vadis, Austria?"; NARA, M 862, roll 933, Vienna, Sept. 2, 1908, Rives to Root.

54. NARA, M 862, roll 940, Vienna, Oct. 7, 1908, Rives to Root; Williamson, *Austria-Hungary and the Origins,* 78–79; *Reichspost,* Jan. 9 and 23, 1913; BNA, FO 120/906, Vienna, Jan. 16, 1913, Cartwright to Grey; Churchill, *World Crisis,* 49–53.
55. Moritz Freiherr von Auffenberg-Komarów, *Aus Österreichs Höhe und Niedergang: Eine Lebensschilderung* (Munich: Drei Masken Verlag, 1921), 170–174; Rothenberg, *Army of Francis Joseph,* 145, 152.
56. Sondhaus, *Franz Conrad von Hötzendorf,* 107.
57. SHAT, 7N 1131, Vienna, Jan. 16, 1912, "Le Général Schemua," and Vienna, Apr. 25, 1912, "Notes sur la politique balkanique austro-hongroise"; Sondhaus, *Franz Conrad von Hötzendorf,* 104–107.
58. Sondhaus, *Franz Conrad von Hötzendorf,* 117.
59. NARA, M 862, roll 940, Mar. 1909, Robert Lansing, "Nationality and the Present Balkan Situation."

CHAPTER 3 —— 巴爾幹戰爭 The Balkan Wars

1. National Archives and Records Administration, Washington, DC (NARA), M 862, roll 940, Constantinople, Nov. 10, 1908, Lewis Einstein, "Report on the Present Situation in the Near East."
2. *Die Zeit,* Nov. 15, 1912 and Apr. 17, 1913, "Dilettanten-Vorstellung."
3. *Neue Freie Presse,* Nov. 21, 1912, "Die Zukunft des Fez."
4. FML Otto Gerstner, "Albanien und die Balkan-Frage," *Neue Freie Presse,* Nov. 9, 1912.
5. Haus-, Hof- und Staatsarchiv, Vienna (HHSA), Politisches Archiv (PA) I 872, The Hague, May 19, 1915, Giskra to Burián; Kriegsarchiv, Vienna (KA), B/232:11, Sarajevo, Dec. 2, 1912, FML Appel to Col. Brosch.
6. Service Historique de l'Armée de Terre, Vincennes (SHAT), 7N 1131, Vienna, Jan. 25, 1912, Cdt. Levesque; Hugo Hantsch, *Leopold Graf Berchtold* (Graz: Verlag Styria, 1963), 1:7.
7. British National Archives, Kew (BNA), Foreign Office (FO) 120/907, Vienna, Aug. 26, 1913, Cartwright to Grey.
8. Winston S. Churchill, *The World Crisis: The Eastern Front* (London: Thornton Butterworth, 1931), 57.
9. KA, Armeeoberkommando (AOK), 1912, Chf d GS Ev.B. 3462, Vienna, Dec. 6 and 17, 1912, "Tagesbericht"; Christopher Clark, *The Sleepwalkers* (New York: Harper, 2013), 266–272; Samuel R. Williamson Jr., *Austria-Hungary and the Origins of the First World War* (New York: St. Martin's, 1991), 124, 128; Gunther E. Rothenberg, *The Army of Francis Joseph* (West Lafayette, IN: Purdue University Press, 1976), 166–167.
10. *Neue Freie Presse,* Nov. 21, 1912, and *Wiener Sonn-und Montagszeitung,* Jan. 6, 1913.
11. *Fremden-Blatt,* Dec. 16 and 18, 1913.
12. *Südslawische Revue,* Feb. 1913, 189.
13. KA, B/232:11, Sarajevo, Dec. 2, 1912, FML Appel to Col. Brosch.
14. KA, Militärkanzlei Franz Ferdinand (MKFF) 196, *Berliner Tagblatt,* Sept. 20, 1912, "Deutschland, England, Europa."

15. KA, B/677:0-10 (Auffenberg), Bozen, Oct. 28, 1913, Brosch to Auffenberg; SHAT, 7N 1131, Vienna, Mar. 16, 1912, "Le conflit militaire austro-hongrois"; Lawrence Sondhaus, *Franz Conrad von Hötzendorf: Architect of the Apocalypse* (Boston: Humanities Press, 2000), 120.
16. SHAT, 7N 1131, Vienna, Mar. 16, 1912, "Le conflit militaire austro-hongrois."
17. Rudolf Kiszling, "Alexander Freiherr von Krobatin," in *Neue Österreichische Biographie, 1815–1918* (Vienna: Amalthea, 1923–1987), 17:202–206.
18. Horst Brettner-Messler, "Die Balkanpolitik Conrad von Hötzendorfs von seiner Wiederernennung zum Chef des Generalstabes bis zum Oktober-Ultimatum 1913," *Mitteilungen des österreichischen Staatsarchivs* 20 (1967), 180–182.
19. Reichspost, Feb. 22, 1913; *Die Zeit,* Feb. 13, 1914, "Ein neues 1864"; Rothenberg, *Army of Francis Joseph,* 164.
20. Rothenberg, *Army of Francis Joseph,* 165, 168.
21. Moritz Freiherr von Auffenberg-Komarów, *Aus Österreichs Höhe und Niedergang: Eine Lebensschilderung* (Munich: Drei Masken Verlag, 1921), 250.
22. David Fromkin, *Europe's Last Summer* (New York: Vintage, 2005), 90–93; Fritz Fischer, *War of Illusions* (London: Chatto and Windus, 1975), 161–164.
23. Annika Mombauer, *Helmuth von Moltke and the Origins of the First World War* (Cambridge: Cambridge University Press, 2001, 138–144.
24. Neue Freie Presse, Nov. 26–Dec. 17, 1912.
25. "Wenn der Kaiser von Österreich reiten lassen will, wird geritten." KA, B/1503:5, Sarajevo, Dec. 21, 1912, Potiorek to Conrad.
26. SHAT, 7N 1131, Vienna, Feb. 23, 1913, "Notes sur la situation"; BNA, FO 120/907, Vienna, Aug. 9, 1913, Chung to Cartwright; *Neue Freie Presse,* Dec. 12 and 13, 1912, "Weltkrieg wegen des Korridors nach Durazzo?"
27. Neue Freie Presse, Dec. 14, 1912; Josef Ullreich, "Mortiz von Auffenberg-Komarów: Leben und Wirken," phil. diss., Vienna, 1961, 148–170.
28. Williamson, *Austria-Hungary and the Origins,* 132, 139; SHAT, AAT, 7N 1131, V, Dec. 18, 1912, "Situation militaire"; *Allgemeine Zeitung* (Munich), Jan. 25, 1913, "Politischer Morphinismus."
29. Clark, *Sleepwalkers,* 266–272; *Reichspost,* Jan. 10, 1913.
30. Neue Freie Presse, Dec. 12, 1912.
31. Reichspost, Jan. 27, 1913; *Neue Freie Presse,* Feb. 7, 1913.
32. Österreichische Rundschau 39 (1914), June 15, 1914, Politicus, "Imperialismus."
33. KA, B/677:0-10 (Auffenberg), Bozen, Nov. 1913, Brosch to Auffenberg.
34. KA, B/1503:5, Sarajevo, Dec. 21, 1913, Brosch to Auffenberg.
35. Sean McMeekin, *The Russian Origins of the First World War* (Cambridge: Belknap, 2011), 21–22.
36. Berliner Zeitung am Mittag, Feb. 4, 1913; *Das neue Deutschland,* Jan. 7, 1913; *Tagespost* (Graz), Feb. 1, 1913.
37. Williamson, *Austria-Hungary and the Origins,* 134; BNA, FO 120/906, Vienna, Feb. 11, 1913, Cartwright to Grey; Mombauer, *Helmuth von Moltke,* 135–136.
38. Neuen Wiener Journal, May 30, 1913.

39. SHAT, 7N 1131, Vienna, June 1, 1912, "Le premier dreadnought autrichien inutilisable," and June 6, 1912, "Le dreadnought autrichien."
40. Clark, *Sleepwalkers,* 116; BNA, FO 120/906, Vienna, Apr. 18, 1913, Maj. Thos. Cuninghame to Cartwright; Sondhaus, *Franz Conrad von Hötzendorf,* 128.
41. *Neue Freie Presse,* May 26, 1913.
42. *Neuen Wiener Journal,* May 29, 1913.
43. Ibid., May 30, 1913.
44. *Neue Freie Presse,* May 30, 1914.
45. George Markus, *Der Fall Redl* (Vienna: Amalthea Verlag, 1984), 33–53.
46. Ibid., 188, 200–201.
47. *Arbeiter Zeitung,* May 29, 1913.
48. BNA, FO 120/906, Vienna, Apr. 18 and June 4, 1913, Maj. Thos. Cuninghame to Cartwright. Conrad's son had been implicated in the Jandric Affair in April, possibly as a spy, and certainly as a gullible enabler. Markus, *Der Fall Redl,* 75; István Deák, *Beyond Nationalism* (Oxford: Oxford University Press, 1990), 145.
49. *Fremden-Blatt,* May 30, 1913; *Neue Freie Presse,* May 31, 1913; *Wiener Mittagszeitung,* May 31, 1913; Sondhaus, *Franz Conrad von Hötzendorf,* 125; Markus, *Der Fall Redl,* 128–129; BNA, FO 120/906, Vienna, June 5, 1913, Maj. Cuninghame to Cartwright; Graydon Tunstall, *Planning for War Against Russia and Serbia: Austro-Hungarian and German Military Strategies 1871–1914* (New York: Columbia University Press, 1993), 106–107.
50. *Arbeiter Zeitung,* May 30, 1913, "Der Generalstabsobert als Spion"; *Die Zeit,* June 6, 1913.
51. *Neue Freie Presse,* May 31, 1913; *Reichspost,* May 31, 1913; *Arbeiter Zeitung,* May 31 and June 1, 1913; Markus, *Der Fall Redl,* 268.
52. SHAT, 7N 1131, Vienna, May 29 and June 12, 1913, "L'affaire du Col. Redl." Markus, *Der Fall Redl,* 75, 152.
53. BNA, FO 120/907, Vienna, Aug. 30, 1913, Maj. Cuninghame to Cartwright.
54. Moritz Freiherr von Auffenberg-Komarów, *Aus Österreichs Höhe und Niedergang: Eine Lebensschilderung* (Munich: Drei Masken Verlag, 1921), 232, 241–242; FML Johann Cvitkovic in the *Neue Freie Presse,* May 31, 1913.
55. *Budapester Tagblatt,* June 1, 1913.
56. Brettner-Messler, "Die Balkanpolitik," 213.
57. SHAT, Vienna, Feb. 25, 1897, Cdt de Berckheim, "Péninsule Balkanique."
58. Arthur Ruhl, *Antwerp to Gallipoli: A Year of the War on Many Fronts—and Behind Them* (New York: Scribner's, 1916), 153–155; Norman Stone, "Moltke-Conrad: Relations Between the Austro-Hungarian and German General Staffs 1909–1914," *Historical Journal* 9, no. 2 (1966): 212–213.
59. NARA, M 862, roll 940, Mar. 1909, Robert Lansing, "Nationality and the Present Balkan Situation"; *Budapest Hirlap,* Mar. 23, 1913.
60. Rudolf Jerabek, *Potiorek* (Graz: Verlag Styria, 1991), 75.
61. BNA, FO 120/906 and FO 120/907, Vienna, Mar. 14, 1913, Cuninghame to Cartwright, and Vienna August 9, 1913, Cuninghame to Cartwright; *Fremden-Blatt,* Dec. 13–14, 1913; Clark, *Sleepwalkers,* 99.

62. KA, MKFF 196, Dec. 22, 1912, "Übersetzung aus der 'Review of Reviews.'"
63. "Der Chef des Generalstabes," *Freudenthaler Zeitung,* Oct. 4, 1913; KA, B/667:0-10 (Auffenberg), Bozen, Nov. 1913, Brosch to Auffenberg.
64. *Wiener Sonn-und-Montagszeitung,* Sept. 21, 1913, "Die Lehren der Armee-Manöver."
65. BNA, FO 120/907, Vienna, Dec. 8, 1913, Maj. Thos. Cuninghame to Sir Maurice de Bunsen; Georg von Alten, *Handbuch für Heer und Flotte* (Berlin: Deutsches Verlagshaus, 1909–1914), 6:318–319.
66. Churchill, *World Crisis,* 30.
67. *Die Zeit,* Sept. 24, 1913; *Pester Lloyd,* Sept. 27, 1913; *Vorwärts* (Berlin), Sept. 28, 1913.
68. Sondhaus, *Franz Conrad von Hötzendorf,* 133.
69. KA, MKFF 198, *Budapest,* Sept. 30, 1913.
70. KA, B/677:0-10 (Auffenberg), Bozen, Oct. 28, 1913, Brosch to Auffenberg.
71. BNA, FO 120/907, Vienna, Oct. 29, 1913, Cartwright to Grey.
72. KA, MKFF 197, *Wiener Sonntag-und-Montagszeitung,* Jan. 6, 1913; Williamson, *Austria-Hungary and the Origins,* 154–155.
73. KA, B/677:0-10 (Auffenberg), Bozen, Dec. 9, 1913, "Der Dumme hats Glück!"
74. BNA, FO 120/907, Vienna, Oct. 28, 1913, Cartwright to Grey.
75. BNA, FO 120/906, Vienna, Jan. 1, 1913, Maj. Thomas Cuninghame to Cartwright; Sondhaus, *Franz Conrad von Hötzendorf,* 135.
76. Williamson, *Austria-Hungary and the Origins,* 186–187.
77. SHAT, 7N 1129, Vienna, Mar. 29, 1905, "La situation politique de la Croatie"; Vladimir Dedijer, *The Road to Sarajevo* (London: MacGibbon and Kee, 1967), 132–134.
78. KA, MKFF 202, Vienna, Winter 1910–1911, Brosch, Untertänigstes Referat.
79. Williamson, *Austria-Hungary and the Origins,* 181–182.
80. Mombauer, *Helmuth von Moltke,* 77; Gerhard Ritter, *The Schlieffen Plan* (Westport, CT: Greenwood Press, 1979), 74; Timothy C. Dowling, *The Brusilov Offensive* (Bloomington: Indiana University Press, 2008), 4–5. A Russian corps had 108 field guns in 1914, and Austrian corps 96.
81. KA, MKFF 196, Dec. 22, 1912, "Übersetzung aus der 'Review of Reviews.'"

CHAPTER 4 ——— 塞拉耶佛逞凶 Murder in Sarajevo

1. Barbara Jelavich, *History of the Balkans* (Cambridge: Cambridge University Press, 1983), 2:110.
2. Kriegsarchiv, Vienna (KA), B/677:0-10 (Auffenberg), Bozen, Oct. 28 and Nov. 1913, Brosch to Auffenberg; Rudolf Jerabek, *Potiorek* (Graz: Verlag Styria, 1991), 77–78; Lawrence Sondhaus, *Franz Conrad von Hötzendorf: Architect of the Apocalypse* (Boston: Humanities Press, 2000), 133.
3. *Wien Zukunft,* Oct. 1, 1913; *Neue Freie Presse,* Oct. 3, 1913.
4. Österreichischen Bundesministerium für Heereswesen und vom Kriegsarchiv, *Österreich-Ungarns Letzter Krieg 1914–18,* ed. Edmund Glaise von Horstenau (Vienna: Verlag Militätwissenschaftlichen Mitteilungen, 1931–1938), 1:6–7' Jerabek, *Potiorek,* 98.
5. Graydon Tunstall, *Planning for War Against Russia and Serbia: Austro-Hungarian and German*

Military Strategies 1871–1914 (New York: Columbia University Press, 1993), 106.

6. KA, Neue Feld Akten (NFA) 2115, 36 I.D., Vienna, July 20, 1914, "Einiges über höhere Kommandos und Personalien der serbischen Armee."
7. Jerabek, *Potiorek,* 99–105.
8. KA, Militärkanzlei Franz Ferdinand (MKFF) 202, "Studie Sommer 1907: Operationen gegen Serbien."
9. Jelavich, *History of the Balkans,* 2:111.
10. Jerabek, *Potiorek,* 90.
11. Vladimir Dedijer, *The Road to Sarajevo* (London: MacGibbon and Kee, 1967), 9–10.
12. Jerabek, *Potiorek,* 84; Winston S. Churchill, *The World Crisis: The Eastern Front* (London: Thornton Butterworth, 1931), 64.
13. Christopher Clark, *The Sleepwalkers* (New York: Harper, 2013), 367–376; Sean McMeekin, *July 1914* (New York: Basic Books, 2013), 1–20; Dedijer, *The Road to Sarajevo,* 14–16.
14. Carl Freiherr von Bardolff, *Soldat im alten Österreich: Erinnerungen aus meinem Leben* (Jena: Eugen Diederichs, 1938): 90.
15. *Die Fackel* 7, no. 400 (July 10, 1914): 1–4, "Franz Ferdinand und die Talente."
16. Jerabek, *Potiorek,* 95.
17. KA, B/1503:5, Vienna, July 9, 1914, Conrad to Potiorek, *sehr geheim*; Clark, *Sleepwalkers,* 392.
18. KA, B/1503:6, Vienna, July 27, 1914, FZM Krobatin to FZM Potiorek.
19. KA, B/232:11, Karton 15, Sarajevo, July 25, 1914, GdI Appel to Col. Brosch-Aarenau.
20. Andre Mitrovic, *Serbia's Great War 1914–1918* (West Lafayette, IN: Purdue University Press, 2007), 17, 64.
21. Haus-, Hof- und Staatsarchiv, Vienna (HHSA), Politisches Archiv (PA) I, 810, Int. LXX/1, Belgrade, June 30, 1914, Storck to Berchtold.
22. McMeekin, *July 1914,* 109–116; Samuel R. Williamson Jr., *Austria-Hungary and the Origins of the First World War* (New York: St. Martin's, 1991), 192.
23. Annika Mombauer, *Helmuth von Moltke and the Origins of the First World War* (Cambridge: Cambridge University Press, 2001), 151–152; Gunther E. Rothenberg, *The Army of Francis Joseph* (West Lafayette, IN: Purdue University Press, 1976), 168.
24. Clark, *Sleepwalkers,* 381–403; Dedijer, *The Road to Sarajevo,* 289–291; Williamson, *Austria-Hungary and the Origins,* 193; Mitrovic, *Serbia's Great War,* 5–6.
25. HHSA, PA I, 810, Int. LXX/1, Vienna, July 7, 1914, GdI Conrad to Berchtold.
26. David Fromkin, *Europe's Last Summer* (New York: Vintage, 2005), 155.
27. Mitrovic, *Serbia's Great War,* 10.
28. Ibid., 11.
29. Norman Stone, "Hungary and the Crisis of July 1914," *Journal of Contemporary History* 1, no. 3 (1966): 161; Churchill, *World Crisis,* 53.
30. Mitrovic, *Serbia's Great War,* 10. Fromkin, *Europe's Last Summer,* 157.
31. Fromkin, *Europe's Last Summer,* 157.
32. Sean McMeekin, *The Russian Origins of the First World War* (Cambridge, MA: Belknap Press, 2011), 42–46; McMeekin, *July 1914,* 393–394; Churchill, *World Crisis,* 77.
33. David G. Herrmann, *The Arming of Europe and the Making of the First World War* (Princeton:

Princeton University Press, 1996), 221.

34. Moritz Freiherr von Auffenberg-Komarów, *Aus Österreichs Höhe und Niedergang: Eine Lebensschilderung* (Munich: Drei Masken Verlag, 1921), 256.
35. Mombauer, *Helmuth von Moltke,* 194.
36. Churchill, *World Crisis,* 65.
37. Mitrovic, *Serbia's Great War,* 4.
38. Mombauer, *Helmuth von Moltke,* 191–192.
39. Clark, *Sleepwalkers,* 517; Fromkin, *Europe's Last Summer,* 156; Williamson, *Austria-Hungary and the Origins,* 195; Mombauer, *Helmuth von Moltke,* 103.
40. Service Historique de l'Armée de Terre, Vincennes (SHAT), AAT, EMA, 7N 847, Marseille, Mar. 22, 1917, 2ème Bureau, "2ème Bureau analysé des cahiers de notes d'un officier hongrois prisonnier de guerre."
41. Williamson, *Austria-Hungary and the Origins,* 198–199.
42. Stone, "Hungary and the Crisis of July 1914," 163.
43. HHSA, PA I, 810, LXX/1, Belgrade, July 8, 1914, Wilhelm Storck to Berchtold.
44. Auffenberg-Komarów, *Aus Österreichs,* 257.
45. Williamson, *Austria-Hungary and the Origins,* 203.
46. HHSA, PA I, 810, LXX/1, Vienna, July 20, 1914, Berchtold to Giesl; Stone, "Hungary and the Crisis of July 1914," 166.
47. KA, B/232:11, Karton 15, Sarajevo, July 25, 1914, GdI Appel to Col. Brosch-Aarenau.
48. McMeekin, *July 1914,* 181; Williamson, *Austria-Hungary and the Origins,* 203.
49. HHSA, PA I, 811, LXX/2, July 25 and 27, 1914, "Antwortnote"; Clark, *Sleepwalkers,* 423–430, 457–469.
50. Auffenberg-Komarów, *Aus Österreichs,* 259–260.
51. British National Archives, Kew (BNA), Foreign Office (FO) 371/1900, London, Sept. 1, 1914, Bunsen to Grey.
52. KA, Armeeoberkommando (AOK) 1914, Evidenzbureau (EVB) 3506, Vienna, Aug. 4, 1914; Kurt Peball, "Der Feldzug gegen Serbien und Montenegro im Jahre 1914," Österreichische Militärische Zeitschrift Sonderheft I (1965): 20–21; Jerabek, *Potiorek,* 22.
53. KA, MKFF 202, "Studie Sommer 1907: Operationen gegen Serbien"; General Josef von Stürgkh, *Im Deutschen Grossen Hauptquartier* (Leipzig: Paul List, 1921), 158.
54. István Burián, *Austria in Dissolution 1915–18* (New York: George Doran, 1925), 8–9.
55. Norman Stone, "Moltke-Conrad: Relations Between the Austro-Hungarian and German General Staffs 1909–1914," *Historical Journal* 9, no. 2 (1966): 215.
56. McMeekin, *July 1914,* 252–255.
57. HHSA, PA I, 810, Int. LXX/1, Vienna, July 7, 1914, GdI Conrad to Berchtold.
58. *Österreich-Ungarns Letzter Krieg 1914–18,* 1:24.
59. Auffenberg-Komarów, *Aus Österreichs,* 262.
60. Stone, "Moltke-Conrad," 216–217.
61. Auffenberg-Komarów, *Aus Österreichs,* 264–265.
62. BNA, FO 371/1900, London, Sept. 1, 1914, Bunsen to Grey.
63. Herrmann, *Arming of Europe,* 214.

64. Capt. B. H. Liddell Hart, *The Real War 1914–1918* (Boston: Little, Brown, 1963), 31–2; Patricia Clough, "Found: The Secret of World War I," *Sunday Times,* Aug. 14, 1994; Jerabek, *Potiorek,* 108; Mombauer, *Helmuth von Moltke,* 106–107; Herrmann, *Arming of Europe,* 205–206, 217–218.
65. Geoffrey Wawro, *Warfare and Society in Europe 1792–1914* (London: Routledge, 2000), 200–211; Herrmann, *Arming of Europe,* 200–201, 212; Mombauer, *Helmuth von Moltke,* 172.
66. HHSA, PA I, 837, Munich, Aug. 14, 1914, Vélics to Berchtold.
67. HHSA, PA III, 171, Berlin, May 16, 1914, Szögenyi to Berchtold; PA I, 842, Berlin, Oct. 6, 1915, Hohenlohe to Burián; PA I, 837, Munich, Aug. 5, 1914, Vélics to Berchtold.
68. Herrmann, *Arming of Europe,* 218.
69. BNA, FO 371/1900, London, Sept. 1, 1914, Bunsen to Grey; HHSA, PA I, 819, Vienna, Aug. 2, 1914, Tisza to Berchtold; KA, B/1503:6, Vienna, Aug. 6, 1914, GdI Arthur Bolfras to FZM Potiorek.

CHAPTER 5 —— 蒸汽壓路機 The Steamroller

1. Gunther E. Rothenberg, *The Army of Francis Joseph* (West Lafayette, IN: Purdue University Press, 1976), 177.
2. Charles Emmerson, *1913* (New York: Public Affairs, 2013), 115.
3. Alfred Knox, *With the Russian Army 1914–17* (London: Hutchinson, 1921), 1:xvii.
4. Service Historique de l'Armée de Terre, Vincennes (SHAT), EMA, 7N 846, 2ème Bureau, Rome, April 13, 1916, Col. François, "Cohésion de l'Armée Austro-Hongroise."
5. Georg Markus, *Der Fall Redl* (Vienna: Amalthea Verlag, 1984), 43.
6. SHAT, EMA, 7N 846, May 14, 1917, "Armée Autrichienne"; Rothenberg, *Army of Francis Joseph,* 113–114, 173–174, 182; Alfred Krauss, *Die Ursachen unserer Niederlage: Erinnerungen und Urteile aus den Weltkrieg,* 3rd ed. (Munich, 1923), 90–91.
7. Rothenberg, *Army of Francis Joseph,* 159.
8. Kriegsarchiv, Vienna (KA), Militärkanzlei Franz Ferdinand (MKFF) 202, Vienna, Winter 1910–1911, Brosch, Untertänigstes Referat; Österreichischen Bundesministerium für Heereswesen und vom Kriegsarchiv, *Österreich-Ungarns Letzter Krieg 1914–18,* ed. Edmund Glaise von Horstenau (Vienna: Verlag Militätwissenschaftlichen Mitteilungen, 1931–1938), 1:173; Nikolai N. Golovine, *The Russian Army in the World War* (New Haven: Yale University Press, 1931), 34.
9. Rothenberg, *Army of Francis Joseph,* 159.
10. Annika Mombauer, *Helmuth von Moltke and the Origins of the First World War* (Cambridge: Cambridge University Press, 2001), 114.
11. Scott W. Lackey, *The Rebirth of the Habsburg Army* (Westport, CT: Greenwood, 1995), 152; Rudolf Jerabek, *Potiorek* (Graz: Verlag Styria, 1991), 100–101; Rothenberg, *Army of Francis Joseph,* 158; Mombauer, *Helmuth von Moltke,* 81.
12. Norman Stone, "Moltke-Conrad: Relations between the Austro-Hungarian and German General Staffs 1909–1914," *Historical Journal* 9, no. 2 (1966): 205–208.
13. Graydon Tunstall, *Blood on the Snow: The Carpathian Winter War of 1915* (Lawrence: Univer-

sity Press of Kansas, 2010), 15; General Josef von Stürgkh, *Im Deutschen Grossen Hauptquartier* (Leipzig: Paul List, 1921), 23, 159.

14. Graydon Tunstall, *Planning for War Against Russia and Serbia: Austro-Hungarian and German Military Strategies 1871–1914* (New York: Columbia University Press, 1993), 148, 170, 174; Lawrence Sondhaus, *Franz Conrad von Hötzendorf: Architect of the Apocalypse* (Boston: Humanities Press, 2000), 145–146.
15. Winston S. Churchill, *The World Crisis: The Eastern Front* (London: Thornton Butterworth, 1931), 137.
16. "Eisenbahntechnisch nicht durchzuführen." Stone, "Moltke-Conrad," 219; Mombauer, *Helmuth von Moltke,* 102–103.
17. Norman Stone, "Hungary and the Crisis of July 1914," *Journal of Contemporary History* 1, no. 3 (1966): 163–164; Stone, "Moltke-Conrad," 217; Rothenberg, *Army of Francis Joseph,* 173.
18. *Österreich-Ungarns Letzter Krieg 1914–18,* 1:12–13.
19. Norman Stone, *The Eastern Front 1914–1917* (London: Penguin, 1998 [1975]), 76–77; Norman Stone, "Die *Mobilmachung* der österreichisch-ungarischen Armee 1914," *Militärgeschichtliche Mitteilung,* 1974, 70–71.
20. Graydon Tunstall, "The Habsburg Command Conspiracy: The Austrian Falsification of Historiography on the Outbreak of World War I," *Austrian History Yearbook* 27 (1996): 192–193.
21. Rothenberg, *Army of Francis Joseph,* 179.
22. KA, B/3 (Dankl): 5/1, Tagebuch (1), Aug. 2, 1914.
23. Moritz Freiherr von Auffenberg-Komarów, *Aus Österreichs Höhe und Niedergang: Eine Lebensschilderung* (Munich: Drei Masken Verlag, 1921), 265; Tunstall, *Planning for War,* 176–177; Sondhaus, *Franz Conrad von Hötzendorf,* 135.
24. Sondhaus, *Franz Conrad von Hötzendorf,* 147; Rothenberg, *Army of Francis Joseph,* 179.
25. KA, B/1503:6, Aug. 12, 1914, Sarajevo, Potiorek to Conrad.
26. Stone, *Eastern Front,* 77.
27. SHAT, AAT, EMA, 7N 846, Paris, March 1914, "Organisation de l'armée austro-hongroise sur le pied de guerre."
28. KA, Neue Feld Akten (NFA) 528, 9 ID, "Intendanz der k.u.k. 9. I-T-D, 26 Juli-8 Dez. 1914."
29. Stone, *Eastern Front,* 78–79.
30. Sondhaus, *Franz Conrad von Hötzendorf,* 152; Josef Redlich, *Schicksalsjahre Österreichs 1908–19: Das politische Tagebuch Josef Redlichs* (Graz: Verlag Böhlau, 1953), 1:247.
31. Redlich, *Schicksalsjahre Österreichs,* 1:247.
32. KA, B/1503:6, Sarajevo, Aug. 8, 1914, Potiorek to GdI Emil Woinovich.
33. James M. B. Lyon, " 'A Peasant Mob': The Serbian Army of the Eve of the Great War," *Journal of Military History* 61 (July 1997): 483–484; Hew Strachan, *The First World War,* vol. 1, *To Arms* (Oxford: Oxford University Press, 2001), 343; Joseph Schön, *Sabac!* (Reichenberg: Heimatsöhne, 1928), 12–13.
34. Lyon, "Peasant Mob," 501.
35. KA, B/3 (Dankl): 5/1, Tagebuch (1), Aug. 10, 1914.
36. KA, NFA 1372, 11. Korps Kdo, Lemberg, Aug. 14, 1914, "Abschiebung unverlässlicher Elemente."

37. Haus-, Hof, und Staatsarchiv, Vienna (HHSA), Politisches Archiv (PA) I, 837, Munich, Aug. 19 and Oct. 8, 1914, Vélics to Berchtold.
38. HHSA, PA I, 837, Munich, Oct. 8, 1914, Vélics to Berchtold.
39. Sean McMeekin, *The Russian Origins of the First World War* (Cambridge, MA: Belknap Press, 2011), 22; Knox, *With the Russian Army,* 1:43–45.

CHAPTER 6 ——— 格格不入之人 Misfits

1. Service Historique de l'Armée de Terre, Vincennes (SHAT), EMA, 7N 1128, Vienna, Oct. 14, 1897, Cdt. Berckheim, "Notes sur le haut commandement en Autriche."
2. Rudolf Jerabek, *Potiorek* (Graz: Verlag Styria, 1991), 110; Moritz Freiherr von Auffenberg-Komarów, *Aus Österreichs Höhe und Niedergang: Eine Lebensschilderung* (Munich: Drei Masken Verlag, 1921), 232.
3. R. G. D. Laffan, *The Serbs* (New York: Dorset Press, 1989 [1917]), 190.
4. Jaroslav Hasek, *The Good Soldier Svejk and His Fortunes in the World War,* trans. Cecil Parrott (London: Penguin, 1985 [1923], 433).
5. Kriegsarchiv, Vienna (KA), Neue Feld Akten (NFA) 529, Bijelina, August 9, 1914, 9; ITD, FML Scheuchenstuel; Hew Strachan, *The First World War,* vol. 1, *To Arms* (Oxford: Oxford University Press, 2001), 336; Jerabek, *Potiorek,* 108–111; Manfried Rauchensteiner, *Der Tod des Doppeladlers: Österreich-Ungarn und der Erste Weltkrieg* (Graz: Verlag Styria, 1993), 128.
6. Carl Freiherr von Bardolff, *Soldat im alten Österreich: Erinnerungen aus meinem Leben* (Jena: Eugen Diederichs, 1938), 72.
7. SHAT, 7N 1127, Vienna, March 10, 1889, Capt de Pange.
8. Strachan, *First World War,* 341.
9. Gunther E. Rothenberg, *The Army of Francis Joseph* (West Lafayette, IN: Purdue University Press, 1976), 175.
10. Jerabek, *Potiorek,* 114.
11. Ibid., 9–45, 69–70.
12. KA, NFA 2115, 36 ID, 5 Armee Kommando to 36 ID, Brcko, Aug. 2, 1914, Op. Nr. 15; Rothenberg, *Army of Francis Joseph,* 103.
13. Kurt Peball, "Der Feldzug gegen Serbien und Montenegro im Jahre 1914," *Österreichische Militärische Zeitschrift Sonderheft* I (1965): 20; Jerabek, *Potiorek,* 116–117; Moritz Freiherr von Auffenberg-Komarów, *Aus Österreichs Höhe und Niedergang: Eine Lebensschilderung* (Munich: Drei Masken Verlag, 1921), 264.
14. James M. B. Lyon, " 'A Peasant Mob': The Serbian Army on the Eve of the Great War," *Journal of Military History* 61 (July 1997): 486–478.
15. Ibid., 495–498.
16. Ibid., 499–500.
17. Groszen Generalstab, Serbien, *Der Grosze Krieg Serbiens zur Befreiung und Vereinigung der Serben, Kroaten und Slovenen* (Belgrade: Buchdruckerei des Ministeriums für Krieg und Marine, 1924–26), 1:32–34.
18. Lyon, "Peasant Mob," 491.

19. KA, Gefechtsberichte (GB) 24, 483 c/2, k.u.k. Warasdiner I.R. 16, "Gefechtsbericht Kurtovica am 12. August 1914"; Groszen Generalstab, Serbien, *Grosze Krieg,* 49–50.
20. KA, NFA 935, k.u.k. 72, Infanterie-Brigade-Kommando, Tagebuch, 13 Aug. 1914; NFA 1795, 8. KpsKdo, GdK Giesl, "Gefechtsbericht über die Zeit vom 12 bis 20 August."
21. Karl Kraus, ed., *Die Fackel* (Munich: Kösel-Verlag, 1968–76), "Die letzten Tage der Menschheit," 35 (1. Szene, 1. Akt).
22. Rothenberg, *Army of Francis Joseph,* 150; Krauss, "Bekleidung," 33–35.
23. KA, NFA 935, k.u.k. 72, Infanterie-Brigade-Kommando, GM Haustein, "Bericht über das Gefecht am 14 Aug. bei Dobric."
24. KA, GB 24, 484 b/5, I.R. 16, Col. Budiner, "Gefechtsbericht über das Gefecht von Kozjak und Dobric am 14. Aug. 1914."
25. KA, GB 24, 483 c/2, k.u.k. Warasdiner I.R. 16, "Gefechtsbericht Kurtovica am 12. August 1914"; Joseph Schön, *Sabac!* (Reichenberg: Heimatsöhne, 1928), 144.
26. KA, GB 24, 36 ITD, GM Haustein, "Bericht über das Gefecht am 14. Aug. bei Dobric," "Gefechtsbericht über das Gefecht auf Vk. Gradac und bei Jarebicka crvka am 16. Aug. 1914."
27. Groszen Generalstab, Serbien, *Grosze Krieg,* 1:107, 172–173.
28. KA, NFA 1795, 8. KpsKdo, GdK Giesl, "Gefechtsbericht über die Zeit vom 12 bis 20 August."
29. KA, NFA 529, Vienna, Aug. 13, 1914, GM Kanik, Etappen-Oberkommando-Befehl Nr. 1.
30. KA, NFAA 170, 17 Brig., GdK Giesl, Aug. 25, 1914, "Wahrnehmungen während der letzten Gefechte"; NFA 935, 72 Inf. Brig., Kosjak, Aug. 15, 1914, Ord. Off. Goriany to GM von Haustein.
31. Haus-, Hof- und Staatsarchiv, Vienna, (HHSA), Politisches Archiv (PA) I, 819, Vienna, Aug. 15, 1914, Berchtold to Tarnowski.
32. Schön, *Sabac,* 127.
33. KA, Armeeoberkommando (AOK) 1914, Evidenzbureau (EVB) 3506, Evidenzbüro des Generalstabes B Nr. 57./I.
34. Groszen Generalstab, Serbien, *Grosze Kriege,* 1:102–104.
35. Ibid., 1:139–142.
36. Schön, *Sabac,* 29, 131.
37. KA/B:1503:6, Sarajevo, Aug. 14, 1914, k.u.k. Armee-Kommando Op. 248; SHAT, EMA 7N 1129, Vienna, June 28, 1903, Cdt. Laguiche.
38. Groszen Generalstab, Serbien, *Grosze Krieg,* 1:320.
39. Schön, *Sabac,* 20.
40. Ibid., 133; Groszen Generalstab, Serbien, *Grosze Krieg,* 1:142–143.
41. Groszen Generalstab, Serbien, *Grosze Krieg,* 1:320–321.
42. KA, GB 17 (k.k. 21 LITD), Tellovica, Aug. 15, 1914, Landwehr I.R. 6, Capt. Rudolf Kalhous, "Gefechtsbericht über den Angriff und Einnahme der Cer-Höhe am 14. August 1914"; Schön, *Sabac,* 99–100; Groszen Generalstab, Serbien, *Grosze Krieg,* 1:107–108.
43. KA, NFA 489, 42 Sch. Brig., Aug. 16, 1914, "Tagebuch"; NFA 170, 17 Brig., 5 Armee, Op. 402/15, Brcko, Aug. 22, 1914, GdI Frank; NFA 528, "9. ITD Abfertigung am 21. Aug. 1914"; GB 17, 21 LITD, Kdo. Op. Nr. 75/1 Bijelina, Aug. 22, 1914, FML Przyborski, "Bericht über das Gefecht am 16 Aug. 1914."
44. *Le Figaro,* Aug. 14, 1914.

45. Schön, *Sabac,* 25–26.
46. KA, B/1503:4, Sarajevo, Aug. 16, 1914, Potiorek to Bilinksi.
47. KA, NFA 528, 9 ITD, "Kurzer Gefechtsbericht für die Zeit vom 12. bis 20. August 1914"; KA, NFA 935, k.u.k. 72 Infanterie-Brigade-Kommando, Tagebuch, 13 Aug. 1914.
48. KA, NFA 528, 9 ITD, "Intendanz."
49. KA, NFA 529, Aug. 21, 1914, 9 ITD, nr. 170, k.u.k. 5 Armee-Kommando, GdI Frank; Jerabek, *Potiorek,* 160.
50. KA, NFA 2115, 36 ID, 4 Baon to I.R. 16 Commando, Kozjak, Aug. 15, 1914.
51. Jerabek, *Potiorek,* 121.
52. KA, NFA 2159, Sarajevo, Aug. 13, 1914, 6 Armee-Kommando, FZM Potiorek.
53. Alfred Krauss, *Die Ursachen unserer Niederlage: Erinnerungen und Urteile aus den Weltkrieg,* 3rd ed. (Munich, 1923), 33–34; KA, NFA 528, "9. ITD Abfertigung am 21. Aug. 1914."
54. Jerabek, *Potiorek,* 121.
55. KA, B/1503:4, Sarajevo, Aug. 19, 1914, Potiorek to Bilinksi.
56. Krauss, *Die Ursachen unserer Niederlage,* 94–98; KA, GB 86, 1914–15, "Erfahrungen über den Kampf um befestigte Stellungen: Vorgang der Deutschen"; Felix Prinz zu Schwarzenberg, *Briefe aus dem Felde 1914–18* (Vienna: Schwarzenbergisches Administration, 1953), 17.
57. Schön, *Sabac,* 146.
58. Ströer, 15.
59. KA, NFA 1850, k.u.k. BH IR Nr. 3, Grabovci, Aug. 22, 1914, Obstlt. Panic.
60. Ströer, 18.
61. KA, G-B 21, 31 ITD, Aug. 29, 1914, EML Eh. Josef, "Gefechtsbericht über die Gefechte am 18 u. 19. August bei Sabac und Pricinovic"; GB 21, Op. no. 15/22, 31 ITD, Aug. 15, 1914, Maj. Wilhelm Jeskowski, "Bericht über meine Eindrucke in Sabac"; Schön, *Sabac,* 78–81; Groszen Generalstab, Serbien, *Grosze Krieg,* 1:214–215.
62. KA, NFA 2115, 36 ID, GdI Frank, Op. Nr. 403/20.
63. KA, NFA 528, G-B 21, 32. ITD, Op. Nr. 29/4, "Gefechtsbericht über das Gefecht sö Sabac am 18. Aug. 1914."
64. KA, NFA 1842, 32 ID, Aug. 25, 1914, Op. 27/3, "Verluste"; Groszen Generalstab, Serbien, *Grosze Krieg,* 1:208.
65. Groszen Generalstab, Serbien, Grosze Krieg, 1:323.
66. KA, NFA 1846, 32 ID, Aug. 19, 1914, "Tagebuch"; GB 21, 32 ITD, Op. 29/4, FML Griessler, "Gefechtsbericht über das Gefecht bei Cerovac am 19. Aug. 1914"; Schön, *Sabac,* 97; Groszen Generalstab, Serbien, *Grosze Krieg,* 1:208.
67. KA, NFA 1794, 4. Korpskdo, Sept. 5, 1914, GdK Tersztyánszky, "Bericht über die Kämpfe bei Sabac."
68. KA, GB 21, 31 ITD, Aug. 29, 1914, FML Eh. Josef, "Gefechtsbericht über die Gefechte am 18. u. 19. August bei Sabac und Pricinovic."
69. KA, NFA 1813, FML Eh Joseph, Aug. 29, 1914, Gefechtsbericht über den Kampf bei Sabac am 23. Aug."
70. KA, B/1503:6, Sarajevo, Aug. 20, 1914, Potiorek to Bolfras; NFA 935, 36 ITD, Aug. 19, 1914, Col. Budiner to 36 ITD-Kommando.

71. KA, NFA 1787, Sambor, Sept. 4, 1914, 4 Korps-Kommando to 31 Infanterie-Truppen Division; Rothenberg, *Army of Francis Joseph,* 142; KA, NFA 1794, 4 Korpskdo, Sept. 5, 1914, GdK Tersztyánszky, "Bericht über die Kämpfe bei Sabac."
72. Jerabek, *Potiorek,* 125.
73. KA, GB 42, Han Glasinac, Aug. 27, 1914, Col. Konopicky, 4 Geb. Brig.
74. Schön, *Sabac,* 26.
75. KA, NFA 2116, 36 ID, Op. Nr. 77, Brcko, Aug. 5, 1914.
76. KA, GB 42, Han Glasinac, Aug. 27, 1914, Col. Konopicky, 4 Geb. Brig.; NFA 2159, Han Gromile, Aug. 27, 1914, 4 Geb. Brig., Abfertigung.
77. KA, GB 42, 7 Geb. Brig., "Gefechts-Bericht über den Angriff auf die Höhe Panos am 20. Aug. 1914"; NFA 2159, Han Glasinac, Aug. 27, 1914, k.u.k. 4 Gebirgsbrigade-Kommando, "Resumée der Auszeichgsanträge."
78. KA, GB 24, 36 ITD, "Gefechtsbericht über das Gefecht bei Zavlaka-Marjanovica am 18–21 Aug. 1914"; GB 74, k.u.k. 42 HID, Op. 200/I, Patkovaca, Sept. 3, 1914, "Gefechtsbericht über das Gefecht von Krupanj, 16. Aug. 1914."
79. KA, B/1503:7, Vienna, Sept. 26, 1914, Bolfras to Potiorek; NFA 2159, 18 ITD, 220/10, Aug. 20, 1914, FML Ignaz Trollmann, "Äussere Abfertigung."
80. Schön, *Sabac,* 25; Schwarzenberg, *Briefe aus dem Felde,* 15.
81. KA, NFA 2115, k.u.k. 13 Korps-Kommando, Op. Nr. 194/56.
82. Andre Mitrovic, *Serbia's Great War 1914–1918* (West Lafayette, IN: Purdue University Press, 2007), 67–68.
83. KA, MFA 528, 9 ID, "ITD Abfertigung am 21. Aug. 1914"; NFA 2159, 18 ITD, 220/10, Aug. 20, 1914, FML Ignaz Trollmann, "Äussere Abfertigung"; NFA 2115, 36 ID, k.u.k. XIII Korps Kommando to 36 ID, Dugopolje, Aug. 13, 1914.
84. R. A. Reiss, *Report on the Atrocities Committed by Austro-Hungarian Forces* (London, 1916); Jonathan Gumz, *The Resurrection and Collapse of Empire in Habsburg Serbia 1914–1918* (Cambridge: Cambridge University Press, 2009), 54–55; Laffan, *The Serbs,* 191–195.
85. Groszen Generalstab, Serbien, *Grosze Krieg,* 1:218–219.
86. Ibid., 1:245.
87. KA, GB 74, k.u.k. 42 HID, Op. 200/III, Patkovaca, Sept. 4, 1914, "Gefechtsbwericht über das Gefecht bei Bela-crvka 18. Aug. 1914."
88. KA, NFA 475, 41 Sch. Brig., Aug. 22 and 27, 1914, FML Przyborski.
89. KA, NFA, GB 12, k.u.k. 9 ITD Kdo Op. Nr. 221, "Kurze Gefechtsbericht für die Zeit vom 12. bis 20. Aug. 1914"; Peball, "Der Feldzug," 25.
90. Holger H. Herwig, *The First World War: Germany and Austria-Hungary 1914–1918* (London: Edw. Arnold, 1997), 88–89.
91. KA, GB 21, 32 ITD, Op. 29/4, FML Griessler, "Gefechtsbericht über das Gefecht bei Jevremovac am 23. Aug. 1914"; KA, GB 21, 31 ITD, Aug. 29, 1914, FML Eh. Josef, "Gefechtsbericht über den Kampf bei Sabac am 23. August."
92. KA, B/16 (FML Ferdinand Marterer), Tagebuch, Aug. 26, 1914.
93. KA, B/1503:6, Sarajevo, Aug. 20, 1914, Potiorek to Bolfras; Gumz, *Resurrection and Collapse,* 55–58.

94. KA, B/1503:6, Sarajevo, Aug. 13, 1914, Armee-Kommando-Befehl Nr. 1, "Soldaten der 6. Armee!"
95. KA, NFA 170, Pratkovica, Aug. 21, 1914, k.u.k. 17 Infanterie-Brigade-Kommando.
96. KA, B/1503:6, Sarajevo, Aug. 21, 1914, Potiorek to Bolfras.
97. Jerabek, *Potiorek,* 134–135.
98. Ibid., 136.
99. KA, AOK (1914/15) EVB 3510, "Die österreichisch-ungarische Kanaille," Aug. 27, 1914; Jerabek, *Potiorek,* 131.
100. KA, NFA 2115, 36 ID, Brcko, Aug. 31, 1914, 5 Armee Oberkommando to VIII and XIII Corps.
101. HHSA, PA I, 819, Sofia, Aug. 21, 1914, Tarnowski to Berchtold; Jenikoj, Aug. 22, 1914, Pallavicini to Berchtold; Sinaie, Aug. 23, 1914, Czernin to Berchtold; PAI, 845, Naples, Sept. 1, 1914, Egon Pflügl to Berchtold; Rome, Sept. 8, 1914, Karl Macchio to Berchtold; Milan, Sept. 30, 1914, Györgey to Berchtold.
102. HHSA, PAI, 819, "Communiqué vom 22. Aug. 1914."
103. KA, B/1503:6, Vienna, Aug. 25–26, 1914, Bolfras to Potiorek.

CHAPTER 7 —— 克拉希尼克 Krásnik

1. Haus-, Hof- und Staatsarchiv, Vienna (HHSA), Politisches Archiv (PA) I, 837, Munich, Aug. 14, 1914, Vélics to Berchtold.
2. Hew Strachan, *The First World War,* vol. 1, *To Arms* (Oxford: Oxford University Press, 2001), 290.
3. R. G. D. Laffan, *The Serbs* (New York: Dorset Press, 1989 [1917]), 195–196.
4. HHSA, PA I, 842, Berlin, Aug. 25, 1914, Prince Gottfried Hohenlohe to Berchtold.
5. Ibid.; Holger H. Herwig, *The First World War: Germany and Austria-Hungary 1914–1918* (London: Edw. Arnold, 1997), 92–93.
6. Österreichischen Bundesministerium für Heereswesen und vom Kriegsarchiv, *Österreich-Ungarns Letzter Krieg 1914–18,* ed. Edmund Glaise von Horstenau (Vienna: Verlag Militätwissenschaftlichen Mitteilungen, 1931–1938), 1:12.
7. Manfried Rauchensteiner, *Der Tod des Doppeladlers: Österreich-Ungarn und der Erste Weltkrieg* (Graz: Verlag Styria, 1993), 140–144.
8. HHSA, PA I 842, Munich, Sept. 8, 1914, Vélics to Berchtold.
9. *Österreich-Ungarns Lezter Krieg,* 1:176; C. R. M. F. Cruttwell, *A History of the Great War 1914–1918* (Chicago: Academy, 2007 [1934]), 52.
10. Gerard Silberstein, *The Troubled Alliance: German and Austrian Relations, 1914–17* (Lexington: University Press of Kentucky, 1970), 278.
11. Ward Rutherford, *The Tsar's Army 1914–1917,* 2nd ed. (Cambridge: Ian Faulkner, 1992), 24; Herwig, *First World War,* 89–90; Rauchensteiner, *Der Tod,* 135–136, 146.
12. Franz Conrad von Hötzendorf, *Mein Anfang* (Berlin: Verlag für Kulturpolitik, 1925), 9–18.
13. Otto Laserz, "Die Feuertaufe von einem Kaiserschützen, der sie August 1914 miterlebte," unpublished manuscript, Kriegsarchiv, Vienna (KA), Handbibliothek.

14. Ibid.
15. KA, Neue Feld Akten (NFA) 1787, 31 ID, Sambor, Sept. 4, 1914, FML Eh. Joseph: "Shooting at planes, whether our own or the enemy's, is strictly forbidden."
16. KA, NFA 909, Aug. 1914, "Instruktion für das Benehmen der Kommandos und Truppengegen über Luftfahrzeugen." Margin note in red: "Über haupt nicht schiessen!"
17. KA, NFA 1372, XI Korps Kdo Lemberg, Aug. 12, "Leistungsfähigkeit der Fliegerkomp."
18. Lawrence Sondhaus, *Franz Conrad von Hötzendorf: Architect of the Apocalypse* (Boston: Humanities Press, 2000), 153.
19. Moritz Freiherr von Auffenberg-Komarów, *Aus Österreichs Höhe und Niedergang: Eine Lebensschilderung* (Munich: Drei Masken Verlag, 1921), 280–281.
20. Norman Stone, *The Eastern Front 1914–1917* (London: Penguin, 1998 [1975]), 80; Arthur Ruhl, *Antwerp to Gallipoli: A Year of the War on Many Fronts—and Behind Them* (New York: Scribner's, 1916), 283–284; *Österreich-Ungarns Letzter Krieg 1914–18,* 1:66, 168.
21. *Österreich-Ungarns Letzter Krieg 1914–18,* 1:168–169; Rutherford, *Tsar's Army,* 46.
22. General A. A. Broussilov, *Mémoires du General Broussilov: Guerre 1914–18* (Paris: Hachette, 1929), 51.
23. KA, NFA 1372, 11 Korps Kdo, Lemberg, Aug. 23, 1914, "Flieger Aufklärung."
24. Graydon Tunstall, *Planning for War Against Russia and Serbia: Austro-Hungarian and German Military Strategies 1871–1914* (New York: Columbia University Press, 1993), 228–234.
25. Sondhaus, *Franz Conrad von Hötzendorf,* 153.
26. Moritz Freiherr von Auffenberg-Komarów, *Aus Österreichs Höhe und Niedergang: Eine Lebensschilderung* (Munich: Drei Masken Verlag, 1921), 278, 283–284.
27. Alfred Knox, *With the Russian Army 1914–17* (London: Hutchinson, 1921), 1:97; Herwig, *First World War,* 90–91.
28. Auffenberg-Komarów, *Aus Österreichs,* 286, 288; Silberstein, *Troubled Alliance,* 253–256.
29. KA, B/3 (Dankl): 5/1, Tagebuch (1), Aug. 2, 1914; NFA 909, k.u.k. 4, Armeekommando, Aug. 11, 1914, GdI Auffenberg; Auffenberg-Komarów, *Aus Österreichs,* 265.
30. KA, B/3:14, Vienna, Jan. 24, 1914, Conrad, Generalbesprechung 1914.
31. Stone, *Eastern Front,* 26; Nikolai N. Golovine, *The Russian Army in the World War* (New Haven: Yale University Press, 1931), 11–13.
32. Rutherford, *Tsar's Army,* 31, 34–35.
33. Ibid., 27–28, 47.
34. *Österreich-Ungarns Letzter Krieg 1914–18,* 1:175.
35. Knox, *With the Russian Army,* 1:50.
36. Cruttwell, *History of the Great War,* 50; Stone, *Eastern Front,* 94; Rutherford, *Tsar's Army,* 25–26.
37. Stone, *Eastern Front,* 82–83.
38. Rutherford, *Tsar's Army,* 53; *Österreich-Ungarns Letzter Krieg 1914–18,* 1:177.
39. *Österreich-Ungarns Letzter Krieg 1914–18,* 1:177.
40. Timothy C. Dowling, *The Brusilov Offensive* (Bloomington: Indiana University Press, 2008), 8; Rutherford, *Tsar's Army,* 23.
41. Knox, *With the Russian Army,* 1:97–98.
42. Stone, *Eastern Front,* 82, 84–85.

43. KA, NFA 1840, k.u.k. IR Nr. 4, Tarnawatka, Aug. 24, 1914, Maj. Nauheim, "Gefechtsbericht über das am 15. August nördlich Podlesina stattgefundene Gefecht"; Auffenberg-Komarów, *Aus Österreichs,* 271–272.
44. *Österreich-Ungarns Letzter Krieg 1914–18,* 1:166–167.
45. KA, B/3 (Dankl): 5/1, Tagebuch (1), Aug. 13, 1914.
46. Auffenberg-Komarów, *Aus Österreichs,* 288.
47. *Österreich-Ungarns Letzter Krieg 1914–18,* 1:168–171.
48. Kasper Blond, *Ein Unbekannter Krieg: Erlebnisse eines Arztes während des Weltkrieges* (Leipzig: Anzengruber-Verlag, 1931), 8–9.
49. KA, NFA 1836, Wislowa, Aug. 28, 1914, GM Peteani, "Tätigkeit der 1. KTD in der Zeitvom 15 Aug bis 27 Aug 1914."
50. KA, B/3 (Dankl): 5/1, Tagebuch (1), Aug. 23, 1914.
51. KA, FNA 909, Przemysl, Aug. 19, 1914, GdI Eh. Friedrich.
52. KA, NFA 1845/2, Gefechts-Berichte der k.u.k. Infanterie-Regimenter Nr. 80–83, Sibiu, Dec. 1930, GM Leopold Hofbauer, "Erinnerungen an meine Regimentskommando-Führung beim k.u.k. I.R. Nr. 83."
53. KA, B/3 (Dankl): 5/1, Tagebuch (1), Aug. 23, 1914.
54. KA, NFA 1866, k.u. 74 Inf. Brig. Kdo, GM Cvrcek, "Aus führlicher Gefechtsbericht über das Gefechtzw. Andrrzejow und Wierzchowiska der 74. LW Inf. Brig. am 24. Aug. 1914.
55. KA, B/3 (Dankl): 5/1, Tagebuch (1), Aug. 24, 1914.
56. KA, NFA 1845/1, Gefechts-Berichte der k.u.k. Infanterie-Regimenter Nr. 71–79, Aug. 31, 1914, Col. Boeri, "Gefechtsbericht über das Gefecht bei Polichna am 23.8.1914."
57. KA, NFA 1845/1, Gefechts-Berichte der k.u.k. Infanterie-Regimenter Nr. 71–79, Sept. 2, 1914, Col. Felzer, "Gefechtsbericht betreffend das Gefecht bei Polichna am 23.8.1914."
58. *Österreich-Ungarns Letzter Krieg 1914–18,* 1:182–183.
59. KA, NFA 1845/2, Gefechts-Berichte der k.u.k. Infanterie-Regimenter Nr. 80–83, Sibiu, Dec. 1930, GM Leopold Hofbauer, "Erinnerungen am meine Regimentskommando-Führung beim k.u.k. I.R. Nr. 83."
60. Herwig, *First World War,* 91; Gunther E. Rothenberg, *The Army of Francis Joseph* (West Lafayette, IN: Purdue University Press, 1976), 107–108; KA, NFA 2115, 36 ID, Armeeoberkommando (AOK) Etappenoberkommando, Przemysl, Aug. 23, 1914, GM Kanik, "Grosser Verbrauch von Pneumatics."
61. KA, NFA 1845/2, Gefechts-Berichte der k.u.k. Infanterie-Regimenter Nr. 80–83, Sibiu, Dec. 1930, GM Leopold Hofbauer, "Erinnerungen am meine Regimentskommando-Führung beim k.u.k. I.R. Nr. 83."
62. KA, B/3 (Dankl): 5/1, Tagebuch (1), Aug. 24, 1914.
63. KA, Gefechtsberichte (GB) 86, Generalstab Nr. 8,069, "Kriegserfahrungen"; Stone, *Eastern Front,* 86.

CHAPTER 8 ——— 科馬魯夫 Komarów

1. Kriegsarchiv, Vienna (KA), Neue Feld Akten (NFA) 1877, Sept. 28, 1914, GdI Eh. Friedrich,

"Erfahrungen aus den bisherigen Kämpfe."

2. KA, NFA 1868, GM Stipek, Bozen, Oct. 7, 1914, "Gefechtsbericht u. Belohnungsanträge über das Gefecht am 28. Aug. 1914."
3. KA, NFA 1868, Johann Komaromi, "Damals bei Budynin."
4. KA, Gefechtsberichte (GB) 86, Generalstab Nr. 8069, "Kriegserfahrungen, Taktik der Feinde," n.d.; Timothy C. Dowling, *The Brusilov Offensive* (Bloomington: Indiana University Press, 2008), 7; Nikolai N. Golovine, *The Russian Army in the World War* (New Haven, CT: Yale University Press, 1931), 132.
5. Golovine, *Russian Army,* 126; Dowling, *Brusilov Offensive,* 6; Ward Rutherford, *The Tsar's Army 1914–1917,* 2nd ed. (Cambridge: Ian Faulkner, 1992), 24.
6. KA, NFA 1878, k.u.k. 2 Korps Kdo, Jan. 21, 1915, "Kriegserfahrung."
7. KA, NFA 1845/2, Gefecht-Berichte der k.u.k. Infanterie-Regimenter Nr. 80–83, Sibiu, Dec. 1930, GM Leopold Hofbauer, "Erinnerungen an mein Regimentskommando-Führung beim k.u.k. I.R. Nr. 83"; NFA 909, Aug. 17, 1914, "Einfetten der Wasserjacke vorgeschrieben."
8. KA, NFA 1845/2, Gefecht-Berichte der k.u.k. Infanterie-Regimenter Nr. 80–83, Sibiu, Dec. 1930, GM Leopold Hofbauer, "Erinnerungen an mein Regimentskommando-Führung beim k.u.k. I.R. Nr. 83".
9. KA, B/1438:18–28 (Paic), Beilage zum Aufmarschbefehl: "Russland—Charakteristik einiger Generale."
10. Österreichischen Bundesministerium für Heereswesen und vom Kriegsarchiv, *Österreich-Ungarns Letzter Krieg 1914–18* (Vienna: Verlag der Militätwissenschaftlichen Mitteilungen, 1930–1938), 1:184.
11. KA, B/3:14 (Dankl), Karl Paumgartten, "Das Lied vom General Dankl."
12. *Österreich-Ungarns Letzter Krieg 1914–18,* 1:12–13.
13. Dennis E. Showalter, *Tannenberg: Clash of Empires* (North Haven, CT: Archon, 1991), 318–326; Arthur Ruhl, *Antwerp to Gallipoli: A Year of the War on Many Fronts—and Behind Them* (New York: Scribner's, 1916), 106–107.
14. KA, NFA 1807, 15 ID, Gefechtsberichte, k.u.k. 15 ITD Kdo, "Gefecht bei Pukarczow am 27 U. 28. Aug. 1914."
15. KA, NFA 1845/2, Gefecht-Berichte der k.u.k. Infanterie-Regimenter Nr. 80–83, Sibiu, Dec. 1930, GM Leopold Hofbauer, "Erinnerungen an mein Regimentskommando-Führung beim k.u.k. I.R. Nr. 83".
16. FML Rudolf Pfeffer, *Zum 10. Jahrestage der Schlachten von Zlocsow und Przemyslany, 26–30 August 1914* (Vienna: Selbstverlag, 1924), 42; *Österreich-Ungarns Letzter Krieg 1914–18,* 1:186.
17. Pfeffer, *Zum 10. Jahrestage,* 43.
18. *Österreich-Ungarns Letzter Krieg 1914–18,* 1:190; Moritz Freiherr von Auffenberg-Komarów, *Aus Österreichs Höhe und Niedergang: Eine Lebensschilderung* (Munich, Drei Masken Verlag, 1921), 293.
19. Josef Redlich, *Schicksalsjahre Österreichs 1908–19: Das politische Tagebuch Josef Redlichs* (Graz: Verlag Böhlau, 1952), 1: 254, 259.
20. Auffenberg-Komarów, *Aus Österreichs,* 295–296.
21. KA, NFA 1840, k.u.k. IR Nr. 5, Innsbruck, May 10, 1915, Maj. Koch, "Gefechtsbericht: Erei-

gnisse vom 26–29 August 1914.

22. KA, NFA 1850, k.u.k. bh IR Nr. 1, Vienna, Oct. 30, 1914, "Gefechtsbericht," Capt. Nikolaus von Ribicey; Vienna, Oct. 25, 1914, Oberlt. Anton Viditz, "Gehorsamste Bitte."
23. KA, NFA 1850, Vienna, Dec. 6, 1914, Capt. Bruno Brelic, "Gefechtsbericht."
24. KA, Militärkanzlei Seiner Majestät (MKSM), MKSM-SR 95, Aug. 30, 1914, AOK to MKSM.
25. KA, NFA 1807, 15 ID, Gefechtsberichte, k.u.k. 15 ITD Kdo, "Gefecht bei Pukarczow am 27 und 28. Aug. 1914."
26. Ibid.; KA, NFA 909, 6. Korpskommando, Stubienko, Aug. 19, 1914, "Disposition"; NFA 909, Oleszyce, Aug. 28, 1914, GM Krauss.
27. Auffenberg-Komarów, *Aus Österreichs,* 296–297.
28. KA, NFA 1878, "Unzulänglichkeit unserer Friedenskader des Heeres."
29. KA, B/1438:29–37 (Paic), GM Paic, "Auszug aus dem Tagebuche des XIV. Korpskommandos für die Zeit vom 26 August bis 14. September 1914"; *Österreich-Ungarns Letzter Krieg 1914–18,* 1:199.
30. KA, B/677:11–22, June 1918, "Den Verlauf der Schlacht von Komarów."
31. Auffenberg-Komarów, *Aus Österreichs,* 295–297.
32. KA, MKSM-SR 95, Aug. 30, 1914, AOK to MKSM; *Österreich-Ungarns Letzter Krieg 1914–18,* 1:200.
33. KA, NFA 1868, Johann Komaromi, "Damals bei Budynin."
34. Auffenberg-Komarów, *Aus Österreichs,* 298.
35. Winston S. Churchill, *The World Crisis: The Eastern Front* (London: Thornton Butterworth, 1931), 29.
36. KA, B/677:11–22, June 1918, "Den Verlauf der Schlacht von Komarów"; Auffenberg-Komarów, *Aus Österreichs,* 301.
37. KA, NFA 1807, 15 ID, Gefechtsberichte, k.u.k. 15 ITD Kdo, "Gefecht bei Pukarczow am 27 und 28. Aug. 1914."
38. Churchill, *World Crisis,* 161.
39. C. R. M. F. Cruttwell, *A History of the Great War 1914–1918* (Chicago: Academy, 2007 [1934]), 40; Norman Stone, *The Eastern Front 1914–1917* (London: Penguin, 1998 [1975]), 85–86; Rutherford, *Tsar's Army,* 25–26.
40. KA, B/677:11–22, June 1918, "Den Verlauf der Schlacht von Komarów."
41. Rudolf Jerabek, "Die Brussilowoffensive 1916: Ein Wendepunkt der Koalitionskriegsführung der Mittelmächte," dissertation, Vienna, 1982, 13.
42. KA, NFA 1868, Lt. Karl Popper, "Das Feldjaegerbattalion Nr. 6 im Weltkrieg 1914."
43. KA, NFA 1845/2, Gefechts-Berichte der k.u.k. Infanterie-Regimenter Nr. 80–83 Sibiu, Dec. 1930, GM Leopold Hofbauer, "Erinnerungen an meine Regimentskommando-Führung beim k.u.k. I.R. Nr. 83."
44. KA, NFA 909, Vienna, Aug. 25, 1914, FZM Krobatin, "Mitteilungen über Kriegsereignisse."
45. Stone, *Easter Front,* 88; Auffenberg-Komarów, *Aus Österreichs,* 299.
46. KA, NFA 1372, 3, Armeekdo, Sambor, Aug. 20, 1914, GdK Brudermann, to corps, "Festigung der Disziplin"; Lemberg, Aug. 22, 1914, GdK Brudermann to corps, "Verbreitung unwahrer

Gerüchte."
47. KA, NFA 1842, Przemysl, Aug. 30, 1914, Op. 1962, GdI Conrad.
48. KA, B/1438:18–28 (Paic), Beilage zum Aufmarschbefehl: "Russland—Charakteristik einiger Generale."
49. KA, B/677:11–22 (Auffenberg), n.d., Auffenberg, "Verlauf der Schlacht von Komarów"; Auffenberg, 314–316; Golovine, *Russian Army,* 143.
50. KA, B/677:11–22, June 1918, "Den Verlauf der Schlacht von Komarów."
51. KA, B/677:11–22 (Auffenberg), n.d., Auffenberg, z Vienna, Dec. 1916, "Skizze aus den letzten drei Jahren meiner 43-jährigen Dienstzeit."

CHAPTER 9 —— 倫貝格與拉瓦魯斯卡 Lemberg and Rawa-Ruska

1. Österreichischen Bundesministerium für Heereswesen und vom Kriegsarchiv, *Österreich-Ungarns Letzter Krieg 1914–18* (Vienna: Verlag Militätwissenschaftlichen Mitteilungen, 1931–1938), 1:187.
2. Otto Laserz, "Die Feuertaufe von einem Kaiserschützen, der sie August 1914 miterlebte," unpublished manuscript, Kriegsarchiv (KA) Handbibliothek, n.d.
3. KA, Neue Feld Akten (NFA) 1803, 6. ITD, "Gefechtsbericht über die Gefechte bei Gologory und Turkocin in der Zeit vom 26 bis 31. Aug. 1914."
4. KA, NFA 1795, Lemberg, Aug. 29, 1914, GdK Kolossváry, "Bericht über das Gefecht am 26 und 27. Aug. 1914."
5. KA, NFA 1367, k.u.k. 3 Armeekommando, Lemberg, Aug. 26, 1914, GdK Brudermann to corps and division commands.
6. KA, NFA 1795, 11 Korps Kdo, Lemberg, Aug. 29, 1914, GdK Kolossváry, "Bericht über das Gefecht am 26 und 27. Aug. 1914."
7. KA, NFA 1372, k.k. österreichisch Staatsbahndirektion, Lemberg, Aug. 28, 1914.
8. KA, NFA 1794, 3 Korpskdo, "Gefechtsbericht über die Gefechte vom 26 bis 31 Aug. 1914."
9. Ibid.; NFA 529, 9 ID, AOK Op. Nr. 1996, Sept. 16, 1914; KA, NFA 1842, Sept. 7, 1914, AOK to 32 ID.
10. KA, NFA 1794, 3 Korpskdo, "Gefechtsbericht über die Gefechte vom 26 bis 31 Aug. 1914," Fortsetzung des Angriffes.
11. KA, NFA 1367, Lemberg, Aug. 27, 1914, GdK Brudermann to corps and division commanders; Rudolf Pfeffer, *Zum 10. Jahrestage der Schlachten von Zlocsow und Przemyslany, 26–30 August 1914* (Vienna: Selbstverlag, 1924), 47–49.
12. KA, NFA 1803, 6 ITDskdo, "Gefechtsbericht über die Gefechte bei Gologory und Turkocin in der Zeit vom 26 bis 31. Aug. 1914."
13. KA, NFA 1794, 3. Korpskdo, "Gefechtsbericht über die Gefechte vom 26 bis 31 Aug. 1914."
14. Pfeffer, *Zum 10. Jahrestage,* 64; Franz Conrad von Conrad Hötzendorf, *Aus Meiner Dienstzeit 1906–1918* (Vienna: Rikola, 1921–23), 4: 540–542.
15. Alfred Krauss, *Die Ursachen unserer Niederlage: Erinnerungen und Urteile aus den Weltkrieg,* 3rd ed. (Munich: 1923), 99–101.
16. KA, NFA 1795, Lemberg, Aug. 29, 1914, GdK Kolossváry, "Bericht über das Gefecht am 26

und 27. Aug. 1914."
17. KA, NFA 1795, Vienna, Nov. 14, 1914, GdI Meixner, "Die Tätigkeit des VII Korps."
18. Pfeffer, *Zum 10. Jahrestage,* 70, 89.
19. Ibid., 50.
20. General A. A. Broussilov, *Mémoires du General Broussilov: Guerre 1914–18* (Paris: Hachette, 1929), 55.
21. KA, NFA 1367, Lemberg, Aug. 30, 1914, GdK Brudermann to corps and division commanders.
22. KA, NFA 1842, Sept. 7, 1914, k.u.k. AOK to 32 ID, "Kampfweise der Russen."
23. KA, NFA 1877, Sept. 28, 1914, GdI Eh. Friedrich, "Erfahrungen aus den bisherigen Kämpfen."
24. KA, NFA 1845/2, Gefechts-Berichte der k.u.k. Infanterie-Regimenter Nr. 80–83, Sibiu, Dec. 1930, GM Leopold Hofbauer, "Erinnerungen an meine Regimentskommando-Führung beim k.u.k. I.R. Nr. 83."
25. KA, NFA 911, 4. Armeekommando, Dec. 14, 1914, GdI Eh. Joseph Ferdinand, "Protokoll aufgenommen am 11. Nov. 1914, Gefangennahme und Flucht des Zugsführers Josef Erlsbacher."
26. KA, NFA 1367, 3. Armee Kdo, Grodek, Aug. 31, 1914, GdK Brudermann to corps commanders; Pfeffer, *Zum 10. Jahrestage,* 92.
27. Broussilov, *Mémoires,* 56.
28. KA, NFA 1372, 3. Armeekdo, Sept. 4, 1914, GdK Brudermann to corps.
29. Pfeffer, *Zum 10. Jahrestage,* 76, 95.
30. Stanley Washburn, *On the Russian Front in World War I: Memoirs of an American War Correspondent* (New York: Robert Speller, 1982), 48–49.
31. Pfeiffer, *Zum 10. Jahrestage,* 58–9; Hötzendorf, *Aus Meiner Dienstzeit,* 4:533.
32. Moritz Freiherr von Auffenberg-Komarów, *Aus Österreichs Höhe und Niedergang: Eine Lebensschilderung* (Munich: Drei Masken Verlag, 1921), 272, 304–305.
33. Holger H. Herwig, *The First World War: Germany and Austria-Hungary 1914–1918* (London: Edw. Arnold, 1997), 91; General Josef von Stürgkh, *Im Deutschen Grossen Hauptquartier* (Leipzig: Paul List, 1921), 40.
34. Stürgkh, *Im Deutschen Grossen Hauptquartier,* 40–41.
35. Gunther E. Rothenberg, *The Army of Francis Joseph* (West Lafayette, IN: Purdue University Press, 1976), 177; Stanley Washburn, *Field Notes from the Russian Front* (London: Andrew Melrose, 1915), 61.
36. KA, Militärkanzlei Franz Ferdinand (MKFF) 202, "Die Minimalkriegsfälle Winter 1910/11": "Zu viel und zu wenig! Es muss nicht immer wie 1866 sein! Dass man gleich den ganzen Aufmarsch auf eine unglückliche Politik basirt, das ist zu dumm!"
37. Fedor Stepun, *Wie war es möglich: Briefe eines russischen Offiziers* (Munich: Carl Hanser Verlag, 1929), 18–19.
38. KA, Militärkanzlei Seiner Majestät (MKSM-SR) 95, Lemberg, Sept. 6, 1914, Statthalter Galizien to Stürkgh. NFA 909, 4. Armeekommando, "Nationalitäten Galiziens"; NFA 1877, Sept. 28, 1914, GdI Eh. Friedrich, "Erfahrungen aus den bisherigen Kämpfen."

39. National Archives and Records Administration, Washington, DC (NARA), M 865, roll 22, Vienna, Sept. 10, 1924, Carol Foster, "The Culture of Austria."
40. Norman Stone, *The Eastern Front 1914–1917* (London: Penguin, 1998 [1975]), 89, Karl Kraus, ed. *Die Fackel* (Munich: Kösel-Verlag, 1968–1976), 6:3, "Wenn die Trompete statt der Kanone los ging, er könnte noch immer der tüchtigster Feldherr sein" (*Fackel* 366, Jan. 1913).
41. KA, NFA 909, k.u.k. 6. Korpskommando, Sept. 3, 1914, GdI Boroevic, "Alle drei Divisione."
42. KA, NFA 1367, 3. Armeekdo, Mosciska, Sept. 3, 1914, GdK Brudermann to corps. Auffenberg-Komarów, *Aus Österreichs,* 339.
43. KA, NFA 1868, Lt. Karl Popper, "Das Feldjaegerbattalion Nr. 6 im Weltkrieg 1914."
44. KA, B/1438:29–37 (Paic), GM Paic, "Auszug aus dem Tagebuche des XIV. Korpskommanados für die Zeit vom 26. August bis 14. September 1914."
45. KA, B/1438:29–37 (Paic), July 31, 1929, "Die Armeegruppe Erzherzog Joseph Ferdinand während der Schlacht bei Rawa-Ruska-Lemberg."
46. Auffenberg-Komarów, *Aus Österreichs,* 307.
47. KA, B/677:11–22 (Auffenberg), Vienna, December 1916, "Skizze aus den letzten drei Jahren meiner 43 jährigen Dienstzeit"; NFA 909, 4. Armeekommando, Zakliczyn, Sept. 25, 1914, Armeebefehl. Auffenberg-Komarów, *Aus Österreichs,* 313.
48. KA, B/1438:29–37 (Paic), July 31, 1929, "Die Armeegruppe Erzherzog Joseph Ferdinand während der Schlacht bei Rawa-Ruska-Lemberg."
49. KA, NFA 1842, 32 ID, k.u.k. 2. Armee-Kdo, Dobromil, Sept. 13, 1914, GdK Böhm-Ermolli.
50. Auffenberg-Komarów, *Aus Österreichs,* 338.
51. KA, MKSM-SR 95, Tagesberichte AOK 1914.
52. KA, NFA 1367, Armee Kdo, Mosciska, Sept. 4, 1914, GdK Brudermann to corps.
53. Service Historique de l'Armée de Terre, Vincennes (SHAT), EMA, 7N 1128, Vienna, Oct. 14, 1897, Cdt. Berckheim, "Notes sur le haut commandement en Autriche."
54. KA, B/96:3a (Brudermann), "Brief Sr. Kais. Hoheit des AOK GdI Eh. Friedrich an Se. Majestät Kaiser Franz Josef I."
55. Auffenberg-Komarów, *Aus Österreichs,* 344.
56. KA, MKSM-SR 95. Sept. 6, 1914, AOK to MKSH; Herwig, *First World War,* 94.
57. KA, NFA 1367, 3. Armeekdo, Oct. 2, 1914, "Folgende Beobachtungen und Erfahrungen aus der Front in den bisherigen Kämpfen."
58. KA, Gefechtsbericht (GB) 86, Generalstab Nr. 8069, "Kriegserfahrungen, Taktik der Feinde," n.d.
59. KA, NFA 1845/2, Gefechts-Berichte der k.u.k. Infanterie-Regimenter Nr. 80–83 Sibiu, Dec. 1930, GM Leopold Hofbauer, "Erinnerungen an meine Regimentskommando-Führung beim k.u.k. I.R. Nr. 83."
60. KA, NFA 1367, 3 Armee Kdo, Mosciska, Sept. 9, 1914, GdI Boroevic to corps.
61. Josef Redlich, *Schicksalsjahre Österreichs 1908–19: Das politische Tagebuch Josef Redlichs* (Graz: Verlag Böhlau, 1953), 1:270, Sept. 9, 1914.
62. Lawrence Sondhaus, *Franz Conrad von Hötzendorf: Architect of the Apocalypse* (Boston: Humanities Press, 200), 159.
63. KA, NFA 1838, 15 Drag. Regt., Sept. 15, 1914, "Gefechtsbericht über das Gefecht am 8/9 bei

M.H. Czana östl. Rzyczki;" SHAT, AAT, EMA 7N 848, 2ème Bureau, Section Russe, "Die Stärkeverhältnisse in den bedeutendsten Schlachten des Weltkrieges: Deutschland und Österreich-Ungarn."

64. KA, B/1438 (Paic): 29–37, GM Josef von Paic, "Die Kämpfe des 2. Regiments der Tiroler Kaiserjäger am 6. u. 7. September 1914." Most of this exposé has been destroyed or lost—only a few suggestive pages remain. Auffenberg-Komarów, *Aus Österreichs,* 339–341.

65. KA, NFA 1868, March 2, 1916, Maj. Beck, "Ereignisse am 6. u. 7. Sept. 1914"; Plesna, Sept. 28, 1914, "Bericht über das Gefecht bei Michalovko am 7. Sept. 1914."

66. KA, NFA 1868, Lt. Karl Popper, "Das Feldjaegerbattalion Nr. 6 im Weltkrieg 1914."

67. KA, B/1438:29–37 (Paic), GM Paic, "Auszug aus dem Tagebuche des XIV. Korpskommanados für die Zeit vom 26. August bis 14. September 1914."

68. KA, Armeeoberkommando (AOK) 1914/15, Evidenzbureau (EVB) 3510, Cracow, Dec. 17, 1914.

69. KA, NFA 911, 4. Armeekommando, Dec. 14, 1914, GdI Eh. Joseph Ferdinand, "Protokoll aufgenommen am 11. Nov. 1914, Gefangennahme und Flucht des Zugsführers Josef Erlsbacher"; Sondhaus, *Franz Conrad von Hötzendorf,* 75–76.

70. KA, NFA 1372, 3. Armeekdo, Moswiska, Sept. 6, 1914, GdK Brudermann to corps.

71. Broussilov, *Mémoires,* 58.

72. KA, NFA 909, k.u.k. AOK, Sept. 7, 1914, "Kampfweise der Russen."

73. KA, NFA 1813, 30 ITD, Gorlice, Oct. 3, 1914, FML Kaiser, "Gefechtsbericht über die Zeit vom 6–12 Sept. 1914."

74. KA, B/1438:29–37 (Paic), GM Paic, "Auszug aus dem Tagebuche des XIV. Korpskommanados für die Zeit vom 26. August bis 14. September 1914."

75. Sondhaus, *Franz Conrad von Hötzendorf,* 155.

76. Auffenberg-Komarów, *Aus Österreichs,* 358.

77. Ibid., 359.

78. KA, B/1438:29–37 (Paic), GM Paic, "Auszug aus dem Tagebuche des XIV. Korpskommanados für die Zeit vom 26. August bis 14. September 1914."

79. Auffenberg-Komarów, *Aus Österreichs,* 363.

80. Washburn, *On the Russian Front,* 51.

81. Arthur Ruhl, *Antwerp to Gallipoli: A Year of the War on Many Fronts—and Behind Them* (New York: Scribner's, 1916), 231; Washburn, *On the Russian Front,* 51.

82. KA, NFA 1367, 3. Armee Kdo, Mosciska, Sept. 11, 1914, GdI Boroevic to corps.

83. KA, NFA 1367, Przemysl, Sept. 13, 1914, Przemysl, GdI Boroevic to corps; Auffenberg-Komarów, *Aus Österreichs,* 364.

84. Timothy C. Dowling, *The Brusilov Offensive* (Bloomington: Indiana University Press, 2008), 14–16.

85. KA, B/1438:18–28 (Paic), "Der Fall Auffenberg."

86. Haus-, Hof- und Staatsarchiv, Vienna (HHSA), Politisches Archiv (PA) I, 842, Berlin, Aug. 25, 1914, Prince Gottfried Hohenlohe to Berchtold; Herwig, *First World War,* 92–93.

87. HHSA, PA I, 842, Berlin, Aug. 25, 1914, Hohenlohe to Berchtold, Sept. 7, 1914.

88. KA, NFA 909, 4. Armeekommando, Sept. 15, 1914, "Orientierung von Offizieren und Manns-

chaft über Aufgabe."
89. Washburn, *Field Notes,* 65.
90. KA, NFA 910, AOK, Oct. 15, 1914, GdI Eh Friedrich, "Versprengte—Massnahmen gegen dieselben"; NFA 1367, 3. Armeekdo, Przemysl, Sept. 15, 1914, GM Boog to corps.
91. KA, NFA 1367, 3 Armeekdo, Przemysl, Sept. 15, 1914, GM Boog to corps.
92. Auffenberg-Komarów, *Aus Österreichs,* 369.
93. KA, NFA 1367, 3 Armeekdo, Krosno, Sept. 20 and 21, 1914, GdI Boroevic to corps.
94. Auffenberg-Komarów, *Aus Österreichs,* 370.
95. Ibid., 374.
96. C. R. M. F. Cruttwell, *A History of the Great War 1914–1918* (Chicago: Academy, 2007 [1934], 52; KA, MKFF 189, "Ein Bankerott."
97. Auffenberg-Komarów, *Aus Österreichs,* 377–378.
98. Ibid., 366–367.
99. KA, B/677:11–22, Berlin, n.d., Freiherr von Schönthan zu Pernwaldt, "Erinnerungen an den Sieger von 'Komaro'"; Auffenberg-Komarów, *Aus Österreichs,* 380, 389.
100. KA, NFA 910, 4. Armee Kdo, Zakliczyn, Oct. 2, 1914, GdI Auffenberg, "Offiziere und Soldaten der 4. Armee!"
101. I. S. Bloch, *The Future of War* (Boston: Ginn, 1897), 45.
102. KA, NFA 1367, 3. Armeekdo, Oct. 2, 1914, "Folgende Beobachtungen und Erfahrungen aus der Front in den bisherigen Kämpfen."
103. KA, B/677:11–22, Berlin, n.d., "Erinnerungen an den Sieger von 'Komarów'"; Winston S. Churchill, *The World Crisis:: The Eastern Front* (London: Thornton Butterworth, 1931), 220.
104. Herwig, *First World War,* 75, 95.
105. KA, NFA 909, k.u.k. Kriegsministerium, Kriegsfürsorgeamt, Vienna, Sept. 20, 1914, FML Löbl, "Aufruf."
106. Herwig, *First World War,* 90.
107. KA, NFA 1367, 3. Armeekdo, Oct. 2, 1914, GdI Boroevic to corps. B/677:11–22, Berliner, n.d., "Erinnerungen an den Sieger von 'Komarów.'"
108. Washburn, 59; Ruhl, *Antwerp to Gallipoli,* 231.
109. KA, MKSM-SR 95, Sept. 29, 1914, AOK to MKSM.

CHAPTER 10 —— 死於德里那河邊 Death on the Drina

1. Rudolf Jerabek, *Potiorek* (Graz, Verlag Styria, 1991), 138–139, 151, 160–161.
2. Kriegsarchiv, Vienna (KA), B/1503:7, FZM Potiorek to Armeeoberkommando (AOK) and Militärkanzlei Seiner Majestät (MKSM), "Resüme der serbischen Truppenverteilung 31. August."
3. KA, B/1503:7, Sept. 2, 1914, Conrad to Potiorek; Jerabek, *Potiorek,* 136, 142.
4. KA, B/1503:6, Vienna, Aug. 14, 22, and 25, 1914 and B/1503:7, Vienna, Aug. 29, 1914, Bolfras to Potiorek; Jerabek, *Potiorek,* 133–134.
5. Jerabek, *Potiorek,* 137.
6. KA, AOK 1914, Evidenzbureau (EVB) 3506, k.u.k. 6 Armee-Kommando, Sarajevo, Aug. 25

and 26 and Sept. 1 and 3, 1914, Potiorek to MKSM; NFA 2115, 416/28, 5 Armee, Sept. 6, 1914, "Resumé über feindliche Lage"; James M. B. Lyon, " 'A Peasant Mob': The Serbian Army on the Eve of the Great War," *Journal of Military History* 61 (July 1997): 492.

7. KA, Neue Feld Akten (NFA) 2115, 13. Korps-Kommando, Bijelina, Sept. 3, 1914, GdI Rhemen.

8. KA, NFA 2115, 36 ID, Bijelina, Sept. 3, 1914, GdI Rhemen, "Bermerkungen."

9. KA, NFA 475, 41 Sch. Brig., Seliste, Sept. 9, 1914, GdK Giesl.

10. KA, NFA 475, 41 Sch. Br., Jarak, Sept. 24, 1914, FML Krauss to GM Panesch. Op. Nr. 195/40, FML Krauss, "Direktiven für die nächsten Kämpfe."

11. KA, NFA 475, 41 Sch. Br., Jarak, Sept. 24, 1914, FML Krauss.

12. KA, MKSM-SR 95, Sarajevo, Sept. 7, 1914, Präsidialbureau Bosnien-Herzegovina to Potiorek.

13. Jerabek, *Potiorek,* 140–142; KA, B/1503:6, Op. Nr. 453, Sarajevo, Aug. 29, 1914, "Fliegermeldung"; KA, B/1503:7, Doboj, Sept. 3, 1914, Potiorek to Bolfras; Sept. 4, 1914, AOK to Potiorek.

14. Felix Prinz zu Schwarzenberg, *Briefe aus dem Felde 1914–18* (Vienna: Schwarzenbergisches Administration, 1953), 23.

15. KA, NFA 528, 9 ID, "Tagebuch II, 21. Aug-8-Okt. 1914"; GB 30, k.u.k. Inf-Brig-Kdo, Vehino selo, Sept. 11, 1914, GM Daniel, "Gefechtsbericht über der Kämpfe an der Drina am 8. bis 9. Sept. 1914."

16. KA, NFA 2115, 5. Armee-Kommando, Brcko, Aug. 31, 1914, Frank to 36 ITD.

17. KA, Gefechtsberichte (GB) 24, 36 ITD, "Gefechtsbericht über Drinaforzierung von Megjasi am 8. Sept. 1914"; NFA 2115, 36 ID, I.R. Nr. 79, Col. Schöbl, "Gefechtsbericht für den 8. Sept. 1914"; GB 1, Jamena, Sept. 13, 1914, GdI Frank, "Gefechtsbericht Raca und Megjasi."

18. KA, NFA 475, 41 Sch. Brig., Sept. 10, 1914, Oblt. Sappe, "Gefechtsbericht für den 8–9 Sept. 1914"; 8 Korps-Kommando, Op. Nr. 511, Seliste, Sept. 9, 1914, GdK Giesl.

19. KA, NFA 475, 41, Sch. Br., Op. Nr. 195/40, Sept. 1914, FML Krauss, "Direktiven für die nächsten Kämpfe"; NFA 191, 18 Inf-Brig., k.u.k. 18 Inf-Brig-Kdo, Serb. Raca, Sept. 23, 1914.

20. KA, NFA 529, 9 ID, Raca, Oct. 2, 1914.

21. KA, NFA 529, 9 ID, Oct. 10, 1914, GM Daniel.

22. KA, GB 10, k.u.k. 4 Gebirgsbrigadekommando, "Gefechtsbericht 8. und 9. Sept. 1914."

23. Jerabek, *Potiorek,* 150–151.

24. KA, NFA 529, 9 I.D., 8 Korps-Kdo, Seliste, Sept. 4, 1914 and Grk Sept. 17, 1914, GdK Giesl.

25. KA, GB 10, k.u.k. 4 Gebirgsbrigade-Kdo, Debelsosaje, Sept. 26, 1914, "Gefechtsbericht über die Gefechte vom 13–16 Sept. 1914."

26. KA, NFA 170, 17 Brig., k.u.k. 8 Korps-Kdo, Grk, Sept. 18, 1914.

27. KA, GB 10, "Gefechtsbericht Landwehr 37, 8. September"; GB 42, 1 Geb. Brig., Jagodna, Sept. 25, 1914, "Gefechts-Berichte."

28. KA, GB 24, 36 ITD, "Gefechtsbericht über Drinaforzierung von Megjasi am 8. Sept. 1914"; Manfried Rauchensteiner, *Der Tod des Doppeladlers: Österreich-Ungarn und der Erste Weltkrieg* (Graz: Verlag Styria, 1993), 133.

29. Schwarzenberg, *Briefe aus dem Felde,* 19.

30. KA, NFA 2115, 36 ID, Megjasi, Sept. 12, 1914, Capt. Bubin, "Wahrnehmungen bei eigenen

Truppen."

31. KA, NFA 475, 41 Sch. Brig., Jarak, Sept. 19 and 24, 1914, FML Krauss, "Abfertigung."
32. Arthur Ruhl, *Antwerp to Gallipoli: A Year of the War on Many Fronts—and Behind Them* (New York: Scribner's, 1916), 251.
33. KA, NFA 475, 41 Sch. Brig., Jarak, Sept. 29, 1914, FML Krauss, "Abfertigung."
34. KA, NFA 2115, 36 ITD-Kommando, "Nachrichten über den Feind."
35. Groszen Generalstab, Serbien, *Der Grosze Krieg Serbiens zur Befreiung und Vereinigung der Serben, Kroaten und Slovenen* (Belgrade: Buchdruckerei des Ministeriums für Krieg und Marine, 1924–1926), 2:261.
36. Haus-, Hof und Staatsarchiv, Vienna (HHSA), Politisches Archiv (PA) I, 905, Budapest, Sept. 15, 1914, Tisza to Berchtold *per Telefon*.
37. KA, NFA 475, 5 Armee Etappenkommando, Sept. 9, 1914, Col. Ottokar Landwehr; NFA 1787, 2 A.K., Sambor, Sept. 6, 1914, "Beschiessen von Automobilen."
38. KA, NFA 475, 41 Sch. Brig., Sept. 21, 1914, FML Krauss, "Beitrag zur Abfertigung"; NFA 529, 9 ID, 6. Armee-Kommando Op. 601/OK, Sept. 23, 1914.
39. KA, NFA 529, 9 ID, 8 Korps-Kdo, Grk, Sept. 18 and Raca Sept. 27, 1914, GdI Frank.
40. KA, NFA 475, Vienna, Sept. 20, 1914, Kriegsministerium Erlass; GB 42, 6 Gebirgsbrigade-Kommando, Lipnica, Oct. 8, 1914, GM Goisinger, "Bericht über die Kämpfe um Jagodna."
41. KAA, B/1503:7, Vienna, Sept. 20 and 26 and Oct. 8, 1914, Bolfras to Potiorek, "Hier gibt es keinen Hofkriegsrat."
42. KA, NFA 2115, 36 ID, Op. 663/OK, "französischer Kriegsschauplatz."
43. Jerabek, *Potiorek,* 155.
44. HHSA, PA I, 905, Sofia, Sept. 26, 1914, Mittag to Berchtold; Athens, Sept. 25, 1914, Szilassy to Berchtold; Jeniköj, Sept. 24, 1914, Pallavicini to Berchtold.
45. C. R. M. F. Cruttwell, *A History of the Great War 1914–1918* (Chicago: Academy, 2007 [1934]), 53; Holger H. Herwig, *The First World War: Germany and Austria-Hungary 1914–1918* (London: Edw. Arnold, 1997), 89.
46. KA, NFA 2115, Oct. 1, 1914, AOK to 13 Korps-Kommando, GdI Eh. Friedrich.
47. Jerabek, *Potiorek,* 156–158.
48. KA, AOK, EVB 3506, 96/B, 112B, 115/B, 123/B, 131B. Sept. 12, 20, 21, 23, 25 and Oct. 1, 7, 1914. NFA 2115, 13 Korps-Kdo, Op. Nr. 225/7, Sept. 25, 1914, "Nachrichten über den Feind."

CHAPTER 11 ——— 華沙 Warsaw

1. General Josef von Stürgkh, *Im Deutschen Grossen Hauptquartier* (Leipzig: Paul List, 1921), 46, 132.
2. Octavian C. Taslauanu, *With the Austrian Army in Galicia* (London: Streffington, 1919), 75.
3. Graydon Tunstall, *Blood on the Snow: The Carpathian Winter War of 1915* (Lawrence: University Press of Kansas, 2010), 10.
4. Kriegsarchiv, Vienna (KA), Gefechtsberichte (GB) 1, "Die Kämpfe der Gruppe Hofmann in den Karpathen im Sept. und Okt. 1914."
5. KA, Neue Feld Akten (NFA) 910, Zakliczyn, Sept. 28, 1914, GM Krauss, "Widerrechtliche

Benützung von Krankenzügen"; K.u.k. Kriegsministerium, Abt. 10, Vienna, Nov. 27, 1914, UM Urban, "Transporte, deren Abgehen."

6. Rudolf Jerabek, "Die Brussilowoffensive 1916: Ein Wendepunkt der Koalitionskriegsführung der Mittelmächte," dissertation, Vienna, 1982, 12.
7. Holger H. Herwig, *The First World War: Germany and Austria-Hungary 1914–1918* (London: Edw. Arnold, 1997), 96.
8. Ibid., 95–96.
9. Haus-, Hof- und Staatsarchiv, Vienna (HHSA), Politisches Archiv (PA) I, 837, Munich, Nov. 24 and Dec. 8, 1914, Oct. 11, 1915, Vélics to Berchtold.
10. HHSA, PA I, 837, Munich, Oct. 22, 1915, Vélics to Burián.
11. HHSA, PA I, 837, Munich, Nov. 24, 1915, Vélics to Burián.
12. HHSA, PA I, 842, Berlin, Oct. 6 and Nov. 8, 1914, Hohenlohe to Berchtold.
13. Norman Stone, *The Eastern Front 1914–1917* (London: Penguin, 1998 [1975]), 96; Jerabek, "Brussilowoffensive," 11.
14. Ward Rutherford, *The Tsar's Army 1914–1917,* 2nd ed. (Cambridge: Ian Faulkner, 1992), 72.
15. Stone, *Eastern Front,* 96; Alfred Knox, *With the Russian Army 1914–17* (London: Hutchinson, 1921), 1:139–140; Rutherford, *Tsar's Army,* 75–76.
16. John Morse, *In the Russian Ranks* (New York: Grosset and Dunlap, 1918), 258; Winston S. Churchill, *The World Crisis: The Eastern Front* (London: Thornton Butterworth, 1931), 85.
17. Winston S. Churchill, *The Unknown War* (New York: Scribner, 1931), 76.
18. Fedor Stepun, *Wei war es möglich: Briefe eins russischen Offiziers* (Munich: Carl Hanser Verlag, 1929), 22, 31.
19. Hew Strachan, *The First World War,* vol. 1, *To Arms* (Oxford: Oxford University Press, 2001), 359; Gunther E. Rothenberg, *The Army of Francis Joseph* (West Lafayette, IN: Purdue University Press, 1976), 181.
20. Stone, *Eastern Front,* 93; Knox, *With the Russian Army,* 1:xxix.
21. Manfried Rauchensteiner, *Der Tod des Doppeladlers: Österreich-Ungarn und der Erste Weltkrieg* (Graz: Verlag Styria, 1993), 146–148; Herwig, *First World War,* 107.
22. Jerabek, "Brussilowoffensive," 13–15, 18–22.
23. Annika Mombauer, *Helmuth von Moltke and the Origins of the First World War* (Cambridge: Cambridge University Press, 2001), 147–148.
24. Capt. B. H. Liddell Hart, *The Real War 1914–1918* (Boston: Little, Brown, 1963), 125; Jerabek, "Brussilowoffensive," 24.
25. Stone, *Eastern Front,* 94–97.
26. Harry Kessler, *Journey to the Abyss: The Diaries of Count Harry Kessler, 1880–1918,* ed. and trans. Laird M. Easton (New York: Knopf, 2011), 655.
27. C. R. M. F. Cruttwell, *A History of the Great War 1914–1918* (Chicago: Academy, 2007 [1934]), 80.
28. Rutherford, *Tsar's Army,* 78; Max Hoffmann, *The War of Lost Opportunities* (New York: International, 1925), 150.
29. Kessler, *Journey to the Abyss,* 657.
30. Morse, *In the Russian Ranks,* 118; Knox, *With the Russian Army* 1:146.

31. Kessler, *Journey to the Abyss,* 653.
32. KA, NFA 1795, 7 KpsKdo, Dobromil, Oct. 31, 1914, GdI Meixner, "Gefechtsbericht über die Kämpfe bei Chyrow und Dobromil von 11 bis 24. Okt. 1914."
33. Rutherford, *Tsar's Army,* 77.
34. Knox, *With the Russian Army,* 1:xxxiii; Rutherford, *Tsar's Army,* 74.
35. KA, NFA 910, Krakau, Nov. 14, 1914, GdI Eh Joseph Ferdinand.
36. Jerabek, "Brussilowoffensive," 1.
37. KA, NFA 1367, 3. Armeekdo, Oct. 29, 1914, GdI Boroevic to corps. Jerabek, "Brussilowoffensive," 1.
38. KA, NFA 1794, 5 Korpskdo, Wachok, Oct. 28, 1914, Maj. Aladar von Kovacs, "Bericht über Situation, Zustand etc. der Truppen des 37. LITD."
39. Kessler, *Journey to the Abyss,* 654.
40. KA, NFA 1794, 1 Korpskdo, Chechlo, Nov. 15, 1914, GdK Kirchbach to GdK Dankl.
41. HHSA, PAI, 842, Dresden, Oct. 29, 1914, Braun to Berchtold.
42. Stürgkh, *Im Deutschen Grossen Hauptquartier,* 132–133.
43. Stone, *Eastern Front,* 101.
44. Stepun, *Wie war es möglich,* 22.
45. Stanley Washburn, *On the Russian Front in World War I: Memoirs of an American War Correspondent* (New York: Robert Speller, 1982), 96–97, Knox, *With the Russian Army,* 1:167.
46. KA, NFA 1868, Lt. Karl Popper, "Das Feldjägerbattalion Nr. 6 im Weltkrieg 1914."
47. KA, NFA 1151, 19. ITD Kdo, Jaroslau, Oct. 28, 1914, Divisionskdobefehl Nr. 10, FML Lukas.
48. Herwig, *First World War,* 108; Stone, *Eastern Front,* 123.
49. KA, NFA 911, AOK, Nov. 16, 1914, "Schilderung der Meldentaten einzelner Truppenkörper und Personen für die Jugend."
50. HHSA, PA I, 842, Berlin, Nov. 12 and 17, 1914, Hohenlohe to Berchtold.
51. Cruttwell, *History of the Great War,* 82; Morse, *In the Russian Ranks,* 130, 155.
52. Liddell Hart, *The Real War,* 109; Max Hoffmann, *War Diaries* (London: Secker, 1929), 1:46.
53. Henry Norman, *All the Russias* (London: William Heinemann, 1902), 3; HHSA, PA I, 837, Munich Dec. 29, 1915, Vélics to Burián; PA I, 842, Berlin, Aug. 11, 1914, Szögeny to Berchtold.
54. HHSA, PA I, 842, Dresden, Oct. 29, 1914, Baron Karl Braun to Berchtold.
55. Jerabek, "Brussilowoffensive," 34–35; Cruttwell, *History of the Great War,* 84.
56. Liddell Hart, *The Real War,* 110.

CHAPTER 12 —— 細長的灰線 The Thin Gray Line

1. Haus-, Hof- und Staatsarchiv, Vienna (HHSA), Politisches Archiv (PA) I, 837, Munich, Nov. 24 and Dec. 8 and 17, 1914, Vélics to Berchtold.
2. Alfred Knox, *With the Russian Army 1914–1917* (London: Hutchinson, 1921), 1:214.
3. HHSA, PA I, 842, Berlin, Nov. 4, 1914, Braun to Berchtold.
4. John Morse, *In the Russian Ranks* (New York: Grosset and Dunlap, 1918), 93.
5. HHSA, PA I, 837, Munich, Dec. 1, 4, 8, 1914, Vélics to Berchtold; PA I, 842, Berlin, Nov. 30, 1914, Braun to Berchtold.

6. Harry Kessler, *Journey to the Abyss: The Diaries of Count Harry Kessler,* ed. and trans. Laird M. Easton (New York: Knopf, 2011), 673.
7. Österreichischen Bundesministerium für Heereswesen und vom Kriegsarchiv, *Österreich-Ungarns Letzter Krieg 1914–18* (Vienna: Verlag Militätwissenschaftlichen Mitteilungen, 1931–1938), 1: 173–174.
8. Timothy C. Dowling, *The Brusilov Offensive* (Bloomington: Indiana University Press, 2008), 6–7; Knox, *With the Russian Army,* 1:196, 217.
9. Knox, *With the Russian Army,* 1:xxxiii, 218.
10. HHSA, PA I, 837, Munich, Nov. 24 and Dec. 1, 8, 17, 20, 1914, Vélics to Berchtold, "Mannschaften vorwärts, Munition zurückhalten."
11. Knox, *With the Russian Army,* 1:229.
12. C. R. M. F. Cruttwell, *A History of the Great War 1914–1918* (Chicago: Academy, 2007 [1934]), 87.
13. Ward Rutherford, *The Tsar's Army 1914–1914,* 2nd ed. (Cambridge: Ian Faulkner, 1992), 75.
14. Kriegsarchiv, Vienna (KA), Neue Feld Akten (NFA) 911, k.u.k. 4. Armeekommando, Nov. 29, 1914, GdI Eh Joseph Ferdinand.
15. Fedor Stepun, *Wie war es möglich: Briefe eines russischen* (Munich: Carl Hanser Verlag, 1929), 31–33.
16. Josef von Stürgkh, *Im Deutschen Grossen Hauptquartier* (Leipzig: Paul List, 1921), 100.
17. KA, NFA 911, 6 KK, "Abfertigung am 29/11"; K.u.k. Festungskommando in Krakau, Krakau, Nov. 27, 1914, "bürgerliches Wohnungsschutzkomite"; "Ganz besonderes wird über die ungarische Honvéd geklagt"; 1. Op.-Armeekdo, Dec. 1, 1914, "Requirierung-Plünderung und Standrecht"; KA, NFA 1868, Lt. Karl Popper, "Das Feldjägerbattalion Nr. 6 im Weltkrieg 1914."
18. Morse, *In the Russian Ranks,* 222.
19. Ibid, 219.
20. Rutherford, *Tsar's Army,* 87.
21. HHSA, PA I, 842, Berlin, Nov. 25, 1914, Braun to Berchtold; Holger H. Herwig, *The First World War: Germany and Austria-Hungary 1914–1918* (London: Edw. Arnold, 1997), 111.
22. Stürgkh, *Im Deutschen Grossen Hauptquartier,* 134.
23. John Reed, *Eastern Europe at War* (London: Pluto, 1994 [1916]), 98.
24. Knox, *With the Russian Army,* 1:181, 220.
25. Kessler, *Journey to the Abyss,* 666–667.
26. Morse, *In the Russian Ranks,* 223–224.
27. Herwig, *First World War,* 109–110; Cruttwell, *History of the Great War,* 86.
28. Rutherford, *Tsar's Army,* 88.
29. HHSA, PA I, 842, Berlin, Nov. 25, 1914, Braun to Berchtold.
30. Herwig, *First World War,* 108.
31. Graydon Tunstall, *Blood on the Snow: The Carpathian Winter War of 1915* (Lawrence: University Press of Kansas, 2010), 7.
32. KA, NFA 911, k.u.k. 1. Op.-Armeekdo, Nov. 29, 1914, "Strafsache Partyka und Pawlina."
33. KA, NFA 911, k.u.k. 1. Op.-Armeekdo, "Erinnerung an Standrechtskundmachung"; "Choleraverdächtige"; KA, Armeeoberkommando (AOK) 1914/15, Evidenzbureau (EVB) 3510, 2

Armee-Kommando, k. Nr. 311, Sanok, Nov. 4, 1914, Col. Bardolff; AOK EVB Nr. 2674, Dec. 16, 1914.

34. Kasper Blond, *Ein Unbekannter Krieg: Erlebnisse eines Arztes während des Weltkrieges* (Leipzig: Anzengruber-Verlag, 1931), 22–24.
35. KA, NFA 911, AOK, Dec. 14, 1914, FM Eh Friedrich, "Verhalten höherer Kommandanten und Kriegsgefängener"; "einer solchen Gesinnungslosigkeit oder ··· Geschwätzigkeit."
36. KA NFA 911, k.u.k. 4. Armeekdo, Dec. 11, 1914, GM Mecenseffy; Dec. 7, 1914, GdI Eh Joseph Ferdinand.
37. KA, B/1438:18–28 (Paic), Col. Theodor von Zeynek, "Aus meinen Tagebuch Notizen 1914."
38. KA, NFA 911, AOK, Dec. 9, 1914, "Gefechtsleitung, Zusammenwirken von Infanterie und Artillerie im Gefecht."
39. KA, NFA 911, Dec. 17, 1914, "1. Meldung."
40. KA, NFA 1868, Lt. Karl Popper, "Das Feldjägerbattalion Nr. 6 im Weltkrieg 1914."
41. Kessler, *Journey to the Abyss,* 664.
42. KA, NFA 170, k.u.k. 5 Armee-Kdo Nr. 602, Dec. 19, 1914, "Nachrichten"; Herwig, *First World War,* 110.
43. KA, B/1438:29–37 (Paic), GM Paic, untitled, undated study of Erzherzog Joseph Ferdinand.
44. KA, B/1450:124–125 (Conrad), Col. Rudolf Kundmann, Tagebuch Nr. 11, Berlin, Jan. 1, 1915: letter, Conrad to Bolfras.
45. KA, NFA 1868, Lt. Karl Popper, "Das Feldjaegerbattalion Nr. 6 im Weltkrieg 1914."
46. KA, B/1438:18–28 (Paic), Col. Theodor von Zeynek, "Aus meinen Tagebuch Notizen 1914."
47. KA, NFA 911, k.u.k. 1. Op-Armeekdo, Dec. 1, 1914, "Ausfassung von papierenen Fusslappen."
48. KA, NFA 1813, 32 ITD, Feb. 3, 1915, Unewel, GM Goiginer, "Gefechtsbericht über die Kämpfe bei Starasol von 10 Oct–6 Nov. 1914."
49. Stepun, *Wie war es möglich,* 20.
50. KA, NFA 1840, k.u.k. Inf Reg Nr. 4, 1 Feldbaon, Standort, Nov. 18, 1914.
51. KA, NFA 1151, 19 ITDKdo, Zaborow, Dec. 27, 1914, Divisionskdobefehl Nr. 13.
52. KA, NFA 911, AOK, Dec. 26, 1914, FM Eh. Friedrich, "Bemerkungen über Truppenführung."
53. KA, NFA 911, AOK, Dec. 15, 1914, GM Krauss, "Russische Spionage."
54. KA, NFA 2116, AOK Nr. 5033, Dec. 9, 1914, GdI Eh. Friedrich, "Gefechtleitung, Zusammenwirken von Infanterie und Artillerie im Gefecht."
55. Dowling, *Brusilov Offensive,* 24–25.
56. Arthur Ruhl, *Antwerp to Gallipoli: A Year of the War on Many Fronts—and Behind Them* (New York: Scribner's, 1916), 250.
57. Stepun, *Wie war es möglich,* 116–117.
58. Manfried Rauchensteiner, *Der Tod des Doppeladlers: Österreich-Ungarn und der Erste Weltkrieg* (Graz: Verlag Styria, 1993), 172–173.
59. KA, B/1438:18–28 (Paic), Col. Theodor von Zeynek, "Aus meinen Tagebuch Notizen 1914"; Lawrence Sondhaus, *Franz Conrad von Hötzendorf: Architect of the Apocalypse* (Boston: Humanities Press, 2000), 162–166, 180–182.
60. Service Historique de l'Armée de Terre, Vincennes (SHAT), AAT, EMA, 7N 851, n.d., "La Propagande en Autriche pendant la guerre mondiale."

61. Herwig, *First World War,* 110.
62. Ruhl, *Antwerp to Gallipoli,* 259–260.
63. Holger Afflerbach, *Falkenhayn: Politisches Denken und Handeln im Kaiserreich* (Munich: Oldenbourg, 1994), 249–254; Stürgkh, *Im Deutschen Grossen Hauptquartier,* 102–103.
64. HHSA, PA I, 837, Munich, Nov. 17, 1914, Vélics to Berchtold, "*Westminister Gazette* has called for 'a curtailment of the war'"; B. H. Liddell Hart, *The Real War 1914–1918* (Boston: Little, Brown, 1963), 69.
65. HHSA, PAI, 837, Munich, Nov. 10, 1914, Vélics to Berchtold, "streng vertraulich"; PA I, 842, Vienna, Dec. 3, 1914, Berchtold to Vélics; "Streng vertraulich: über die gefährliche Anglophobie der Stimmung in Deutschland."

CHAPTER 13 ——— 以塞爾維亞為獻禮 Serbian Jubilee

1. C. R. M. F. Cruttwell, *A History of the Great War 1914*–1918 (Chicago: Academy, 2007 [1934]), 90.
2. Haus-, Hof- und Staatsarchiv, Vienna (HHSA), Politisches Archiv (PA) I, 819, Tuzla, Oct. 25, 1914, Masirevich to Berchtold.
3. Kriegsarchiv, Vienna (KA), Neue Feld Akten (NFA) 170, 17 Brig., k.u.k. Oberkommando der Balkanstreitkräfte, Nov. 5, 1914, FZM Potiorek.
4. Groszen Generalstab, Serbien, *Der Grosze Krieg Serbiens zur Befreiung und Vereinigung der Serben, Kroaten und Slovenen* (Belgrade: Buchdruckerei des Ministeriums für Krieg und Marine, 1924–1926), 3:256, 6:80.
5. KA, B/1503:4, Sarajevo, Oct. 19, 1914, "Promemoria Sektionschef Theodor Zurunic," with margin notes by Bosnian Sektionschef Ludwig Thallóczy; Vienna, Oct. 22, 1914, Thallóczy to FZM Potiorek; HHSA, PA I, 819, Bern, Nov. 22, 1915, Gagern to Burián.
6. KA, NFA 2116, 36 ITD, Op. Nr. 134/24, Ljesnica, Nov. 9, 1914, FML Czibulka.
7. HHSA, PA I, 819, Tuzla, Oct. 23, 1914, Masirevich to Berchtold.
8. Felix Prinz zu Schwarzenberg, *Briefe aus dem Felde 1914–18* (Vienna: Schwarzenbergisches Administration, 1953), 24.
9. Ibid., 24–25; Joseph Schön, *Sabac!* (Reichenberg: Heimatsöhne, 1928), 83.
10. R. G. D. Laffan, *The Serbs* (New York: Dorset Press, 1989 [1917]), 199.
11. KA, NFA 475, 41 Sch. Br., Jarak, Oct. 24, 1914, FML Krauss.
12. KA, Gefechtsberichte (GB) 21, 29 ITD, Op. Nr. 102/10 and 114/17, "Gefechtsbericht für den 31. Okt. und 1. Nov. 1914" and "Gefechtsbericht für den 3. Nov. 1914"; NFA 475, Op. 199/127, Oct. 1, 1914, FML Krauss.
13. KA, B/1503:7, Vienna, Oct. 8, 1914, Bolfras to Potiorek.
14. KA, NFA 2116, 36 ID, Nov. 1, 1914, Trbusnica, IR 16 to 36 ITD.
15. KA, Armeeoberkommando (AOK) 1914, Evidenzbureau (EVB) 3506, k.u.k. Evidenzbureau des Generalstabs, 123/B, 131/B, 148/B, 158/B, 166/B, 178/B, 179/B, Oct. 1, 7, and 23 and Nov. 2, 10, 22, and 23, 1914.
16. KA, GB 42, 4 GB, "Gefechtsbericht über den 6. bis 16. November 1914."
17. KA, NFA 1845/1, Gefechts-Berichte der k.u.k. Infanterie-Regimenter Nr. 71–79, "Die Erstür-

mung des Gucevo-Rückens durch das I.R. 78."
18. Andre Mitrovic, *Serbia's Great War 1914–1918* (West Lafayette, IN: Purdue University Press, 2007), 70.
19. KA, NFA 911, AOK, Nov. 17, 1914 Potiorek via GdI Eh Friedrich; Groszen Generalstab, Serbien, *Der Grosze Krieg,* 3:454.
20. HHSA, PA I, 819, 2a, FPA 305, Feb. 12, 1915, FML Krauss to k.u.k. Kriegsüberwachungsamt.
21. KA, NFA 528, 9 I.D., Oct. 20, 1914, GM Daniel.
22. KA, B/1503:7, Tuzla, Nov. 15 and 16, 1914, FZM Potiorek to Bolfras; NFA 528, 9 ID, Nov. 10–13, 1914, "Disposition."
23. Groszen Generalstab, Serbien, *Der Grosze Krieg,* 3:346.
24. KA, NFA 2116, 36 ITD, Moni Bogovagya, Nov. 18, 1914, Col. Müller.
25. KA, NFA 2160, 4 Geb. Brig., Jagodna, Nov. 6, 1914, "Abfertigung"; NFA 170, 17. Brig., k.u.k. 8 Korps-Kommando Res. Nr. 936, Bogatic, Nov. 4, 1914.
26. KA, NFA 2116, 36 ID, Op. Nr. 128/6, Koviljaca, Nov. 3, 1914, FML Czibulka; HHSA, PA I, 819, 2a, FPA 305, Feb. 12, 1915, FML Krauss to k.u.k. Kriegsüberwachungsamt.
27. KA, NFA 2160, 4 Gebirg, Brig., Nov. 29, 1914, "Intendanz."
28. KA, NFA 1840, k.u.k. IR 6, Baon 1, n.d., "Kämpfe um den Gradjenik com 23–25 Nov. 1914."
29. HHSA, PA I, 819, Tuzla, Nov. 12 and Koviljaca, Nov. 28, 1914, Konstantin Masirevich to Berchtold; KA, B/1503:7, Tuzla, Nov. 18–19, 1914, Potiorek to Bolfras; PA I, 819, Teschen, Nov. 25, 1914, Friedrich Wiesner to Berchtold; Laffan, *The Serbs,* 200.
30. KA, NFA 2116, 36 ID, "Zeitungsnachrichten vom 21. Nov. 1914"; NFA 2161, Nov. 10, 1914, "Neuste Nachrichten."
31. HHSA, PA I, 872, Sofia, Nov. 6, 1914, Tarnowski to Berchtold.
32. KA, B/1503:7, Vienna, Nov. 25, 1914, Bolfras to Potiorek.
33. KA, B/1503:4, Sarajevo, Nov. 20, 1914, Ein hoher bosnischer Funktionär, "Promemoria über die actuelle Behandlung der serbischen Frage in Bosnien."
34. HHSA, PA I, 819, Vienna, Nov. 17, 1914, Berchtold to Potiorek.
35. KA, B/1503:7, Tuzla, Nov. 29, 1914, Potiorek to Kriegsminister.
36. KA, B/1503:7, Tuzla, Nov. 19, 1914, FZM Potiorek, Op. Nr. 2529/OK.
37. KA, NFA 1840, k.u.k. IR 6, Baon 1, nd, "Kämpfe um den Gragjenik com 23–25 Nov. 1914."
38. KA, AOK (1914), EVB 3506, k.u.k. Evidenzbureau des Generalstabs, 183/B, 186/B, 189/B , 190/B, 192/B, Nov 27, 30 and Dec. 3, 4, 6, 1914; HHSA, PAI, 819, Vienna, Dec. 15, 1914, Berchtold to Vladimir Giesl.
39. KA, NFA 1840, k.u.k. IR 6, Baon 1, "Eiziehen der serb. Fahne am 2. Dez. 1914 am Kalimedgan."
40. HHSA, PA I, 819, Munich, Dec. 3, 1914, Ludwig Vélics to Berchtold.
41. HHSA, PA I, 819, Teschen, Nov. 25, 1914, Wiesner to Berchtold.
42. Groszen Generalstab, Serbien, *Der Grosze Krieg,* 3:424–425.
43. Mitrovic, *Serbia's Great War,* 73–74.
44. Ibid, xv.
45. KA, B/16, Beilage 2, "Aus den persönlichen Vormerkungen des Generals der Infanterie Oskar Potiorek vom 17. Nov. 1914."

46. Rudolf Jerabek, *Potiorek* (Graz: Verlag Styria, 1991), 168–170.
47. KA, NFA 529, 9 ID, Nov. 30, 1914, "Abfertigung"; NFA 170, 17 Brig., 5 Armee-Etappen Kommando, Nov. 24, 1914, Col. Ottokar Landwehr, "Verlautbarungen"; Jan. 1915, "Merkblatt über Erfrierung und Kälteschutz"; KA, NFA 2116, 36 ITD, Celije, Nov. 21, 1914, IR 16 to 36 ITD.
48. KA, NFA 2160, 4 Gebirg, Brig., Nov. 24, 1914, "III/69 meldet."
49. Holger H. Herwig, *The First World War: Germany and Austria-Hungary 1914–1918* (London: Edw. Arnold, 1997), 111; KA, NFA 170, 17 Brig., Bogatic, Nov. 4, 1914.
50. KA, NFA 2160, 4 Gebirg, Brig., Nov. 29, 1914, "Intendanz"; NFA 2116, 36 ITD, Op. Nr. 173, Becinen, Dec. 18, 1914, 36 ITD to 13 Korps-Kdo; Jerabek, *Potiorek,* 177.
51. HHSA, PA I, 819, Bucharest, Dec. 31, 1914, Szent-Ivany to Berchtold; KA, NFA 2160, 4 Gebirg, Brig., Nov. 25–28, 1914, "Intendanz"; Jerabek, *Potiorek,* 183.
52. KA, NFA 2160, 4 Gebirg, Brig., Nov. 30, 1914, "Deckadressen"; Kurt Peball, "Der Feldzug gegen Serbien und Montenegro im Jahre 1914," Österreichische Militärische Zeitschrift Sonderheft I (1965): 28; Groszen Generalstab, Serbien, *Der Grosze Krieg,* 5:2.
53. KA, B/1503:7, Koviljaca, Nov. 30, 1914, FZM Potiorek, Op. Nr. 3068/OK; NFA 2116, 36 ID, k.u.k. AOK Op. Nr. 5102 v. 1914 an das k.u.k. Oberkommando der Balkanstreitkräfte, "Verhalten höherer Kommandanten und Kriegsgefängener"; HHSA, PA I, 819, Vienna, Dec. 2, 1914, Berchtold to Potiorek.
54. Groszen Generalstab, Serbien, *Der Grosze Krieg,* 6:2–3, 80–83.
55. KA, NFA 2116, 36 ID, k.u.k. AOK Op. Nr. 5102 v. 1914 an das k.u.k. Oberkommando der Balkanstreitkräfte, "Verhalten höherer Kommandanten und Kriegsgefängener."
56. John Reed, *Eastern Europe at War* (London: Pluto, 1994 [1916]), 22–23.
57. HHSA, PA I, 819, Tuzla, Oct. 25, 1914, Masirevich too Berchtold.
58. Arthur Ruhl, *Antwerp to Gallipoli: A Year of the War on Many Fronts—and Behind Them* (New York: Scribner's, 1916), 251.
59. KA, GB 86, GM Heinrich Pongracz, k.u.k. 53 ITD, Sept. 19, 1915, Op. 244, "Erfahrungen in diesem Kriege."
60. Groszen Generalstab, Serbien, *Der Grosze Krieg,* 6:86–91.
61. Ibid., 6:103–104.
62. Ibid., 6:152–157.
63. Ibid., 6:157–158.
64. HHSA, PA I, 819, 2a, FPA 305, Feb. 12, 1915, FML Krauss to k.u.k. Kriegsüberwachungsamt.
65. Groszen Generalstab, Serbien, *Der Grosze Krieg,* 6:316.
66. Ibid., 6:321.
67. KA, NFA 1845/1, Gefechts-Berichte der k.u.k. Infanterie-Regimenter Nr. 71–79, GM Stracker, "Gefechtsbericht über das Gefecht den 5. Dez. 1914 südostl. Burovo."
68. Groszen Generalstab, Serbien, *Der Grosze Krieg,* 6:403–404.
69. Ibid., 7:108.
70. Ibid., 6:351.
71. KA, NFA 1840, Inf Baron 1/1 to 1 Geb. Brig., Nikinci, Dec. 8–12 and 15, 1914.
72. Groszen Generalstab, Serbien, *Der Grosze Krieg,* 6:351–352.
73. KA, NFA 1866, 42 k.u. Landwehr Inf Div, "Gefechtsbericht über den Kampf am 7. Dec.

1914."
74. KA, GB 29, k.u.k. 13 IB, Dobrinica, Dec. 28, 1914, GM Karl Stracker, "Gefechtsbericht für den 5. Dezember."
75. KA, GB 74, Ruma, Jan. 2, 1915, "Gefechtsbericht über dem Kampf am 3. Dec. 1914"; GB 67, "Gefechtsbericht für die Zeit von 2. bis 14. Dez. 1914," k.r. I.R. 4 GB 67, Surcin, Dec. 18, 1914, "Gefechtsbericht über die Verwendung k. ung. LS I.R. 6 bei Sabac 8–9 Dez. 1914."
76. Service Historique de l'Armée de Terre, Vincennes (SHAT), AAT, EMA, 7N 847, 2ème Bureau, "Journal de Marche d'un officier autrichien depuis le début de la guerre jusqu'au 19 Juillet 1915."
77. HHSA, PA I, 819, 2a, FPA 305, Feb. 12, 1915, FML Krauss to k.u.k. Kriegsüberwachungsamt; Gunther E. Rothenberg, *The Army of Francis Joseph* (West Lafayette, IN: Purdue University Press, 1976), 108.
78. KA, NFA 170, 9 ITD, Ó Futak, Jan. 1, 1915, FM Schön; KA, GB 29, k.u.k. 13 IB, Dobrinica, Dec. 31, 1914, GM Karl Stracker, "Gefechtsbericht für den 7 Dezember 1914"; KA, GB 29, k.u.k. 13 IB, Jan. 4, 1915, GM Karl Stracker, "Gefechtsbericht für den 13. Dezember"; Laffan, *The Serbs,* 202.
79. National Archives and Records Administration, Washington, DC (NARA), M 695, roll 21, Chicago, June 14, 1917, D. Fisher and J. Smetanka to Lansing.
80. KA, NFA 2116, 36 ITD, 72 I.B., Zeleznik, Dec. 13, 1914, Col. Lexardo; KA, NFA 2116, 36. ID, Op. Nr. 184/4, Dec. 29, 1914, "Standes-und-Verlust-Nachweisung"; KA, GB 10, 1 ITD, Res. Nr. 349, n.d.; Jerabek, *Potiorek,* 185.
81. HHSA, PA I, 819, Nov. 1914, FML Schleyer to Berchtold.
82. KA, NFA 2162, 4. Gebirgsbrigade, Vlasenica, Dec. 31, 1914, "Frührapport"; NFA 191, 18 IB, 5. Armee Etap-Kdo, Res. Nr. 4987, Dec. 10, 1914; KA, GB 86, GM Heinrich Pongracz, k.u.k. 53 ITD, Sept. 19, 1915, Op. 244, "Erfahrungen in diesem Kriege."
83. KA, B/1503:7, Dec. 9, 1914, FZM Potiorek to MKSM, AOK, KM, LVM; Jerabek, *Potiorek,* 187.
84. KA, NFA 2162, 4. Gebirgsbrigade, Nr. 257/13, Vlasenica, Dec. 27, 1914, GM Konopicky.
85. HHSA, PA I, 819, Teschen, Dec. 13, 1914, Giesl to Berchtold; Jerabek, *Potiorek,* 188, 196.
86. KA, NFA 170, 17 Brig., Dec., 1914, FPA Nr. 305, FZM Potiorek.
87. HHSA, PA I, 819, Peterwardein, Dec. 18, 1914, Kinsky to Berchtold; KA, B/1503:7, Vienna, Dec. 12, 1914, Bolfras to Potiorek.
88. HHSA, PA III, 171, Berlin, Dec. 12, 1914, Hohenlohe to Berchtold.
89. HHSA, PA I, 819, Dresden, Dec. 22, 1914, Braun to Berchtold; Herwig, *First World War,* 112.
90. Karl Kraus, ed., *Die Fackel* (Munich: Kösel-Verlag, 1968–1976), 5:12 (Jan. 4, 1910).
91. KA, AOK (1914), EVB 3506, k.u.k. Evidenzbureau des Generalstabs, 205/B, Dec. 19, 1914.
92. KA, B/16, Beilage 7, Brief Potiorek an Bolfras, Dec. 12, 1914.
93. KA, B/16, Teschen, Dec. 14, 1914, Conrad to Bolfras.
94. KA, B/1503:7, Dec. 14, 1914, GdI Conrad, "Beurteilung der Lage."
95. Gunther E. Rothenberg, "The Austro-Hungarian Campaign Against Serbia in 1914," *Journal of Military History,* April 1989, 144.
96. General Josef von Stürgkh, *Im Deutschen Grossen Hauptquartier* (Leipzig: Paul List, 1921), 110.

97. HHSA, PA I, 845, Milan, Dec. 12, 1914, Ladislaus Györgey to Berchtold; KA, GB 86, 3 Korps Kommando, 1917, "Die kriegswirtschaftliche Lage Italiens."
98. KA, B/1503:7, Vienna, Dec. 20, 1914, Bolfras to Potiorek; Jerabek, *Potiorek,* 40, 201.
99. KA, NFA 2116, 36. ITD, Op. Nr. 320/8, Dec. 20, 1914, GdI Rhemen; NFA 170, 8. Korps-Kdo, Res. Nr. 72, Jan. 11, 1915, FML Scheuch.
100. Herwig, *First World War,* 113.
101. KA, NFA 2116, 36. ITD, Op. Nr. 184/9, Kraljevo, Dec. 29, 1914, FML Czibulka, "Ausbildung."
102. Herwig, *First World War,* 129–130.
103. Österreichischen Bundesministerium für Heereswesen und vom Kriegsarchiv, *Österreich-Ungarns Letzter Krieg 1914–18* (Vienna: Verlag Militätwissenschaftlichen Mitteilungen, 1931–1938), 1:762.
104. HHSA, PA I, 837, Munich, Nov. 11, 1914, Vélics to Berchtold; 819, Stuttgart, Dec. 19, 1914, Koziebrodski to Berchtold.

CHAPTER 14 —— 雪人 Snowmen

1. Kriegsarchiv, Vienna (KA), Armeeoberkommando (AOK) 1914–1915, Evidenzbureau (EVB) 3510, Dec. 22, 1914, "Italien: Auszüge aus Attache- und Kundschafts-berichten"; Haus-, Hof und Staatsarchiv, Vienna (HHSA), Politisches Archiv (PA) III, 171, Berlin, Dec. 5, 1914, Hohenlohe to Berchtold; Vienna, Dec. 7, 1914, Hoyos to Hohenlohe.
2. HHSA, PA I, 819, Sofia, Dec. 13, 1914, Tarnowski to Berchtold; Pera, Dec. 15, 1914, Pallavicini to Berchtold; *Times* clippings in Copenhagen, Dec. 17, 1914, Szechenyi to Berchtold.
3. General Josef von Stürgkh, *Im Deutschen Grossen Hauptquartier* (Leipzig: Paul List, 1921), 112–113.
4. Rudolf Jerabek, *Potiorek* (Graz: Verlag Styria, 1991), 193.
5. HHSA, PA I, 837, Munich, Feb. 20, 1915, Vélics to Burián.
6. KA, B/1450:124–125 (Conrad), Col. Rudolf Kundmann, Tagebuch Nr. 11, Berlin, Jan. 1, 1915.
7. Nikolai N. Golovine, *The Russian Army in the World War* (New Haven: Yale University Press, 1931), 37.
8. Ibid., 127–128.
9. HHSA, PA I, 837, Munich, Jan. 25, 1915, Vélics to Burián; Timothy C. Dowling, *The Brusilov Offensive* (Bloomington: Indiana University Press, 2008), 6; Fedor Stepun, *Wie war es mögliche: Briefe eines russischen Offiziers* (Munich: Carl Hanser Verlag, 1929), 83.
10. HHSA, PA I, 837, Munich, Dec. 30, 1914, Vélics to Berchtold; Norman Stone, *The Eastern Front 1914–1917* (London: Penguin, 1998 [1975]), 122; B. H. Liddell Hart, *The Real War 1914–1918* (Boston: Little, Brown, 1963), 70.
11. Alfred Knox, *With the Russian Army 1914–17* (London: Hutchinson, 1921), 1:235.
12. Stone, *Eastern Front,* 112.
13. Ward Rutherford, *The Tsar's Army 1914–1917,* 2nd ed. (Cambridge: Ian Faulkner, 1992), 28; Knox, *With the Russian Army,* 1:219–220.
14. Knox, *With the Russian Army,* 1:237.

15. Stepun, *Wie war es möglich,* 35–36, 41–44, 49.
16. Gunther E. Rothenberg, *The Army of Francis Joseph* (West Lafayette, IN: Purdue University Press, 1976), 177; Stone, *Eastern Front,* 42.
17. Harry Kessler, *Journey to the Abyss: The Diaries of Count Harry Kessler, 1880–1918,* ed. and trans. Laird M. Easton (New York: Knopf, 2011), 669.
18. Graydon Tunstall, *Blood on the Snow: The Carpathian Winter War of 1915* (Lawrence: University Press of Kansas, 2010), 11.
19. KA, Neue Feld Akten (NFA) 1868, Lt. Karl Popper, "Das Feldjaegerbattalion Nr. 6 im Weltkrieg 1914."
20. KA, NFA 1803, 5 ITD Kdo, Góry, Jan. 15, 1915, "Gefechtsbericht über die nächtliche Unternehmung gegen Zakrzów."
21. KA, B/1450:124–125 (Conrad), Col. Rudolf Kundmann, Tagebuch Nr. 11, Berlin, Jan. 1, 1915, letter, Conrad to Bolfras; Stepun, *Wie war es möglich,* 43, 65.
22. Stürgkh, *Im Deutschen Grossen Hauptquartier,* 115–116.
23. KA, B/1450:124–125 (Conrad), Maj. Rudolf Kundmann, Tagebuch Nr. 11, Teschen, Feb. 3, 1915.
24. Stone, *Eastern Front,* 114.
25. Arthur Ruhl, *Antwerp to Gallipoli: A Year off the War on Many Fronts—and Behind Them* (New York: Scribner's, 1916), 267.
26. Generalleutnant August von Cramon, *Unser Österreich-Ungarischer Bundesgenosse im Weltkriege* (Berlin: Mittler u. Sohn, 1920), 9.
27. HHSA, PA I, 837, Munich, Feb. 20, 1915, Vélics to Burián; Dowling, *Brusilov Offensive,* 22–24.
28. Kessler, *Journey to the Abyss,* 672.
29. KA, NFA 2116, 36 ID, AOK Nr. 2096, GM Höfer, Dec. 16, 1914; NFA 170, 17 Brig., Etappen-Kdo, Dec. 31, 1914, Ob. Ottokar Landwehr.
30. Stone, *Eastern Front,* 122.
31. KA, NFA 170, k.u.k. 8 Korps-Kdo, Op. Nr. 617/28, Dec. 21, 1914, FML Scheuchenstuel.
32. KA, NFA 1866, 13 Korps Kdo, March 3, 1915, FML Salis, "einen Rudel demoralisierter Mannschaft."
33. KA, NFA 1845/2, Gefechts-Berichte der k.u.k. Infanterie-Regimenter Nr. 80–83, "Die 81er im Osterkampf um die Kobila."
34. KA, NFA 1878, "Kriegserfahrungen," 6 Auflage, "Taktik der Feinde: Russen."
35. Stepun, *Wie war es möglich,* 80–81.
36. KA, NFA 1868, Maj. Lunzer, Amniowa, April 3, 1915, k.u.k. FJ Baon Nr. 9, "Bericht über die Tätigkeit der Gruppe Maj. Von Lunzer vom 2/III bis 29/III"; NFA 1878, AOK, Oct. 15, 1915. "Ursachen und Vermeidung grosser Verluste."
37. KA, NFA 1878, k.u.k. 1. Armeekdo, March 2, 1915, "Verwendung von Handgranaten."
38. KA, NFA 1868, Sattel 993, May 8, 1915, Maj. Heinich von Lunzer, "Gefechtsbericht über den Angriff auf Jawornik 6./5.1915."
39. NFA 1845/2, Gefechts-Berichte der k.u.k. Infanterie-Regimenter Nr. 80–83 "Die 81er im Osterkampf um die Kobila."
40. Stepun, *Wie war es möglich,* 113.

41. KA, B/1450:124–125 (Conrad), Col. Rudolf Kundmann, Tagebuch Nr. 11.
42. Beiblatt der "*Muskete*," Vienna, March 11, 1915.
43. Stepun, *Wie war es möglich,* 115.
44. Tunstall, *Blood on the Snow,* 12.
45. KA, NFA 1868, k.u.k. 1 Regt. Der Tiroler Kaiser Jäger, March 13, 1915, Col. Mollinary, "Bericht über das Gefecht von Sekowa am 8. März."
46. Stone, *Eastern Front,* 314.
47. Stürgkh, *Im Deutschen Grossen Hauptquartier,* 116–117.
48. Rudolf Jerabek, "Die Brussilowoffensive 1916: Ein Wendepunkt der Koalitionskriegsführung der Mittelmächte," dissertation, Vienna, 1982, 1:6–8.
49. Stone, *Eastern Front,* 114.
50. Stanley Washburn, *On the Russian Front in World War I: Memoirs of an American War Correspondent* (New York: Robert Speller, 1982), 89.
51. HHSA, PA I 842, Leipzig, Dec. 4, 1915. Includes copy of "Die 28er—Armee-Befehl de dato 25 April 1915."
52. Tunstall, *Blood on the Snow,* 12, 20–21.
53. Golovine, *The Russian Army,* 58.
54. Stürgkh, *Im Deutschen Grossen Hauptquartier,* 140; Golovine, *The Russian Army,* 48–54.
55. John Morse, *In the Russian Ranks* (New York: Grosset and Dunlap, 1918), 252; Dowling, *Brusilov Offensive,* 7, 26. Of the 5 million Russians under arms in 1915, only 650,000 to 1.2 million (there were various estimates) actually had a rife. See Knox, *With the Russian Army,* 1:267–270; Ruhl, *Antwerp to Gallipoli,* 266.
56. KA, B/677:23, Manfred Beer, March 1993, "General von Auffenberg-Komarów nach 70-jährigen Attacken posthum rehabilitiert"; Josef Ullreich, "Mortiz von Auffenberg-Komarów: Leben und Wirken," dissertation, Vienna, 1961, 148–150.
57. KA, NFA 911, 4 Armee Kdo, Cracow, Nov. 16, 1914, "Beurlaubung Mitglieder des ungarischen Reichstages."
58. Rothenberg, *Army of Francis Joseph,* 184–185; Stone, *Eastern Front,* 124.
59. Replies to the *Frage-Bogen* and additional *Fragepunkte* here: KA, Gefechtsberichte (GB) 86, Standort der Brigade, Mar. 17, 1915, GM Balberitz; Standort, March 18, 1915, Feld-Jäger Battalion Nr. 17; Standort, Mar. 20, 1915, 50 Inf-Brig. Kommando.
60. KA, NFA 1878, Allgemeine Erfahrungen, 1914–1915. See reports throughout this *Karton.*
61. KA, GB 86, 93 ITD, July 1915, GM Adolf Boog, "Nervenstörungen"; Ruhl, *Antwerp to Gallipoli,* 256.
62. Dowling, *Brusilov Offensive,* 24.
63. HHSA, PA I, 905, Copenhagen, Sept. 30, 1914, Dionys Széchenyi to Berchtold.
64. Stürgkh, *Im Deutschen Grossen Hauptquartier,* 118–120.
65. Ruhl, *Antwerp to Gallipoli,* 244, 248, 252–257.

後記 Epilogue

1. Kriegsarchiv, Vienna (KA), Neue Feld Akten (NFA) 1878, Kriegsministerium, March 20,

1915, "Ursachen und Ziele des Weltkrieges 1914/15."

2. KA, B/1503:5, Sarajevo, Dec. 21, 1912, Potiorek to Conrad.
3. KA, NFA 1878, "Fragen die dem Kpskmdo bis 31./1 1915 erschöpfend zu beantworten sind"; A. J. P. Taylor, *The Habsburg Monarchy 1809–1918* (London: Penguin, 1948), 254.
4. General Josef von Stürgkh, *Im Deutschen Grossen Hauptquartier* (Leipzig: Paul List, 1921), 148.
5. B. H. Liddell Hart, *The Real War 1914–1918* (Boston: Little, Brown, 1963), 305.
6. Richard DiNardo, *Breakthrough: The Gorlice-Tarnow Campaign 1915* (Santa Barbara: Praeger, 2010),8–49.
7. Alfred Knox, *With the Russian Army 1914–17* (London: Hutchinson, 1921), 1:49–350.
8. Fedor Stepun, *Wie war es möglich: Briefe eines russischen Offiziers* (Munich: Carl Hanser Verlag, 1929), 129; Harry Kessler, *Journey to the Abyss: The Diaries of Count Harry Kessler, 1880–1918,* ed. and trans. Laird M. Easton (New York: Knopf, 2011), 685.
9. Nikolai N. Golovine, *The Russian Army in the World War* (New Haven: Yale University Press, 1931), 221.
10. Kessler, *Journey to the Abyss,* 687.
11. Golovine, *Russian Army,* 145.
12. Haus-, Hof- und Staatsarchiv, Vienna (HHSA), Politisches Archiv (PA) I, 837, Munich, Oct. 22 and 28, 1915, Vélics to Burián.
13. HHSA, PA I, 837, Munich, Nov. 30, Dec. 22, 1915, Vélics to Burián.
14. Liddell Hart, *Real War,* 368–369.
15. William de Hevesy, "Postscript to the Sixtus Affair," *Foreign Affairs* 21, no. 3 (April 1943).
16. Taylor, *Habsburg Monarchy,* 254–255; Géza Andreas von Geyr, *Sándor Wekerle* (Munich: Oldenbourg, 1993), 353, 378–379, 396–397.
17. David Stevenson, *Cataclysm* (New York: Basic Books, 2004), 304; Alan Sked, *The Decline and Fall of the Habsburg Empire 1815–1918* (London: Longman, 1989), 259; Holger H. Herwig, *The First World War: Germany and Austria-Hungary 1914–1918* (London: Edw. Arnold, 1997), 369–370.
18. A. Scott Berg, *Wilson,* (New York: Putnam, 2013), 538; Sked, *Decline and Fall,* 260; Taylor, *Habsburg Monarchy,* 268–271.
19. KA, NFA 1878, AOK, Oct. 15, 1915, "Ursachen und Vermeidung grosser Verluste." "Jünglinen und alternden Männern."
20. Golovine, *Russian Army,* 48–49.
21. Service Historique de l'Armée de Terre, Vincennes (SHAT), EMA 7N 846, Jan. 30, 1916, "La Situation Militaire: L'état actuel de l'Autriche-Hongrie." Mission Russe, Paris, March 24, 1917, Col. Ignatieff.
22. KA, B/75 (Bolfras), Frühjahr 1916, Anon. letter to Kaiser Franz Joseph I.
23. KA, NFA 1878, AOK, Oct. 15, 1915, "Ursachen und Vermeidung grosser Verluste."
24. HHSA, Allgemeines Verwaltungsarchiv (AVA), MdI Präs., Karton 1733, Prot. Nr. 1511, Jan. 20, 1915, Kriegsüberwachungsamt to Interior Minister.
25. HHSA, AVA, MdI Präs, Karton 1733, Prot. Nr. 8797, Apr. 27, 1915, Statthalter Graz to Interior Minister.
26. KA, Gefechtsberichte (GB) 86, March 17, 1915, GM Balberitz.

27. Arthur Ruhl, *Antwerp to Gallipoli: A Year off the War on Many Fronts—and Behind Them* (New York: Scribner's, 1916), 244.
28. KA, GB 86, 4 Armee Etappenkommando, "Allgemeine Direktiven für die Errichtung von Militärfriedhöfen im Felde, Juni 1915"; Stanley Washburn, *On the Russian Front in World War I: Memoirs of an American War Correspondent* (New York: Robert Speller, 1982), 59.
29. KA, NFA 1877, AOK, Feb. 4, 1916, GO Conrad.
30. KA, B/96:3a, AOK to Militärkanzlei Seiner Majestät, July 26, 1916; Bolfras to Brudermann, Aug. 21, 1916.
31. Geoffrey Wawro, "Morale in the Austro-Hungarian Army," in *Facing Armageddon,* ed. Hugh Cecil and Peter Liddle (London: Leo Copper, 1996), 399–410; SHAT, EMA 7N 845, Paris, Oct. 13, 1917, "Renseignements sur les 'troupes d'assaut' de l'Armée Austro-Hongroise d'après enquête faite au camp de prisonniers de Bagnaria-Arsa."
32. Rudolf Jerabek, "Die Brussilowoffensive 1916: Ein Wendepunkt der Koalitionskriegsführung der Mittelmächte," dissertation, Vienna, 1982, 2:308–9.
33. Timothy C. Dowling, *The Brusilov Offensive* (Bloomington: Indiana University Press, 2008), xv.
34. KA, NFA 1795, 4. Armeekdo, June 26, 1916, GenObst Tersztyánszky to 10 KpsKdo.
35. SHAT, AAT, EMA 7N 846, 2ème Bureau, May 14, 1917, "Armée Autrichienne."
36. Golovine, *Russian Army,* 74.
37. Dowling, *Brusilov Offensive,* xix–xx.
38. KA, GB 1, k.u.k. 10 Armee Korps-Kdo, Oct. 8, 1917, "Gefecht bei Carzano—Verrat am 18. Sept. 1917"; Liddell Hart, *Real War,* 128.
39. SHAT, AAT, EMA 7N 846, 2ème Bureau, Oct. 13, 1918, "Recrutement."
40. Dresden, Sächsiches Kriegsarchiv, Zeitgeschichtliche Sammlung 127, "Zwei politische Aufsätze, 1917."
41. John Reed, *Eastern Europe at War* (London: Pluto, 1994 [1916]), 92.
42. Golovine, *Russian Army,* 122.
43. Ibid., 67, 77, 93.
44. I was told this anecdotes by Prof. Lothar Höbelt of the University of Vienna.
45. Norman Stone, "Army and Society in the Habsburg Monarchy, 1900–1914," *Past and Present* 33, no. 1 (1966): 111.
46. Gunther E. Rothenberg, *The Army of Francis Joseph* (West Lafayette, IN: Purdue University Press, 1976), 128.
47. Norman Stone, *World War One: A Short History* (New York: Basic Books, 2009), 22.